"十三五"国家重点图书出版规划项目

《中国经济地理》丛书

孙久文　总主编

山东经济地理

代合治　王　慧　谭丽荣　刘志刚　于　伟　王宜强◎著

SHANDONG

经济管理出版社
ECONOMY & MANAGEMENT PUBLISHING HOUSE

图书在版编目（CIP）数据

山东经济地理/代合治等著 . —北京：经济管理出版社，2024.6
ISBN 978-7-5096-9563-0

Ⅰ. ①山…　Ⅱ. ①代…　Ⅲ. ①区域经济地理—山东　Ⅳ. ①F129.952

中国国家版本馆 CIP 数据核字（2024）第 024655 号

审图号：鲁 SG（2024）012 号

组稿编辑：申桂萍
责任编辑：申桂萍　　杜奕彤
责任印制：黄章平
责任校对：蔡晓臻

出版发行：经济管理出版社
　　　　　（北京市海淀区北蜂窝 8 号中雅大厦 A 座 11 层　　100038）
网　　　址：www.E-mp.com.cn
电　　　话：（010）51915602
印　　　刷：唐山昊达印刷有限公司
经　　　销：新华书店
开　　　本：720mm×1000mm/16
印　　　张：22
字　　　数：383 千字
版　　　次：2024 年 6 月第 1 版　　2024 年 6 月第 1 次印刷
书　　　号：ISBN 978-7-5096-9563-0
定　　　价：98.00 元

《中国经济地理》丛书

顾　　问：宁吉喆　刘　伟　胡兆量　胡序威　邹翊光　张敦富

专家委员会（学术委员会）

主　　任：孙久文

副 主 任：安虎森　张可云　李小建

秘 书 长：张满银

专家委员（按姓氏笔画排序）：

邓宏兵　付晓东　石培基　吴传清　吴殿廷　张　强　李国平

沈正平　陈建军　郑长德　金凤君　侯景新　赵作权　赵儒煜

郭爱君　高志刚　曾　刚　覃成林

编委会

总 主 编：孙久文

副总主编：安虎森　付晓东　张满银

编　　委（按姓氏笔画排序）：

文余源　邓宏兵　代合治　石培基　石敏俊　申桂萍　安树伟

朱志琳　吴传清　吴殿廷　吴相利　张　贵　张海峰　张　强

李　红　李二玲　李小建　李敏纳　杨　英　沈正平　陆根尧

陈　斐　孟广文　武友德　郑长德　周国华　金凤君　洪世键

胡安俊　赵春雨　赵儒煜　赵翠薇　高志刚　涂建军　贾善铭

曾　刚　覃成林　滕堂伟　薛东前

总　序

今天，我们正处在一个继往开来的伟大时代。受现代科技飞速发展的影响，人们的时空观念已经发生了巨大的变化：从深邃的远古到缥缈的未来，从极地的冰寒到赤道的骄阳，从地心游记到外太空的探索，人类正疾步从必然王国向自由王国迈进。

世界在变，人类在变，但我们脚下的土地没有变，土地是留在心里不变的根。我们是这块土地的子孙，我们祖祖辈辈生活在这里。我们的国土面积有960万平方千米之大，有种类繁多的地貌类型，地上和地下蕴藏着丰富多样的自然资源，14亿中国人民有五千年延绵不绝的文明历史，经过近40年的改革开放，中国经济实现了腾飞，中国社会发展日新月异。

早在抗日战争时期，毛泽东主席就明确指出："中国革命斗争的胜利，要靠中国同志了解中国的国情。"又说："认清中国的国情，乃是认清一切革命问题的基本根据。"习近平总书记在给地理测绘队员的信中指出："测绘队员不畏困苦、不怕牺牲，用汗水乃至生命默默丈量着祖国的壮美山河，为祖国发展、人民幸福作出了突出贡献。"李克强同志更具体地提出："地理国情是重要的基本国情，要围绕服务国计民生，推出更好的地理信息产品和服务。"

我们认识中国基本国情，离不开认识中国的经济地理。中国经济地理的基本条件，为国家发展开辟了广阔的前景，是经济腾飞的本底要素。当前，中国经济地理大势的变化呈现出区别于以往的新特点：第一，中国东部地区面向太平洋和西部地区深入欧亚大陆内陆深处的陆海分布的自然地理空间格局，迎合东亚区域发展和国际产业大尺度空间转移的趋势，使我们面向沿海、融入国际的改革开放战略得以顺利实施。第二，我国各区域自然资源丰裕程度和区域经济发达程度的相向分布，使经济地理主要标识的区内同一性和区际差异性异常突出，为发挥区域优势、实施开发战略、促进协调发展奠定了客观基础。第三，以经济地理格局为依据调整生产力布局，以改革开放促进区域经济发展，以经济发达程度和市场发育程度为导向制定区域经济政策和区域规划，使区域经济发展战略上升为国家重大战略。

因此，中国经济地理在我国人民的生产和生活中具有坚实的存在感，日益发挥出重要的基石性作用。正因为这样，编撰一套真实反映当前中国经济地理现实情况的丛书，就比以往任何时候都更加迫切。

在西方，自从亚历山大·洪堡和李特尔之后，编撰经济地理书籍的努力就一直没有停止过。在中国，《淮南子》可能是最早的经济地理书籍。近代以来，西方思潮激荡下的地理学，成为中国人"睁开眼睛看世界"所看到的最初的东西。然而对中国经济地理的研究却鲜有鸿篇巨制。中华人民共和国成立特别是改革开放之后，有关中国经济地理的书籍进入大爆发时期，各种力作如雨后春笋。1982年，在中国现代经济地理学的奠基人孙敬之教授和著名区域经济学家刘再兴教授的带领和推动下，全国经济地理研究会启动编撰《中国经济地理》丛书。然而，人事有代谢，往来成古今。自两位教授谢世之后，编撰工作也就停了下来。

《中国经济地理》丛书再次启动编撰工作是在2013年。全国经济地理研究会经过常务理事会的讨论，决定成立《中国经济地理》丛书编委会，重新开始编撰新时期的《中国经济地理》丛书。在全体同仁的努力和经济管理出版社的大力协助下，一套全新的《中国经济地理》丛书计划在2018年全部完成。

《中国经济地理》丛书是一套大型系列丛书。该丛书共计40册：概论1册，思想史1册，"四大板块"共4册，34个省（自治区、直辖市）及特别行政区共34册。我们编撰这套丛书的目的，是为读者全面呈现中国分省区的经济地理和产业布局的状况。当前，中国经济发展伴随着人口资源环境的一系列重大问题，复杂而严峻。资源开发问题、国土整治问题、城镇化问题、产业转移问题等，无一不是与中国经济地理密切相连的；京津冀协同发展、长江经济带战略和"一带一路"倡议，都是以中国经济地理为基础依据而展开的。我们相信，《中国经济地理》丛书可以为一般读者了解中国各地区的情况提供手札，为从事经济工作和规划工作的读者提供参考资料。

我们深感《中国经济地理》丛书的编撰难度巨大，任重道远。正如宋朝张载所言"为往圣继绝学，为万世开太平"，我想这代表了全体编撰者的心声。

我们组织编撰这套丛书，提出一句口号：让读者认识中国，了解中国，从中国经济地理开始。

让我们共同努力奋斗。

孙久文

全国经济地理研究会会长

中国人民大学教授

2016 年 12 月 1 日于北京

前　言

撰写一部《山东经济地理》是我们多年的愿望，不仅因为我们生活、工作在这片热土上，对家乡充满了眷恋和热爱，更在于山东经济体量大，产业结构齐全，地区差异显著，是研究经济地理的"样板区域"。2018 年，山东省地区生产总值为 76470 亿元，居全国第 3 位，人均 76267 元，三次产业增加值之比为 6.5∶44.0∶49.5，城镇化率达 61.18%，与全国平均水平（64644 元，7.2∶40.7∶52.2，59.58%）有着较高的相似性。在区域差异上，全国存在东部、中部、西部和东北四大经济板块，山东也有东部"蓝黄经济区"、中部"省会经济圈"、西部"经济隆起带"之差异。

作为《中国经济地理》丛书的一个分册，本书秉承"以研究为基础的大众读物"的基本定位，力求体现融合性、综合性、集成性等特点，总体上保持了丛书的编写体例，并结合山东实际形成了本书的编写提纲。

本书在撰写过程中，主要体现了以下特点：第一，系统性，坚持区域经济地理研究内容的经典体系，对标学科发展前沿动向，在选取要素时既考虑传统产业，又注重新兴产业。第二，时代性，研究内容力图反映山东省经济地理的最新面貌，体现国家及山东省最新的区域发展战略。第三，区域性，做到要素发展过程与空间格局研究相融合。

全书共分四篇：第一篇为概述，包括第一章，总体分析山东省地理位置与行政区划。第二篇为条件与资源，包括第二、第三、第四章，分别从人口条件、自然条件、资源禀赋与开发利用方面进行了论述。第三篇为产业与经济，包括第五、第六、第七、第八、第九章，分别从经济概况、新型工业化与主导产业、基础设施与物流业、现代服务业、乡村经济方面进行了论述。第四篇为区域经济与城乡发展,包括第十、第十一、第十二章,分别从区域经济空间格局、城镇化以及生态文明建设方面进行了论述。

代合治

2020 年 3 月

目　录

第一篇　概述

第二篇　条件与资源

第三篇　产业与经济

第四篇 区域经济与城乡发展

第一篇

概述

第一章　地理位置与行政区划

第一节　位置与范围

山东省位于我国东部沿海偏北地段。全省南北长 437.28 千米，东西宽 721.03 千米，陆地面积 15.58 万平方千米，约占全国总面积的 1.62%，居各省域第 19 位。截至 2018 年底，山东全省辖 17 个设区市，137 个县级行政区，其中有 54 个县、27 个县级市、56 个市辖区。本书若无具体交待即以 17 个设区市的行政区划说明山东省的情况（见图 1-1）。

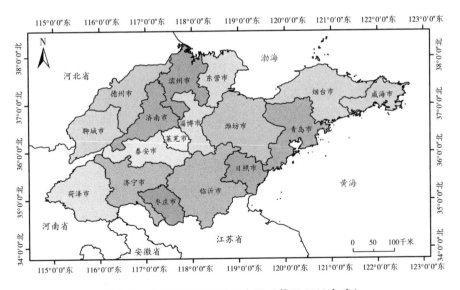

图 1-1　山东省地理位置示意图（截至 2018 年底）

资料来源：地图资料基于山东省地理信息公共服务平台［"天地图·山东"，审图号：鲁 SG（2019）028 号］的标准地图绘制，图内专题数据来源于《山东统计年鉴》（2019）。

一、经纬度位置

山东省地处北纬 34°23′~38°17′、东经 114°48′~122°42′之间，属于中纬度（30°~60°）偏南位置和暖温带地区。全国处于同纬度地带的还有青海、甘肃、宁夏、陕西、山西、河南等省域，主体位于黄河流域；处于同经度地带的主要有河北、北京、天津、江苏、安徽、浙江、江西、福建等省市，总体上属于我国东部地带。从经纬度分析，山东省属于我国"北方"省份，但靠近"南方"地区。

二、海陆位置

山东是个海陆兼备的省份。陆界北起滨州市无棣县，南至日照市岚山区，8个地市拥有省界线，与河北、河南、安徽、江苏 4 省接壤。海岸线南起鲁苏之间的绣针河河口，北至鲁冀之间的漳卫新河河口，全长 3345 千米，占全国大陆海岸线的 1/6，7 个地市拥有海岸线，分别濒临黄海和渤海，隔海与朝鲜、韩国、日本相望。山东半岛突出于黄海、渤海之间，隔渤海海峡与辽东半岛遥遥相对。庙岛群岛屹立在渤海海峡，是渤海与黄海的分界处，扼海峡咽喉，成为拱卫首都北京的重要海防门户。

三、经济地理位置

（1）华东地区成员。中华人民共和国成立初期，我国曾设置华北、东北、华东、中南、西南、西北六大行政区，1954 年六大行政区被取消。1958 年中央为了加强对地区经济的计划指导，协调各省、自治区、直辖市间的经济联系，将全国划分为七个经济协作区（东北、华北、华东、华中、华南、西南、西北），基本相当于经济区。1961 年又调整为华北、东北、华东、中南、西南和西北六大经济协作区，并设立中央局，以加强对区域性经济体系工作的领导，后因"文化大革命"，经济协作区撤销。这期间山东省一直属于华东地区。

（2）东部沿海省份。20 世纪 80 年代以来，中央先后将全国划分为沿海和内陆，东部、中部和西部，东部、中部、西部和东北经济板块，山东省始终属于东部沿海省份。

（3）环渤海经济圈的南翼。环渤海经济圈是指环绕着渤海全部及黄海部分沿岸地区所组成的广大经济区域，包括北京、天津、河北、山东、辽宁，是继珠三角、长三角之后中国第三个区域经济支柱。早在1992年，党的十四大报告就提出要加快环渤海地区的开发、开放，将这一地区列为全国开放开发的重点区域，国家有关部门也正式确立了"环渤海经济区"的概念，并对其进行了单独的区域规划。山东省作为环渤海经济圈的南翼，是联系着长三角、珠三角、港澳台地区以及韩国、日本等的门户。

（4）黄河流域生态保护和高质量发展的龙头与出海门户。1988年，山东省牵头成立了黄河经济协作区，包括山东、河南、山西、陕西、内蒙古、宁夏、甘肃、青海、新疆九省区，之后基本上每年召开一次黄河经济区省区负责人联席会议。21世纪之初，经过短暂的低迷之后，黄河流域生态保护和高质量发展于2019年上升为国家战略。黄河流域农业、能源、矿产、旅游资源丰富，拥有众多国家级战略区，如"山东半岛蓝色经济区""黄河三角洲高效生态经济区""中原经济区""呼包银榆经济区""晋陕豫黄河金三角区域"等，发展与合作潜力巨大。

（5）蓝黄战略区的载体。2009年，黄河三角洲开发上升为国家战略，地域范围包括东营和滨州两市全部，以及与其相毗邻，自然环境条件相似的潍坊寒亭区、寿光市、昌邑市，德州乐陵市、庆云县，淄博高青县和烟台莱州市，共涉及6个设区的市，19个县（区、市），总面积2.65万平方千米。2011年，山东半岛蓝色经济发展上升为国家发展战略，主体区范围包括青岛、东营、烟台、潍坊、威海、日照6个市及滨州市的无棣、沾化2个县，陆域面积6.4万平方千米，海域面积15.95万平方千米。两战略区地域上虽有交叉，但全部在山东境内，包含了7个设区市。另外，2011年，中原经济区上升为国家战略，主体虽在河南省，但涉及山东省的聊城、菏泽两市以及泰安市的东平县。山东省多数地市已经成为国家战略实施的区域载体。

第二节　行政区划

山东历史悠久，西周实行分封制，山东境内大小诸侯国数十个，其中较大的有齐国和鲁国。秦朝实行郡县制，开创了我国行政区划的先河，在秦初36郡中，山东境内有齐郡（治临淄县，今淄博市临淄区）、东郡（治濮阳县，今属河南省)、薛郡（治鲁县，今曲阜市）、琅邪郡（治琅邪县，今青岛市黄岛区），后来又增至48郡，山东地区增设了胶东郡（治即墨县，今平度市东南）、胶西郡（治胶州市）和济北郡（治博阳县，今泰安市东南），此外，砀郡东北部、泗水郡北部的一小部分亦在今山东省境，共设50余县。宋代行政区划为路、府、县三级制，山东地区分属京东东路、京东西路及河北东路的一部。金的行政区划采用路、府（州）、县三级制，并把宋在山东建置的京东东路和京东西路改称山东东路、山东西路，这是历史上第一次把"山东"作为政区名称。元朝定都大都（今北京市），实行了"行省制"，将首都附近的山东、山西、河北地区称为"腹里"，直隶中书省，全国其他地方分设12个行省。明初仍用行省制，后改为布政使司，其性质与行省同，山东布政使司辖济南、青州、东昌、济宁、登州、莱州6府。清初设山东省，之后，山东作为省级政区建制应用至今。

谈到齐鲁，人们往往与山东联系一起，齐鲁大地与山东省在今天的地域上可以理解为一致，但历史上两者还是有差别的。

公元前1046年周武王灭商后，实行了分封制。黄河中下游地区原是殷商的中心，为了对付殷商的残余势力，对殷民实行分而治之，周分封在山东地区的诸侯国大小数十个。封周公之子伯禽于鲁，地在今河南省鲁山，后迁于奄（今曲阜），以监督殷民六族；封主要功臣姜尚于齐，都营丘（今临淄），治理原在薄姑（今博兴、临淄一带）的殷民，齐和鲁是西周王朝在山东两个最大的封国。此外，分封在山东的小国还有曹（今定陶北）、薛（今薛城）、郯（今郯城）、颛臾（今平邑）、黎（今郓城）、谭（今济南东）、州（今安丘东北）、夷（今即墨西）、纪（今寿光东南）、莒（今胶州）、滕（今滕州）、成（今宁阳）、郜（今成武东南）、须句（今东平西北）、傅阳（今枣庄市台儿庄区西部）、任（今济宁市中区）、阳（今沂南境内）、其（今莒县北）等。

齐、鲁始封时，地方仅有各百里，经过数百年的兼并战争，两国疆域不断拓展扩大，至春秋战国时期，基本控制了今山东地区。鲁国是周礼的保存者和实施者，世人称"周礼尽在鲁矣"，齐国国力强盛，成为战国七雄之一。随着两国政治、经济、文化的发展，民族融合，人文同化，两国内部联系逐步加强，齐鲁地域文化逐步形成，"齐鲁"一词成为较为固定的地域概念。

中华人民共和国成立以来，山东省政区进行了较大调整，涉及省地县以及乡镇。

一、省级政区的调整

山东省省级政区的调整主要发生在中华人民共和国成立初期，1949 年底，山东省共辖 9 个地级政区，其中 4 个省辖市、1 个省辖工矿区、1 个省辖专区、3 个行政区，分别是济南市、青岛市、徐州市、潍坊市、淄博工矿区、昌潍专区、渤海行政区、胶东行政区、鲁中南行政区。

1952 年 11 月，中央人民政府对省区进行了调整，涉及山东省政区变化的主要有：原平原省所辖的高唐、清平、博平、茌平、聊城、堂邑、冠县、莘县、朝城、阳谷、东阿、梁山、寿张、范县、观城、濮县、鄄城、郓城、南旺、嘉祥、巨野、菏泽、定陶、城武、金乡、鱼台、单县、复程、曹县 29 个县全部划回山东省；山东省所辖的徐州市以及滕县专区的丰县、沛县、铜北县、华山县，临沂专区的新海连市、赣榆县、东海县、邳县划归江苏省；山东、河北两省毗邻地区进行若干县的互划。至 1952 年底，山东省共辖 16 个地级政区，其中，3 个省辖市、13 个专区，分别是济南市、青岛市、烟台市和德州专区、惠民专区、淄博专区、昌潍专区、莱阳专区、文登专区、胶州专区、沂水专区、临沂专区、滕县专区、泰安专区、菏泽专区、聊城专区。至此，省级政区保持了基本稳定。

二、地级政区的调整

地级政区是一种通俗说法，其名称和行政等级在不同时期不尽相同，一般指介于省级和县级之间的政区。根据地级政区名称的变化，可以将山东地级政区调整分为 4 个时期，即专区时期、地区时期、地市时期、市制时期。

（1）专区时期：该时期从中华人民共和国成立至 1965 年，也是地级政区变化最大的时期。1949 年省级政区下辖行政区，专区是行政区与县之间的政区，很快在 1950 年就撤销了行政区，专区隶属于省，至 1950 年底山东省共辖 4 个省辖市、11 个专区，即济南市、青岛市、徐州市、烟台市和昌潍专区、滕县专区、临沂专区、泰安专区、沂水专区、德州专区、惠民专区、胶州专区、莱阳专区、文登专区、淄博专区。1952 年由于省级政区的调整，专区也有较大变化，增加了菏泽、聊城 2 个专区，同时划出了徐州市，到 1952 年底山东省辖 3 个省辖市、13 个专区，即济南市、青岛市、烟台市和德州专区、惠民专区、淄博专区、昌潍专区、莱阳专区、文登专区、胶州专区、沂水专区、临沂专区、滕县专区、泰安专区、菏泽专区、聊城专区。1953 年撤销淄博专区，设立淄博工矿区，撤销滕县专区，设立济宁专区，撤销沂水专区，1953 年底山东省辖 3 个省辖市、1 个工矿区、11 个专区，即济南市、青岛市、烟台市、淄博工矿区、德州专区、惠民专区、昌潍专区、莱阳专区、文登专区、胶州专区、临沂专区、济宁专区、泰山专区、菏泽专区、聊城专区。之后 10 多年，专区几经撤并，至 1965 年山东省辖 4 个省辖市、9 个专区，即济南市、青岛市、淄博市、枣庄市和昌潍专区、烟台专区、临沂专区、济宁专区、聊城专区、菏泽专区、泰安专区、德州专区、惠民专区。

（2）地区时期：该时期从 1966 年至 1981 年，地级政区变动很小，局部调整主要发生在两个年份，一是 1966 年 9 个专区更名为地区，二是 1981 年昌潍地区更名为潍坊地区，山东省保持了 9 个地区 4 个省辖市的格局。

（3）地市时期：该时期为 1982 年至 1993 年，基本趋势为地区减少，地级市增加，形成地、市并存格局。1982 年设立了东营省辖市，1983 年撤销烟台地区，设立地级烟台市，撤销潍坊地区，设立地级潍坊市，撤销济宁地区，设立地级济宁市，1985 年撤销泰安地区，设立地级泰安市，1987 年、1989 年、1992 年威海、日照、莱芜升格为地级市，实行"市管县"。至此，山东省形成了 5 个地区（德州、滨州、临沂、菏泽、聊城）、12 个省辖市（济南、青岛、淄博、枣庄、东营、烟台、潍坊、济宁、泰安、威海、日照、莱芜）的格局。

（4）市制时期：1994 年至今。1994 年临沂地区、德州地区实行"市管县"，1997 年聊城地区实行"市管县"，2000 年滨州地区、菏泽地区实行"市管县"，至此，地区建制消失，至 2000 年全省地级政区全部实行了"市管县"，全省共辖 17 个省辖市。

三、县级政区的调整

县级政区名称多样，尤其是中华人民共和国成立初期，出现过"办事处""特区"等名称，但其数量极少，且存在时间不长，为研究方便，本书仅对山东省的县、县级市、市辖区进行研究。山东省县级政区数量总体上保持了相对稳定的态势，除 20 世纪 50 年代由 160 多个骤减到 90 多个外，从 20 世纪 60 年代开始基本上保持了 130 个左右的政区数量。在县级政区中，县的数量总体上不断减少，中华人民共和国成立初期曾达到 137 个，20 世纪 60 年代和 70 年代保持了 100 多个，20 世纪 80 年代以来减速加快，2018 年减至 54 个。县级市发展表现出了阶段性，20 世纪 50~70 年代，除 1957~1961 年外，县级市保持了 5~6 个，20 世纪 80~90 年代，县级市激增，最多时达到 34 个，后来由于县级市升格和撤市设区，其数量略有减少，2018 年降为 27 个。市辖区数量虽有变动，但总体上呈上升趋势，2018 年达到 56 个。

四、17 个地市政区的形成

（1）济南市：1949 年济南市辖 11 个区，1951 年增至 12 个区，其中 6 个市区、6 个郊区。1955 年将 6 个市区调整为历下（包括第一、第二两个区）、泺源、市中、槐荫、天桥 5 个区，将 6 个郊区调整为黄台、北园、段店、药山、玉符 5 个区。1956 年撤销泺源区，其辖区分别并入天桥、历下、市中 3 个市区，撤销北园、黄台、段店、药山、玉符 5 个区，设立郊区，调整后全市辖历下、市中、天桥、槐荫、郊区 5 个区。1957 年撤销郊区建置并入历城县，历城县划归济南市。之后济南市政区变化频繁。1978 年章丘县、长清县划归济南市，1980 年重设济南市郊区，调整后济南市共辖历下、市中、天桥、槐荫、郊区 5 个区和历城、章丘、长清 3 个县。1985 年平阴县划归济南市，1987 年撤销郊区和历城县，设立济南市历城区，1989 年济阳、商河两县划归济南市，1992 年撤销章丘县，设立章丘市，2001 年撤销长清县，设立济南市长清区，调整后济南市共辖历下、市中、天桥、槐荫、历城、长清 6 个区，章丘 1 个市，平阴、济阳、商河 3 个县，共计 10 个县级政区。2009 年 1 月撤销地级莱芜市，其所辖 2 个区划归济南市管辖。2016 年撤销章丘市设立济南市章丘区，2018 年 6 月撤销济阳县设立济南市济阳区，形成 8 区 2 县格局。

（2）青岛市：1949 年底全市辖市南、市北、台西、台东、四沧、李村、浮山 7 个区，1951 年崂山办事处划归青岛市，撤销四沧区、浮山区，设立四方区、沧口区，1961 年原崂山郊区（原崂山办事处）更名为崂山县。1962 年撤销台西区，其辖区分别并入市南区、市北区。1978 年即墨县、胶县、胶南县划归青岛市，设立黄岛区，1983 年莱西县、平度县划归青岛市。1987~1990 年胶县、崂山县、平度县、即墨县、胶南县、莱西县先后撤县设市（区）。1994 年市区行政区划做重大调整，将台东区、市北区、四方区吴家村街道和错埠岭街道整建制合并，设立新的市北区，将崂山区一部分设立新崂山区，一部分设立城阳区，一部分与沧口区合并设立李沧区，形成市南、市北、四方、李沧、崂山、黄岛、城阳 7 个区。2012 年行政区进一步调整，撤销黄岛区、胶南市，设立新的黄岛区，撤销市北区、四方区，设立新的市北区，调整后青岛市共辖市南、市北、李沧、崂山、黄岛、城阳 6 个区，即墨、胶州、平度、莱西 4 个市，共计 10 个县级政区。2017 年即墨撤市设区，形成 7 区 3 市格局。

（3）淄博市：1949 年淄博工矿特区辖淄川、博山 2 个县，张店、周村、博山 3 个市。1950 年淄博工矿特区与清河专区合并成立淄博专区，1953 年淄博专区又改为淄博工矿特区。1955 年撤销淄博工矿特区，设立省辖淄博市，辖博山、张店、周村、洪山、黑山、昆仑、杨寨 7 个区，1956 年撤销昆仑、黑山、杨寨 3 个区，建立淄川区，1957 年洪山区并入淄川区，淄博市辖博山、张店、淄川、周村 4 个区，1969 年临淄县划归淄博市，建立临淄区，1983 年桓台县划归淄博市，1989 年高青县和沂源县划归淄博市。目前，淄博市共辖张店、临淄、淄川、博山、周村 5 个区，桓台、高青、沂源 3 个县，共计 8 个县级政区。

（4）枣庄市：1949 年底枣庄办事处（驻枣庄镇）属台枣专署，1950 年尼山、台枣专署合并为滕县专署，枣庄办事处并入峄县，1953 年滕县专署与湖西专署合并建立济宁专署，峄县归属济宁专署。1960 年撤销峄县建立县级枣庄市，以原峄县的行政区域为枣庄市的行政区域，仍归属济宁专署，1961 年改建为省辖市，辖齐村、台儿庄、峄城、薛城 4 个区。1976 年设立市中区，将齐村区所辖部分划归市中区，1978 年滕县划归枣庄市，1983 年齐村区改为山亭区，1988 年撤销滕县设立滕州市。目前，枣庄市共辖薛城、市中、台儿庄、峄城、山亭 5 个区，滕州 1 个市，共计 6 个县级政区。

（5）东营市：1961 年 4 月，华北石油勘探处在原广饶县辛店公社东营村附近打成境内第一口勘探井——华八井，获日产 8.1 吨工业油流，从此拉开华北石油会战的序幕。为适应油田发展和黄河三角洲的开发建设，1982 年成立地级市东营市，辖东营、牛庄、河口 3 个区和利津、垦利 2 个县，1983 年广饶县划归东营市，1987 年牛庄区与东营区合并为东营区，调整后东营市辖东营、河口 2 个区，广饶、利津、垦利 3 个县，共计 5 个县级政区。2016 年撤销垦利县设立垦利区，形成 3 区 2 县格局。

（6）烟台市：1949 年烟台市（县级）直属胶东行政区，1950 年撤销胶东行政区，烟台市升格为省辖（专区级）市，1958 年烟台市与莱阳专区合并为烟台地区。1983 年撤销烟台地区，烟台市改为地级市，原县级烟台市改为芝罘区，撤销福山县，设立福山区，莱西县划归青岛市管辖。1987年威海市升为地级市，将烟台市所辖荣成、文登、乳山3个县划归威海市管辖。1994年撤销牟平县，设立牟平区、莱山区。2020年撤销蓬莱市和长岛县，设立蓬莱区。目前，烟台市辖芝罘、福山、牟平、莱山、蓬莱5个区，龙口、莱阳、莱州、招远、栖霞、海阳6个市，共计11个县级政区。

（7）潍坊市：1948年在潍县设立潍坊特别市，1949年6月潍坊特别市改称潍坊市，1950年潍坊市撤销，由昌潍专区管辖，1951年重建潍坊市（县级）。之后，政区频繁调整。1967年昌潍专区改为昌潍地区，至1978年昌潍地区辖潍坊市（县级）和益都、昌乐、安丘、临朐、潍县、寿光、昌邑、高密、诸城、五莲、平度11个县。1981年昌潍地区改名潍坊地区，1983年撤销潍坊地区设置潍坊地级市，原潍坊市（县级）和潍县析置为潍城、寒亭、坊子3个区，平度县划归青岛市。1992年五莲县划归日照市，1994年潍城、寒亭划出部分区域，增设奎文区。目前，潍坊市辖潍城、奎文、坊子、寒亭4个区，青州、诸城、寿光、安丘、高密、昌邑6个市，昌乐、临朐2个县，共计12个县级政区。

（8）济宁市：1949年济宁市（县级）分属于鲁中南行署的尼山、台枣两个专区，1950年尼山、台枣两专区合并为滕县专区，1953年滕县专区与湖西专区部分县合并，改为济宁专区，辖济宁市、济宁县、滋阳县、曲阜县、邹县、凫山县、滕县、峄县、薛城县、微山县、鱼台县、金乡县、嘉祥县、汶上县14个县市。1956年泗水县划归济宁专区，1960年峄县撤销设立枣庄市，并从济宁专区析出，1967年济宁专区改称济宁地区，1978年滕县划归枣庄市，1983年撤销济宁地区，设立地级济宁市，原县级济宁市改为市中区，原济宁县改为郊区，1989年梁山县划归济宁市，1993年郊区更名为任城，2013年撤销市中区、任城区，设立新的任城区，撤销兖州市，设立兖州区。目前，济宁市辖任城、兖州2个区，曲阜、邹城2个市，微山、鱼台、金乡、嘉祥、汶上、泗水、梁山7个县，共计11个县级政区。

（9）泰安市：1950年泰山、泰西两专区合并为泰安专区，辖泰安县、莱芜县、泰宁县、章丘县、历城县、新泰县、肥城县、东平县、汶上县、宁阳县、长清县、平阴县，1958年建立泰安市（县级），1972年泰安专区改为泰安地区。1985年泰安地区撤销，成立地级泰安市，原县级泰安市分设泰山、郊区，2000年郊区更名为岱岳区。现辖泰山、岱岳2个区，新泰、肥城2个市，宁阳、东平2个县，共计6个县级政区。

（10）威海市：1950 年成立文登专区，辖威海、荣成、文登、昆嵛、乳山、海阳、牟平、福山 8 个县，1951 年撤销威海县，设立威海市（县级），1956 年文登专区撤销，改属莱阳（后为烟台）专区，1987 年威海市升为地级市，原县级威海市设为环翠区，烟台市的荣成、文登、乳山 3 个县划归威海市，2014 年撤销文登市，设立文登区。目前，威海市辖环翠、文登 2 个区，荣成、乳山 2 个市，共计 4 个县级政区。

（11）日照市：1950 年日照归属沂水专区，1953 年划归胶州专区，1956 年改属临沂专区，1985 年撤销日照县和石臼办事处设置日照市（县级），隶属临沂地区，1989 年日照市升格为地级市，1992 年五莲县、莒县划归日照市，原日照市的行政区域设为东港区，2004 年东港区析出岚山区。目前，日照市辖东港、岚山 2 个区，五莲、莒县 2 个县，共计 4 个县级政区。

（12）莱芜市：1950 年莱芜原属泰安专区，1983 年改设县级市，1992 年莱芜升为地级市，辖莱城、钢城 2 个区。2019 年 1 月撤销地级莱芜市，其所辖 2 个区划归济南市管辖。

（13）临沂市：1949 年临沂分属沂蒙、尼山、台枣、滨海 4 个专区，1950 年以原滨海专区为基础，成立临沂专区，1953 年原属临沂专区的赣榆、东海、邳县、新海连市划归江苏省，沂水专区撤销，除日照县划归胶州专区外，所辖其余各县皆划归临沂专区，滕县专区的平邑县并入临沂专区，1956 年日照县划归临沂专区，至 1961 年临沂专区辖临沂、郯城、苍山、临沭、莒南、沂南、沂水、沂源、蒙阴、平邑、费县、日照、莒县 13 个县市，1983 年临沂县更名为临沂市（县级），1985 年日照县更名为日照市（县级）。1989 年日照市升格为地级市，沂源县划归淄博市，1992 年莒县划归日照市管辖，至此，临沂地区辖临沂、郯城、苍山、莒南、沂水、蒙阴、平邑、费县、沂南、临沭 10 个县市。1994 年撤销临沂地区和县级临沂市，设立地级临沂市，原市级临沂市分为兰山、河东、罗庄 3 个区，2014 年苍山县更名为兰陵县。目前，临沂市辖兰山、罗庄、河东 3 个区，郯城、兰陵、莒南、沂水、沂南、平邑、费县、蒙阴、临沭 9 个县，共计 12 个县级政区。

（14）德州市：1949 年德州市（县级）直属渤海行政区，1950 年建立德州专区，辖德州市、德县、陵县、平原、德平、商河、齐河、禹城、宁津、乐陵、庆云、临邑、济阳、吴桥、东光、南皮、盐山等县市。1952 年德州专区的庆云、宁津、东光、南皮、吴桥和盐山等县划归河北省，河北省的武城、恩县和夏津等县划归德州专区，1956 年德州专区撤销，1961 年恢复，1964 年原属河北省的宁津县、庆云县划归德州专区，1967 年德州专区更名德州地区，1989 年商河、济阳两县划归济南市，1994 年撤销德州地区，改设地级德州市，原县级德州市改为德城区，2014 年撤销陵县设立陵城区。目前，德州市辖德城、陵城 2 个区，乐陵、禹城 2 个市，临邑、平原、夏津、武城、庆云、宁津、齐河 7 个县，共计 11 个县级政区。

（15）聊城市：1949 年聊城专区成立，属平原省，1952 年平原省撤销，聊城专区改属山东省，辖聊城县、堂邑县、清平县、高唐县、馆陶县、博平县、茌平县、观朝县、东阿县、阳谷县、莘县、寿张县、濮县、冠县、范县、临清县，之后管辖范围多次调整。1967 年更名聊城地区。1983 年撤聊城县设立聊城市（县级），撤临清县设临清市（县级）。1997 年撤销聊城地区和县级聊城市，设立地级聊城市和东昌府区，2019 年撤销茌平县，设立茌平区。目前，聊城市辖东昌府、茌平 2 个区，临清 1 个市，冠县、阳谷、东阿、高唐、莘县 5 个县，共计 8 个县级政区。

（16）滨州市：1949 年滨县属于垦利专区，1950 年设立惠民专区，辖惠民、阳信、无棣、沾化、滨县、蒲台、博兴、齐东、高青、广饶、利津、垦利共 12 县，1958 年撤销惠民专区，1961 年恢复，1982 年设立滨州市（县级），成立地级东营市，利津县、垦利县划归东营市，1983 年广饶县划归东营市，桓台县划归淄博市，1992 年惠民地区更名为滨州地区，2000 年撤销滨州地区和县级滨州市，设立地级滨州市和滨城区，2014 年撤销沾化县，设立沾化区，2018 撤销邹平县，设立县级邹平市。目前，滨州市辖滨城、沾化 2 个区，邹平 1 个市，惠民、阳信、无棣、博兴 4 个县，共计 7 个县级政区。

（17）菏泽市：1949 年成立菏泽专区，与湖西专区同属平原省，1952 年平原省撤销，菏泽、湖西专区归属山东省，1953 年湖西专区撤销，单县、复程、成武、巨野划归菏泽专区，时辖菏泽、鄄城、郓城、梁山、巨野、成武、定陶、曹县、单县、复程 10 个县，1956 年复程县并入曹县和单县。1958 年撤销菏泽专区，1959 年恢复，1967 年菏泽专区更名为菏泽地区。1983 年撤销菏泽县，设立菏泽市（县级），1989 年梁山县划归济宁市，2000 年菏泽地区改设地级菏泽市，原菏泽市（县级）改设牡丹区，调整后菏泽市辖牡丹 1 个区，曹县、单县、成武、巨野、郓城、鄄城、定陶、东明 8 个县，共计 9 个县级政区。2016年定陶撤县设区，形成2区7县格局。

五、山东省城市行政区的快速发展

1980年以前，山东省地县级政区均以地域行政区为主，城市行政区数量少、规模小。1981年，全省13个地级政区中，省辖市仅4个，而地区达9个，分别是济南市、青岛市、淄博市、枣庄市和潍坊地区、烟台地区、临沂地区、济宁地区、聊城地区、菏泽地区、泰安地区、德州地区、惠民地区；132个县级政区中，县级市和市辖区分别为5个和21个，县的数量高达106个。1982年开始，山东省城市行政区进入了快速发展时期。

1982年设立地级东营市，辖东营、河口2个区和垦利、利津2个县；设立县级泰安市、新汶市、滨州市。1983年撤销烟台、潍坊、济宁3个地区，设立地级烟台市、潍坊市、济宁市；设立县级聊城市、临清市、临沂市、菏泽市、莱芜市、新泰市（新汶市与新泰县合并）；将烟台地区的莱西县、潍坊地区的平度县划归青岛市管辖，将惠民地区的桓台县划归淄博市管辖，将惠民地区的广饶县划归东营市管辖。1985年撤销泰安地区，设立地级泰安市；设立县级日照市；泰安地区的平阴县划归济南市管辖。1986年设立县级青州市、曲阜市、龙口市。1987年威海市升格为地级市，辖环翠区，烟台市的文登、荣成、乳山3个县划归威海市管辖；设立县级胶州市、莱阳市、诸城市。1988年设立县级莱州市、滕州市、乐陵市、文登市。1989年日照市升格为地级市；设立县级平度市、即墨市。1990年设立县级胶南市、莱西市。1991年设立县级蓬莱市、招远市。1992年日照市设立东港区，将潍坊市的五莲县，临沂地区的莒县划归日照市管辖；莱芜市升格为地级市，辖莱城、钢城两区；设立县级肥城市、章丘市、兖州市、邹城市。1993年设立县级寿光市、乳山市、禹城市。1994年撤销临沂地区，设立地级临沂市，撤销德州地区，设立地级德州市；设立县级安丘市、高密市、昌邑市。1995年设立县级栖霞市。1996年设立县级海阳市。1997年撤销聊城地区，设立地级聊城市。2000年撤销滨州地区，设立地级滨州市，撤销菏泽地区，设立地级菏泽市。

2000年底，山东省共辖17个地级政区，全部为地级市，139个县级政区，其中县61个、县级市31个、市辖区47个。2000年与1981年相比，地级市增加了13个，地区减少了9个；县级市增加了26个，市辖区增加了26个，县减少了 45 个。2000 年以来山东省地县级政区相对稳定，主要是进行了市辖区调整和撤县（市）设区，如 2001 年撤销长清县，设立济南市长清区，2004 年设立日照市岚山区，2012 年撤销青岛市市北区、四方区，设立新的青岛市市北区；撤销青岛市黄岛区、县级胶南市，设立新的青岛市黄岛区，2013 年撤销济宁市市中区、任城区，设立新的济宁市任城区；撤销兖州市，设立济宁市兖州区，2014 年撤销县级文登市，设立威海市文登区；撤销沾化县，设立滨州市沾化区，撤销陵县，设立德州市陵城区。2016 年撤销定陶县，设立菏泽市定陶区；撤销章丘市，设立济南市章丘区；撤销垦利县，设立东营市垦利区。2017 年即墨撤市设立青岛市即墨区。2018 年撤销济阳县，设立济南市济阳区。

六、截至 2018 年底山东省行政区划的基本状况

截至 2018 年底，山东省"省—市—县—乡"四级制政区体系的基本概况如表 1-1 所示。山东省政区具有以下特征：

政区数量多，山东省地级政区 17 个，占全国 5.1%，相当于各省份平均数量的 1.6 倍，县级政区 137 个，占全国 4.3%，相当于各省份平均数量的 1.5 倍。政区规模大，每个政区拥有的人口数量多，平均每个地级政区 570 万人，每个县级政区 71 万人，分别相当于全国平均水平的 1.4 倍和 1.5 倍。城市型政区比重高，地级政区全部实行了"市制"，县级政区中县级市和市辖区占 57.7%，高出全国平均水平 13.4 个百分点。

表 1-1　截至 2018 年底山东省各级政区数量　　　　单位：个

区域	县级政区			乡级政区			
	总计	县	县级市	市辖区	总计	乡	镇	街道办
山东省	137	54	27	56	1824	68	1092	664
济南市	10	平阴县 商河县		历下区 市中区 槐荫区 天桥区 历城区 长清区 章丘区 济阳区	141		29	112

续表

区域	县级政区			乡级政区			
	总计	县	县级市	市辖区	总计	乡	镇	街道办
青岛市	10		胶州市 平度市 莱西市	市南区 市北区 黄岛区 崂山区 李沧区 城阳区 即墨区	145		41	104
淄博市	8	桓台县 高青县 沂源县		张店区 淄川区 博山区 临淄区 周村区	88		58	30
枣庄市	6		滕州市	市中区 薛城区 峄城区 台儿庄区 山亭区	64		46	18
东营市	5	利津县 广饶县		东营区 河口区 垦利区	40	2	23	15
烟台市	12	长岛县	龙口市 莱阳市 莱州市 蓬莱市 招远市 栖霞市 海阳市	芝罘区 福山区 牟平区 莱山区	154	6	82	66
潍坊市	12	临朐县 昌乐县	青州市 诸城市 寿光市 安丘市 高密市 昌邑市	潍城区 奎文区 坊子区 寒亭区	118		62	56

续表

区域	县级政区			乡级政区			
	总计	县	县级市	市辖区	总计	乡	镇	街道办
济宁市	11	微山县 鱼台县 金乡县 嘉祥县 汶上县 泗水县 梁山县	曲阜市 邹城市	任城区 兖州区	156	4	104	48
泰安市	6	宁阳县 东平县	新泰市 肥城市	泰山区 岱岳区	88	6	62	20
威海市	4		荣成市 乳山市	环翠区 文登区	71		48	23
日照市	4	莒县 五莲县		东港区 岚山区	55	4	36	15
莱芜市	2			莱城区 钢城区	20		13	7
临沂市	12	沂南县 郯城县 沂水县 兰陵县 费县 平邑县 莒南县 蒙阴县 临沭县		兰山区 河东区 罗庄区	156	8	118	30
德州市	11	宁津县 庆云县 临邑县 齐河县 平原县 夏津县 武城县	禹城市 乐陵市	德城区 陵城区	134	16	91	27

续表

区域	县级政区			乡级政区			
	总计	县	县级市	市辖区	总计	乡	镇	街道办
聊城市	8	阳谷县 莘县 茌平县 东阿县 冠县 高唐县	临清市	东昌府区	135	8	95	32
滨州市	7	惠民县 阳信县 无棣县 博兴县	邹平市	滨城区 沾化区	91	4	58	29
菏泽市	9	曹县 单县 成武县 巨野县 郓城县 鄄城县 东明县		牡丹区 定陶区	168	10	126	32

注：2019年1月撤销地级莱芜市，将其所辖区域划归济南市管辖，设立济南市莱芜区、钢城区，莱芜区政府、钢城区政府于2019年1月16日正式挂牌成立，莱芜市政府于2019年1月31日正式摘牌。2019年撤销茌平县，设立聊城市茌平区。2020年撤销蓬莱市、长岛县，设立烟台市蓬莱区，以原蓬莱市、长岛县的行政区域为蓬莱区的行政区域。

资料来源：根据《山东统计年鉴》（2019）等有关资料整理。

参考文献

［1］孙庆基，林育真，吴玉麟，等．山东省地理［M］．济南：山东教育出版社，1987.

［2］王有邦．山东地理［M］．济南：山东省地图出版社，2000.

［3］陈培安．山东省发展格局及展望［M］．济南：山东人民出版社，2013.

［4］山东省情网：http：//www.sdsqw.cn.

［5］行政区划网（山东省）：http：//www.xzqh.org/html/list/10017.html.

第二篇

条件与资源

第二章 人口条件

第一节 人口数量与人口压力

一、1949年以来山东人口发展

1949年以来，山东人口发展大致可分为五个阶段。

（一）恢复增长阶段（1949~1957年）

1949年以后随着生产力发展，人民生活和医疗条件逐步得到改善，山东人口增长进入高峰期。1949~1957年，山东省户籍人口从4549万人增加至5373万人，出生率由28.10‰提升至35.80‰，自然增长率由15.90‰提升至23.70‰（见图2-1、图2-2）。山东省人口再生产模式由1949年前的"高出生、高死亡、低增长"开始向"高出生、低死亡、高增长"转变。

（二）严重受挫阶段（1958~1961年）

受"大跃进"和自然灾害等因素的影响，人口出生率陡降，死亡率骤升，山东人口发展严重受挫。全省户籍人口出生率1958年降至25‰，不足1957年的70%；之后的三年人口出生率维持在20‰左右。人口死亡率异常上升，1959~1961年，人口死亡率平均高达20‰以上，比1957年增加65%以上。山东人口自然增长率1958年为12.20‰，仅有1957年的1/2，1959年跌至2.70‰，1960年出现了新中国成立后山东人口增长的唯一一次年度人口负增长（-4.1‰）。1961年山东户籍人口为5265万人，较1957年减少108万人（见图2-1、图2-2）。

山东经济地理

图 2-1　1949~2017 年山东户籍人口出生率、死亡率、自然增长率变化

资料来源：根据《辉煌山东 70 年》相关数据整理绘制。

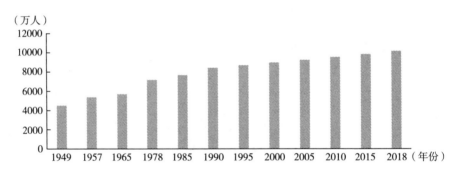

图 2-2　1949~2018 年山东省户籍人口规模增长

资料来源：根据《辉煌山东 70 年》相关数据整理绘制。

（三）快速增长阶段（1962~1972 年）

随着经济的恢复与发展，居民生活和医疗卫生条件等进一步改善，山东人口发展进入快速增长阶段，人口再生产表现为"高出生、低死亡、高增长"的特征。人口出生率快速回升，是新中国成立后山东人口出生率最高的时期，1963 年出生率高达 44.2‰，形成新中国成立后人口出生率年度最高峰，之后几年出生率有所回落，但至 20 世纪 60 年代末期依然保持在 30‰以上。人口死亡率总体呈现下降态势，由 1962 年的 12.4‰，降至 1972 年的 7.66‰，降幅接近

40%。本阶段是 1949 年以来山东人口自然增长率最高的时期，年均达到
25.94‰，1964 年形成山东人口自然增长率的年度最高峰（34.9‰）。1972 年山
东户籍人口达到 6683 万人，较 1962 年增加 1257 万人（见图 2-1、图 2-2）。

（四）缓慢增长阶段（1973~1992 年）

1972 年以后，在我国计划生育政策实施的宏观背景下，山东人口快速增长
势头逐步得到有效控制，人口出生率、自然增长率总体表现出下降态势，但波
动较大，人口再生产向"低出生、低死亡、低增长"过渡。户籍人口出生率由
1973 年的 23.89‰逐渐下降至 1980 年的 13.91‰，之后在震荡中升至 1990 年的
26.10‰，随后又迅速回落，1992 年仅为 10.95‰。本阶段，人口死亡率小幅下
降，从 20 世纪 70 年代中前期的 7‰以上逐渐降低至 90 年代初期的 6‰左右。主
要受出生率变化影响，山东人口自然增长率波动较大，但总体上人口发展速度
趋于减缓，人口自然增长率 1973 年为 16.95‰，1985 年降至 5.85‰，1990 年升
至 20.08‰，1991 年降为 10.66‰，而 1992 年仅为 4.93‰，人口发展快速向低
速增长过渡。1992 年全省户籍人口达到 8580 万人，较 1973 年增加 1787 万人
（见图 2-1、图 2-2）。

（五）低速稳定增长阶段（1993~2018 年）

随着我国人口政策的调整落实和人们生育观念的不断转变，山东人口增长
速度进一步放缓，进入低速稳定增长阶段。

1993 年，山东省调整人口目标责任制考核标准，强化、优化计划生育工作
的社会环境，人口增速进一步回落。户籍人口出生率 1994 年降至中华人民共和
国成立以来的最低点，仅为 9.31‰。1993~2018 年，全省人口平均出生率为
12.07‰，而平均死亡率为 6.47%，年均自然增长率为 5.59‰，人口发展呈现
"低出生、低死亡、低增长"的特征，标志着山东进入现代型人口再生产阶段。

"十二五"和"十三五"期间，为应对人口结构老化，促进人口长期均衡发
展，山东省调整完善了生育政策。2013 年 6 月取消"女方再育必须年满 30 岁"
的"生育间隔"规定，2014 年 5 月 30 日起实施"单独二胎"生育政策，2016
年实施全面二孩生育政策。受生育政策调整影响，2014~2018 年，全省户籍人
口年均出生率提高到 17.68‰，年均自然增长率上升至 10.42‰，人口增长在低
速中有所回升。同时，人口增长呈现出较大的波动性，2014 年和 2017 年，人口
出生率均超过 20‰，自然增长率分别达到 16.35‰和 15.15‰，2018 年人口出生

率降至 14.93‰，自然增长率降至 8.47‰。山东省户籍人口 2017 年突破 1 亿人，2018 年达到 10096 万人（见图 2-1、图 2-2）。

二、人口压力

山东省国土开发历史悠久，人口总体规模大、增长量多，是我国人地矛盾较为突出的地区。山东省的人口压力主要表现在劳动就业压力较大，人口社会负担加剧，人口素质提高缓慢以及资源紧缺、生态环境保护难度较大等方面。

（一）资源环境压力持续增加

随着人口规模的不断增长，山东省人多地少的矛盾日益尖锐，资源环境压力持续增加。1949 年山东人口密度为每平方千米 290 人，相当于全国平均人口密度的 5.18 倍。1970 年全省人口密度增加到每平方千米 411 人，较 1949 年每平方千米人口增加 121 人。之后，尽管山东省人口增长势头有所减弱，但人口密度增加依然较快。2018 年达到每平方千米 636 人，相当于全国平均人口密度的 4.39 倍（见图 2-3）。

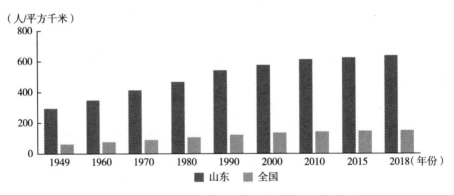

图 2-3　1949~2018 年山东省与全国人口密度变化对比

资料来源：根据《辉煌山东 70 年》相关数据整理绘制。

由于人口数量多，增长量大，城乡建设占用土地面积大，尤其是占用耕地较多，全省耕地面积总体呈现下降态势，人均耕地面积逐渐降低。2018 年山东省人均耕地面积 1.13 亩，仅为 1949 年人均耕地面积的 40%，逼近人均耕地 0.8 亩的警戒线（见图 2-4）。

山东省处于我国北方严重缺水地区，人口规模扩张和区域经济社会的快速发展导致水资源供求形势日益严峻。按照国际公认标准，人均水资源低于 3000

立方米为轻度缺水，低于 2000 立方米为中度缺水，低于 1000 立方米为重度缺水，低于 500 立方米为极度缺水。1956～1999 年山东省平均水资源量仅为 305.82 亿立方米，人均水资源量为 344 立方米，比极度缺水的标准值还低 31.2%。如果考虑季风气候的影响，个别年份和季节山东省部分地区水资源不足的问题更严重。

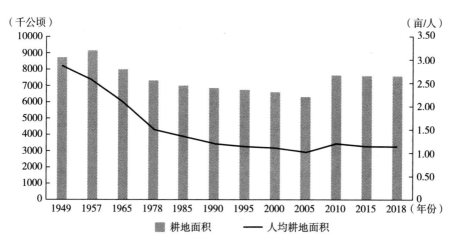

图 2-4　1949～2018 年山东省耕地面积及人均耕地面积变化

注：人口总量采用户籍人口。

资料来源：根据《辉煌山东 70 年》相关数据整理绘制。

（二）经济社会发展压力较大

随着人口总量的增加，山东省劳动就业人口规模逐渐增长，劳动就业压力较大。2015 年全省劳动适龄人口占总人口的 71.2%，总量达到 7011 万人。同时，山东省农村人口比重过大，劳动者整体文化素质偏低，剩余劳动力转移就业难度大大增加。随着经济社会发展，就业的劳动力素质要求逐渐提高，在劳动力总体供大于求的基础上，就业的结构性矛盾逐渐突出。1990 年山东省城镇登记失业人数 26.2 万人，到 2018 年增加到 46.5 万人。21 世纪以来，山东省城镇人口登记失业率维持在 3.4% 左右（见图 2-5）。

1964 年第二次人口普查，山东省 14 岁以下少儿人口比重为 40.9%，65 岁及以上老年人口比重为 4.5%，人口年龄结构属于"年轻型"。1982 年第三次人口普查，全省 14 岁以下少儿人口比重降至 31.0%，65 岁及以上老年人口比重升至 5.6%，人口年龄结构转变为"成年型"。1990 年第四次人口普查，全省 14 岁

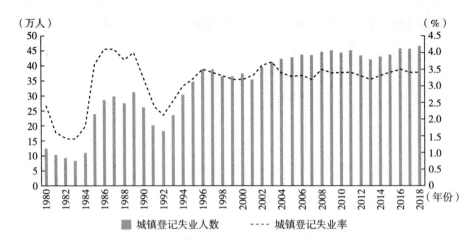

图 2-5　1980～2018 年山东省城镇登记失业人数和失业率变化

资料来源：根据《辉煌山东 60 年》和《中国人口和就业统计年鉴》（2019）相关数据整理绘制。

以下、65 岁及以上人口所占比重分别为 26.6%、6.2%，人口年龄结构已显现"老年型"特征。1995 年，全省 14 岁以下、65 岁及以上人口占比分别为 24.6%、7.4%，人口年龄构成过渡到"老年型"。2000 年第五次人口普查，全省 14 岁以下、65 岁及以上人口比重分别为 20.8%、8.1%，完全进入"老年型"。2010 年第六次人口普查，全省 14 岁以下、65 岁及以上人口比重分别为 15.7%、9.9%。与刚刚进入老龄化社会的 1995 年相比，0～14 岁人口的比重下降了 8.9 个百分点，65 岁及以上人口的比重上升了 2.5 个百分点，人口年龄结构老龄化加重。2018 年 65 岁及以上人口的比重达到 15.0%，全省人口老龄化快速发展。1982～2018 年山东省人口总抚养比总体大幅度降低，其主要是少儿抚养比快速下降所导致的。近 20 年来，随着人口老龄化带来的老年人口负担系数的逐年增长，山东省人口总体负担系数不断上升（见表 2-1）。不断增加的老年人口给山东经济社会发展带来新的压力。

表 2-1　1964～2018 年山东省抚养人口比重变化　　　单位:%

年份	0～14 岁		65 岁及以上		总抚养比
	人口比重	抚养比	人口比重	抚养比	
1964	40.9	74.9	4.5	8.2	83.2
1982	31.0	48.9	5.6	8.8	57.7
1990	26.6	39.6	6.2	9.2	48.8

续表

年份	0~14 岁		65 岁及以上		总抚养比
	人口比重	抚养比	人口比重	抚养比	
1995	24.6	36.2	7.4	10.9	47.1
2000	20.8	29.3	8.1	11.4	40.6
2010	15.7	21.1	9.9	13.3	34.4
2015	16.6	23.3	12.2	17.1	40.4
2018	18.1	27.0	15.0	22.5	49.5

资料来源:《山东统计年鉴》(2019)、山东省情网(http://www.sdsqw.cn/)。

人口压力是区域人地关系紧张的重要表现。缓解人口压力,必须充分发挥人的积极性和能动性,积极协调区域人地关系。首先,山东省进一步"调结构、转方式",落实创新、协调、绿色、开放和共享五大发展理念,促进产业结构优化协调,提高就业率,改善就业结构,缓解经济发展对资源环境的压力。其次,加强区域国土空间规划,保护好生态空间和农业生产空间,推进功能区建设,提高国土承载能力和可持续发展能力。再次,推进人口发展战略的完善,实现人口长期均衡增长,加强社会事业发展,提高人口素质,积极应对老龄化社会的到来。最后,根据区域资源环境人口承载力、人居环境适宜性和经济社会发展状况,统筹协调省域人口分布,引导人口有序流动和合理分布。

第二节 人口质量与人力资源

一、人口质量

人口质量也称人口素质,通常是指人口在一定的经济社会条件下所具备的思想道德修养、科技文化和劳动技能水平及身体体质状况。

(一) 人口身体素质

人口预期寿命和人口死亡率是人口身体素质的综合反映。1949 年以来,尤其是改革开放以来山东省人口死亡率稳步下降,人口平均预期寿命延长。全省人口预期寿命 1949 年前仅有 35 岁左右,1955 年增至 60.1 岁。随着经济和社会条件逐步改善，山东省人口平均预期寿命逐渐提高，1990 年超过 70 岁，2015 年升至 78 岁。预期寿命延长说明山东省人口身体的综合素质显著提升。

（二）人口文化科学素质

1. 人口受教育程度大幅度提升，人口文化构成显著改善

2010 年山东省 6 岁及 6 岁以上人口平均受教育年限达到 8.8 年，比 1982 年提高了 3.9 年。2010 年山东省大学、高中、初中文化程度人口占总人口比例分别达到 8.7%、13.9% 和 40.2%，比 1982 年分别提高 8.3 个、8 个和 22.5 个百分点（见表 2-2）。这表明山东省教育事业不断进步，人口文化结构明显改善，人口文化科学素质逐步提升。

表 2-2　1982~2010 年四次人口普查山东省人口文化程度的构成变化　单位:%

	第三次（1982 年）	第四次（1990 年）	第五次（2000 年）	第六次（2010 年）
大学	0.4	1.0	3.3	8.7
高中	5.9	7.1	11.1	13.9
初中	17.7	25.2	36.6	40.2
小学	33.7	36.3	32.8	25.0

注：文化程度占比＝各种文化程度人口/总人口。

资料来源：《山东统计年鉴》（2019）。

2. 在校大学生绝对数量逐年增加，科技研发人员比例明显提高

随着高等教育事业的发展，山东省在校大学生规模逐年增加，高素质人力资源规模不断壮大。1949 年全省在校大学生人数仅有 3969 人，毕业生 70 名。1978 年全省在校大学生人数增长至 38390 人，毕业生达到 7015 名。2015 年全省在校大学生超过 190 万人，毕业生人数近 47.5 万人。

受文化教育发展状况的制约，改革开放以前山东省科技研发人员数量少，占全部就业人口的比重也较低。改革开放以后，随着文化教育事业的发展，科技研发人员数量显著增加，占全部就业人口的比重也逐渐提高。全省规模以上工业企业 R&D 人员 2000 年仅有 6.31 万人，到 2015 年增长到 35.46 万人，2018 年达到 38.84 万人（见图 2-6）。

山东省是我国经济较为发达的省份之一，虽然近几十年来在教育方面取得了显著成绩，但同经济社会发展对人力资源的要求来看，仍存在不小差距。要随着经济发展，适度增加教育投入，调整与完善现有教育结构和体系，创新人才培养模式，提高人才培养质量，全面提升人口素质。

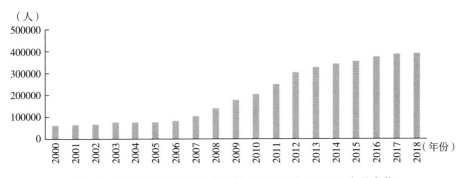

图 2-6　2000~2018 年山东省规模以上工业企业 R&D 人员变化

资料来源：根据《辉煌山东 70 年》相关数据整理绘制。

二、人力资源

山东省是我国人口大省，也是人力资源大省。

（一）劳动年龄人口数量多，增长量大

山东省是全国人口大省，劳动年龄人口丰富。全省劳动年龄人口（15~64岁）占总人口比重由 1982 年的 63.4% 逐步提升至 2010 年的 74.4%。按照户籍人口推算，全省劳动年龄人口 1982 年为 4751.2 万人，2010 年增至 7087.3 万人，净增加 2236.1 万人。近年来，全省劳动年龄人口占总人口的比重有所下降，2018 年降至 66.9%，但全省劳动年龄人口总量依然高达 6754.2 万人，劳动力资源比较丰富（见表 2-3）。

表 2-3　1982~2018 年山东省劳动年龄人口数量变化

年份	劳动年龄人口（万人）	占总人口比重（%）
1982	4751.2	63.4
1990	5660.9	67.2
2000	6381.2	71.1
2010	7087.3	74.4
2018	6754.2	66.9

资料来源：《山东统计年鉴》（2019）。

（二）就业人口文化科学素质逐步提升

根据人口普查数据，1982 年山东省全部就业人口中，文盲、半文盲占 32.2%，小学、初中分别占 31.9% 和 26.0%，高中及高中以上所占比重仅有 10%，就业人口的文化科学素质较低；2000 年全省全部就业人口中，文盲、半文盲下降到 6.74%，高中及高中以上所占比重达到 16.54%，就业人口的文化科学素质进一步改善；2010 年全省全部就业人口中，文盲、半文盲下降到 3.6%，高中及高中以上所占比重接近 23%，大学专科及以上学历所占比例达到 8.9%。2018 年抽样调查数据显示，山东省全部就业人口中高中及高中以上所占比重超过 37%，大学专科及以上学历所占比例提升到 16% 以上，就业人口的文化科学素质明显提高。

（三）就业人口行业构成逐渐高级化

山东省是个传统的农业大省。改革开放以前，全社会从业人员中第一产业从业人员比例超过 80%。改革开放以后，随着经济社会的全面发展，社会从业构成发生了根本变化。

全省第一产业从业人员在全社会从业人员中的比例总体大幅度下降。第一产业从业人员 1980 年占比为 78.8%，1990 年降至 64.0%，2000 年进一步降至 53.1%，2018 年仅为 27.8%。第二产业从业人员在全社会从业人员中的比例经历了 20 世纪八九十年代的快速提升后，21 世纪近 20 年来增幅逐渐趋缓。第二产业从业人员 1980 年占比仅为 12.3%，1990 年达到 22.8%，2005 年超过 30%，2015 年升至 35.2%，2018 年为 35.3%。第三产业从业人员在全社会从业人员中的比例总体呈上升趋势，具有先慢后快、持续增加的变化特点。第三产业从业人员 1980 年占比为 8.9%，1990 年增至 13.2%，2000 年达到 23.3%，2015 年提升至 35.2%，2018 年达到 36.9%。2018 年，全省社会从业人员中，一二三产业从业人员结构比例为 27.8∶35.3∶36.9，第三产业就业比重超过第二产业 1.6 个百分点，服务业成为吸纳全省就业主渠道的趋势日益明显。新兴行业从业人员占比逐渐增大。2018 年末，信息传输、软件和信息技术服务业企业法人单位从业人员以及文化、体育和娱乐业企业法人单位就业人员均比 2013 年末增长 75% 以上。

（四）人力资源开发建议

第一，大力发展教育，进一步提高人口文化素质，尤其是要加强职业技术教育，培养满足行业发展要求的专业技术人才。第二，加快人力资源市场体系建设，促进人才在地区、行业间的合理流动，提高劳动力资源配置效率。充分利用市场机制和政府调节机制，促进经济社会欠发达地区的人才引进。第三，大力发展第三产业，广开就业门路，提高就业率。第四，改善就业环境，促进就业结构现代化，提高就业质量。

第三节 人口分布与人口迁移

一、人口分布

中华人民共和国成立以来，山东省户籍人口总量由 1949 年的 4549 万人增至 2015 年的 9822 万人。同时，人口密度也日益增大，由 1949 年的每平方千米 290 人，增加到 2015 年的每平方千米 624 人。此外，在山东省 17 个地市中，人口密度差距也比较大。2015 年，济南市人口密度为每平方千米 892 人，而东营市人口密度仅为每平方千米 256 人，不足济南市的 1/3（见图 2-7）。山东省人口密度呈现出自西南向东北递减的空间格局。西南部和中部地区的济南、枣庄、菏泽、济宁等人口密度大，东北部东营、滨州人口密度较低。而东部地区的烟台、威海等地的人口密度均低于山东省平均人口密度。这种人口地区间分布不平衡的格局，是历史、自然、社会、经济和政治等多种因素共同作用的结果。

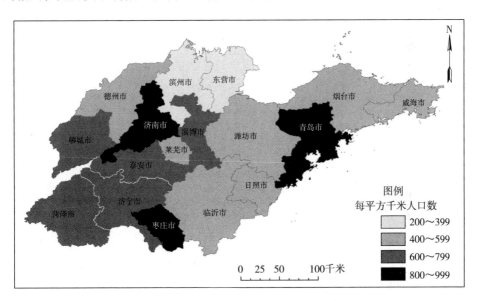

图 2-7 2015 年山东省人口分布密度示意图

资料来源：地图资料基于山东省地理信息公共服务平台［"天地图·山东"，审图号：鲁 SG（2019）028 号］的标准地图绘制，图内专题数据来源于《山东统计年鉴》（2016）。

二、人口迁移

（一）人口迁移的回顾与特点

中华人民共和国成立初期至改革开放前，山东省省际的人口迁移特点为：迁入、迁出并存，但仍以迁出为主。其中，有组织的移民是人口迁出的重要形式之一。据山东省情网数据统计，1955～1960 年，在国家倡导的移民垦荒活动中，山东省向东北三省、青海等地移民 110 多万人，其中迁往黑龙江的人口占移民总数的 70% 以上。而自发性的移民是山东人口长久形成的"闯关东"传统的延续。1960 年，山东省净迁出人口 163 万人，其中 2/3 以上属于迁往东北地区的自发性移民。1964～1979 年，在城镇知识青年下乡、支边活动的号召下，全省近 50 万知识青年中有 2 万多人迁出，支援青海、甘肃和内蒙古等省区建设。

改革开放之后，山东省由人口净迁出省变为人口净迁入省。1990 年、2000 年、2010 年净迁入人口分别为 239 万人、74 万人和 58 万人。根据第五和第六次人口普查数据，在流入山东的人口中，来自东北地区的最多，其次是中部和西部。而山东省流出人口多迁往江浙沪地区，其次是京津冀地区。

从省内人口变化来看，中东部大中城市的人口机械增长相对较快。2000～2010 年，济南、青岛、威海和东营等地的人口机械增长率相对较高，说明有大量人口迁入。而菏泽、临沂、枣庄、济宁等地区的人口机械增长为负值，说明人口迁出大于迁入。从内陆到沿海，从经济欠发达区域到经济发达区域是改革开放以来山东省内部人口迁移的主要特征。

此外，人口从乡村迁往城镇是改革开放以来山东省人口迁移的另一大显著特征。根据《山东统计年鉴》（2019），1978 年山东城镇人口 627 万人，占比 8.8%，1995 年为 2170 万人，占比 24.9%，2015 年为 5614 万人，占全省总人口的 57.0%；2018 年城镇人口达到 6147 万人，占全省总人口的 61.2%。城镇人口规模增加除原有城镇人口的自然增长外，农村人口向城镇迁移为城镇人口增长做了重大贡献。根据第三次至第六次人口普查数据来看，山东省人户分离人口，1982 年为 75.2 万人，1990 年为 83.5 万人，2000 年为 746.8 万人，2010 年为 1369.8 万人，流动人口规模逐渐增加。山东人口的省跨省流动占比较少，改革开放以来全省流动人口中，85% 左右在省内流动，1/2 左右在县内转移，呈现出典型的本地城镇化特征。

（二）人口迁移的动力机制及其影响

1949 年以前，中国人口的迁移大多是被动迁移。战乱、灾荒频发和赋税严重等是山东人口背井离乡的主要原因，而人口的大规模迁出在一定程度上影响了山东区域经济社会发展的进程。中华人民共和国成立至改革开放以前，山东省人口迁移呈现出有计划的人口迁移和人口自发性迁移两种主要类型。有计划地将人口向我国东北、西北等地区迁移，是国家在这一阶段促进产业空间布局均衡化发展的必然要求，有效地促进了我国边远地区开发的进程。改革开放以后，山东省人口迁移以自发性迁移为主。大量劳动力的到来，对国土开发进程产生了较强的积极性影响。在影响人口迁移的动力机制中，区域资源环境和经济社会发展变化起着重要的作用。如改革开放以前的"闯关东"、改革开放之后从东北地区迁回山东的"迁回潮"，以及省域内部从农村迁往城市的"回城潮""进城打工潮"等都是资源环境和经济社会发展变化影响人口迁移的表现。

（三）人口迁移的调控

根据山东省资源环境承载力的空间差异统筹调控省域内人口分布，对促进山东省省域人地关系的协调发展具有重要的意义。山东省主体功能区规划把全省分为优化开发、重点开发、限制开发和禁止开发四类区域，而优化开发区域和重点开发区域是今后全省重要的人口和经济密集区。国家级优化开发区域为胶东半岛和黄河三角洲的部分地区，具体包括青岛市、烟台市、威海市、潍坊市、东营市、滨州市的部分地区；省级优化开发区域主要包括济南的历下区、市中区，泰安的岱岳区及淄博部分城区。国家级重点开发区域位于山东东部的东陇海区域，主要包括鲁南部分地区，即枣庄的市中区、滕州市，潍坊的诸城市，日照的东港区、岚山区和临沂的兰山区、罗庄区、河东区、莒南县等；济南都市圈省级重点开发区域主要包括济南槐荫区、天桥区、历城区、章丘区，淄博的桓台县，泰安的新泰市，莱芜的莱城区、钢城区，德州的德城区、齐河县，聊城东昌府区、茌平县等地区；鲁南经济带省级重点开发区域主要包括济宁的任城区、兖州区、邹城市，菏泽的牡丹、巨野县、东明县等地区。

鲁中南山地及东部沿海生态经济区和全省优化开发、重点开发区域内的城市生态走廊、城镇绿化带、重点绿化区等是山东省具有多种生态服务功能的重要区域和保障全省生态安全的重要屏障，其在维护全省生态平衡、促进社会和经济持续发展等方面发挥着主要的作用。因此，对于这些重点生态功能区应该引导超载人口逐步有序转移，并积极实施人口退出政策，引导人口自愿、平稳、有序转移，逐步缓解人与自然关系紧张的状况。此外，山东省和国家级的自然保护区、世界文化自然遗产、风景名胜区、重要湿地、森林公园、地质公园和重点文物保护单位等禁止开发区域，要依据法律法规和相关规划实施强制性保护，严格控制人为因素对自然生态的干扰，严禁不符合主体功能定位的开发活动，引导人口逐步有序向外转移。

在城乡统筹的基础上，全省应该积极引导人口在城乡间合理流动和分布。要继续壮大城市第二、第三产业，增加城市人口产业容量，不断提高新型城镇化水平。

参考文献

[1] 山东省统计局，山东省人口普查办公室．山东省 2010 年人口普查资料［M］．北京：中国统计出版社，2012.

[2] 山东统计局．山东统计年鉴 2019［M］．北京：中国统计出版社，2019.

[3] 山东人口发展战略研究课题组．山东人口发展战略研究［M］．济南：山东人民出版社，2005.

[4] 山东省人口普查办公室．世纪之交的中国人口（山东卷）［M］：北京：中国统计出版社，2005.

[5] 滕泽之．山东人口史［M］．济南：山东省新闻出版局，1991.

[6] 吴玉林，陈龙飞．中国人口（山东分册）［M］．北京：中国财政经济出版社，1989.

[7] 路遇．山东人口迁移和城镇化研究［M］．济南：山东大学出版社，1988.

[8] 山东省统计局．辉煌山东 70 年［M］．北京：中国统计出版社，2019.

[9] 山东省统计局．辉煌山东 60 年［M］．北京：中国统计出版社，2009.

[10] 国家统计局．中国统计年鉴 2019［M］．北京：中国统计出版社，2019.

[11] 国家统计局．中国人口和就业统计年鉴 2019［M］．北京：中国统计出版社，2019.

[12] 山东统计局．山东统计年鉴 2016［M］．北京：中国统计出版社，2016.

[13] 山东省情网：http：//www.sdsqw.cn/.

[14] 山东省人民政府网：http：//www.shandong.gov.cn/.

第三章　自然条件

第一节　地质地貌

山东省位于中国自西向东逐次降低的三级地势阶梯中的最低一级阶梯，地形以平原和山地丘陵为主。全省高程的中位值为 49.5 米，总体地势较低。

一、地质条件

地质条件是自然环境和自然资源的基础。不同时期地层的岩石特征与组合，以及区域性地质构造的基本格局与活动性质控制着山东省地貌的类型、分布和基本特征，也对水文、土壤、植被等自然地理要素产生很大影响。

（一）地质单元

在大地构造上，"槽台说"认为山东是华北地台或中朝准地台的一部分。黄汲清先生的多旋回槽台观点认为，山东大地构造分别属于三个二级大地构造单元，即华北断坳、鲁西断隆和胶辽台隆。华北断坳位于山东北部，大致在聊城—齐河—广饶以北；鲁西断隆位于省境中、西部，大致在潍河—沭河以西；潍河—沭河以东为胶辽台隆。李四光先生的地质力学理论认为，山东处于新华夏系第二隆起带和第二沉降带两个一级构造单元之上；陈国达先生的地洼学说认为，山东是典型的地洼区（鲁西），太古宙前属前地槽阶段，古元古代属地槽阶段，新元古代—古生代为地台阶段，中新生代为地洼阶段。

宋明春等（2003）对山东省区域地质进行了总结，以板块构造理论为基础对山东大地构造单元进行了初步划分：一级构造单元划归华北板块和秦岭—大别板块结合带，二级构造单元划分为华北坳陷、鲁西地块、胶北地块、沂沭断裂带。此外，还划分了 7 个三级构造单元，21 个四级构造单元和 80 个五级构造单元，并将山东省的构造演化分为四个阶段，即陆核形成阶段、陆块发生形成阶段、陆块发展阶段和滨太平洋构造发展阶段。

据 1980 年任纪舜等所著《中国大地构造及其演化》一书，山东隶属于中国 Ⅰ 级构造单元中朝准地台。其下属鲁西断隆、胶辽台隆和华北断坳为 Ⅱ 级构造单元。

1. 鲁西断隆

东以昌邑—大店断裂与胶辽台隆分界，北以齐广断裂、西以聊考断裂与华北断坳分界。据其内部演化历史和构造特征的差异性，可划分为鲁西断块隆起和沂沭断裂构造带两个 Ⅲ 级构造单元。

（1）鲁西断块隆起：以郯郚—葛沟断裂与沂沭断裂构造带分界。其基底由泰山群构成，构造复杂，以紧密倒转褶皱为主，构造线方向为北西向。盖层由土门群、古生界、中生界、新生界构成。构造简单，以单斜为主，而断裂构造极为发育，发育有东西向、南北向、北西向和北东向四组断裂。这些断裂控制了一系列中、新生代断陷盆地，形成该区断凸和断陷相间分布的构造格局。

（2）沂沭断裂构造带：以郯郚—葛沟断裂与鲁西断块隆起分界；以昌邑—大店断裂与胶辽台隆分界。主要由北北东向四条主干断裂组成"两堑夹一垒"的构造形式。其基底由泰山群构成，盖层由土门群、古生界、中生界、新生界构成。为活动性深断裂构造带，也是鲁东和鲁西两陆块的构造结合带。

2. 胶辽台隆

西以昌邑—大店断裂与鲁西断隆分界。据其内部演化历史和构造特征的差异性，可划分为胶北隆起、胶南隆起和胶莱坳陷三个 Ⅲ 级构造单元。

胶北隆起：该隆起包括胶北台凸、黄县台凹、臧格庄台凹和荣成台凹。胶北台凸基底由胶东群、荆山群、粉子山群、蓬莱群及燕山期花岗岩组成，为长期隆起区，缺失盖层沉积，北东向和北北东向断裂甚为发育。黄县台凹由黄县组构成，臧格庄台凹和荣成台凹由青山组构成，皆为中、新生代断陷盆地。

胶南隆起：为长期隆起区，隆起轴线与主要断裂大致呈北东走向。结晶基底由胶南群和五莲群组成，缺失沉积盖层，唯诸城桃林一带沉积了莱阳组。中生代火山岩系及燕山期酸性岩体大面积分布。

胶莱坳陷：地处胶北隆起和胶南隆起之间，呈东北部狭窄，向西南展宽的簸箕状。为中生代断陷盆地，主要由侏罗系莱阳组、白垩系青山组和王氏组构成。该区主要构造线方向为北东向和近东西向。

3. 华北断坳（山东部分）

位于聊考断裂以西，齐广断裂以北。山东境内的次级构造单元为济阳坳陷、临清坳陷和埕宁隆起。

济阳坳陷：其东北部是渤海湾，东临沂沭断裂构造带，西南为临清坳陷，北部为埕宁隆起，南以齐广断裂与鲁西断块隆起分界。济阳坳陷为燕山运动和喜马拉雅运动形成的块断盆地，由中生界、新生界构成。

临清坳陷：以聊考断裂与鲁西断块隆起分界，东北部与济阳坳陷和埕宁隆起相邻。主要由中生界、新生界构成。

埕宁隆起：位于济阳坳陷的北部，呈北东向展布。基本上由泰山群、寒武系及石炭—二叠系组成，上第三系不整合超覆其上，构造简单。

（二）地层划分

山东省各断代地层发育比较齐全。自中太古代至新生代地层都有分布，地表出露以中、新生代地层为主，其次为古生代地层，元古宙地层分布莒县，太古宙地层零星出露。

1. 太古界

山东最古老的地层形成于中太古代，出露于鲁西地层分区的沂水岩群和鲁东地层分区的唐家庄岩群，是遭受麻粒岩相变质的火山—沉积岩系，呈面积较小的倒桩、透镜状、不规则条带状包体产生于早前寒武纪花岗岩中。

新太古代地层有出露于鲁西地层分区的泰山岩群和鲁东地层分区的胶东岩群，为遭受角闪岩相变质的火山—沉积岩系。地层出露大都不连续，在太古宙TTG质花岗岩中呈包体出现。

2. 元古界

古元古代地层地表主要分布于鲁东地层分区和祁连—北秦岭地层分区，为荆山群、粉子山群、胶南表壳岩组合和芝罘群。荆山群、粉子山群、胶南表壳岩组合岩性组合特征相似，均以高绿片岩、含石墨岩系和碳酸盐岩为特点，具孔兹岩系特点，三者所处构造位置、变质程度和变形特征有明显差别。

中元古代地层有鲁西地层分区隐伏地层——济宁岩群，属低绿片岩相变质的中酸性火山岩—钙泥质岩建造。另外在山东东南沿海的小岛屿上分布有海州群，原岩为酸性火山岩，经受了蓝片岩相—高压绿片岩相变质。

新元古代地层包括土门群、蓬莱群及朋河石岩组。土门群分布于鲁西地层分区靠近沂沭断裂带一侧，为碎屑岩—碳酸盐岩建造。蓬莱群分布于鲁东地层分区蓬莱一代，原岩为碎屑岩—泥岩—碳酸盐岩建造。朋河石岩组零星分布于祁连—北秦岭地层分区苏鲁造山带中，为经历了低绿片岩相变质的碎屑岩—泥质岩建造。

寒武—奥陶纪地层广泛分布于鲁西地层分区和华北平原地层分区，属陆表海沉积，下部为碎屑岩—碳酸盐岩建造，上部为碳酸盐岩建造。分为寒武系长清群、寒武—奥陶系九龙群及奥陶系马家沟组。长清群以深红色泥岩、页岩为主夹白云岩和灰岩，地层东南厚、西北薄，向西北方向超覆，与下伏新元古代土门群平行不整合接触。九龙群以灰岩、白云岩为主夹页岩，与长清群为连续沉积。马家沟组以灰岩、白云岩为主，与下伏九龙群为平行不整合接触。

3. 中生界

石炭—二叠纪地层分布于鲁西和华北平原地层分区，为海陆交互相—陆相沉积，含煤碎屑建造及碎屑建造，分为月门沟群、石盒子组、石千峰群及二马营组。月门沟群为海陆交互相—陆相含煤岩系，底部为铁铝岩系，与下伏奥陶系马家沟组为平行不整合接触。石盒子组为黄绿、灰绿色砂岩及深灰紫色泥岩夹铝土岩、页岩及煤线。石千峰群为河湖沉积的鲜红色泥岩、砂岩，分布局限。二马营组仅在聊城钻孔中见及，为河湖相砂岩、粉砂岩夹泥岩。

侏罗—白垩纪地层在山东省各个地层分区都比较发育，为陆相含煤碎屑岩建造、碎屑岩建造及基性—酸性火山岩建造，分为侏罗系淄博群、白垩系莱阳群、青山群、大盛群及王氏群。淄博群分布于鲁西地层分区及华北平原地层分区，以淄博一代较发育，为浅湖及河流相沉积，下部为含煤碎屑建造，上部为红色碎屑建造，与下伏三叠系石千峰群平行不整合接触。莱阳群分布广泛，四个地层分区皆有发育，各地发育程度不等，以鲁东胶莱盆地最为发育，主要为山麓洪积相、河流相、湖泊相沉积，局部为火山沉积。青山群全省多有分布，以鲁东地层分区发育较完整，为中基性—酸性火山岩建造，夹有少量沉积岩。大盛群主要分布于鲁西与路东地层分区交界处的沂沭断裂带内，以河湖相沉积为主，夹少量中基性、酸性火山岩，属早、中白垩世，与青山群为准同时沉积。王氏群主要出露于鲁东地层分区，其他分区零星分布，为红色碎屑岩系，胶莱盆地南东侧夹有基性火山岩，为干旱—半干旱环境下的河流相间有浅湖相沉积，主体时代为中—晚白垩世，顶部的胶州组中上部，时代属古新世。

4. 新生界

新生代地层遍布全省，尤其在华北平原地层分区呈大面积分布。

古近纪地层分为官庄群、五图群及济阳群。官庄群只发育于鲁西地层分区的零星小型盆地中，为含膏岩的红色、灰色山麓—河湖相碎屑岩；五图群发育于鲁西地层分区东北缘及鲁东地层分区西北缘的临朐、昌乐、龙口等小型盆地中，为含煤、油页岩的河湖相沉积；济阳群只发育在华北平原地层分区，分布广泛，地层厚度大，为一套色调、成分复杂的河湖相碎屑岩系，含丰富的石油、天然气。

新近纪地层分为临朐群、黄骅群和巴漏河组、白彦组。临朐群主要发育在鲁西地层分区的临朐、昌乐一代，上部及下部的尧山组及牛山祖为基性火山岩，中部山旺组为一套以硅藻土为主的沉积地层，以含山旺动物群而闻名；黄骅群分布于华北平原地层分区，为一套杂色调河湖相碎屑岩系；巴漏河组只见于鲁东地层分区的章丘附近，为一套河湖相灰岩、砾岩组合；白彦组仅见于鲁西，为古生代灰岩裂隙或溶洞内的洞穴堆积，内常含金刚石。第四纪地层广布全省，但各地地层厚度、成因类型多变，其时空分布与地貌特征密切相关，绝大部分地层单位由松散碎屑沉积物组成，个别由火山岩（玄武岩）和生物沉积（贝壳沉积）组成。

（三）构造

山东省地质构造多样，主要为褶皱构造和断裂构造。

1. 褶皱构造

山东基底褶皱构造十分发育，鲁西及鲁中南基底由太古代泰山群构成，发育一系列紧密的复式褶皱，轴向多为北西，轴面倾向多为南西，倾角 $50° \sim 80°$，片理走向多平行褶皱轴。复背斜核部由区域变质作用和混合岩化作用形成的混合花岗岩组成，自东北而西南规模较大的褶皱有：摩天岭—大山背斜、鲁山—黑坊—快保复向斜、大鲁山—石槽—张家哨复背斜、红梢子—新甫山复背斜、跑马山—山草峪复向斜、泰山—徂徕山—蒙山复背斜和四海山背斜等。鲁东基底由胶东群、胶南群、荆山群、粉子山群、五莲群、蓬莱群组成，多发育开阔的复式背斜、短背斜、穹状背斜，其轴向多为北东和北北东。区域片理、片麻理、混合岩化带以及前寒武纪岩浆岩带均与褶皱轴一致。规模较大的褶皱有栖霞复背斜、报屋顶复背斜等。

山东盖层褶皱构造不发育，如分布于鲁中南的古生代沉积盖层，多呈现平缓单斜产状，有一致向偏北倾斜的总趋势，倾角 10°左右，多发育单斜断陷盆地，局部形成开阔的短轴向斜和短轴背斜，如淄博向斜、新汶向斜、金岭背斜、莱芜背斜等。中生代沉积盖层褶皱不发育，仅在个别中生代盆地中见有宽缓的向斜，其褶皱轴常与盆地长轴方向一致，如胶莱坳陷内的百尺河向斜和夏格庄向斜等。

2. 断裂构造

山东断裂构造极为发育，并控制了一系列中、新生代断陷盆地。主要断裂以北北东向的沂沭断裂带和聊考断裂带及近东西向的齐广断裂带较为重要，它们是构成山东断裂格局的主干断裂和重要地质分界线。

沂沭断裂带是中国东部著名的郯（城）庐（江）深断裂在山东境内的区段，南由江苏入境，经郯城北至昌邑入渤海，纵贯山东中偏东部，平均走向 17°，长达 330 千米。断裂带北部约宽 40 千米，南部约宽 20 千米。南北两端被第四系覆盖，露头断续长达 240 千米。沂沭断裂带是山东最主要的深断裂带，主要由四条主干断裂组成，自西而东依次为葛沟断裂、沂水—汤头断裂、安丘—莒县断裂和昌邑—大店断裂，主干断裂左行平移错距达 30~60 千米。

沂沭深断裂始现于太古代，中生代活动强烈，以张性正断活动和张扭活动为主，其东西两侧断裂下沉，形成北北东向近平行展布的马站—苏村地堑和安丘—莒县地堑，充填了大量白垩系地层。中部则断裂隆起形成汞丹山地垒，其上泰山群广泛出露。白垩纪末至早第三纪时期，该断裂带表现为强烈的挤压活动，大部分隆起处于剥蚀状态，唯其北端下沉，形成潍坊断陷，接受了早第三纪早期沉积。晚第三纪时期，一方面沿主干断裂有大量玄武岩喷发，另一方面潍坊断陷随同其周围的鲁北及渤海地区一起下沉，接受了上第三系沉积，自此该断裂带的南北差异渐趋明显，其东西边界作用大大减弱。第四纪以来，该断裂带新构造运动强烈，成为山东地震的最大源地之一，自公元前 70 年至今，有记载的五级以上的地震发生过多次，其中 1668 年郯城 8.5 级地震造成的破坏最为严重。

聊考断裂带为一被第四系掩盖的隐伏断裂带，南起河南兰考，北至聊城以北，与齐广断裂交会。大致呈北北东向延伸，全长达 270 千米，是鲁西断隆和临清坳陷的分界断裂和地质分界线。根据物探和钻探资料，断裂走向北北东 20°~40°，倾角 35°~60°，为一东升西落的正断层，其两侧奥陶系埋深相差达 2000~3000 米。从该断裂控制的地层来看，可能从晚侏罗世开始活动，白垩纪至早第三纪强烈活动，尤其在早第三纪时期最为活跃，从而成为控制华北平原下第三系沉积的边界。新第三纪以来，其仍表现出强烈活动性，也是山东地震源地之一。据文献记载，1502~1948 年，沿该断裂带发生五级以上地震达五次。其中，1937 年在菏泽曾发生七级破坏性地震。

齐广断裂带即齐河—广饶断裂，西起聊城之北与聊考断裂相交，东至昌乐附近与沂沭断裂相交，长约 300 千米。物探资料揭示其为一组近东西走向的正断裂，南盘抬升，北盘下降，奥陶系相对落差达 650~2000 米。该断裂至少在中生代开始活动，控制了鲁北下第三系沉积南界，成为鲁西断隆和济阳坳陷的地质分界线。

二、地貌特征及区划

山东省的地貌特征主要表现在以下四个方面：一是地势中部高、四周低。全省地势以泰鲁沂山地为中心，海拔高度向四周逐渐降低；东部、南部丘陵起伏，西南、西北低洼平坦，形成了以山地丘陵为骨架、平原盆地交错环列期间的地形大势。泰山、鲁山、沂山共同组成鲁中山地的主体，构成山东省中部一条东西向的分水岭。山东省最高点位于泰山主峰，海拔 1545 米。二是地貌类型多样，平原面积广阔。从面积上来看，64.59% 为平原（包括山前倾斜地），山地丘陵占 34.34%；尤以鲁西、北平原地势最为坦荡、开阔。三是山地丘陵切割比较强烈。由于流水的侵蚀切割，山地丘陵呈现出高度的破碎状态。切割密度较大，但深度相对较浅；山地丘陵区河谷数量众多，密度大，外形宽而浅；河谷平原多呈带状或三角状，被谷地平原分割的山地丘陵相对高度较小，脉络不明显。四是海岸线曲折，多优良港湾。山东省的海岸除黄河三角洲和莱州湾沿岸为粉砂淤泥质海岸外，大部分为基岩海岸，海岸地貌发育，岸线曲折，多港湾、岛屿。

根据地貌类型组合的区域差异，可将山东省划分为三个地貌类型区：

鲁中南低山丘陵区西侧被鲁西—北平原包围，东侧以潍河—沭河谷地与鲁东丘陵为界，北临莱州湾，南与江苏省接壤，包括鲁中山地丘陵、鲁南丘陵平原区和泰鲁沂山北平原区。

鲁西—北平原区呈弧形半绕于鲁中南山地丘陵的西部及北部，由鲁北平原区和鲁西平原区组成。

鲁东丘陵区位于潍河谷地与沭河谷地以东，北、东、南三面临海，西与鲁中南山地丘陵区相接。该区由胶北低山丘陵区、胶南低山丘陵区以及位于两者之间的胶莱平原区组成。

三、主要地貌类型

山东省地貌类型复杂多样，包括基本地貌类型中的山地、丘陵和平原，以及特殊地貌类型中的火山地貌、岩溶地貌、海岸地貌等。

（一）基本地貌类型

1. 山地

山东省山地面积约占全省总面积的 14.59%。山地是中生代燕山运动以来，在断块构造差异隆起以及岩浆岩侵入活动的基础上，历经长期侵蚀和剥蚀过程而形成。山地海拔高度绝大部分小于 1000 米，即以低山为主。仅有少数山地主峰海拔在千米以上，属中山类型。

全省海拔高度超过千米的中山有六处，即泰山、鲁山、沂山、蒙山、徂徕山及崂山主峰和其周围的山地。除崂山位于胶州湾沿岸外，其余均分布于鲁中南山地丘陵区。泰、鲁、沂山岭连绵展布于该区中北部，略呈弧形；蒙山、徂徕山分布于该区中部。

（1）泰山为山东最高峰，位于泰安市城北，北纬 36°15.3′，东经 117°6.0′。主峰玉皇顶海拔 1532.7 米。泰山由片麻岩、花岗片麻岩与混合花岗岩等太古代变质岩系构成，相对高度达 1380 米，流水下切侵蚀强烈，形成峡谷及嶂谷地形。山谷相对深度多在 200 米以上，谷底多跌水、瀑布。山地呈壮年山地地貌景色。峰顶略呈穹状，冰冻风化明显，局部形成石河及倒石坡。早第三纪时期，泰山已初具规模，中新世至上新世继续剥蚀，上新世至早更新世受喜马拉雅运动影响，又明显抬升，最终形成现今中山地貌。泰山为我国历史名山，文化古迹众多,旅游资源丰富。

(2)鲁山位于鲁中南山地区北部,泰鲁沂山地中段,地处淄博市博山区与沂源县之间,主峰位置北纬36°17.8′,东经118°3.3′,海拔1108米。鲁山由太古代混合花岗岩及混合岩构成。主峰四周山坡陡峭,南坡尤甚,深沟绝壁,相对深度在200米以上。海拔1000米左右的近峰顶部地形和缓,为一向东北开敞的簸箕状宽谷。鲁山形成过程与泰山相同,唯第四纪以来山地抬升量较泰山小。现已成为泰鲁沂山地分水岭中枢,为省内水系辐散的中心。

(3)沂山位于泰鲁沂山地东端,素有"东泰山"之称,为临朐、沂水二县之界山。主峰玉皇顶,坐落于临朐一侧,北纬36°11.8′,东经118°37.3′,海拔1032.7米。沂山中山区以太古代混合岩为主的变质岩为基础,主峰区由元古代桃科期似斑状花岗岩构成。虽海拔仅千余米,但山势之峻拔不亚于泰山。山谷下切深度在200米以上。主峰玉皇顶与狮子崮、歪头崮三峰鼎立,顶略平而山脊陡直,状如城堡。玉皇顶东侧之百丈崖瀑布,落差达65米,极为壮观。沂山为泰鲁沂山地东端主峰,其地貌发育过程与泰山、鲁山一致。因其东与沂沭断裂带毗连,受其牵制,上新世以来隆起量略小。

(4)蒙山形似卧蚕,以近北西—南东走向展布于蒙阴、平邑和费县之间。主峰龟蒙顶处北纬35°32.8′,东经117°51.0′,海拔1156米。蒙山山地主要由太古代变质岩系组成,中山区由元古代桃科期花岗岩侵入体构成,抗蚀力强,故形成巍峨高峻的山地核心部分。主峰龟蒙顶峰顶较平缓,形似伏龟;挂心橛子等峰壁立如削,陡险难攀。蒙山山地受断裂构造明显控制,表现为断块单斜山地。山体沿其南麓近北西向伸延的蒙山断裂强烈翘起,向东北斜倾。山地南麓沿该断裂形成平直的山麓线。山地北侧,由古生代石灰岩为主体的沉积岩盖层,经长期侵蚀和剥蚀,形成顺北西走向展布的典型的单面山带。近南北向分布的断层横切山地,发育成横断侵蚀谷地,与山地南、北两侧平行山地分布的浚河和祊河、东汶河和蒙河共同组成格状水系。

(5)徂徕山位于泰安及新泰之间,与泰山隔大汶河河谷平原遥望。主峰太平顶位于北纬36°02′,东经117°18′,海拔1027米。徂徕山断块山地形体完整,由太古代混合花岗岩构成。山脊线近东西走向,海拔700米以上。四周山麓线清晰,海拔160~200米。相对高差最大为800米左右。面积近200平方千米。该山拔起于牟汶河及柴汶河之间,俨然为泰南屏障,形势险要。

（6）崂山位于山东半岛南岸，胶州湾东侧，为鲁东唯一的侵蚀—剥蚀中山。主峰崂顶在北纬36°10.3′，东经120°37.2′，海拔1133米，为山东第三高峰。崂山由中生代燕山晚期花岗岩侵入岩体构成，崂山山地奇峰与幽谷交织，碧海同青山相映，作为历史名山，是享誉中外的旅游胜地。

山东省海拔高度500~1000米的低山山地面积占全省山地面积的83.70%，是构成山东山地地貌的主体，主要分布于鲁中南和鲁东地区。鲁中南的低山多分布于中山山地的周边，如灵岩山、五峰山、凤凰山、狼窝顶、五王崮、抱犊崮、长白山等。鲁东的低山大多分布于半岛的北部及东部，主要有大泽山、罗山、艾山、垛山、昆嵛山等；南部主要有槎山、玉皇山、招虎山、小珠山、马耳山、五莲山及九仙山等。

从岩性上看，结晶岩系低山分布面积较大，约占低山面积的61%，在鲁东分布较广。岩石风化侵蚀强烈，低山的宏观特征表现为峰顶、岭脊和缓，沟谷切割宽浅，切割深度一般在100米左右，切割密度平均为1.4~1.6千米/平方千米，山地相对高差最大不超过500米。石灰岩低山地貌分布在鲁中南山地，占全省低山面积的39%左右。多由古生代奥陶纪或中、上寒武纪的厚层石灰岩或石灰岩夹白云岩、泥页岩和碎屑岩构成。石灰岩抗外力侵蚀能力较强，岩石多呈厚层构造，风化崩塌作用显著，形成的低山形态多为壁陡顶平的块状山、塔状山或层状方山，在鲁中南称崮。此种地形以沂蒙低山区所谓的"七十二崮"为典型。石灰岩低山山地沟谷切割较深，一般在100~200米，深者可达250米以上，切割密度平均1.3~1.4千米/平方千米。沟谷的谷坡多为峭壁，上游往往深切为峡谷状，下游多呈宽槽状。石灰岩溶蚀裂隙发育，地表水多渗漏转入地下，形成干谷，俗称为"漏河"，是石灰岩山地地貌的特色之一。在鲁中南石灰岩山地及丘陵形成过程中，岩溶（"喀斯特"）作用曾相当强盛，形成各类中小型岩溶地貌，为石灰岩山地地貌增添了特殊的风采。

2. 丘陵

山东省的丘陵面积占全省面积的15.39%。

鲁东地区的丘陵集中分布于区内的北部和南部。鲁中南地区丘陵的分布，北达胶济铁路沿线，南至苏、鲁交界，与徐州丘陵相接，东侧至沂沭断裂带，与胶南（沭东）丘陵相毗连，西达东平湖—南四湖湖带，湖西尚有少量残丘分布。丘陵地貌总体都形成于中低山山区的周围外延部位，因久经侵蚀、剥蚀，相对高度一般小于 200 米，山势和缓，被众多的宽"V"形谷地分割，无明显的脉络走向，是山地与其周围平原地貌之间的过渡区域。

按其岩性差异，分为结晶岩系丘陵、石灰岩丘陵和红色碎屑岩系丘陵三类：

（1）结晶岩系丘陵由太古代至元古代的混合花岗岩、花岗片麻岩、片麻岩等变质岩，以及中生代的花岗岩、闪长岩、安山岩等岩浆岩类所组成，占省内丘陵面积的 63.9%。主要分布在鲁东地区的北部和南部。该类丘陵受长期侵蚀剥蚀形成。地形破碎，起伏和缓，分布脉络不明显。丘陵间沟谷分布较密，平均切割密度为 1.95 千米/平方千米，切割深度一般不足 100 米。丘陵顶部浑圆，山坡坡度小于 20°。由于岩石风化强烈，风化层结构松散，水土流失现象严重。

（2）石灰岩系丘陵由古生代寒武纪和奥陶纪的石灰岩及其他沉积岩夹层共同组成，集中分布于鲁中南山地丘陵区，占丘陵面积的 22.8%。石灰岩丘陵大部分形成在各断块山地北侧，为石灰岩低山的外延部分。如泰鲁沂山地北部、胶济铁路以南的丘陵带，京沪铁路以西、东平湖—南四湖以东的丘陵区，沂山北侧的临朐南部丘陵，蒙山山地的东北侧丘陵带，徂徕山—莲花山北侧丘陵带，泗水—平邑—费县丘陵带，以及枣庄南部石灰岩丘陵。东平湖—南四湖以西的梁山、嘉祥一带，尚有石灰岩残丘分布。石灰岩丘陵的沟谷切割深度一般不足 100 米，切割密度平均 1.4 千米/平方千米。产状近水平的厚层石灰岩分布区，多形成层状方山或块状山，以及墙状山脊；岩层产状倾斜者，常形成单面山，以蒙山东北侧的石灰岩系丘陵为典型。沟谷多为宽而浅的槽形谷，坡陡底平。由于地表及地下岩溶发育，沟谷多为干谷。岩溶作用形成的岩溶地貌分布亦很广泛。

（3）红色碎屑岩系丘陵多由中生代红色碎屑岩或火山碎屑岩组成，占丘陵面积的 13.3% 左右，分布于中生代断陷盆地区。如沂沭断裂带的沂水—临沭、郯城—莒县—安丘丘陵带；断裂带东侧的莒南—临沭、诸城—胶县丘陵带、莒县—五莲丘陵区；鲁东的桃村—万第丘陵区，以及海阳—乳山沿海丘陵等。沂沭断裂带以西仅有零星分布，如新泰、平邑、蒙阴以及淄川、周村一带的红色碎屑岩缓丘等。丘陵形态多为平缓浑圆状小岭或丘岗，丘岗间为宽浅沟谷，切割深度一般小于 50 米。地面波状起伏形态与结晶岩系丘陵相似。丘陵山坡风化后多为粗碎屑砂砾，水土流失较严重。

3. 平原

山东省平原面积约占全省面积的65.56%。平原地貌类型中，除分布于断块抬升丘陵边缘的剥蚀平原外，其他各类平原均形成于断陷构造基础上。面积最大的黄河冲积平原属华北断坳的一部分，其余均处于鲁西断隆与胶辽台隆中的次级断陷部位。平原划分为河流冲积平原、河湖积平原、海积平原以及剥蚀平原四类：

（1）河流冲积平原为山东平原地貌中重要的类型，按河流的性质及其所成平原的分布特征，又划分为黄河冲积平原、山前冲积平原和山间河谷冲积平原三种次级类型。

1）黄河冲积平原：黄河冲积平原是黄河下游冲积大平原的一部分，分布于小清河以北和东平湖、南四湖以西的地区，通常又称为黄泛平原。

第四纪中更新世晚期，黄河下游始进入冀、鲁、豫、皖、苏境内，南北摆荡冲积、泛淤，形成黄泛平原。其地势自西南向东北缓倾，海拔高度由东明境内的70米左右，至渤海湾沿岸降至3米左右。组成物质以粉砂为主。由于黄河多次改道、决口泛滥，废弃河道错综分布，加之后期地表流水改造及人为影响，平原上岗、坡、洼地分布复杂。

河滩高地平原：黄河河道久经淤积增高，成为地上河，一旦河道废弃，即成河滩高地，又称故道高地。一般呈狭长垄岗状或脊状条带，大致沿黄河故道分布，由极细砂和粉砂组成。高出平地或背河洼地2~7米，宽度在3~15千米，为平原上重要的带状正地形。

沙质河槽地：黄河废弃河床的残留地段，有明显的废河槽或槽状低地。群众习称沙河、老黄河，系古黄河河床相沉积，组成物质以细砂为主。现多成为沙荒地，有的经风力改造，形成沙丘带。

河间浅平洼地平原：黄河故道高地之间地势相对低平的洼地，散布于鲁北与鲁西，为平原区主要负地形。多呈封闭的多边形或椭圆形，有明显的碟形洼底，与其边缘地面相对高差1.5~2米。由黄河泛滥时期的漫流或静水沉积而成，组成物质主要为黏土质粉砂或粉砂质黏土，土质黏重，易涝易干。群众习称漫洼或大洼。

缓平坡地：河滩高地与河间洼地之间逐渐过渡的漫坡地，由黄河洪水溢出天然堤后漫流堆积而成。地势向河间洼地缓倾，坡度在1/3000~1/7000。形态多样，是黄泛平原上分布最普遍、面积最大的地貌类型。

背河槽状洼地：多系现行黄河河道大堤外侧，呈条带状沿堤断续分布的槽形洼地，是一种人工地形，因沿黄取土筑堤所形成。槽形洼地多接受黄河地上河道的侧渗潜水汇集，形成滞水区。

决口扇形地：系黄河决口时洪水以决口处为顶点散流堆积形成的扇形地貌。主要分布于现行黄河及黄河故道两侧。组成物质较粗，由细砂或粉砂组成。决口扇微地形较复杂，经后期流水侵蚀或风力改造，会形成起伏不平的坡地或成片的沙地。

黄河三角洲：黄河冲积平原不可分割的一部分。大部分位于东营市境内，又称近代黄河三角洲。1855年黄河在河南铜瓦厢决口，夺大清河在山东境内入海，在垦利宁海以下南北摆动改道向海淤积形成黄河三角洲。1855~1984年，平均每年造陆21.5平方千米。黄河尾闾在摆荡淤积过程中，也形成河滩高地、河间洼地、缓平坡地及决口扇形地等一系列小地貌类型，参与黄河三角洲的构成。

2）山前冲积平原：又称山前冲洪积平原或山前倾斜平原。省内规模最大者为展布于泰鲁沂山地北麓，胶济铁路以北至小清河沿岸的山前冲洪积平原。其次为鲁中南山地丘陵西侧的大汶河—泗河平原、鲁南的沂沭河平原、胶莱河两侧的山麓冲洪积平原、半岛北部的蓬黄掖平原，以及微山湖东侧的山麓平原。其他规模小者，散布于鲁东沿海。

此类平原以其地势自河流出山口向下游方向明显倾斜为特征。近山口处的坡度可达1/500~1/800，边缘带地面坡度1/1000左右。物质组成也以近山麓带为主，常有较厚的砂砾层与黄土状沉积物成互层沉积，至平原边缘带物质变细。河道内砂砾质河漫滩与河床发育。近山口处河流下切明显，河谷相对深度达10米以上，并有一级河漫滩阶地发育。至平原边缘，河床变宽浅。平原上常有明显的古河道遗迹存在。平原边缘有弧形或浅碟状洼地分布。

3）山间河谷冲积平原：为形成于山间谷地内的河流冲洪积平原，其规模有很大差异。例如，鲁中南地区的泰安—莱芜谷地、新泰—蒙阴谷地、泗水—平邑—费县谷地等，宽20~30千米，长达100千米以上，其间发育的河流冲洪积平原，规模相应也大。沿断裂构造发育的河谷平原，也因断裂规模的不同而异。一般河谷平原宽度较小，且谷地多平直。如沂河及沭河上游谷地、潍河谷地、淄河谷地、肥城至东平的汇河谷地，以及沿桃村断裂发育的外夹河谷地等。

山间河谷平原多由第四纪砂砾质冲洪积物组成，沉积厚度一般为 30~40 米。山地河谷中普遍可见两级堆积阶地。在河谷的上游段，局部有第三级河流阶地分布，通常为基岩侵蚀阶地或基座阶地。

（2）河湖积平原为湖沼沉积与河流冲积共同作用形成的平原类型。全新世最适气候期，山东平原地区的湖沼分布相当广泛，这些湖泊至今多因为河流淤积消失，成为河湖积平原。集中分布于鲁中南山地丘陵区的西侧及北侧、山前冲洪积平原的边缘与黄泛平原相接的低洼地带，即现今的东平湖—南四湖带和小清河沿岸、胶莱平原中部的胶莱河沿岸洼地带，以及莱州湾沿岸海积平原与山前冲洪积平原的交界带。

河湖积平原下部为黑灰色泥质湖沼相沉积，上部为河流冲积物盖层，地势相对低洼。南四湖以北，过去的"北五湖"地带，海拔仅 30 米左右，小清河沿岸仅 20 米左右，古巨淀—清水泊及白浪河下游的古别画湖一带，海拔仅在 5 米左右，胶莱河沿岸古湖沼区海拔亦仅 10~15 米。这些地区土质多黏重，易积涝成灾。

（3）海积平原为全新世高海面时期的沿海海侵地带，主要分布于莱州湾沿岸及半岛沿岸各海湾内侧。如莱州湾南岸海积平原以东西向带状展布于山前冲洪积平原边缘北侧，海拔在 5 米以下。向海缓倾，坡度在 1/10000 左右，平原由黑灰色细砂质黏土、黏土质粉砂组成，含大量有机质及海生生物介壳遗骸。地表盐渍化现象较重，为省内受风暴潮侵袭危害较重的地区。东部半岛沿海海积平原，以胶州湾、丁字湾等较大海湾内侧分布者略大，物质组成多以细砂和粉砂质砂为主。

（4）剥蚀平原位于山地丘陵的边缘坡麓，是经长期风化剥蚀形成的平缓起伏的石质平原，又称准平原。主要分布在鲁东地区，如胶莱平原北部的平度、东部的莱西、莱阳、即墨，南部的高密、胶县、诸城一带，半岛东部的荣成、文登、乳山沿海，以及胶南、日照沿海、临沭、莒南等地。在鲁中南山地丘陵区四周有零散分布。此外，在泗水—平邑—费县谷地及新泰—蒙阴谷地的边缘坡麓带也有分布。剥蚀平原以缓波状起伏的地形和风化壳发育为基本特征，地面相对起伏高度一般不大于 30 米。海拔高度因地而异，在 50~150 米，沿海降至 30 米左右，构成海岸剥蚀台地。山前地带经河流切割侵蚀，亦可形成台地或岗地形态。平原上有时可见剥蚀残丘孤立分布。

（二）特殊地貌类型

1. 火山熔岩地貌

火山熔岩地貌的形成明显受地质构造控制，集中分布于沂沭断裂带中、北部的沂水—安丘火山岩分布区，临朐—昌乐火山岩区，以及鲁东的栖霞、蓬莱火山岩分布区。在鲁北平原，仅见于无棣大山。构成火山熔岩地貌的岩石主要为碱性橄榄玄武岩、碱性橄榄粗玄岩、霞石辉橄岩及玻基辉橄岩，局部为火山集块岩、角砾岩及凝灰岩等火山碎屑岩类。

2. 岩溶地貌

岩溶地貌是水溶蚀可溶性岩石而形成的各种地表和地下的地貌。山东省是中国北方重要的岩溶地区之一，可溶性岩出露面积约为 16200 平方千米，广泛分布于鲁中南山地丘陵区，在鲁东有少量分布。山种地貌在鲁中南地区的可溶性岩主要为古生界的石灰岩、白云质灰岩、泥灰岩及白云岩。鲁东的可溶性岩主要是胶东群与粉子山群中的大理岩以及蓬莱群香夼组石灰岩等，见于莱州、蓬莱、福山、牟平、栖霞一带。

（1）地表岩溶地貌溶沟、石芽：溶沟、石芽是水在可溶性岩石的地表溶蚀、侵蚀形成的沟槽（溶沟）和沟槽间呈脊状或芽状突起的岩体（石芽）。此种地貌在鲁中南石灰岩地区很普遍，鲁东烟台至蓬莱沿海及福山、栖霞等地大理岩和石灰岩分布区也有发育。

（2）地下岩溶地貌：山东境内已知显露于地表的岩溶洞穴计 340 余个。代表性的大型溶洞有济南港沟盘龙洞、淄博市博山樵岭前朝阳洞、沂源县土门溶洞群。

3. 海岸地貌

山东海岸北起冀、鲁交界处的漳卫新河河口，南止苏、鲁交界处的绣针河河口。沿岸岛屿共 299 座，岩岛 241 座，集中分布于黄海沿岸；砂岛 58 座，集中分布于渤海沿岸。

据地质基础、海岸岩性、河流入海泥沙对海岸发育的影响，海岸形态与成因的差异，可将山东海岸分为粉砂淤泥质海岸、砂质海岸与基岩港湾海岸三类，计八个亚类。

（1）粉砂淤泥质海岸分布于渤海湾南岸、莱州湾西及南岸，西起漳卫新河河口，经现黄河口，向东延伸至莱州虎头崖附近。本段海岸主要是鲁北黄河三角洲平原和泰鲁沂山地北麓诸河冲积、海积平原海岸，沿海海拔在 5 米以下，海岸带组成物质以黄河入海泥沙为主，形成了我国北方主要的粉砂淤泥质海岸。具体分为 2 个亚类：黄河三角洲平原海岸，海岸起自漳卫新河口，东经现黄河口，至支脉河口；莱州湾粉砂质平原海岸，该海岸段位于莱州湾南岸，西起支脉河口，东至莱州虎头崖以西附近，以海岸低平、岸线平直、潮滩宽度大致均匀为特色。

（2）砂质海岸分布于鲁东丘陵区沿海，集中分布于莱州湾东岸蓬莱至莱州沿海及日照沿海，其余则散布于福山、牟平、荣成、文登、海阳及胶南沿海。沿岸以沙堤、沙坝、沙嘴、湖及小型河口平原为基本地貌特色。按海岸地貌成因分为 2 个亚类：沙坝—潟湖海岸、滨岸小型河口平原海岸。

（3）基岩港湾海岸是山东主要海岸类型之一，以海岬、海湾相间分布，岸线曲折，海蚀、海积地貌复杂为特征。岸外岛屿星罗棋布，更增加了海岸的秀丽景色。据统计，山东沿海面积大于 1 平方千米的海湾共 51 处。除规模最大的莱州湾外，其他反映基岩港湾海岸特色的重要海湾，自北而南有：芝罘湾、威海湾、荣成湾、桑沟湾、石岛湾、靖海湾、乳山湾、丁字湾、崂山北湾、胶州湾及崔家潞湾等。按成因及形态差异，又分为 4 个亚类：岬湾海岸、溺谷（河口湾）海岸、熔岩台地海岸、黄土台地海岸。

第二节　气候

山东属暖温带季风气候，气候温和，雨量集中，四季分明。冬季受偏北大陆性季风控制，寒冷晴燥；夏季气流源自低纬太平洋洋面，盛行偏南风，气候湿热，降水集中。冬夏风向转换十分明显，多数地区的季风指数均在 30～50，属典型暖温带季风气候区。

全省各地的大陆度均在 50% 以上。东部石岛为 55%，青岛为 61%；西部的德州、菏泽分别为 67% 和 69%。从大陆度分析，全省均属大陆性气候，故又称大陆性季风气候。

从全省气候状况分析，地区差异十分明显，尤以东西之间的差异显著。第一，气温与热量方面，胶东半岛、东南沿海与西部内陆地区相比差异显著。夏季等温线几乎呈南北走向，与海岸线平行，七月平均气温西部高达 27℃ 以上，东部仅 21℃，相差 6℃，东西相差之大，在沿海各省中是罕见的。不同界限温度的积温值亦是西部内陆高于东部沿海地区，≥0℃ 的积温，半岛地区为 4500℃ 以下，西部内陆则在 4800℃～5000℃；≥10℃ 的积温，半岛地区一般在 3600℃～4000℃，西部地区一般在 4000℃～4500℃。内陆与沿海的物候期可相差 20 天左右。第二，全省降水量一般在 550～900 毫米，地区分布由东南向西北递减，半岛南部、东南沿海及鲁南地区降水最多，达 800～900 毫米；鲁西北及黄河三角洲较少，仅有 550 毫米左右。降水变率西部亦较大，夏季降水量占全年总量的 70%，东部为 60% 左右，故春旱、夏涝现象远较半岛沿海地区为重，且甚于河北省南部，东西差异之大在华北地区也是绝无仅有的。第三，从四季分配看，全省各地均以冬季最长，夏季次之，半岛中、东部的冬季尤长，在 160 天以上；西部内陆地区，如鲁西南和济南地区冬季最短，在 140 天以下。夏季日数，以鲁西、鲁南为最长，在 100 天以上，而半岛及沿海地区则在 100 天以下。春秋两季，西部内陆地区气温转变迅速，时间较短，且春温高于秋温，东部地区则是秋温高于春温，相对于华北其他省，这也是一个显著的特征。第四，据大陆度的差异，西部大陆性气候显著加强。省内南北气候的差异，主要表现在各地的太阳高度和日照时间上，特别是在冬至日，鲁南郯城的太阳高度角比鲁北无棣大 3 度，昼长多 20 余分钟；一月份两地的太阳辐射量相差 1699 卡路里/平方厘米。冬季气温自南向北递减。

气候的垂直变化在高逾千米的中山地区比较明显。从表 3-1 可以看出，泰山山麓地带与顶部气候各要素有显著差异。

表 3-1　泰山、泰安两站气候要素值的比较

站名	海拔高度（米）	年平均气温（℃）	气温年较差（℃）	年平均最高气温（℃）	年平均最低气温（℃）	年降水量（毫米）	日照时数（小时）
泰山	1532	5.3	26.4	8.8	2.3	1138.0	2893.1
泰安	130	12.8	29.0	19.0	7.5	722.6	2633.7

资料来源：山东省情网—首轮省志—自然地理志—气候卷。

此外，省内各种灾害性天气，如八级以上大风日，以鲁北平原与半岛北部较多，鲁中山区较少；干热风以鲁西、鲁北平原出现较多，鲁中南山区较少；

冰雹日则以鲁中南山区较多，而南部平原则较少；早霜冻以鲁北平原及半岛、鲁中山丘区的谷地较多、较重，终霜冻则以鲁南平原较多、较重。这些方面也表现出了明显的地域差异性。

一、主要气候要素

（一）气温

1. 年平均气温

全省各地平均气温介于 11.0℃～14.2℃，总的分布特点是：南部高于北部、西部高于东部、内陆高于沿海、平原高于山区。

全省有一个高温区和两个低温区。高温区位于西半部，包括鲁西北、鲁西南、鲁南平原地区及鲁中山地西和西北部，年平均气温均在 13.0℃以上，其中济南最高为 14.2℃；低温区一个在黄河口附近，一个在半岛地区，年均温均在 12.0℃以下，其中以半岛东部的文登为最低，年均温仅 11.0℃；其余地区在 12.0℃～13.0℃。

2. 四季平均气温

冬季（12月～次年2月）在强大陆性气团控制下，全省寒冷、干燥、少雨雪。季平均气温由南向北随纬度的增高而降低，各地平均气温在 -2.7℃～0.9℃，等温线基本呈纬向分布，南北温差达 3.0℃之多。

春季（3～5月）气温多变，表现为春暖、倒春寒、春寒等类型。沿海各地较内陆地区增温缓慢，故等温线逐渐演变成经向分布。温度由东向西递增，一般在 8.0℃～14.9℃，东、西温差达 6.0℃以上，而南、北温差则小于 1.0℃。

夏季（6～8月）受大陆低压及太平洋副热带高压的影响，天气炎热，湿润多雨，季平均温度自西向东逐渐降低，在 26.6℃～20.8℃，等温线几乎呈现与海岸线平行走向。鲁西北、鲁西南在 26.0℃以上，济南最高为 26.6℃；鲁北、鲁中山区在 25.0℃～26.0℃；胶东半岛大部分在 23.0℃以上，半岛东端则低于23.0℃，成山头最低为 20.8℃。山区与平原差异较小。

秋季（9～11月）温度下降迅速，多秋高气爽天气。由于纬度引起的温度变化大于海洋的作用，故内陆平均气温等值线趋于纬向分布。全省季平均气温的分布在 12.7℃～15.4℃。

（二）降水

1. 年降水量

山东省大部分地区的年平均降水量在 600~750 毫米，并呈现出南多北少的分布特点。泰山的年平均降水量达到 1042.8 毫米，是全省降水最丰富的地方。临沂和枣庄南部地区的降水量在 800~848 毫米，是全省降水较多的区域，临沭达 848 毫米；鲁东南的大部分地区和半岛的东南部为 700~800 毫米；鲁中山区、鲁西南及半岛大部分地区的降水量一般在 600~700 毫米；鲁西北和半岛北部降水较少，一般在 600 毫米以下，降水最少的是黄河以北的地区，多数不足 550 毫米，其中，武城是全省降水量最少的地方，只有 508.6 毫米。

2. 降水日数

山东各地年降水日数基本遵循从西北向东南递增的规律。鲁西北地区较少，多数在 65~70 天，宁津最少，只有 62.7 天；鲁东南和半岛的东部地区是降水日数较多的区域，一般在 80~90 天，其中，文登最多，为 90.9 天；其他地区多数都在 70~80 天。泰山年平均降水日数高达 95.1 天。

（三）日照时数

1986~2005 年，山东年日照时数平均 2412 小时，分布大致从西南向东北增多，各地在 1898~2813 小时。鲁西北和半岛大部、鲁中部分、鲁南局部在 2400 小时以上；鲁南部分、鲁西北局部在 2200 小时以下；其他地区在 2200~2400 小时。蓬莱以 2813 小时居全省之首，鲁西南的成武只有 1898 小时，是全省最少。

（四）风

1. 风向与风速

山东处在季风区域，冬夏风向交替明显。冬季，山东省处在反气旋的东南方，故多偏北风；夏季，气压场形势与冬季相反，以偏南风为主。但由于各地在同一天气系统中所处的相对位置和受地形、下垫面影响不同，风向显得比较复杂。山东半岛及潍坊一带多南风和西北风，其中，烟台、石岛多东南风，鲁东南以东南风和西南风为多；鲁西南以南风和北风为多，济南和滨州等地全年都以东北风和西风为多。

以平均风速而论，各地平均风速为 3~4 米/秒。沿海风力大于内陆，内陆平原开阔地带大于山丘地区。一般沿海各地风速为 4~5 米/秒；鲁中山地及丘陵地区在 3 米/秒以下；内陆平原地区介于沿海和山丘之间。

2. 大风与台风

8级（风速≥17米/秒）以上的风为大风。山东大风日沿海多于内陆，平原多于山区，山区平原及河谷区大风最少。大风出现的季节性较强，全省各地均以春季大风天气最多，鲁北及半岛地区均在10天以上，半岛东部可达30天以上，内陆地区一般5~10天。夏季大风天气较少，内陆地区2~5天，半岛地区2~15天。秋季大风天气比夏季稍多，一般在5~20天，内陆地区2~7天。冬季内陆地区与秋季相近，渤海沿岸及半岛地区的大风天气多在5天以上，半岛东部可达10~45天。

台风通常是一种强风和暴雨交加的天气现象。当起源于菲律宾以东大洋面上的台风，经浙江、江苏沿海登陆北上，或沿黄海西岸经山东半岛北上时，鲁南、东南沿海和山东半岛地区常形成大风与暴雨天气，虽然可带来丰沛的降水以补充水资源，但可造成不同程度的风雨灾害。1961~2016年的统计显示，山东受台风影响次数共计76次，平均每年为1.4次。一年内7~9月台风次数多，台风最早影响山东的时间为5月28日（1961年），最晚为11月9日（1972年）。台风暴雨主要出现在山东半岛和鲁东南沿海地区，多出现在6~9月，一日最大降水均在200毫米以上。

3. 干热风

干热风是小麦开花、灌浆期间出现的高温、低湿并有较大风速的农业灾害性天气，俗称旱风、火风。据干热风指数（见表3-2）可分为轻干热风和重干热风。轻干热风年份可使小麦千粒重减少1~3克，减产5%左右；重干热风年份可使小麦千粒重减少3~5克，减产10%以上，是危害小麦高产稳产的灾害性天气之一。

表3-2 干热风指数表

类型	日最高气温（℃）	14时相对湿度（%）	14时风速（米/秒）
重干热风	≥35	≤25	≥3
轻干热风	≥32	≤30	≥2

资料来源：根据山东省情网—二轮山东省志—气象志（1986~2005）数据整理。

干热风出现范围几乎遍及全省，年平均干热风日数，鲁西北地区、淄博市、济南市、潍坊市西部和泰安地区西部在4天以上，德州市最多为7.4天；半岛地区大部和鲁东南地区在2天以下，其中黄海沿岸不足1天；其他地区在2~4天。

干热风过程次数，各地累年平均 0.9 次，轻干热风次数较多，为三年两遇，重干热风为五年一遇。

二、气候区划

根据省内的地形条件、海陆位置和纬线跨度，结合各地水热条件，将全省划分为五个气候区。

（一）鲁南平原气候区

本区包括鲁中山地丘陵区的东南部及沂、沭河冲积平原。北部为低山丘陵的外侧，自然坡降较大，南部较为平坦，地势由北向南倾斜。气候特点：气温较高，年降水较多，无霜期较长，夏季炎热而潮湿，冬季温暖而湿润。该区年平均气温在 12℃~13.5℃，最热月是 7 月，平均气温 25.5℃~26.5℃，最冷月是 1 月，气温在 -1.5℃ 左右，无霜期 200~215 天，≥10℃ 的积温在 4200℃~4500℃。区内水分资源丰富，年降水量在 860~950 毫米，年日照总时数为 2400~2500 小时，年平均风速 2.5~3.3 米/秒，水热条件较好，可麦、稻连作，一年两熟。

（二）鲁中山地丘陵气候区

本区包括鲁中山区的中部和东部，是全省地势最高、切割最强烈、自然景观最复杂的区域。区内年平均气温 12℃~14℃，最热月是 7 月，平均气温在 25℃~26.5℃，1 月是最冷月，一般气温在 -3℃~-3.5℃，≥10℃ 积温为 4100℃~4400℃，无霜期在 190~200 天，能满足夏秋作物一年两作的需要，每年春霜冻结束较晚，小麦易受冻害，是省内春霜冻严重区域之一，年降水量 680~970 毫米，其中，60%~65% 集中于夏季，且多暴雨，降水变率大，但因海拔较高，河流比降大，排水能力好，故极少有涝灾，但常受春旱、秋旱和雹害的威胁。

（三）鲁西南平原气候区

本区包括黄河以南、鲁中山地以西的滨湖及平原地区，西南到省界。区内大部分属古黄河冲积扇的中部、下部，为海拔在 35~70 米的缓岗高地和洼地。区内年平均气温在 13℃~14℃，最热月（7 月）平均气温 27℃ 左右，最冷月（1 月）平均气温 -1℃~-2℃，≥10℃ 积温 4400℃~4600℃，无霜期 200~210 天，是全省热量资源最丰富的地区，可以满足作物一年两熟的需要。年降水量 600~

800 毫米，降水季节分配不均，春雨不足，易致春旱，加上春季气温回升迅速，地面湍流加强，易出现风沙天气；夏雨过分集中，在地势低洼、排水不畅处，易致内涝。

（四）鲁西、鲁西北平原气候区

本区包括鲁中山区的北麓和鲁北、鲁西北平原地区，区内平原海拔大都在 50 米以下，地势由西南向东北逐渐降低，至渤海海滨只有 2~3 米，除少数孤丘外，大部地区为河流冲积平原，地势平坦，多缓岗洼地。区内光、热资源较丰富，但水资源欠缺，全年雨量较少，在 600~700 毫米，是省内降水较少的地区，且降水季节分配不均，变率大，旱涝碱灾害严重。年平均气温在 12℃~14℃，日照时数 2500~2800 小时，≥10℃积温在 4300℃~4500℃，无霜期 190~210 天，其四季特征是：春季干旱多风沙；夏季炎热，有暴雨和冰雹；秋季凉爽，季末常有霜冻；冬季气温较低，雨雪稀少而干燥。

（五）胶东丘陵气候区

本区包括胶东半岛、胶莱平原及东南沿海一带。年平均气温 11℃~12℃，1 月平均气温 -4℃~-1℃，最热月（8 月）平均气温 25℃左右，≥10℃积温在 3600℃~4200℃，各种界限温度在全省中都是较少的地区，不能满足半岛东端荣成、文登等地的夏玉米生长期所需，其余地方均满足一年两熟的需要。本区气候深受海洋影响，年降水量在 650~900 毫米，57%~61% 集中在 6、7、8 三个月，年平均相对湿度在 70% 以上，为全省降水量较多、相对湿度较大的地区。综观全区，年雨量适中、平均气温较低、夏季凉爽湿润、冬季寒冷潮湿为其特点。由于半岛南、北沿海和半岛内陆，受海洋影响程度不同，气候差异明显。半岛东北和东南部，受海洋调节更为显著：春季回暖缓慢，无霜期较长，一般在 190~260 天，年蒸发量 1600 毫米，是全省蒸量较少的区域，年平均风速 4~5 米/秒，为全省风速较大的地区，而半岛内陆与胶莱平原，年平均气温要高于南部沿海，最热月一般为 24℃~26℃，无霜期 190~210 天，少于南部沿海。半岛西北部沿海地区的招远、莱州等地，是本气候区内雨量最少的地方，年降水量 700 毫米，北部滨海在 650 毫米以下，但热量资源比较丰富，≥10℃的积温在 3900℃~4200℃，年平均日照 2700 小时，可满足两年三作或一年两作的需要。降水较少、受涝可能小、春季多干旱为区内气候的普遍特征。

第三节 水文

山东省地形复杂，雨量集中，河流比较发育，全省平均河网密度为 0.24 千米/平方千米。长度在 5 千米以上的河流共有 5000 多条，其中长度在 10 千米以上的 1552 条，有 70 多条为干流和一级支流。河流水系的分布受地貌格局的直接影响。鲁中南地区，以泰鲁沂山地为中心，形成向四面分流的辐射状水系，向南流的河流经江苏入海，向西流的河流分别注入黄河和南四湖，向北流的河流除部分注入黄河外，多数独流注入渤海，向东流的河流集水面积较小，均汇入黄海。胶东地区，以昆嵛山、牙山、艾山、大泽山等为分水岭，形成南北分流的不对称水系。北流诸河流注入渤海和黄海，大都源短流急，南流的河流汇入黄海，集水面积相对较大。鲁西北平原区，地势平缓，在微倾斜的平原上，发育了众多的坡水性河道。黄河以北平原区，河流注入渤海，黄河以南、南四湖以西平原区，河流汇入南四湖。山东诸河分属黄河、淮河、海河、小清河及山东半岛水系。

山东省河川年径流量平均为 264 亿立方米，折合年径流深为 172.2 毫米。河川径流深总的分布趋势是从东南向西北递减。

山东省年径流量年际变化大，年内分配亦很不均匀。丰水年与枯水年水量相差悬殊，且平原地区年际变化大于山区。全省实测最大年径流量发生在 1964 年，为 690 亿立方米，是多年平均径流量的 2.6 倍；1968 年最小，为 61.7 亿立方米，仅为平均值的 23.4%；最大年径流量为最小年径流量的 11 倍多。

山东河流除黄河干流外，多年平均含沙量大都在 1~3 千克/立方米。黄河以北平原区，多年平均含沙量为 0.3~1.2 千克/立方米；鲁中南山地和鲁东丘陵地区，河流上游含沙量较高，多年平均含沙量一般在 2 千克/立方米以上，最大可达 4.6 千克/立方米，河流的下游平原区含沙量较小，一般不超过 1 千克/立方米；南四湖以西平原区多年平均含沙量的变动范围为 2~3.5 千克/立方米。

山东省湖泊多分布在鲁中南山地丘陵与平原的过渡地带，以南四湖为最大，东平湖次之，其他还有麻大湖、白云湖和大芦湖，湖泊总面积约 2100 平方千米。

一、主要河流

（一）黄河水系

黄河是我国第二大河，全长 5464 千米，流域面积 752443 平方千米，黄河流经黄土高原，汇入了许多含沙量极大的支流，而成为举世闻名的多泥沙河流。黄河从菏泽市东明县入山东省境，呈北偏东流向，经菏泽、济宁、泰安、聊城、德州、济南、淄博、滨州、东营 9 个地级市，在东营市垦利区注入渤海，河道长 628 千米。

（二）海河水系

山东海河水系是黄河以北各河的总称，由徒骇河、马颊河、德惠新河、卫运河、漳卫新河等构成，流域总面积 29713 平方千米。

1. 徒骇河

位于黄河下游北岸，流经河南、河北、山东三省。干流自聊城地区莘县文明寨起，流经聊城、德州、滨州 3 个地级市，在滨州市沾化与秦口河汇流后，经东风港入海。徒骇河经过人工疏浚开挖，具有人工渠道的某些特点，河道顺直少弯，宽度和深度变化不大。

2. 马颊河

起源于河南省濮阳县金堤闸，经清丰、南乐、河北省大名县，在莘县沙王庄进入山东省境。流经山东省的聊城、德州和滨州 3 个地市，在滨州市无棣县沙头堡东注入渤海。在山东省境内河道长 448 千米，流域面积 10638.4 平方千米。

（三）淮河水系

山东省淮河流域系指沂、沭、泗河中上游水系，位于山东省南部及西南部。东西长 410 千米，南北宽 210 千米，流域总面积 5.1 万平方千米。流域北以泰、沂、蒙山脉与大汶河、胶河、潍河为界，西北以黄河为界，西南以废黄河与河南、安徽、江苏为邻，东邻黄海，南与江苏接壤。受水系地形、地貌等因素影响，流域内水系分为四大片：西部为南四湖水系，中部为沂沭河水系，中南部为运河水系，东部为滨海水系。

1. 沂河

源于山东省沂源县田庄水库上源东支牛角山北麓，北流过沂源县城后折向南，经沂水、沂南、临沂（市区）、蒙阴、平邑、郯城等县市区，至江苏省邳州市吴楼村入新沂河，抵燕尾港入黄海，全长 500 千米，流域面积 1.16 万平方千米。

2. 沭河

山东省南部较大河流。沭河发源于沂蒙山区南麓，向南流经沂水、莒县、莒南、临沂（市区）、临沭、东海、郯城、新沂 8 个县（市）境，于口头入新沂河，全长 300 千米。

沂、沭流域是山东省雨量最丰富的地区，流域平均年降水量为 853 毫米，年径流深居全省之冠。沂河多年平均年径流深 326.3 毫米，沭河为 303.3 毫米。

3. 泗河

又名泗水，山东省中部较大河流，发源于沂蒙山区新泰市太平顶西麓，原经鲁西南平原，循今山东南四湖流路，进入江苏省，干流长 159 千米，流域面积 2361 平方千米。泗河为山洪性河流，河水主要由降水补给，汛期洪水集中，常形成洪涝灾害。

4. 洙赵新河、万福河、东鱼河

这三条河流发育在以河南兰考县铜瓦厢为顶点，由黄河、废黄河、大运河、南四湖为界的三角地区。这一地区地势平坦，河道比降很小，水流平缓。河流受黄河泛滥改道的影响，屡有变动。以洙赵新河、万福河、东鱼河为主的新河系，是在近代黄河北夺大清河以后逐渐形成的。

（四）其他诸河

1. 小清河

其是山东省通航河流，位于省境中部，源于玉符河汊流及济南市诸泉，东北流经历城、章丘、博兴等县，于寿光市羊角沟东 20 千米处入莱州湾。全长 240 千米，流域面积 1.1 万平方千米。主要支流有绣江河、杏花沟、孝妇河、淄河和塌河等，均从右岸汇入，呈极不对称的羽毛状水系。

2. 潍河

潍河发源于莒县其吴山北马泉头，由南向北流，注入渤海莱州湾，河长为 233 千米，流域面积 6493.2 平方千米。主要支流有渠河、汶河等，均从左岸汇入。潍河流域平均年降水量 747 毫米，年径流深 226.4 毫米，径流系数 30%，均略高于弥河流域，径流年内变化剧烈。

3. 胶莱河

其流经昌邑、莱州、高密、诸城、平度、胶州、胶南等县（市）。流域形状呈南北方向长的长方形，而河流是东南—西北向，干流全长 130 千米。流域最大宽度 64 千米，最小宽度 8 千米，各支流均正交于干流，成羽状河系。胶莱河流域支流众多，且多集中在上游，胶莱河流域总面积为 5479 平方千米，其中北胶莱河流域面积 3974 平方千米，南胶莱河 1505 平方千米。

4. 大沽河

大沽河是山东半岛的大河之一，位于半岛西部，发源于招远市阜山，流经莱西、莱州、平度、即墨、胶州和崂山等县市。纳小沽河、潴河、五沽河、落药河等支流，在胶州码头村以南汇入胶州湾，河道全长 179.9 千米，流域面积 4655.3 平方千米。地势北高南低，上游山丘区占全流域的 46%，下游平原区占 54%。大沽河流域降水量较多，流域平均年降水量 745.5 毫米，年径流深 223.2 毫米，折合年径流量 9.29 亿立方米。

二、湖泊

山东湖泊分布的位置，在地貌形态上，大都处于平原与山丘区的过渡区。这一过渡区是山丘河流形成的山前冲积—洪积平原与平原河流（特别是黄河）沉积的接合地带。由于原始地形与沉积的差异，产生了各种形态的洼地，为湖泊形成提供了湖盆条件。洼地在合适的条件下蓄水便构成了湖泊。如鲁西南沿运河的一系列湖泊（东平湖、南四湖等）及小清河流域的湖泊（白云湖、麻大湖等）都属于这一类型。

在山东省的沿海地区，由于海岸的沉积而形成的湖泊（潟湖）大都规模很小，有的已淹没无存。

山东省的湖泊集中分布在鲁中南山丘区与鲁西南平原之间的鲁西湖带。以济宁为中心分为两大湖群，以南为南四湖，以北为北五湖。

（一）南四湖

其包括昭阳湖、独山湖、南阳湖、微山湖，四湖相连，南北长 126 千米，东西宽 5~25 千米，总面积 1266 平方千米，为全国十大淡水湖之一。南四湖容纳鲁、苏、豫、皖四省八地区的汇水，入湖河流 40 多条，流域面积 3.17 万平方千米，加之京杭大运河穿湖而过，兼有航运、灌溉、防洪、排涝、养殖之利。

1958年拦湖建起大坝，将南四湖分为上、下两级。上级湖包括南阳湖、独山湖和昭阳湖大部，水位在34.5米高程时，可蓄水11.4亿立方米；下级湖包括微山湖和昭阳湖一小部分，水位在32.5米高程时，可蓄水7.78亿立方米。

（二）东平湖

东平湖隶属北五湖（自北而南为东平湖、马踏湖、南旺湖、蜀山湖、马场湖）。东平湖为其中面积最大的湖泊，盛水期湖面约153平方千米，枯水期湖面在100平方千米左右，常年水面123.4平方千米；水深一般为1~2米，最深处3.5米。而其余四湖，大都淤积成仅夏季积水的低浅洼地，蓄水很少。

（三）马踏湖

马踏湖位于淄博市桓台县东北部，地处泰沂山脉北麓山前洪冲积与黄泛冲积平原的迭交凹地。以荆（家）夏（庄）公路（俗称馑饥岭）为界，路南为锦秋湖，路北为马踏湖，因两湖彼此衔接，融为一体，故统称为马踏湖。湖区地势由西南向东北缓倾，西南部海拔9米左右，东北部7米以下，湖底5.7~6.8米，地面坡度1/2500~1/3500。整个湖区南北长13.5千米，东西宽16.5千米，总面积124.255平方千米（其中锦秋湖81.1725平方千米，马踏湖43.0825平方千米），占全县总面积的24.38%。

（四）大明湖

大明湖位于山东省济南市中心偏东北处、旧城区北部，是由济南众多泉水汇流而成，湖面0.58平方千米，公园面积1.034平方千米，平均水深2米左右，最深处达4.5米，是一处天然湖泊，被誉为"泉城明珠"。

三、地下水

山东省地下水补给来源主要是大气降水、河流和农业灌溉的下渗补给。2014年全省淡水区地下水资源量为116.73亿立方米，全省平原区浅层地下水开采量为59.35亿立方米。全省多年平均地下水资源量为152.57亿立方米，资源模数为11.4万立方米/平方千米。

山东省地下水资源分布的基本特征是：平原区大于山地丘陵区，山前平原区大于黄泛平原区，黄泛平原鲁西地区大于鲁北地区。

四、近海水文

山东省海岸线北起漳卫新河河口，南至绣针河河口。漳卫新河河口与蓬莱角之间属于渤海海岸，蓬莱角向南到绣针河河口属于黄海海岸。

渤海为我国的内海，三面环陆，面积约8万平方千米，被山东半岛、辽东半岛钳形扼守，以庙岛群岛一带的渤海海峡与黄海相通。黄海东邻朝鲜半岛，南与东海相连，东南面至济州海峡两侧，并经朝鲜海峡与日本海相连，面积约38万平方千米。黄海从胶东半岛成山角到朝鲜的长山串之间海面最窄，习惯上以此连线将黄海分为北黄海和南黄海两部分，北黄海面积约8万平方千米，平均水深38米；南黄海面积约30万平方千米，平均水深46米。

山东海域的水文状况既受温带季风气候的影响，也受大陆河川入海径流形成的沿岸流和邻近大洋海流的影响。渤海表层水温变化受北方大陆性气候影响，最低平均气温出现在2月，大约0℃左右，最高平均气温出现在8月，大约为21℃。因受大陆入海河川径流的影响，加之海域相对狭小，渤海的盐度较低。黄海的温度和盐度地区差异显著，季节变化和日变化较大，具有明显的陆缘海特性。由南向北，由海区中央向近岸，温度和盐度都几乎均匀地降低。海区东南部，表层年平均温度为17℃，盐度通常大于32.0‰；北部表层年平均温度小于12℃，盐度一般小于28.0‰。冬季，随着黄海暖流势力加强，高温高盐水舌一直伸入黄海北部，温度和盐度水平梯度较大，近岸区域温度和盐度较低，中部较高，济州岛附近最高。渤海和北黄海的浅水海湾内的浅滩地带，冬天会出现不同程度的海冰，主要取决于气候的冷暖和寒潮次数、强度以及持续时间。11月中旬到12月上旬，自北向南先后从岸边开始结冰，次年2月下旬到3月上旬，则自南向北逐渐消融。

山东沿海各地的潮汐主要为规则半日潮和不规则半日潮。渤海海峡属于规则半日潮，其余渤海大部分属于不规则半日潮。黄海大部以规则半日潮为主，黄海成山角以东至朝鲜大青岛一带和海州湾以东一片海区属于不规则半日潮。山东近海潮差差异较大。渤海潮差为1~3米。沿岸平均潮差，以辽东湾顶为最大（2.7米），渤海湾顶次之（2.5米），秦皇岛附近最小（0.8米）。海峡区的平均潮差为2米左右。黄海潮差东部大于西部。东部（朝鲜半岛西岸）潮差一般为4~8米，仁川港附近最大可能潮差达10米，是世界闻名的大潮差区之一。西部（中国大陆沿岸）潮差一般为2~4米，成山角附近潮差尚不到2米，为黄海潮差最小的区域。但江苏沿海，弶港至小洋口一带海域的潮差较大，平均潮差可达3.9米以上；更大潮差在小洋口近海达6.7米，长沙港北为8.4米。

五、山东水文区划

山东省河流大部分发源于省境内，流行于省境内，又多在省境入海，其水文特征深受山东省自然地理因素及人类活动的影响。所以根据河流水文特征的相似性与差异性，可进行本省水文区的划分。

（一）鲁西北平原区

本区基本特征如下：

第一，河流属坡水性。本区基本上属华北大坳陷，为黄河冲积平原的一部分，地势平坦，大部分海拔在 50 米以下，因此影响了洪水暴涨缓落。本区河流在历史上屡受黄河改道的影响，河道多变，现有河道多经人工治理，弯曲度较小，一般在 1.06 左右。各河无明显分水岭，相互之间有大运河沟通。

第二，年径流量贫乏。本区多年平均径流系数为 15%~5%，径流模数为 2~0.5 升，最大洪峰径流模数不超过 100 升，枯水径流模数小至 0.05 升，仅就径流模数言，本区只及沂沭区的 1/10。区内降水较少，蒸发强烈。洼地较多，排水困难是径流量贫乏的基本原因。

第三，河流含沙量小。本区年水蚀模数不足 10 吨/平方千米，除黄河含沙量为 25.87 千克/立方米（利津站）外，各河含沙量均小，一般在 0.2~0.3 千克/立方米，仅及潍河的 1/16。

（二）鲁中南地山丘陵及山前冲积平原区

本区为鲁中地块隆起带，状如穹窿，四周为连续的平原所环绕，河流发源于中部太沂山地，向四方散流，呈辐射状水系。各河自山地流入平原后，纵坡突然变缓，为本区河道的天然特征，如潍河在九台以上，纵坡为 3%~4%，九台一下，一般不足 1%。沂沭汶泗诸河均有此种情况。这不仅促成水流来快去慢，助长了汛期洪水的暴涨，且使泥沙停积，造成各河下游河床均具宽浅的特点。但河流上游水力蕴藏较丰，可资利用。其一般特征概述如下：

第一，河流属山洪性。河流源出于中部山地，纵坡较大，一般在 1% 以上，这使本区汛期洪峰历时较短，多在 1~2 天。区内河流多河漫滩河谷，中下游河曲甚为发育。

第二，年径流量较大。降水较多（年雨量 700~900 毫米），尤多暴雨，山地丘陵坡度较大、土层浅薄、植被较差等因素都使径流量增大。

第三，河流含沙量大。本区年水蚀模数大部分在 500 吨以上，河流含沙量多超过 2 千克/立方米，为鲁西区的 7～10 倍。

（三）鲁东低山丘陵区

本区基本特征如下：

第一，河流短促，独流入海。本区河流除五龙河外，各河流程均不超过百千米，除大沽河上游为树枝状水系外，其余多为独流入海的"边缘水系"，不但异于省内各区，即使在全国范围内也属少见。

第二，纵坡大，水流急。区内山地丘陵占 70%以上，虽高度不大，但半岛地面狭窄，从山地中流出的河流纵坡一般在 5%以上，故水流湍急。暴雨之后，河水涨落更为强烈。本区年水蚀模数为 200～1000 吨/平方千米，东端较小。

第三，年径流量较大。本区多年平均径流系数为 15%～35%，大部分为30%，径流模数为 4～10 千克，年径流总量达 61 亿立方米，比鲁西北区大 8 倍，约与鲁中区相等。位置临海、年中降水较多以及山地丘陵的广布是其径流量较大的主要原因。

第四，各河下游受海潮干扰显著。本区三面环海，沿岸浅滩较窄，潮位差较大，洪水期间，各河下游受涨潮顶托，加重和推延了洪汛危害。

第四节　土壤

依地形、水文、气候、植被、母岩、母质等自然条件的差异及人为生产活动的影响，山东土壤类型复杂多样，大体可分为棕壤、褐土、潮土、砂姜黑土、盐碱土、水稻土六大类型。

一、主要土壤类型

（一）地带性土壤类型

山东省地域辽阔，自然条件复杂，开发历史悠久，所形成的土壤种类很多。在温暖湿润、半湿润的气候和原始落叶阔叶林的主导作用下，土体中一价的钾、钠和二价的钙、镁等金属在土壤形成过程中经风化、淋溶而淋失，土壤呈酸性，人们称它为棕壤。但在含钙质丰富的石灰岩、砂页岩的风化物和黄土母质上，其土壤形成过程仅一价金属被淋失，而钙还残留在土体中，并累积在一定深度，所形成的土壤显碱性，称为褐土。棕壤与褐土是代表山东生物、气候特征的地带性土类，它们广泛分布在省内的山地丘陵地区。

1. 棕壤

棕壤又称棕色森林土。山东全省约有 27715 平方千米，主要分布在胶东半岛及鲁东南丘陵地区，泰山等山体也有分布。除部分山地外，棕壤大部分已开垦耕种。根据其成土过程和发育阶段，可分为棕壤性土、棕壤、白浆化棕壤和潮棕壤四大亚类。其中：潮棕亚类广泛分布于丘陵坡麓边缘的山前平原上，地势平坦，土层深厚，水分较充足，保肥蓄水能力较强，土壤多呈中性反应，适于栽培多种粮食作物和经济作物，是山东省主要的高产稳产农田。

2. 褐土

褐土集中分布于鲁中南低山丘陵及胶济、京沪铁路两线的山麓平原地带，蓬莱、龙口、莱州也有分布，全省约有 36070 平方千米。

（二）非地带性土壤

1. 潮土

潮土是山东全省分布最广、面积最大的一种土壤，约 68189 平方千米，占土地总面积的 44.1%。在地势低平的冲积平原地带，地下水位较高，旱耕历史悠久，成土过程中主要受地下水和旱耕的影响，土体表层多形成熟化的耕作层，下部常见受地下水升降影响而形成的大量锈纹、锈斑，所发育的土壤称为潮土。潮土集中分布在鲁西北和鲁西南黄泛平原，山丘地区的河谷平原、滨海洼地也有分布。这类土壤质地适中，多含钙、磷、钾等矿质养分，是省内粮、棉重要生产区。

2. 盐碱土

盐土、碱土以及各种盐化、碱化土壤统称盐渍土或盐碱土。全省共 4760 平方千米，主要分布在鲁西北黄泛平原地势低平地段、河间洼地和滨海地带。

3. 砂姜黑土

洼地中因地下水位过高或有季节性积水，多发育成砂姜黑土。全省有砂姜黑土 9970 平方千米，主要分布在莱西、即墨盆地，胶莱河谷平原，临、郯、苍洼地。

4. 滨海盐土

滨海平原受海水浸渍影响，有滨海盐土分布。

5. 人为土壤

人为培熟的土壤有菜园土、水稻土、齐城故土；因侵蚀而成的有粗骨土、石质土等。其中水稻土主要分布在鱼台、金乡、济南市郊区、临沂、章丘、历城等地。

二、土壤分区

山东在全国土壤分区中，属于东部森林土壤区域中的辽东—华北棕壤、褐土、潮土区。在辽东—华北棕壤、褐土、潮土区内，根据生物、气候条件、大地貌类型以及水文状况引起的土类或土类组合的差异，相对一致的农业经营方向，以及主要的低产土壤类型划分不同的土区，全省共分4个土区，即鲁东丘陵棕壤土区，鲁中南山地丘陵棕壤、褐土土区，鲁西北平原潮土、盐碱土土区，鲁北滨海平原盐土土区。亚区在土区范围内细分，主要根据地区性的中地貌类型，成土母质及水文状况的不同所引起的土壤类型及组合的变化而划分。全省在4个土区内共划分出14个亚区。

（一）鲁东丘陵棕壤土区

本区位于潍河、沂河以东的广大地区，包括胶莱河以东的胶东丘陵、沭河以东的沭东丘陵，以及胶莱平原和沂沭平原。总面积约46195平方千米，是山东省重要的农业区与林业区。

从气候看，本区是全省降水量最多、变率最小、累积温度最低的地区。全年降水量在700~900毫米，相对湿度达75%以上。平均温度为11.0℃~12.0℃，≥10℃的积温为3600℃~4200℃，干燥度0.8~1.0，气候湿润。自然植被为落叶阔叶林，目前均为次生的针叶林及针阔混交林等，以松、栎为代表。

在上述自然因素影响下，土壤形成中的风化过程与淋溶作用都比较强烈。所形成的各类土壤的共同特点是，一般都不含游离碳酸钙、无石灰反应，显酸性。代表这个地区生物、气候特征的土壤类型是棕壤。平原、洼地中的非地带性土壤类型为无石灰性潮土及普通砂姜黑土。滨海地区有少量滨海盐土分布。

从土壤利用看，山区宜发展林业，平原、盆地以及起伏和缓的丘陵均宜发展农业，目前已成为山东省粮、油、林、果（水果）、蚕（柞蚕）、茶的重要生产基地，生产水平较高。存在的主要问题是：土壤利用充分，后备资源不足；地产的砂姜黑土和白浆化棕壤面积较大；土壤侵蚀仍较严重，生产水平不够均衡。

本土区包含5个亚区：胶东半岛北侧丘陵平原普通棕壤、潮棕壤、间淋溶褐土亚区，胶东半岛南侧丘陵平原普通棕壤、粗骨棕壤、无石灰性潮土亚区，沭东丘陵白浆化棕壤、粗骨棕壤亚区，胶莱平原普通砂姜黑土、无石灰性潮土亚区，沂沭平原无石灰性潮土、普通砂姜黑土亚区。

（二）鲁中南山地丘陵棕壤、褐土土区

本土区位于省境中部，西以运河、黄河为界，北至小清河，南抵省界，东与鲁东丘陵棕壤土区为邻，总面积约53150平方千米。

区内热量资源比较丰富，年平均温在12.5℃～14.0℃，≥10℃积温为4300℃～4700℃，降水量南北差异明显，泰山、沂山南侧可达800～900毫米，北侧仅有650～700毫米。自然植被破坏严重，大部分山丘都是灌草荒坡，次生林面积较小。一般在花岗岩、片麻岩区的棕壤上，以油松林为主；石灰岩、砂页岩区的褐土上则以侧柏林为多；南部可见亚热带成分混入，如马尾松、盐肤木等。从地势上看，该土区在山东省内最为高亢，中部有千米丘陵和平原环绕。在岩石种类上也与上区不同，本区除结晶岩外，还有大面积石灰岩、砂页岩等沉积岩及黄土堆积。成土过程受岩石、地貌与气候条件的影响，所以棕壤与褐土在本土区并存，土壤类型及其组合分布比较复杂。该土区具有发育农、林、牧、副的生产条件，是粮、油、林、果的主要产地。

本土区划分为5个亚区：济潍山前平原普通褐土、潮褐土及石灰性潮土亚区，湖东平原潮褐土、无石灰性潮土与普通砂姜黑土亚区，鲁中山地北侧粗骨褐土、普通褐土亚区，鲁中山地粗骨褐土、粗骨棕壤、无石灰性潮土亚区，鲁南丘陵粗骨褐土、粗骨棕壤、淋溶褐土亚区。

（三）鲁西北平原潮土、盐碱土土区

本土区西、南两面抵省界，北与鲁北滨海平原盐土土区接壤，东与鲁中南山地丘陵棕壤、褐土土区毗邻，面积约44785平方千米。

鲁西北平原是由黄河多次决口、泛滥、改道而形成的冲积平原。地势平坦，地下水位较高，大陆性气候比较显著。主要土壤类型为石灰性潮土、盐化与碱化潮土及湿潮土等，也有少量潮盐土、碱土分布。土壤生产潜力较大，具有粮、棉生产和开展多种经营的条件，但因旱、涝、盐碱危害，生产水平较低，今后应加强综合治理，以提高土壤肥力。

本区分为2个亚区：鲁西北平原石灰性潮土、盐化潮土、盐土亚区，鲁西南平原石灰性潮土、盐化与碱化潮土、碱土亚区。

（四）鲁北滨海平原盐土土区

本土区邻近渤海，南面大致在海拔 7~8 米等高线附近与鲁西北平原潮土、盐碱土土区分界。面积约 11990 平方千米，耕地率在山东省为最低，是省内土壤后备资源最集中的地区。

境内地势低平，向海微倾，坡降小于万分之一，海潮内倾范围大，而且频繁。地下水位浅，仅 1~3 米，矿化度一般大于 15 克/升，滨海可高至 70~80 克/升。气温低且较干旱，年均温为 12℃左右，降水量为 500~650 毫米，春旱严重，夏涝突出。土壤在海潮浸渍及高位、高矿化度地下水强烈蒸发作用下，形成大面积滨海盐土与滨海潮盐土。

滨海盐土分布的范围，地面高程一般在 3.5 米以下，土壤积盐强烈，土体含盐量高达 2.0%~3.0%，90% 为氯化钠。目前多为光板地，仅在含盐较少的地段，生长稀疏耐盐的盐角草、黄须菜等。三角洲一带砂质沉积物上，盐分含量较低，建有林场及军马场。

滨海潮盐土集中分布于本区南部，高程一般在 3.5~7 米之间，一般不受年高潮威胁，成土过程除地下水盐渍过程外，大潮间还伴随一定的脱盐过程。土体含盐量降至 2.0% 或 1.0% 以下，普遍生长耐盐植物。西部地形较高，盐化较轻，大部分已开垦利用，部分用作天然草场发展牧业。

参考文献

［1］任纪舜，姜春发，张正坤，等．中国大地构造及其演化［M］．北京：科学出版社，1980．

［2］山东省地方史志编纂委员会．山东省志·自然地理志［M］．济南：山东人民出版社，1996．

［3］山东省国土资源遥感综合调查办公室．山东省国土资源遥感综合调查研究［M］．济南：山东省国土资源遥感综合调查办公室，2005．

［4］宋明春，王沛成．山东省区域地质［M］．济南：山东省地图出版社，2003．

［5］张祖陆，姜鲁光，李子君．山东地理［M］．北京：北京师范大学出版社，2014．

［6］山东省情网：http：//www.sdsqw.cn.

［7］LaTouehe J D D. A handbook of the birds of Eastern China［M］. London：Taylor and Francis，1925.

第四章 资源禀赋与开发利用

第一节 土地资源

截至2018年，山东省陆地面积15.80万平方千米，约占全国的1.6%，居全国第19位。平原、盆地占全省总面积的63%，山区、丘陵占34%，河流、湖泊占3%。海岸线全长3345千米，大陆海岸线占全国海岸线的1/6，仅次于广东省，居全国第2位。

一、土地资源特征

山东省人口众多，是全国的传统农业大省，土地开发利用历史悠久，因此人均土地资源占有量少且后备资源紧缺。《山东统计年鉴》（2019）显示，2018年山东省农用地1145.96万公顷（包括耕地、园地、牧草地等），占山东省总面积的72.55%，是最主要的土地利用方式；建设用地291.94万公顷，占山东省总面积的18.48%；未利用地141.75万公顷，占山东省总面积的8.97%。

（一）类型复杂多样

山东省地貌类型复杂多样，形成不同的土地类型，其理化性质以及生产性能的差异为农、林、牧等土地综合利用创造了很好的基础条件，也为因地制宜进行土地开发利用提供了可能。山东省土地类型众多，各类土地面积所占比重如图4-1所示。

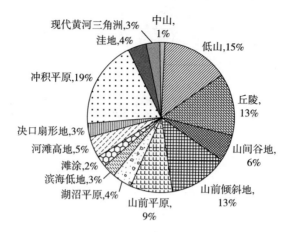

图 4-1 2008 年山东省各地貌类型土地面积比重

资料来源:《山东统计年鉴》(2013)。

(二) 人均土地资源量少

2018 年山东省土地面积 15.80 万平方千米,约占全国的 1.6%,居全国第 19 位。全省总人口 10047.24 万人,人口密度高达每平方千米 636 人。人均土地面积 0.157 公顷,为全国平均水平 0.688 公顷的 22.82%;人均耕地面积 0.075 公顷,低于全国人均 0.097 公顷的平均水平。2018 年的统计数据表明,全省已有济南、青岛、淄博、枣庄、烟台、泰安和莱芜 7 个地市的人均耕地低于 0.067 公顷,其中淄博和济南的人均耕地低于联合国粮农组织 0.053 公顷的警戒线水平。

山东省自然环境条件比较优越,是中华民族早期的发祥地之一。土地开发利用历史悠久,土地资源开发利用程度较高。2018 年土地利用率 91.03%,高于全国的 71.30%,未利用土地只占到土地面积的 8.97%,远低于全国的 28.7%。2007 年,未利用土地中,难以利用的盐碱地、沼泽地、裸岩土地等,占全省未利用土地的 24.92%,可开垦为耕地的后备资源只有 33.3 万公顷,质量较好的约有 16.7 万公顷。因此,相对于山东省人口与社会经济总量的庞大,土地后备资源严重不足,将会严重制约和影响社会、经济的发展。

(三) 耕地面积逐渐减小,建设用地不断增加

2018 年山东省耕地面积 757.25 万公顷,占农用地面积的 66.08%,占全省土地面积的 47.94%;园地面积 71.19 万公顷,占农用地面积的 6.21%,占全省土地面积的 4.51%(见图 4-2)。2018 年山东省人均土地面积 0.157 公顷,居全国第 30 位,人均耕地 0.75 公顷,居全国第 23 位。

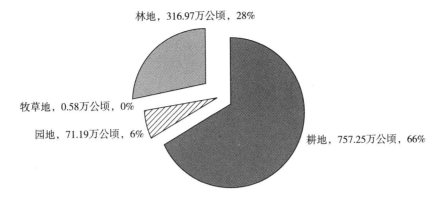

图4-2　山东省农用地结构

资料来源：《山东统计年鉴》（2019）。

随着城市化和工业化的快速推进以及农业产业结构的调整，山东省耕地呈现出显著减少后又缓慢上升的趋势，而建设用地则在不断增加，土地利用变化呈现出多元化的趋势。1990~2018年，全省耕地面积经历先下降后上升的变化趋势（见图4-3）。1990~2001年，全省耕地面积从685.23万公顷下降到656.07万公顷，平均每年减少2.65万公顷；人均耕地面积由0.081公顷下降到0.073公顷，低于全国水平。2002~2008年，全省耕地面积在波动中上升，从2002年的707万公顷上升至2008年的751.08万公顷，其中2007年为全省耕地面积的又一个低值点，为684.78万公顷。2009~2018年，全省耕地面积在758万公顷上下波动。

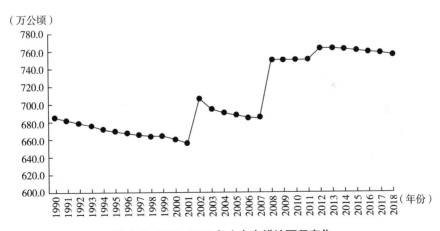

图4-3　1990~2018年山东省耕地面积变化

资料来源：根据《山东统计年鉴》（1991~2019）数据整理计算。

全省建设用地增加是与经济社会发展的要求相适应的，城镇化和工业化的进程必然带来城镇建设用地和工业用地增长。同时，社会生活方式和消费结构的调整升级，城乡居民对生活、生产、出行的空间需求增加，也将进一步加大建设用地供给压力。1996~2018 年，全省建设用地面积增加了 762796 公顷，平均每年增加 34672.5 公顷。其中，居民点及独立工矿用地面积增加 643362 公顷，平均每年增加 29243.7 公顷；交通用地和水利设施用地分别增加 120628 公顷和 -1194 公顷。全省未来经济发展面临着严重的资源制约，尤其是土地资源瓶颈更加突出，耕地保护与建设用地短缺之间的矛盾更加尖锐。

从目前山东省土地利用结构来看，耕地的比重高，园地、林地面积不足。国家林业和草原局第七次全国森林资源清查数据（2004~2008 年）显示，山东省森林覆盖率只有 16.72%，在全国仅排第 22 位，生态系统服务功能和系统稳定性因此受到很大影响。山东省人均林地面积仅为全国平均水平的 14.09%。山东省不仅森林资源总量少，而且空间分布不均衡，总体表现出东部多、西部少、山地多、平原少的趋势。山东森林覆盖面积小已经成为影响全省生态环境和制约社会经济发展的重要因素之一。如黄泛平原区，由于林木及其他植被分布稀少，加之降水少，蒸发强烈，该地区成为全省春季干旱、多风沙扬尘、土壤风蚀流失、泛碱、土壤肥力下降等问题突出的地区。

人口的增加、社会经济的发展，使耕地逐渐减少的趋势在一定时期内难以缓解。因此，经济发展要与资源环境相协调，应充分重视山东省的人地关系问题。

（四）水土流失、污染严重

根据水利部 2011 年公布的数据（为第二次水土流失普查结果）：山东省有水土流失面积 3.5987 万平方千米，其中，水蚀面积 3.2432 万平方千米，风蚀面积 0.35 万平方千米，严重的水土流失极大地阻碍了山东省社会经济的可持续发展。2014 年 10 月 1 日《山东省水土保持条例》施行后，全省水土保持及生态建设工作取得显著成绩，到 2019 年共治理水土流失面积超过 7000 平方千米，但水土流失的治理任务仍然十分艰巨。

山东省土地污染尤其是"三废"污染严重。2017 年，山东省工业固体废弃物产生量达到 2.39 亿吨，煤矿等工业废渣尾矿等随意堆放，既占地也污染环境。2018 年山东省农药施用量达到 12.99 万吨，单位农用地农药施用量为每公顷 11.3 千克。而有统计显示：农药的吸收率仅为 30%~40%，其余大部分进入水体、土壤中，造成水体和土壤污染及破坏（张祖陆，山东地理）。2018 年山东省地膜使用量达 10.75 万吨，覆盖面积达到 187.15 万公顷，而残留土壤中的比例高达 60%，需要 200~300 年的降解周期。

二、土地资源综合利用分区

山东省各地区之间不仅在自然条件上存在较大差异，而且在土地利用结构、生产力水平和开发潜力等方面也存在较大差异。因此，根据山东省的自然地理特征，并按照社会经济条件以及国民经济建设状况对土地资源进行分区，使每个资源区内部在土地利用与资源保护上相一致、生态效益与经济效益相一致，既能充分发挥土地生产潜力，又能不断改善生态环境条件。《山东省土地利用总体规划（2006—2020 年）》将山东省分为五个土地利用综合区。

（一）鲁东地区

鲁东地区包括烟台市和威海市的全部以及青岛除胶州市、平度市以外的区域，是全省经济较发达的地区之一，经济实力雄厚，工业门类齐全，基础较好，海滨旅游资源丰富，农林牧渔全面发展，是山东省粮油渔果的重要生产基地。

鲁东地区在土地利用过程中需要保护耕地，强化农业发展，加快山丘地区综合治理，加强沿海防护林建设，为经济社会发展提供生态安全保障；调控建设用地，控制城镇和工业用地外延扩张；积极盘活存量土地，引导工业向开发区集中，实现工业用地集约利用；优化城镇空间结构和基础设施布局，逐步建立沿海外向型产业聚集带和制造业基地；在规划和保护的前提下，合理有序开发海洋度假旅游设施，打造东北亚地区旅游度假胜地。

（二）鲁西地区

鲁西地区包括德州、聊城和菏泽三市的全部县（市、区），淄博市高青县，济南市商河县和济阳区，泰安市东平县，济宁市金乡县、嘉祥县、鱼台县和梁山县以及滨州市除无棣县和沾化区以外的所有区域。该区土地利用率高，石油与煤炭等矿产资源丰富，也是全省重要的商品粮、棉生产基地，但该地区经济基础薄弱，农村人口多，城镇化比率较低。

未来该地区需要充分发挥耕地多、农业开发潜力大的优势，大力发展现代农业；搞好农田综合开发，改造中、低产田，合理调整农业内部结构，适当增加林业用地；推进农村居民点整理进程，增加有效耕地面积及其他农用地面积；加快能源、交通、原材料建设和农业产业化步伐，发展相关的加工工业，拉长产业链条，逐步建成全省大型高效粮棉油生产基地、畜牧基地、原材料基地和能源基地；依托资源优势，大力发展水浒、武术等特色旅游。

（三）鲁南地区

鲁南地区包括鲁南平原区和鲁南山地丘陵区两个次级区域。鲁南平原区主要包括枣庄市除山亭区以外的部分，临沂市兰山区、罗庄区、河东区、郯城县、兰陵县，以及济宁市的大部分地区；鲁南山地丘陵区主要包括日照市、济宁市泗水县、枣庄市山亭区以及临沂市的其他县域单元。该地区是全省主要林木供应地，也是主要的水源地和生态屏障，区域内矿产资源、水资源、旅游资源、劳动力资源等都非常丰富，交通基础设施比较完善，经济发展潜力较大。该地区土地利用应注重合理安排机械制造、高新技术产业、商贸物流、能源及煤化工业、食品及优质农产品生产加工基地的建设用地，适度增加年均新增建设用地规模，加大农村居民点整理，注重人口向城镇聚集。

鲁南平原地区需要严格控制非农建设占用优质耕地，确保农产品生产空间；突出重点，发挥资源优势，保障能源、建材、食品、旅游、钢铁、物流等重点项目用地；加强污染防治、工矿废弃地复垦和采煤沉陷区治理，积极推进农用地整理。

鲁南丘陵地区可以依托山地丘陵资源发展林业用地，建立以林业为主体的生态经济体系，在保护好环境和资源的前提下，适度、合理开发利用各种自然资源，大力发展旅游业，促进社会和谐发展；创新土地利用模式，形成工业集聚、居住集中、城乡协调的建设用地空间格局；提高集约用地水平，促进产业结构升级。

（四）鲁北地区

鲁北地区范围指东营市全部，滨州市无棣县和沾化区以及潍坊市寒亭区、寿光市和昌邑市。区域内土地资源丰富，未利用地比例较高，是全省土地后备资源最丰富的地区，是盐化、石油、天然气等资源主要产区，但因海水浸渍严重，淡水资源不足，农业生产基础薄弱，土地开发难度较大。

未来，鲁北地区需要充分发挥油气富集、滩涂广阔、未利用地较多的资源优势，大力发展现代农业、盐化工、精细化工和石油替代产业；改善农业生产条件，推动粮、棉、畜、水产品的区域化、专业化、规模化发展，建立起现代化的农业生产体系，努力改善生态环境；利用好现有土地资源，对适宜开发的未利用地合理规划，引导和鼓励适宜建设的未利用地开发成建设用地；充分利用黄河三角洲生态自然优势，大力发展湿地生态旅游。

（五）鲁中地区

鲁中地区包括鲁中平原区和鲁中山地区，鲁中平原区包括济南市和潍坊市大部地区、滨州市邹平市、青岛市胶州市和平度市以及泰安市、肥城市和宁阳县；鲁中山地区指泰安市泰山区、新泰市和岱岳区，潍坊市临朐县，淄博市博山区和沂源县以及莱芜市莱城区和钢城区（2019年后划归济南市）。该地区是全省重要的工农业生产基地，交通便利，城市集中，土地开发利用水平高，土地质量好，农业资源和旅游资源丰富，是山东省名产、优产、特产较多的地区之一。该地区土地利用应注重控制非农业用地，保护耕地，通过土地整理改善农田耕作条件和农业生态环境，统筹安排城乡建设用地，完善城市交通体系等基础设施，加强胶济铁路城市连绵带建设，节约集约利用土地。

鲁中平原区需要利用平原地形优势，继续加强粮棉、蔬菜等现代农业产业发展，加快农田基本建设，提高土地生产力，防治土壤污染；合理规划城镇居民点及工矿用地，严格控制非农用地占用耕地；提高工业用地效率，加快农村人口向城市转移，发展产业集群，促进第三产业发展；注意发展以旅游为龙头的现代服务业。

鲁中山地区应该合理利用山地资源，发展林果业，搞好水土保持和山区绿化，实现生态环境的良性循环；稳定耕地面积，抓好特色农业及生态农业，积极发展旅游业，实现农业发展与生态建设的统一；发挥区域资源优势，重点建设钢铁、建材、能源和物流产业基地；推进城镇化进程，加快完善城市基础设施和公共服务设施，提高城市人口承载力。

第二节 水资源

山东省多年平均降水量676.5毫米，多年平均水资源总量为305.82亿立方米，其中地表水资源多年平均值222.9亿立方米，地下水资源多年平均值为

152.57 亿立方米，重复计算量为 69.65 亿立方米，人均水资源量仅为 306.32 立方米，远低于国际标准中一个地区社会经济发展所必需的人均 1000 立方米的临界值，为全国人均水平的 12.75%。

一、水资源特征

1. 水资源总量少，资源短缺

山东省平均淡水资源总量相对较少，2018 年人均水资源量仅为全国人均水平的 1/6。正常年份保证率为 50% 时，缺水率为 12.2%，特别干旱年份缺水率可达 38.8%。因此，山东省水资源短缺问题已经成为社会经济发展的"瓶颈"，而且随着山东省社会经济的发展，水资源供求矛盾将日益尖锐。

山东省不仅水资源总量少，而且总体利用效率不高，水资源浪费现象严重。山东作为农业大省，农业用水量（包括农田灌溉用水和林牧渔畜用水量）共计占全省总用水量的 62.76%，但用水效率较低，灌溉水利用率为 40%～50%。工业用水设备较为陈旧，节水性能差，乡镇企业用水浪费严重；城市生活用水浪费也比较严重。

2. 水资源变率大，地区分布不平衡

山东省地表水和地下水的主要补给来源为大气降水，而降水的季节间变化使河川径流量具有明显的季节性特征。根据降水资料分析，山东省各地 6～9 月汛期的降水量约占全年总降水量的 70%，这使全年地表径流大都集中在 6～9 月，其余月份仅占全年的 10%～20%，冬春季节甚至出现断流。水资源的年际变化也很大，多年平均径流量最大值（1964 年）与最小值（1981 年）的比值为 12.8。降水量的季节与年际变化大，造成山东省旱涝灾害频繁，也使山东省水资源供需矛盾更加突出。

山东省水资源的地区分布与降水量的地区分布相似，呈现从东南向西北递减的趋势。多年平均径流深在东南沿海高值区为 260～300 毫米，鲁西北平原和湖西平原低值区只有 30～60 毫米，全省多年平均最大径流深（崂山站）是最小年径流深（王铺站）的 17.5 倍；地下水资源在山丘区与平原区的差别也较大。

2018 年，山东省 17 个地市的水资源总量及人均水资源量的地区分布很不平衡（见表 4-1）。水资源总量最多地市（潍坊市）为较少地市（莱芜市）的 10.05 倍；人均水资源量较少的两个地市是青岛（162.32 立方米/人）和聊城

（214.50 立方米/人），最多的是东营（853.55 立方米/人）和日照（734.40 立方米/人），但也远低于国际公认的最低临界值标准——1000 立方米/人。

表 4-1 2018 年山东省 17 个地市水资源量

地市	水资源总量 （亿立方米）	人均水资源量 （立方米/人）	地表水资源量 （亿立方米）	地下水资源量 （亿立方米）
济南市	19.45	260.71	10.77	8.68
青岛市	15.25	162.32	11.91	3.34
淄博市	17.22	366.24	11.54	5.69
枣庄市	10.69	272.20	7.01	3.69
东营市	18.54	853.55	15.85	2.69
烟台市	21.97	308.49	18.43	3.53
潍坊市	49.85	531.85	40.02	9.83
济宁市	25.76	308.65	13.61	12.15
泰安市	17.48	309.93	13.25	4.23
威海市	10.3	363.96	7.94	2.36
日照市	21.52	734.40	19.46	2.06
莱芜市	4.96	359.68	4.15	0.81
临沂市	43.01	404.84	36.63	6.39
德州市	15.44	265.75	3.24	12.2
聊城市	13.03	214.50	1.13	11.89
滨州市	17.11	436.20	10.48	6.63
菏泽市	21.68	247.35	5.19	16.5

资料来源：《山东统计年鉴》（2019）。

3. 黄河客水资源量变化大，且日益减少

山东省的客水资源主要指黄河水，2018 年黄河水供水量占全省总供水量的 28.38%，占到全省总地表水资源供水量的 48.03%，因此黄河水仍为山东省沿黄各市的主要供水水源。据《山东省 2018 年度水资源公报》统计，2018 年黄河山东段年度引黄供水达 60.35 亿立方米，有 13 个市的 80 多个县（市、区）使用黄河水。但黄河水量年际变化大，上游地区引水量又在不断增加，对山东省"引黄"产生了不利影响。20 世纪 70 年代至 90 年代末，随着黄河来水量减少，山东黄河段频繁断流，1997 年断流时间长达 226 天，严重影响了沿黄城乡人民生活，给工农业生产造成了重大损失。1999 年对黄河实行调水调沙以来，黄河水的保证程度有了很大提高。

4. 地下水资源超采严重，水环境问题突出

山东省地下水储存条件较好，具有面积广大的松散岩层孔隙水含水层和碳酸盐岩岩溶裂隙含水层分布区，因此，地下水资源相对较为丰富，多年平均地下水资源量 152.57 亿立方米，资源模数为 11.4 万立方米/平方千米。2018 年全省平原淡水区地下水总补给量为 114.74 亿立方米，地下水资源量为 111.54 亿立方米，其中，降水入渗补给量为 89.55 亿立方米，占平原区地下水资源量的 80.3%。全省山丘区地下水资源量为 91.84 亿立方米，其中河川基流量为 68.05 亿立方米，占山丘区地下水资源量的 74.1%。扣除平原区与山丘区之间重复计算量 6.69 亿立方米，全省淡水区地下水资源量为 196.69 亿立方米，比多年平均地下水资源量偏多 18.9%。

随着社会经济的快速发展，山东省对地下水资源的开发利用强度不断加大，依赖程度也越来越大，地下水超采现象较为普遍，超采严重所形成的难以恢复的地下水漏斗范围也在不断扩大。由于水资源利用不当造成的水环境问题逐渐加剧，如海水入侵、地面沉降、地裂缝、水质恶化、水质污染等。水质污染造成的水资源短缺已经成为山东省水资源匮乏的另一个主要原因。但随着 2015 年"水十条"——《水污染防治行动计划》的实施，山东省对水污染的防控和治理力度加大，全省地表和地下水水质得到明显改善。2018 年，山东省评价河流全年期水质符合和优于Ⅲ类水的河长 4852.9 千米，占总评价河长的 49.4%；超标（指超过Ⅲ类水标准）河长 3953.0 千米，占 40.2%，其中劣Ⅴ类河长 1017.6 千米，占 10.4%。山东省河流水质污染仍然比较严重。山东省重点水功能区 299 处，有 13 处功能区全年河干。在 286 处功能区中，水质达到Ⅰ～Ⅲ类标准的功能区有 155 个，占评价功能区个数的 54.2%；水质类别为Ⅳ～Ⅴ类标准的有 113 个，占 39.5%；水质为劣Ⅴ类的有 18 个，占 6.3%。

二、水资源分区

山东省水资源量区域差异显著。山东省水文水资源勘测局 1985 年为进行水资源计算，采用暴雨洪水产流汇流参数分析法，结合自然地理特征与河系完整性原则，将山东省划分为 12 个水文区。

1. 鲁北平原区

本区包括小清河以北及黄河三角洲地区，南靠黄河，北至河北省界，面积约为361.36万公顷。多年平均降水量为574毫米，多年平均天然径流量为51.1毫米。本区南邻黄河，引黄灌溉工程较多，大量客水引进及地表径流拦蓄和各河间的调配，导致本区水文问题比较复杂。

2. 泰沂山北岩溶漏水区

本区北至小清河，南以泰沂山分水岭为界，西至黄河，东以淄河、弥河分水岭为界，区域面积约106.25公顷。该区南部为石灰岩山地丘陵区，喀斯特地貌发育，漏水严重，北部是山前平原和黄泛平原。

3. 鲁东平原坡水区

本区面积48.32万公顷，东以胶河分水岭为界，西至淄河、弥河分水岭，南则以泰沂山北区为界。

4. 泰沂山北区

本区南以泰沂山分水岭为界，东至胶河分水岭，西至淄河分水岭，面积约108.07万公顷，区域内以山溪性河流为主。

5. 胶莱河谷区

本区包括大沽河下游坡水区，面积71.44万公顷，西以潍河、胶河分水岭为界，东至大沽河分水岭。

6. 胶东半岛区

本区东、南、北三面临海，西以胶莱河、大沽河分水岭为界，面积约226.27万公顷。本区水系短小流急，多年平均天然径流量为100~300毫米。

7. 大汶河流域区

本区南以大汶河、泗河分水岭为界，北以泰山分水岭为界，东至沂河、大汶河分水岭，西至黄河，面积约97.68公顷，大汶河是该区的主要河流。

8. 湖西平原区

本区位于南四湖以西，北至黄河，南至安徽、河南省界，面积约172.50公顷。该区因地形主要为黄河冲积平原，因此河道平缓，水系紊乱。

9. 鲁西平原坡水区

本区主要是山前冲洪积扇平原坡水，面积35.20公顷，东以湖东丘陵区为界，西接京杭大运河。

10. 湖东丘陵区

本区以坡水为主，面积约 77.80 公顷，西至南四湖，北部、东部以大汶河、泗河分水岭为界。

11. 泰沂山南区

本区北界为泰沂山分水岭，向南至鲁南坡水区，西至大汶河、泗河分水岭，面积 188.99 万公顷。本区森林覆盖率高，河网密度大。

12. 鲁南平原坡水区

本区地貌上属于沂沭河下游冲积平原，北接泰沂山南区，南至江苏省界，面积约 35.20 万公顷。

第三节 矿产资源

山东省矿产资源种类齐全，储量丰富，分布广泛，是全国著名的矿产资源大省之一。

一、矿产资源特点

1. 矿产资源种类齐全

截至 2017 年底，山东省已发现矿产 148 种，占全国已发现矿种（173 种）的 85.55%。查明矿产 85 种，占全国已查明矿种的 52.47%。在查明的矿产中，能源矿产 7 种，金属矿产 24 种（其中稀有分散元素矿产 12 种），非金属矿产 44 种，水气矿产 3 种。查明矿区（床）2447 处（不含共伴生矿产地），其中能源矿产 466 处，金属矿产 753 处，非金属矿产 781 处，水气矿产 447 处。已发现但尚未查明或仅有检测资料的矿产 69 种，包括能源矿产 4 种，金属矿产 21 种，非金属矿产 43 种，水汽矿产 1 种。对国民经济发展有重要影响的 35 种，国民经济赖以发展的支柱性矿产 15 种，储量居全国前 10 位的有 58 种。因此，资源优势明显，开发潜力较大。

2. 矿产资源总量大，人均量少

山东省矿产资源总量较大。据 2011 年底全国保有资源总量统计，列全国第 1 位的矿产资源有金、铪、自然硫、石膏等 10 种；列全国第 2 位的有菱镁矿、金刚石等 12 种；列第 3 位的有钴、锆、钛等 11 种；列第 4 位的有石油、钼、明矾石等 5 种；列第 5 位的有油页岩、耐火黏土等 5 种；列第 6 位的有重晶石等 9 种；列第 7 位的有铁矿等 10 种；列第 8 位的有轻稀土等 5 种；列第 9 位的有煤等 6 种；列第 10 位的有镓等 2 种。查明资源储量占全国比例较高的矿产有：自然硫（99.49%）、石膏（59.94%）、金刚石（47.54%）、玻璃用砂岩（33.06%）、岩金（10.98%）、石油（10.54%）、菱镁矿（8.96%）、滑石（8.27%）。另外，据 2007 年底全国保有资源总量统计，铁、煤查明储量也较丰富，保有储量分别占全国的 4.61% 和 3.25%。

山东省人均矿产资源占有量相当于全国的 49%，居全国第 11 位，属于总量较为丰富，人均量相对较少的省份。

3. 矿产资源分布范围广、区域特色明显

山东省矿产资源分布范围十分广泛，受成矿地质条件制约，矿产资源在地域组合和矿种配置上呈现明显差异。各地区均有矿藏分布，这有利于当地工业的发展。

鲁东地区是我国金矿的重要分布区，也是石墨、滑石、菱镁矿等非金属矿产分布区。鲁中地区是能源（煤）及黑色金属（铁）矿产分布区。鲁西北及鲁西南地区是煤炭、石油、天然气及地下热水资源分布区，特别是鲁西南地区，与水资源有良好的地域组合，具有建成煤电能源、煤化工、油气化工和建材基地的优势。鲁北地区具有丰富的石油、天然气、盐和石膏等资源，为建立油气能源、油气化工、盐化工、特种建材生产基地创造了良好条件。矿产资源的区域分布，为不同地区形成各具特色的矿业经济布局奠定了物质基础。矿产资源分布的东西差异对全省工业分布、东西经济结构、东西经济联系等都有重要影响作用。

4. 中小型矿床偏多，共（伴）生矿、贫矿多

山东全省查明资源储量的矿产地 1940 处，其中属于大型、特大型矿床的仅占 12%，单个矿床储量规模以中小型为主，占 80% 以上。除金矿、石墨、花岗岩、石灰岩等少数矿产丰富而优质外，山东省其他大部分矿产资源品质一般，不具有优势。探明的重要金属矿产绝大多数为共（伴）生矿床，60% 以上的铁矿和大多数有色金属矿产为贫矿或难采、选、冶矿产。铁矿与铜、钴共生，金与银伴生，这些共生、伴生矿的品位一般较低，也增加了开采的难度。自然硫、

磷矿、石膏、硫铁矿等可采储量不足资源总量的 5%，均属于贫矿或开采条件很差的资源。国民经济支柱性矿产中，铀、铁、铜、铅、锌、钼等矿产成矿条件较差、查明资源量少。

二、主要矿产资源

在山东省发现的矿产资源类型中，煤、石油、铁矿、金矿、金刚石、精制石墨等矿产资源储量居全国前列。金、自然硫、石膏等 10 种资源储量位居中国第 1。

1. 能源矿产

（1）山东煤炭资源分布广，储量大，煤类多样，煤质优良，赋存条件好。全省预测含煤面积约占全省总面积的 1/3，预测煤炭储量 2680 亿吨，按地质勘探程度分为 20 多个煤田和预测区。2015 年底，全省保有煤炭可采储量约 46 亿吨，约可以满足静态开采 50 年，主要集中于鲁西南，其次是鲁中、胶济铁路沿线及济南以西的黄河两岸。

山东煤种主要为气煤、肥煤，其次为褐煤、长焰煤、无烟煤、焦煤和瘦煤等，煤种较齐全，煤质也好。

（2）石油、天然气资源勘探的面积 6.56 万平方千米，约占全省总面积的 42%。油气区主要集中在黄河三角洲的胜利油田和鲁西南的中原油田（山东省境内部分）。山东省石油的远景储量约为 80 亿吨。山东省油气资源开发较早，胜利油田自 1966 年正式投入开发以来，为全省乃至全国经济社会发展做出了巨大贡献。截至 2014 年底，全省原油累计探明地质储量 54 亿吨，居全国第 2 位，累计探明技术可采储量 14 亿吨，累计探明经济可采储量 13 亿吨；天然气累计探明地质储量 2912 亿立方米，累计探明技术可采储量 845 亿立方米，累计探明经济可采储量 694 亿立方米。

2. 金属矿产资源

（1）金（银）矿重点分布区在莱州—招远—蓬莱、牟平—乳山金（银）成矿带，栖霞—福山、威海—荣成、胶莱盆地周缘、沂沭断裂带南段、平邑—费县—苍山金（银）成矿远景区及泰山—蒙山绿岩带型金矿远景区等。

山东黄金主要分布在胶东半岛，2011 年以来，胶东地区新发现大中型及以上金矿 70 多处，新增金资源储量 2400 余吨。胶东地区金矿勘探取得重大突破，成为世界第三大金矿区。2017年，胶东地区金矿保有资源储量3694吨，2016年胶东地区矿山金产量71吨，约占全国金产量（453吨）的1/6，金保有资源储量约可以满足静态开采52年。2017年，胶东半岛储量超百吨的特大型金矿床有莱州市三山岛北部海域金矿（储量470.47吨）、莱州市西岭金矿（储量382.58吨）、莱州市纱岭金矿（储量309.93吨）、莱州市腾家金矿（储量206吨）、招远市水旺庄金矿（储量170.543吨）、莱州市新立村金矿（储量141.81吨）。

（2）铁矿是山东省重要矿产，但分布不均。铁矿探明总储量的96%分布在鲁中、鲁西地区，重点是安丘—昌邑—莱州、淄河、金岭、莱芜—沂源—新泰、日照—莒南等铁矿远景区。按铁矿探明储量的多寡可将铁矿资源类型划分为接触交代型和沉积变质型铁矿两个重要类型，分别占全省铁矿探明储量的48%和40%，其次是热液型铁矿，占10%。山东铁矿资源贫、细、杂、难选，磁铁矿铁精矿品位低（63%～66%），SiO_2等杂质高（5%～10%）。

2016年，山东省物化探勘查院《济宁超深特大型铁矿床勘查实践》科研项目研究显示：在济宁地区已经查明两处特大型铁矿床，其中颜店矿区探明的（332+333）类铁矿石资源量6.2237亿吨，翟村矿区探明（332+333）类铁矿石资源量12.1241亿吨，累计探明铁矿石资源量18.34亿吨。研究组采用趋势外推对济宁特大磁异常铁矿资源进行了预测，预测-2000米以浅的铁矿石资源量为59.9亿吨，除已探明的18.34亿吨外，仍有41.56亿吨铁矿资源有待勘查，资源潜力巨大。

3. 重要非金属矿产

（1）金刚石（原生矿）主要分布于蒙阴—新泰及平邑—费县—枣庄远景区。山东省的金刚石资源有砂矿和原生矿两种类型。砂矿发现较早，具有悠久的历史，原生矿于1965年发现。山东金刚石砂矿主要分布在沭河流域。1977年在山东临沭县常林村发现了重达158.786克拉的"常林钻石"，价值大约2700万元。1965年在山东的蒙山脚下发现了原生金刚石矿，储存量超过1120万克拉。

（2）石墨、滑石、透辉石矿主要分布于鲁东地区的莱州、平度、昌邑、莱西、莱阳、海阳以及蓬莱远景区。

山东省晶质石墨矿床仅分布于胶西北地区的南部，大地构造位置处于华北陆块、胶辽陆块、胶北隆起区内,全区共圈定预测区 85 个。其中:A 级 14 个、B 级 11 个、C 级 60 个;按类别预测资源量统计:(334-1)类别 17 个、(334-2)类别 8 个、(334-3)类别 60 个。500 米以浅预测晶质石墨矿物量 1 亿多吨,估算的石墨资源主要集中于平度马戈庄、莱西南墅预测工作区内(倪振平等,2016)。

山东省的滑石储量占全国总储量(保有)的 16.66%,且滑石量一般都在 50%~70%,山东平度芝坊含滑石达 95%,山东莱州市优游山、山东海阳的滑石含量达 85%,山东栖霞李博士夼滑石含量为 80.29%,山东莱州市上疃含滑石达 75%,这些都属于大型、中型矿。

三、开发利用状况及存在的问题

山东省是矿产资源大省,资源储量丰富,开采历史悠久,开发强度较大。矿产资源的开发在保障经济社会发展的同时,也引发了较多的矿山地质环境问题,破坏了生态环境,影响了人民生产生活。

(一)开发利用状况

截至 2017 年,全省已发现矿产 148 种,查明资源储量的有 85 种,已开发利用矿产 60 余种(含亚矿种),主要开采矿种为石油、煤、金、铁、石灰岩、花岗岩等,全省共有各类生产矿山 1681 座(包括 62 座在建矿山)(见表 4-2),历史遗留矿山(包括废弃、政策性关闭及闭坑矿山)7991 座。

表 4-2　2017 年山东省生产矿山基本情况统计表　　　　　单位:座

地市	规模			开采方式			合计
	大	中	小	地下和露天联合	地下	露天	
济南市	5	10	23		16	22	38
青岛市	4	14	57	1	41	33	75
淄博市	9	24	39	2	51	19	72
枣庄市	12	13	23		27	21	48
东营市	8	15	14		37		37
烟台市	27	92	182	2	157	142	301
潍坊市	2	8	108		17	101	118
济宁市	32	39	53		56	68	124

续表

地市	规模			开采方式			合计
	大	中	小	地下和露天联合	地下	露天	
泰安市	33	14	114	1	45	115	161
威海市	30	2	50	2	16	64	82
日照市	3	39	148		1	189	190
莱芜市	5	7	21	2	14	17	33
临沂市	33	23	150	22	22	162	206
德州市	20	5	22		32	15	47
聊城市	4	2	5		11		11
滨州市		19	25		21	23	44
菏泽市	9	1	84		10	84	94
总计	236	327	1118	32	574	1075	1681

资料来源：山东省国土资源厅，《山东省矿山地质环境保护与治理规划（2018~2025 年）》。

统计数据表明，矿产资源开发的规模化、集约化水平进一步提高，大中型矿山比例增加，小型矿山和小矿数量减少。年产矿产品总量 39624.49 万吨，天然气 52200 万立方米；按产品形态分：固体矿产 36798.31 万吨，液体矿产 2826.19 万吨。实现工业总产值 1882.53 亿元，综合利用产值 17.62 亿元，矿产品销售收入 1775.32 亿元，从业人员 40.88 万人。

（二）存在的问题

山东省矿产资源种类多、开采方式多样，但在开采、开发利用过程中也存在一些问题。

1. 矿产资源开发利用率较低

山东省绝大部分矿床储量为中小型规模。受资金短缺、技术薄弱、投入少等因素影响，开发利用效率较低，造成资源的浪费。各类矿山企业，包括一些大型矿山的采选水平、综合回收率和综合利用率仍比较低。山东省矿山资源回采率低于国家要求的占到 45%，矿山选矿回收率约有 40% 低于国家标准。如煤炭总回采率 40%~45%，有色金属和铁矿的总利用率分别为 25%~30% 和 40%~50%，各类非金属矿综合回收率在 30%~70%，许多个体小矿的资源回采率则不足 10%。矿产资源的破坏、浪费和开发水平影响到其开发的经济效益。

山东省未进行综合利用的矿点占 30% 以上，80% 以上进行综合利用的矿产的综合利用率不足30%，共生与伴生矿未得到利用，造成了资源的浪费。如与煤矿共生的油页岩、硫铁矿等，与耐火黏土矿共生的铝土矿等，多数未得到有效回收利用；受技术水平的限制，矿石在采、选、冶过程中，产生了大量的表外矿、尾矿、废石废渣等大量离位资源，其综合回收再生循环利用的价值高，但其中的75%却没有得到利用，造成了资源浪费。

2. 矿产资源开发利用引发的环境问题突出

受矿产资源种类、地区分布、开发方式等因素的影响，山东省矿产资源开发过程中产生了不同类型、频次、危害的矿山环境问题，突出表现为采空塌陷、岩溶塌陷、地下水平衡破坏、地貌地质景观破坏所带来的损失和环境影响；其次为地面沉降、崩塌、泥石流、水土流失及矿山"三废"不合理排放引发的大气、水体、土壤等环境污染和资源破坏等，成为影响山东省生态建设的重要因素。

截至2017年，山东省全省共有生产矿山废土石堆179处、煤矸石堆81处，主要涉及金、铁和煤等开采矿山，总积存量为22112万吨，占损土地资源0.30万公顷。可溶解成分溶解渗入地下污染了土壤和地下水，释放出大量SO_2、CO、H_2S等气体。铬渣的产量和堆积量均占到全国的1/4，使山东成为受铬污染最严重的省份之一。全省尚有采煤塌陷地184处，损毁土地7.24万公顷，造成房屋开裂、耕地破坏，影响村民居住、土地耕种等。

有些地方因为采石、采矿，破坏了地表植被，地质地貌景观也发生很大改变，加剧了水土流失，对周围生态环境造成破坏。截至2017年，全省尚有破损山体4706处、露天采坑3109处，占损土地资源总计4.28万公顷。其中，历史遗留矿山破损山体4041处、露天采坑2640处，占损土地资源3.24万公顷，主要分布在济南、烟台、潍坊、临沂等地；生产矿山造成的破损山体665处、露天采坑469处，占损土地资源1.04万公顷，主要分布在烟台、泰安、临沂等地。

第四节　海洋资源

一、海洋资源类型

山东省海洋资源得天独厚，类型齐全，资源丰富。根据其内在属性，可将

其分为以下五类:

1. 海洋生物资源

山东省海域广阔,且饵料生物资源丰富,是我国主要的繁殖场、育幼场和索饵育肥场。此外,山东沿岸海域位于温带和亚热带之间,受大陆气候和入海河流的影响,海水温度、盐度有显著的季节变化,决定了海洋动、植物的多样性,具有洄游特性的海洋生物多在此交汇。

山东省近海海洋生物约有 1400 种,其中,浮游生物 118 种;海洋底栖生物 418 种;潮间带生物 510 种;哺乳动物 15 种;近海栖息和洄游的鱼虾类达 260 种,主要经济鱼类有 40 多种,经济价值较高、有一定产量的虾蟹类近 20 种,浅海滩涂贝类有百种以上,经济价值较高的有 20 多种,其中,对虾、扇贝、鲍鱼、刺参、海胆等海珍品的产量均居全国首位;有藻类 131 种,经济价值较高的近 50 种,其中,海带、裙带菜、石花菜为重要的养殖品种。

2. 海洋矿产资源

山东海岸带地区成矿地质条件较好,矿产种类丰富,已发现具有一定工业价值的海洋矿产资源 20 多种,其中在全国占有重要地位的有石油、天然气、煤、黄金、滨海砂矿、菱镁矿和建筑石材等。

山东省沿海油气资源十分丰富,石油主要分布在渤海南部渤海湾—莱州湾的海滩及浅海区,有关部门的勘探结果显示,山东环渤海沿岸的石油地质储量最高可达 35 亿吨,其中已探明储量 2.29 亿吨。山东省滨海砂矿资源储量丰富,已经查明的各类砂矿点 70 余处,具有工业价值的大中小矿床 16 处。砂金、石英砂等滨海砂矿主要分布在山东半岛沿岸,莱州湾东部诸河如海河口附近的砂金矿的地质储量与产量均居全国第 1 位。2015 年,山东省第三地质矿产勘查院在莱州三山岛北部海域探获金矿床,金矿资源量 470 多吨。

3. 海洋能源资源

海洋能源资源包括海水运动过程中产生的潮汐能、波浪能等,山东省海洋能源理论蕴藏量 1400 万千瓦,其中潮汐能理论装机容量 660 万千瓦,可开发利用装机容量 14 万千瓦。从 1958 年开始,山东省先后建立了一些潮汐电站,1978 年建成的乳山白沙口潮汐电站装机容量 960 千瓦。波浪能以渤海龙口、北隍城海区和黄海成山脚、千里眼、小麦岛最为集中,总功率达 3.85 万千瓦。

4. 海洋化学资源

山东近海海水中有80多种化学元素，目前已达到工业利用规模的主要有食盐、镁、钾、溴及海水等。山东近岸海水盐度较高，山东的气候及地质地貌等条件对晒盐又十分有利。山东已建成多处大中型盐场，是全国四大海盐产地之一。

5. 海洋空间资源

山东省海域空间资源广阔，大陆潮间带面积约4395平方千米，约占全国的1/6，可分为粉砂淤泥质滩涂、砂质海滩和基岩岸滩等类型。海洋空间资源主要包括海洋运输、港口建设和滨海旅游等。

以莱州虎头崖为界，以西的滨州、东营、潍坊潮间带属于鲁北平原海岸，均为粉砂淤泥质滩涂，宽阔平坦，资源十分丰富，面积达4079平方千米，占全省潮间带总面积的92.8%。由于黄河携带的泥沙在河口地区沉积，黄河三角洲陆地每年都在向渤海延伸，黄河河口地区陆地也逐年向渤海扩张，新造陆地在一定程度上缓解了国土资源不足的问题。

山东省海岸线曲折漫长，海湾众多，具有建港优良条件的包括胶州湾、龙口湾、芝罘湾、威海湾、石岛湾等众多海湾。目前已经建成的亿吨级大港包括日照港、烟台港和青岛港，这使山东省成为长江以北大型海港较为集中，同时也是我国港口竞争力较强的地区。除此之外，山东半岛航线条件相对优越，天然航道包括青岛西海岸的洋河水道、沧口水道等以及灵山水道、大钦水道、成山水道等；锚地资源丰富，特别是青岛西海岸沿线自然条件最好。

山东沿海地区地貌类型多样，人文和自然景观较多，在海滩浴场、奇异景观、山岳景观、岛屿景观和人文景观方面优势突出。

二、开发利用

20世纪90年代末，山东省首次提出"海上山东"的概念。1998年9月，全省"海上山东"建设工作会议确定海洋农牧化、海上大通道、涉海工业、滨海旅游为"海上山东"建设的四大工程。该工程实施20多年来，山东省的海洋资源开发利用取得了巨大成就。

1. 海洋农牧

海洋农牧建设工程是山东省海洋渔业的重要支撑。2005年，山东省在全国率先启动实施了渔业资源修复行动计划，实施以人工鱼礁为主的海洋牧场建设，推动海洋牧场步入快车道发展。2014 年，山东省政府印发《关于推进"海上粮仓"建设的实施意见》，提出了建设"海上粮仓"战略，将海洋牧场作为海上粮仓建设核心区重点打造，以现代信息技术和工程装备为支撑，大力建设生态型海洋牧场，深入推进海洋牧场特色化、标准化、可视化、专业化建设，在生态、创新、富民等方面取得了突出成效。2017 年山东省发展和改革委员会、山东省海洋与渔业厅发布《山东省海洋牧场建设规划（2017—2020 年）》，在海洋牧场建设规模、稳定高端水产品供应、引领产业转型升级以及强化海洋生态文明建设方面提出要求，要求在此基础上增强海洋牧场的生态管控能力，扩大生态修复范围，改善海洋牧场环境质量，并最终实现牧场渔业的可持续发展。

截至 2018 年，已经建成省级以上海洋牧场示范区 72 个，其中国家级海洋牧场示范区 21 个，海洋牧场示范区面积达 5 万公顷，累计投放鱼礁超过 1500 万空方，增殖放流鱼虾贝藻各类苗种 780 亿单位，直接投入产出比达 1：17。人工渔礁区三年内（2014~2017 年）生物量增长 6.7 倍，基础生产力提升 20.4%，生物多样性指数提升 60.5%，2017 年全省海洋牧场综合经济收入 2100 亿元；海洋牧场还拉动了海洋食品、海洋旅游、海洋装备和智慧海洋等产业快速发展，成为山东新动能和海洋新兴产业的重要载体；海洋牧场建设还有效促进了渔船转产，在维护渔区稳定的同时，为社会创造了 10 万多个就业机会。

2. 滨海旅游

滨海旅游是相对低碳环保的产业。山东省滨海旅游自然资源和人文资源丰富，资源丰度值较高，开发历史悠久。滨海旅游在山东省旅游业发展中占据重要地位：从 A 级景区数量及分布上看，截止到 2020 年 4 月，山东全省共有 A 级旅游景区 1227 个，其中，5A 级旅游景区 12 个、4A 级旅游景区 223 个、3A 级旅游景区 636 个、2A 级旅游景区 352 个、A 级旅游景区 4 个，而滨海 7 个市（青岛、烟台、威海、日照、潍坊、滨州和东营）共有 5A 级景区 6 个，占全省总数的 50%，共有 4A 级景区 103 个，占全省的 46.2%，3A 级景区 308 个，占全省的 48.4%，2A 级景区 98 个，占全省的 27.8%。依托这些重要的旅游景区资源，山东省滨海 7 个市在接待入境游客人数以及旅游外汇收入方面都取得了不俗成绩。

山东"十大文化旅游目的地"品牌建设是实现旅游产业转型、区域联合发展的重要举措,其中"仙境海岸"涉及青岛、烟台、威海和日照四个地市,"黄河入海"涉及滨州和东营两地市,而"亲情沂蒙"和"鸢都龙城"都涉及潍坊市,包含了滨海旅游、山岳海洋城市旅游、生态旅游以及综合旅游功能,旨在打造格局独特的海滨旅游目的地。

第五节 生物资源

一、生物资源的概况

山东省生物资源种类多、数量大。境内有陆生野生脊椎动物 450 种,占全国种数的 18.1%,世界的 1.9%,其中哺乳动物 55 种、鸟类 362 种、爬行类 25 种、两栖类 8 种。山东省拥有高等植物 2321 种,占全国已知种数的 8.5%,其中被子植物 1887 种、裸子植物 184 种、蕨类植物 250 种,分别占到全国已知种数的 7.6%、73.6% 和 9.6%。树木以北温带针叶、阔叶树种为主。各种果树 90 种,分属 16 科 34 属,山东因此被称为"北方落叶果树的王国"。中药材 800 多种,其中植物类 700 多种。

二、开发利用

农业生物资源包括农作物、畜禽、农业微生物和药用植物等种质资源,是人类生存、健康与发展的基础物质和战略资源,也是农业新品种和生命科学源头创新的基础材料。山东省农业生物资源丰富,是中国重要的农产区,素有"粮棉油之库,水果水产之乡"之称。2018 年,山东省粮食产量居全国第三位,小麦产量占粮食总产量的 46.5%,居全国第二位;经济作物主要有棉花、花生、烤烟、麻类等,花生产量约占全国的 18%,居全国第二位。山东还是水果、蔬菜、海产品、蚕茧、药材的主要产区。果树地方品种丰富,名特产品多,烟台苹果、莱阳梨、肥城桃、乐陵金丝小枣、枣庄石榴、大泽山葡萄、章丘大葱、莱芜生姜、潍坊萝卜等,都是山东久负盛名的特产。另外,山东畜禽资源种类多、分布广、饲养量大。

2013 年《山东省主体功能区规划》中,将鲁北农产品主产区、鲁西南农产品主产区和东部沿海农产品主产区划为限制开发区中的国家级农产品主产区。这些区域不仅农业生物资源丰富，而且具备较好的农业生产条件，是保障农产品供给安全的重要区域、农民安居乐业的美好家园、现代农业建设的示范区和全省重要的安全农产品生产基地，应着力保护耕地，稳定粮食产量，增强农业综合生产能力，发展现代农业，增加农民收入，保障农产品供给，确保国家和全省粮食安全和食物安全。

山东省人类活动历史悠久，长期的采伐、开垦，以及自然环境变迁和自然灾害影响，加之人口增加、经济开发强度加大，对山东省生物多样性产生了极大压力，造成了严重的破坏。因此，需要在开发利用过程中注意保护各类生物资源。

第六节　旅游资源

山东省地处我国东部沿海地区，境内山、川、湖、海俱全，海岸线曲折漫长，暖温带季风气候温和宜人，而悠久的人文发展历史，造就了丰富多彩的旅游资源，是全国的旅游资源大省。

一、旅游资源的特点

1. 旅游资源丰富，分布普遍而又相对集中

山东省地貌类型多样，文化历史悠久，因此形成了得天独厚的自然旅游资源和古迹荟萃的人文旅游资源。2018 年 12 月，山东省的 A 级旅游区达到 1276 处，其中 5A 级 11 处。山东有历史文化名城 10 处，重点文物保护单位 196 处，国家级风景名胜区 5 处，国家级自然保护区 7 处，国家森林公园 42 处，国家地质公园 13 处，国家级非物质文化遗产 173 项。

山东省旅游资源分布普遍又相对集中，同时受自然、人文因素的影响，山东省旅游资源表现出明显的地域性特点。中部民俗带交通发达；鲁西文化与自然旅游资源互补性强；鲁东半岛自然风光与现代都市水乳交融，集山、海、城于一体；鲁中丘陵与山前平原区文化古迹、民俗、溶洞与山林各具韵味。这种旅游资源分布有利于旅游资源的统一规划、开发和运营。

2. 人文旅游资源独具特色

山东省是中华文明的发祥地之一，人类活动历史悠久，齐鲁文化在中华文化中独树一帜，源远流长。全省现有世界级的"曲阜三孔"和泰山（自然和文化双遗产），它们也是山东文化景观的拳头产品。此外，还有齐长城——中国最古老的长城，以及孔子、孟子、王羲之、诸葛亮等一批历史文化名人。丰富多彩的地方文化资源已经成为吸引国内外游客的重要旅游产品。

3. 旅游资源地域组合特征明显

受自然、人文因素的影响，山东省的旅游资源分布表现出明显的差异性，各地旅游资源的类型分布不同，如滨海旅游资源集中于胶东半岛的沿海地带；山地旅游资源主要集中于鲁中和半岛地区；黄河三角洲自然风光主要分布在东营和潍坊北部地区；齐文化、儒家文化资源则主要集中分布在鲁中和鲁西南地区。

山东省旅游资源高度聚集的地区，主要有鲁中的济南、曲阜、泰安，胶东半岛的青岛、烟台、威海，鲁北的聊城等地。全省旅游资源也大都以这些地区为中心，向周围辐射并形成不同的组合特征，不同资源区之间通过紧密的联系，形成条带状的组合形式。如济南—泰安—曲阜—邹城等形成"山水圣人"旅游线；青岛—威海—烟台—蓬莱等构成滨海山地旅游带；以潍坊为中心形成"千里民俗"旅游线等。各旅游区（带）通过便捷的交通联系在一起，为资源的进一步开发和吸引游客提供了保障。

二、旅游资源开发利用

根据旅游资源相似性、完整性、主导因素及区位与交通便捷性等原则，结合山东省地理形势和旅游资源分布特点，可以将全省划分为六个旅游区（见表4-3）。

表4-3 山东省旅游资源分区

区域	依托城市	主题旅游资源	开发主题与方向
山水圣人旅游区	济南、泰安、曲阜、滕州	以泰山为代表的山岳；以孔子、墨子为代表的历史名人和传统文化；泉城与名泉文化	以"山水圣人"为主题的观光、文化体验、休闲、城市旅游

续表

区域	依托城市	主题旅游资源	开发主题与方向
滨海旅游区	青岛、烟台、威海、日照	山、海、城一体的区域格局与历史文化	海滨观光、度假、娱乐与生态旅游
齐文化与民俗旅游区	潍坊、淄博、莱芜	齐文化、典型的山东民俗与生态农业、鲁中山地、地质景观	文化寻古、观光、民俗观光与乡村度假旅游、农业生态旅游
山地生态旅游区	临沂、枣庄	山岳森林、地质景观、战争文化、运河文化、生态农业	山地观光、度假、休闲、文化体验旅游
黄河口湿地生态旅游区	东营、滨州	黄河与黄河入海口湿地、历史名人、现代工业文明	观光与湿地生态旅游、现代工业旅游
古运河与水浒文化旅游区	聊城、菏泽、济宁、德州	古运河与水浒文化、北方最大的淡水湖及湿地、江北水城与生态城市	文化观光、寻古体验、水域观光与城市度假、娱乐旅游

资料来源:《山东省国土资源遥感综合调查研究》。

1. 山水圣人旅游区

该区旅游资源分布高度集中,人文旅游资源丰富,文化底蕴深厚。济南是山东省的政治、经济和文化中心,也是国家级历史文化名城和著名的"泉城"。山、湖、泉、河之中融汇了深厚的历史文化内涵,是"水"字的浓缩。泰山自然景色秀丽,文物古迹众多,是我国和世界重要的自然与文化遗产,人文旅游资源与自然旅游资源浑然一体,具有极高的价值。曲阜是国家级历史文化名城,是中华民族文化的精华之地,被列为世界文化遗产,这里有全国最完整的大型古建筑群——孔庙、孔府,世界规模最大的权贵家族陵园——孔林,以儒学思想享誉海内外,是最具价值的人文旅游资源荟萃地之一。

2. 滨海旅游区

该旅游资源区山海兼备,以自然风光旅游资源为主。绵延的海岸线塑造了海滩、海岛、渔家风情等多姿多彩的海滨风光,海蚀景观更增添了神秘的色彩。此外,沿海丰富的物产、各类新鲜的海鲜也成就了中国八大菜系之一的鲁菜,带给游客无穷的乐趣。山岳景观、古建碑刻、神话传说等在本区都有分布。但该区旅游资源大都集中分布于交通干线和大城市周围,形成以青岛、烟台、威海和日照为中心的旅游资源区。集中分布的特点为旅游资源的开发提供了有利条件。

3. 齐文化与民俗旅游区

齐文化与民俗旅游区以齐文化为主要特色，兼有其他资源，是山东省发展民俗旅游最早的地区，旅游资源具有综合性特点。淄博是国家级历史文化名城，中国优秀旅游城市，至今留有临淄齐国故城遗址、田齐王陵、管仲墓、蒲松龄故居等，与其相邻的是博山国家重点风景名胜区。沂源县西北的溶洞群，溶洞数目之多为江北地区罕见。本区众多民俗旅游资源中最具代表性的是风筝、年画和民间工艺品，尤其是潍坊的风筝，工艺十分精湛，潍坊也因此被誉为"国际风筝城"。本区内丰富的旅游资源共同组成了山东著名的"千里民俗旅游线"。

4. 山地生态旅游区

该区自然资源丰富，历史悠久，形成大量珍贵的历史文献、名胜古迹，如临沂市保留有王羲之少年时练字的"晒书台"和"洗砚池"。枣庄市东北的抱犊崮国家森林公园，号称"鲁南第一山"，森林覆盖率96.8%，因气候温和、空气新鲜而成为非常理想的旅游度假胜地。

5. 黄河口湿地生态旅游区

该旅游资源区是我国东部地区少有的保持自然原貌的地区之一，这里有大面积的天然盐生草甸草原和湿地生态自然景观。壮美的黄河落日、草原秋色吸引了大量游客，黄河口国家湿地公园被誉为"地球暖温带最广阔、最年轻、最完整的湿地生态系统"。除了丰富的旅游资源，本区的生物也十分繁多，因此成为科研工作者的重要实习基地。另外，壮丽的油田风光也是本区的特色旅游景观。

6. 古运河与水浒文化旅游区

该区最具特色的是河湖水域风光和以"水浒"为主题的文化旅游资源。京杭大运河的济宁—台儿庄段是北方地区唯一通航的河段，也是河运繁忙、商业发达、历史文化荟萃之地，其与南四湖组成该区的河湖水域风光旅游资源。该区的水浒旅游资源，以真实历史事件为背景，浓郁的文学色彩对省内外游客产生了很强吸引力。

参考文献

［1］林存壮.山东省海洋资源开发与海洋强省建设对策研究［D］.青岛：中国海洋大学，2015.

［2］倪振平，马兆同，刘福魁，等.山东石墨资源潜力预测［J］.地质学刊，2016，40

（3）：410-423.

［3］山东济宁发现大型铁矿矿石储量惊人［EB/OL］.［2016-03-04］.矿道网,http：//www. mining120. com/show/1603/20160304_ 232140. html,2016-03-04.

［4］山东10种矿藏储量位居全国首位［EB/OL］.［2016-06-12］.中新网,http：//www. sd. chinanews. com. cn/2/2016/0612/17329. html.

［5］山东省发展和改革委员会,山东省石油天然气中长期发展规划（2016~2030年）［Z］.2017.

［6］山东省国土资源遥感综合调查办公室.山东省国土资源遥感综合调查研究［M］.济南：山东省国土资源遥感综合调查办公室,2005.

［7］山东省国土资源厅.山东省矿产资源总体规划（2001-2010）［Z］.2002.

［8］山东省人民政府.山东省海洋主体功能区划［Z］.2017.

［9］山东省国土资源厅.山东省矿山地质环境保护与治理规划（2018-2025年）［Z］.2018.

［10］山东省国土资源厅.山东省国土资源厅关于全省2017年度矿产资源开发利用情况的通报［Z］.2018.

［11］山东省发展和改革委员会,山东省旅游发展委员会.山东省全域旅游发展总体规划（2018-2025年）［Z］.2018.

［12］山东省文化和旅游厅.山东省A级旅游景区名录［Z］.2020.

［13］山东省政府.关于推进"海上粮仓"建设的实施意见［Z］.2014.

［14］王仁卿,周光裕.山东植被［M］.济南：山东科学技术出版社,2000.

［15］张绪良.山东省海洋资源开发与海洋经济发展［J］.高师理科学刊,2003,23（3）：48-50.

［16］张祖陆,姜鲁光,李子君.山东地理［M］.北京：北京师范大学出版社,2014.

［17］山东省情网：http：//www. sdsqw. cn.

［18］史兴民.关于农业地貌研究［J］.安徽农业科学,2006,34（20）：5314-5315,5317.

第三篇

第五章 经济概况

第一节 经济发展阶段

改革开放为山东省经济发展增添了新的活力，区域经济进入了一个新的发展阶段。

一、1978~1985年改革开放初期的经济快速增长

改革开放初期，山东省投资结构开始调整，轻工业投资比重有所上升，农业和重工业投资比重下降，但依然超过50%。在改革政策的激励下，山东省的农村和轻工业经济获得了较快发展，"五五"时期，全省轻工业产值年均增长达到14.7%，超过重工业4个百分点。

1981~1985年"六五"时期，山东省遵循"调整、改革、整顿、提高"的方针，实施改革开放，集中解决重大比例失调和经济领域长期积累下来的问题，推动了生产力的全面发展。"六五"时期，全省国内生产总值年均增长11.9%（见表5-1），1985年人均国内生产总值达到887元，超过全国人均水平29元。农村经济全面高涨，农产品产量大幅度提升，林牧渔业产值比例有所提高，乡镇企业带动农村非农产业全面发展。1985年全省粮食、棉花、油料、肉类和水产品产量分别比1980年增长31.6%、97.8%、87.4%、43.3%和30.6%。轻工业获得较快发展，重工业调整服务方向，有力地支持了农业、轻纺工业的发展和国民经济各部门的技术改造，能源和主要原材料生产得到加强，机械、电子等行业的生产能力和技术水平有新的提高。与1980年相比，1985年山东省原

煤、原油、发电量、粗钢、水泥、化学纤维、汽车、纱和布产量分别增长
14.7%、47.5%、40.9%、38.7%、96.5%、37.5%、9.1%、31.5%和14.7%。
1985年城乡居民可支配收入分别达到748元和408元，分别相当于1978年的
1.9倍和3.5倍（见表5-2）。

表5-1 改革开放后山东省国民生产总值、增长速度及人均水平变化

时期	GDP		GDP 平均增长速度（%）		人均 GDP	
	山东省（亿元）	占全国比例（%）	山东省	全国	山东省（元）	占全国比重（%）
"六五"	2463.8	7.56	11.9	10.7	653	1.03
"七五"	5557.1	7.66	8.3	7.9	1378	1.04
"八五"	15575.3	8.29	16.4	12.3	3626	1.11
"九五"	35273.5	8.25	10.8	8.6	8156	1.20
"十五"	65160.9	9.06	13.1	9.8	14279	1.28
"十一五"	153045.1	9.75	13.1	11.2	32519	1.37
"十二五"	276437.2	9.38	9.4	7.8	56878	1.31

资料来源：根据《辉煌山东70年》和《中国统计年鉴》（2019）整理。

表5-2 1980~2015年山东省主要农产品产量及占全国比重变化

年份		1980	1985	1990	1995	2000	2005	2010	2015
粮食	产量（万吨）	2384	3138	3570	4245	3838	3917	4503	5147
	占全国（%）	7.44	8.28	8.00	9.1	8.30	8.09	8.05	7.79
棉花	产量（万吨）	53.7	106.2	97.5	47.1	58.99	84.6	72.4	53.7
	占全国（%）	19.84	25.61	21.63	9.87	13.36	14.81	12.55	9.09
油料	产量（万吨）	143	268	212	315	357	364	348	319
	占全国（%）	18.59	16.98	13.14	14.00	12.08	11.83	11.02	9.41
肉类	产量（万吨）	90	129	222	394	500	658	754	846
	占全国（%）	7.47	6.69	7.77	7.49	8.31	9.48	9.43	9.67
水产品	产量（万吨）	62	81	168	344	631	665	784	872
	占全国（%）	13.78	11.49	11.77	11.65	17.03	15.05	14.59	14.04

资料来源：根据《辉煌山东70年》《辉煌中国70年》相关数据整理计算。

1984年，青岛、烟台被国家批准为我国沿海对外开放城市，成为全国第一
批享受特殊优惠政策的对外开放城市，拉开了山东省外向型经济发展的序幕。
"六五"时期，山东省出口商品总值平均每年增长8.7%，居全国第4位。五年

累计出口创汇额比"五五"时期翻了一番,出口产品以初级产品为主,主要出口花生油、粉丝、冻肉、棉布、动物皮毛、煤炭、石墨、矾土等农副及矿产资源型产品。

二、1986~2000 年市场经济体制逐步确立下的经济全面发展

改革由农业农村向山东省整个经济领域全面推进,计划经济体制逐渐被打破,市场经济体制逐步确立和完善,经济发展空间持续扩张,对外开放逐步扩大,改革开放进入全面探索和纵深推进阶段,促进了山东省经济快速发展。

1986~1990 年"七五"时期,山东省国内生产总值增长速度达到 8.3%,比全国平均高出 0.4 个百分点(见表 5-1)。1990 年一二三产业产值结构比为28.1∶42.1∶29.8,与 1986 年相比,第一产业明显下降,第二、第三产业比重得以提升,第三产业发展滞后的状况有所改善。"七五"时期完成基本建设投资1532 亿元,超过前 35 年的总和,新增一大批原煤、原油、发电、乙烯、纯碱等生产基地,交通通信设施条件得到改善。农业基础进一步巩固,农业结构趋于合理。与 1985 年相比,1990 年全省粮食、肉类、水产品产量分别增长 13.8%、72.1%和 107.4%,棉花与油料减产 8.2%和 20.9%。农业综合化发展趋势明显。农村工业、建筑业、运输业和商业饮食服务业获得长足发展,其总产值占农村社会总产值的 63.4%。工业的主导地位进一步加强,形成了以能源、化学、电子、冶金、建材、机械、纺织和食品等工业部门为支柱的工业体系,主要工业产品产量大幅度增加,相对于"六五"末,1990 年全省原煤、原油、发电量、粗钢、水泥、化学纤维、纱和布产量分别增长 21.8%、24%、70.2%、81.6%、72.9%、272.7%、107.2%和 72.8%。外向型经济发展步伐加快,1990 年全省出口总值比 1985 年增长 31%,初步形成了经济技术开发区—沿海开放城市—沿海经济开放区—内地逐步推进的对外开放格局。1990 年全省城乡居民人均可支配收入分别达到 1466 元和 680 元,分别为 1980 年的 3.27 倍和 3.23 倍,全省人均地区生产总值达到 1815 元,高出全国人均水平 10.4%(见表 5-1)。

1991~1995 年"八五"时期,特别是 1992 年以后,山东省依据社会主义市场经济体制的目标,加快计划管理体制改革步伐,贯彻持续、稳定、协调发展国民经济的方针,在调整经济结构、巩固和加强农业基础地位,积极推进"科教兴鲁""海上山东"和"东部开放,西部开发,东西结合,共同发展"等战

略。"八五"时期是改革开放以来山东省经济发展最快的时期，国内生产总值增长速度年均达到 16.4%，比全国平均高出 4.1 个百分点。农业经济持续发展，1995 年全省粮食、油料、肉类和水产品产量分别比 1990 年增长 18.9%、48.6%、77.5% 和 104.8%，棉花减产 51.7%。林牧渔业产值占农业总产值的比重由 1990 年的 38.6% 上升到 50.7%。第二产业快速增长，增加值年均增长 20.9%，形成了以能源、建材、化工、电子、纺织、机械、食品和建筑业为支柱的产业群。1995 年全省原煤、发电量、粗钢、水泥、化学纤维、汽车、纱、布、彩色电视机、家用洗衣机、家用冰箱等工业产品产量分别比 1990 年增长 47.2%、65.7%、75.3%、183.4%、363.4%、90%、7.8%、43.1%、164%、50.8% 和 300%。同时，基础设施建设得以加强，铁路通车里程增加 245 千米，公路通车里程增加 13471 万千米，港口吞吐能力增加 4700 万吨。全省形成了从沿海到内陆梯次推进、全面开放的总格局，经济发展的外向度明显提高，全省累计进出口总额约是"七五"时期的 1.8 倍，1995 年全省进出口贸易总额占国内生产总值的比重达到 25.6%。出口商品结构逐步改善，1995 年全省工业制成品出口额占出口总额的 75%，比 1990 年提高 25 个百分点，初级产品出口比重降至 25%。海洋渔业综合开发、海洋科技、海洋港口建设和滨海经济带开发等取得明显成效，1995 年山东省海港已发展到 24 处，187 个泊位，年吞吐能力已超过 1 亿吨，初步形成了大中小配套、布局较为合理、内外贸并兴的沿海港口群体。1995 年全省城乡居民人均可支配收入分别达到 4264 元和 1715 元，分别比 1990 年增加 2798 元和 1035 元，全省温饱问题基本解决，部分地区达到小康水平。1995 年，全省人均地区生产总值达到 5701 元，高出全国人均水平近 20%。

1996~2000 年"九五"时期，山东省内生产总值年均增长速度为 10.8%，高出全国平均 2.2 个百分点（见表 5-1）。山东省积极推进农业和农村经济结构的战略性调整，进一步实施科技兴农战略，转变传统农业生产经营方式，促进农业生产区域化布局、产业化发展，农业综合生产能力显著增强，经济作物发展较快，林牧渔业所占比重上升，2000 年全省棉花、油料、肉类和水产品产量分别比 1995 年增长 25.3%、13.3%、26.9% 和 83.4%，粮食减产 9.6%。五年累计共完成固定资产投资 10197 亿元，年均增长 14%；新增高速公路 1687 千米，铁路营业里程 556 千米，港口吞吐能力 2919 万吨，发电装机容量 778 万千瓦，交通、通信、电力、原材料等方面的瓶颈基本消除,工业经济快速壮大,城市公用设施、生活服务设施和环境质量得到明显改善。2000 年,发电量、粗钢、水泥、化学纤维、汽车、纱、彩色电视机、家用洗衣机和家用电冰箱等工业产品产量分别比 1995 年增长 36%、59.6%、19.1%、108.4%、221.1%、36.8%、286.1%、218.8%和 159.5%,原煤、原油、布的产量降幅在 10%左右。"九五"时期,山东省全方位、多领域的对外开放格局已经形成,全省进出口总值达到"八五"时期的 2 倍多。2000 年,全省经济的外贸依存度达到 24%,对外贸易拉动经济增长近 4 个百分点。2000 年,全省城乡居民人均可支配收入分别达到 6417 元和 2663 元,分别比 1995 年增长 50.1%和 55.3%;人均地区生产总值达到 9326 元,比 1995 年增长 63.2%,高出全国人均水平 18.7%,达到世界中下等收入国家的平均水平。

三、21 世纪完善市场经济体制下的经济跨越发展

进入 21 世纪,山东省改革开放逐步由快速推进进入全面深化、攻坚克难阶段,社会主义市场经济体制进一步完善,经济发展由好中求快、又好又快转向中高速发展、高质量发展的新阶段。

2001~2005 年"十五"时期,山东省以科学发展观为指导,加快体制机制创新,实施科教兴鲁、经济国际化和区域可持续发展等战略,市场经济体制逐步完善,经济结构调整和发展方式转变取得明显进展,区域经济规模扩大,省域经济参与国际竞争与合作的能力增强,人民生活由小康向富裕迈进。"十五"时期,山东省地区生产总值突破 6.5 万亿元,年均增长 13.1%,超过全国平均 3.3 个百分点(见表 5-1),逐步形成了以现代农业为基础、竞争力较强的第二产业为核心、发达的第三产业相配套、完善的基础设施为支撑的产业发展格局。2005 年全省一二三产业产值结构比为 10.6∶57.3∶32.1,人均地区生产总值达到 20075 元,比 2000 年增长 115%,相当于全国人均水平的 1.4 倍(见表 5-1)。山东省统筹城乡发展,加强农业基础设施建设,五年用于"三农"方面的财政性投入达到 1052 亿元,年均增长 20.8%。全省农业综合生产能力显著提高,优质、高产、高效农业发展步伐加快。山东省加快发展龙头企业和专业合作组织,不断提高农业产业化、标准化、国际化水平。2005 年,全省规模以上农业龙头企业达到 5000 多家,标准化基地 3000 多万亩;林牧渔业在农业总产值中的比重

达到 44%，农产品加工增值率达到 65%，农民人均纯收入中非农收入所占比重达到 56%。2005 年全省粮食、棉花、油料作物产量、肉类、水产品产量分别比 2000 年增长 2.1%、43.4%、2%、31.6% 和 5.4%。山东省坚持走新型工业化道路，积极推进制造业强省和胶东半岛制造业基地建设，大力发展轻工、纺织、机械、化工、建材、冶金六个支柱产业，拉长和延伸电子信息、汽车、船舶、石化、家电、食品、服装纺织七个产业链。2005 年全省原煤、原油、发电量、粗钢、水泥、化学纤维、汽车、纱、布、彩色电视机、家用洗衣机、家用冰箱等工业产品产量分别比 2000 年增长 74.5%、0.7%、99.1%、401.1%、113.6%、141.7%、688.5%、289.6%、221.4%、328.8%、34.1% 和 147.7%。2005 年，全省高新技术产业产值占规模以上工业总产值的比重达到 24%，比 2000 年提高 10.2 个百分点；非公有制经济增加值占全部生产总值的比重达到 48%，比 2000 年提高了 16 个百分点。新增高速公路 1157 千米，电气化铁路 384 千米，沿海港口吞吐能力 1 亿吨，电力装机容量 1776 万千瓦。对外开放向全方位、宽领域、多层次转变。2005 年，山东省出口总值比 2000 年增长 2 倍，全省移动电话用户数达到 2316 万户，为 2000 年的 4.6 倍。2005 年全省城、乡居民人均可支配收入分别达到 10422 元和 3946 元，为 2000 年的 1.5~1.6 倍。

2006~2010 年"十一五"时期，山东省经济发展进入新的战略机遇期。"十一五"时期山东省国内生产总值年均增长 13.1%（见表 5-1），2010 年达到 3.96 万亿元，人均国内生产总值由"十五"末的 2400 美元提高到 6000 美元，跃升至世界中等收入国家的平均水平（见表 5-1）。城镇人均收入突破 1000 美元、城乡恩格尔系数降到 0.5 以下，消费结构升级步伐加快。山东省实施农村综合配套改革试点，加强农业基础设施建设，五年对"三农"的财政投入累计达到 4718 亿元，年均增长 36.1%，农业综合生产能力和现代化水平进一步提高，农业和农村经济结构不断调整，促进了农业提质增效。全省农村一二三产业产值比例由 2005 年的 11：57：32 调整到 2010 年的 9：54：37，优势农产品区域布局规划实施成效显著，初步形成了以 11 大优势农产品为主、覆盖全省的 8 大优势产业带。相对于 2005 年，2010 年全省粮食、肉类和水产品产量分别增长 15%、14.6% 和 17.9%，棉花、油料分别减产 14.4% 和 4.4%。农业产业化经营取得显著成效，截至 2010 年底，全省规模以上龙头企业、销售收入过亿元企业分别为 8080 家、1990 家，比 2005 年分别增加 2212 家、1106 家，规模以上龙头企业实现销售收入和利润均居全国第一位。"十一五"末，全省农民专业合作社达到 4.3 万个，入社成员 350 万个，各类种养大户达到 17680 个。从种养、加工、包装、运输营销到新产品开发已初步形成了一条成熟完整的产业链。"十一五"末，全省农产品加工增值率达到 67%，农民非农收入所占比重达到 62% 以上，收入结构逐步由以农业为主向以非农产业为主转变。工业经济在转型和调整中保持较好的发展势头，制造业强省建设成效显著，五年累计完成技改项目 3.7 万项，技改投资 2.6 万亿元，高新技术产业产值占规模以上工业产值比重达到 35.2%。2010 年，全省原煤、原油、发电量、粗钢、水泥、汽车、纱、布、彩色电视机、家用洗衣机和家用冰箱等工业产品产量分别比 2005 年增长 11.6%、3.4%、52%、65.1%、5.5%、280.5%、98.7%、56.8%、4.1%、49% 和 15%，化学纤维减产 2.5%。服务业发展提质增量，增加值所占比重比"十五"末提高 4.3 个百分点。全方位、多层次、宽领域的开放格局基本形成，进出口总额累计 7036 亿美元，年均增长 19.6%。把推进区域发展与培植产业优势结合起来，构建区域发展新格局。《黄河三角洲高效生态经济区发展规划》获得国务院批复，区域投资额、进出口值、地方财政收入增幅均高于全省平均水平。《山东半岛蓝色经济区发展规划》作为我国第一个以海洋经济为主题的区域发展战略规划获国务院批准。2010 年，全省城乡居民人均可支配收入分别达到 18971 元和 7034 元，比 2005 年分别增长 81.9%、78.3%。

　　2011~2015 年"十二五"时期，山东省经济社会发展总体上仍处于重要战略机遇期，但转变发展方式的外部压力加大、内在要求迫切，面临的国际环境更加错综复杂。全省按照富民强省的战略目标，坚持结构调整、创新驱动、民生优先、统筹兼顾、绿色发展和改革开放，市场经济体制进一步完善，各要素市场进一步健全，经济增长势头虽有所减缓，但产业与经济转型升级步伐加快。"十二五"时期全省国内生产总值达到 27.6 万亿元，年均增长 9.4%（见表 5-1）。按当年平均汇率计算，人均地区生产总值达到 56878 元，相当于全国人均水平的 1.31 倍（见表 5-1）。2015 年，三次产业产值比例调整为 7.7∶47.5∶44.8。服务业实现了跨越式发展，增加值较"十一五"时期提高 8.7 个百分点，成为吸引投资、吸纳就业、创造税收的主体。2015 年，全省实现第一产业增加值按可比价计算比 2010 年增长 21.9%。2015 年，全省粮食、肉类和水产品产量分别比 2010 年增长 14.3%、12.2% 和 11.2%，棉花、油料分别减产 25.8% 和 8.3%，蔬菜、果品、肉类、水产品总产量均居全国第一位,农产品出口额占全国 1/4,连续 15 年保持全国第一。全省农作物耕种收综合机械化水平达到 81.3%,粮食生产基本实现全程机械化。新型农业经营模式多元发展,全省规模以上农业龙头企业 9300 多家,农民合作社 15.4 万家,居全国第一;家庭农场发展到 4.1 万家;各类农业社会化服务组织达 20 万个,土地经营规模化率超过 40%。2015 年全省共有 51 家企业入围中国企业 500 强,山东能源集团、魏桥集团进入世界 500 强,营业收入过百亿元的工业企业达到 135 家,比"十一五"末增加了 58 家。2015 年全省发电量、粗钢、水泥、纱、彩色电视机、家用洗衣机、家用冰箱等产品产量分别比 2010 年增长 61.6%、25.9%、2.9%、22.1%、55.3%、14.2% 和 8.8%,原煤、原油、化学纤维、汽车和布的产品产量分别减产 9.2%、6.4%、6.2%、36% 和 16.7%。工业化与信息化两化融合步伐逐步加快,2015 年全省两化融合指数达到 57.08,同比提高 2.6 个点;信息化综合集成水平以上企业的占比达到 38.1%,比"十一五"末提高 10 个百分点。互联网普及率达到 48.6%,比"十一五"末提高 13.9 个百分点。区域创新能力建设得以提升,全社会研发投入占生产总值比重由 1.72% 提高到 2.23% 左右。"两区(山东半岛蓝色经济区和黄河三角洲高效生态经济区)一圈(省会都市圈)一带(鲁南城市带)"区域发展战略深入推进,山东半岛蓝色经济区和黄河三角洲高效生态经济区成为全省经济发展的重要引擎,省会都市圈和鲁南城市带发展明显加快。主动对接"一带一路"倡议,对外开放取得重要进展。"十二五"时期全省外贸进出口额相当于"十一五"时期的 1.8 倍多。综合交通体系建设全面展开,17 市实现铁路网全覆盖,96% 的县(市、区)通了高速公路。"十二五"时期,全省城镇居民人均可支配收入年均实际增长 8%,达到 31545 元;农村居民人均可支配收入年均增长 10.1%,达到 12930 元,城乡收入比由 2.70 缩小到 2.44,农村贫困人口每年减少 100 万人以上。

"十三五"规划实施以来,山东省区域经济发展速度逐步转为中高速,加快推进新旧动能转换和经济高质量发展。全省国内生产总值增长速度由 2015 年的 8.0% 回落到 2018 年的 6.4%。2018 年,全省实现国内生产总值 7.65 万亿元,比 2015 年增长 19.7%,人均达到 76267 元,高出全国人均水平 11623 元。产业结构进一步升级,2018 年,山东省第三产业产值占比达到 49.5%,社会就业人员占比达到 36.9%,均超过第二产业,对经济增长的贡献率达 60%。工业结构迈向中高端，2018年全省装备制造业、高技术产业增加值增长7.5%和9.6%，分别高于规模以上工业2.3个和4.4个百分点。新业态经济不断壮大。2018年山东省实物商品网上零售额增长23.4%，跨境电子商务出口额增长45.1%，快递业业务量增速比2017年提高18.7个百分点。2018年山东省城镇居民人均可支配收入达到39549元，农村居民人均可支配收入达到16297元，分别比2015年增长25.4%和26.0%，比全国平均水平分别高298元和1680元。

改革开放以来，农业经济发展壮大使山东成为我国重要的农产品生产基地（见表5-2）。山东省是我国重要的粮食生产基地。2015年山东省粮食产量达到5147万吨，相当于1980年的两倍多，近40年来占全国粮食总产量的比重稳定在8%左右。山东省是我国重要的棉花和油料生产基地。改革开放以来，山东省棉花和油料生产波动较大。20世纪八九十年代，全省棉花产量占全国总产量的1/5左右。进入21世纪，全省棉花生产规模逐渐减小，2015年全省棉花产量仅占全国总产量的9.09%。全省油料产量占全国总产量的比重在1980年高达18.59%，而2015年下降到9.41%。山东省是我国重要的畜产品和水产品生产基地，改革开放以来肉类和水产品产量在全国的地位稳步提升。全省肉类产量由1980年的90万吨提升到2015年的846万吨，2015年全省肉类产量占全国总产量比重达到9.67%，比1980年提高2.2个百分点。全省水产品产量由1980年的62万吨提升到2015年的872万吨，水产品产量占全国总产量比重由1980年的13.78%提升到2000年的17.03%，2000年来基本稳定在14%~15%。

山东省现代工业逐步壮大，许多工业产品产量在全国占有重要地位（见表5-3）。山东省是我国重要的能源生产基地。1980年原油产量为1832万吨，占全国总产量的17.29%。1990年，原油产量占全国的近1/4。21世纪，由于资源约束，其产量在全国的地位相对下降，2015年原油产量2608万吨，占全国总产量的12.16%。1980年全省煤炭产量仅为4291万吨，2010年达到15654万吨。2015年原煤产量占全国总产量的3.8%。全省发电量从1980年的186亿千瓦时，增加到2015年的4916.6亿千瓦时，2015年发电量占全国的8.46%。山东省是我国重要的钢铁、水泥生产基地。全省粗钢产量1980年仅为90.1万吨，2015年达到6619.3万吨，2015年粗钢产量占全国8.23%。全省水泥产量从1980年的571万吨逐渐提升到2015年的15173.9万吨，2015年水泥产量占全国总产量的6.43%。山东省汽车工业逐步发展壮大。全省汽车产量从1980年的1.1万辆逐渐提升到 2010 年的 183 万辆，2010 年汽车产量占全国总产量的 10.02%。"十二五"期间，受宏观经济和产业政策等原因影响，山东省汽车生产总体有所萎缩，2015 年汽车产量为 117.1 万辆，占全国汽车总产量的 4.78%。山东省是我国重要的家电生产基地。彩色电视机产量 1985 年仅 6.6 万台，2015 年达到 1766.9 万台。2015 年，全省彩色电视机产量占全国总产量的 12.21%，较 1990 年提升近 10 个百分点。2000 年家用洗衣机产量占全国总产量的比重高达 21.65%，2015 年降至 9.8%。家用冰箱生产规模逐渐扩大，产量从 1980 年的 400 多台，逐渐增长到 2015 年的 872.1 万台。家用冰箱产量占全国总产量的比重 2005 年高达 23.24%，2015 年在 11% 左右。

表 5-3　1980~2015 年山东省主要工业产品产量及占全国比重变化

年份		1980	1985	1990	1995	2000	2005	2010	2015
原煤	产量（万吨）	4291	4922	5995	8827	8039	14030	15654	14220
	占全国（%）	6.92	5.64	5.55	6.49	5.81	5.93	4.57	3.80
原油	产量（万吨）	1832	2703	3351	3006	2676	2695	2786	2608
	占全国（%）	17.29	21.64	24.23	20.03	16.42	14.86	13.72	12.16
发电量	产量（亿千瓦时）	186.0	262.1	446.0	739.2	1005.3	2001.6	3042.7	4916.6
	占全国（%）	6.19	6.38	7.18	7.23	7.42	8.01	7.23	8.46
粗钢	产量（万吨）	90.1	125.0	227.0	398.0	635.4	3183.8	5256.1	6619.3
	占全国（%）	2.43	2.67	3.42	4.17	4.94	9.01	8.25	8.23
水泥	产量（万吨）	571.0	1121.8	1940.0	5497.0	6547.0	13986.8	14749.2	15173.9
	占全国（%）	7.15	7.69	9.25	11.56	10.97	13.09	7.84	6.43
化学纤维	产量（万吨）	0.8	1.1	4.1	19.0	39.6	95.7	93.3	87.5
	占全国（%）	1.78	1.16	2.48	5.57	5.71	5.75	3.02	1.81
汽车	产量（万辆）	1.1	1.2	1.0	1.9	6.1	48.1	183.0	117.1
	占全国（%）	4.95	2.75	1.95	1.31	2.95	8.43	10.02	4.78
纱	产量（万吨）	23.5	30.9	64	69	94.4	367.8	731	892.9
	占全国（%）	8.03	8.74	13.83	12.73	14.37	25.36	28.41	25.24
布	产量（亿米）	10.9	12.5	21.6	30.9	27.6	88.7	139.1	115.9
	占全国（%）	8.09	8.52	11.44	11.88	9.96	18.31	17.39	12.98
彩色电视	产量（万台）	—	6.6	25.0	66.0	254.8	1092.7	1137.7	1766.9
	占全国（%）	—	1.52	2.42	3.21	6.47	13.19	9.62	12.21

续表

年份		1980	1985	1990	1995	2000	2005	2010	2015
家用洗衣机	产量（万台）	3.5	36.4	65.0	98.0	312.4	418.8	624.2	712.7
	占全国（%）	14.29	4.10	9.81	10.33	21.65	13.80	9.99	9.80
家用冰箱	产量（万台）	0.04	1.7	27.0	108.0	280.3	694.3	801.6	872.1
	占全国（%）	0.82	1.17	5.83	11.76	21.92	23.24	10.99	10.91

资料来源：根据《辉煌山东70年》《辉煌中国70年》相关数据整理计算。

总之，改革开放以来，山东省区域经济实现了新的飞跃。第一，国民经济持续稳定增长，综合实力进一步提高。主要工农业产品产量明显增加，城乡居民收入水平大幅度提高。第二，经济结构不断优化，完成了三次产业结构由"一、二、三"向"二、一、三"，再向"二、三、一"和"三、二、一"的根本性转变。第三，区域经济可持续发展能力增强，资源环境与经济发展的协调性有所提高。第四，城乡统筹和区域统筹协调发展取得一定成效。但在长期的经济快速发展中，山东省也积累了大量矛盾和问题。如资源环境压力大、承载力接近饱和；经济发展中新兴产业和优势产业发展不理想，经济增长比较粗放的问题依然比较普遍；高端人才不能满足经济转型发展的需要，区域创新能力不足，创新的体制机制尚未理顺；劳动适龄人口数量下降，人口老龄化趋势明显，社会负担加重；社会基本公共服务体系还不够完善，区域间和城乡间发展不均衡等。

第二节　经济发展水平

山东是我国东部沿海经济较为发达的省份之一。2015年，山东省全省实现国内生产总值63858.62亿元，约占全国9.1%；人均国内生产总值64168元，高于全国平均水平28.7%（见图5-1）。按照世界银行2018年的标准，人均国内生产总值在3896美元和12055元之间为中等偏上收入国家。2018年山东省人均国内生产总值为11525美元（按年均汇率折算），达到国际上的中等偏上收入水平，就人均国内生产总值来看，与全国其他沿海经济发达省份相比，山东省仍然有较为明显的差距。

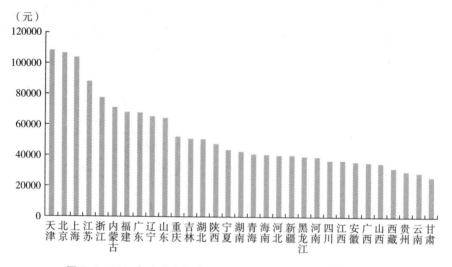

图 5-1　2015 年山东省与全国其他省份人均地区生产总值比较

资料来源：根据《中国统计年鉴》（2016）相关数据整理绘制。

　　山东省是我国东部沿海经济密度较大的省域。2015 年山东省经济密度达到每平方千米 4096 万元，相当于全国平均水平的 5.74 倍，仅次于上海、天津、北京、江苏和浙江，居全国第 6 位（见图 5-2）。

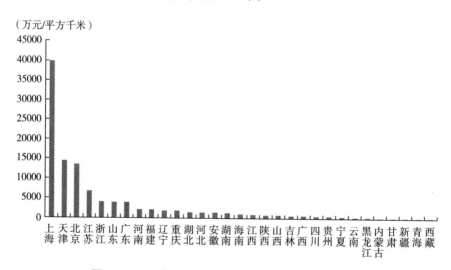

图 5-2　2015 年山东省与全国其他省份经济密度比较

资料来源：根据《中国统计年鉴》（2016）相关数据整理绘制。

一、农业现代化水平

农业现代化包括农业生产的技术装备、产业体系、经营方式和发展理念等的现代化。农业生产的水利化、机械化、信息化、规模化、专业化、区域化水平和土地产出率、资源利用率、农业劳动生产率、农产品市场竞争力等可以从不同侧面反映区域农业现代化水平。山东省农业经济发达，农林牧渔业总产值自1980年以来稳居全国第1位，农产品出口额占全国的1/5以上。

农业机械化在很大程度上解放了农业劳动力，促进了农业生产的规模化、专业化、集约化发展，是农业现代化的重要标志。2015年山东省农业机械总动力达到13353万千瓦，约占全国的12%；单位耕地面积农业机械动力为17544.3千瓦/千公顷，居全国首位，相当于全国平均水平的2倍（见图5-3）。

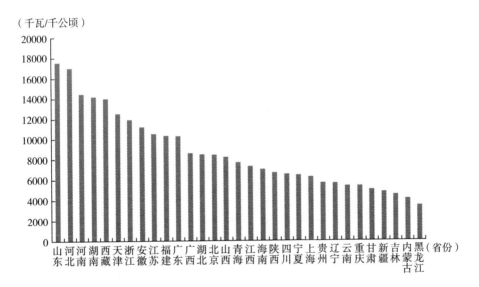

图5-3 2015年山东省与全国其他省份农业机械化水平比较

资料来源：根据《中国统计年鉴》（2016）相关数据整理绘制。

化肥、地膜和农药等化学产品在农业生产中的合理使用是农业现代技术进步的重要标志。2015年，山东省化肥总使用量为463.5万吨（折纯量），仅次于河南省，居全国第2位；单位耕地面积化肥使用量为609千克/公顷，高于全国平均水平36.5%（见图5-4）。

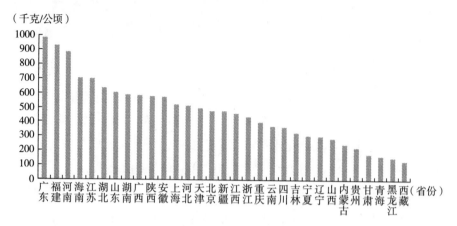

（千克/公顷）

图 5-4 2015 年山东省与全国其他省份单位耕地面积化肥使用量比较

资料来源：根据《中国统计年鉴》（2016）相关数据整理绘制。

水利化是农业生产条件现代化的重要标志之一。2015 年山东省耕地有效灌溉面积达到 4964.4 千公顷，耕地有效灌溉率达到 65.2%，居全国第 12 位，高出全国平均水平 16.4 个百分点（见图 5-5）。

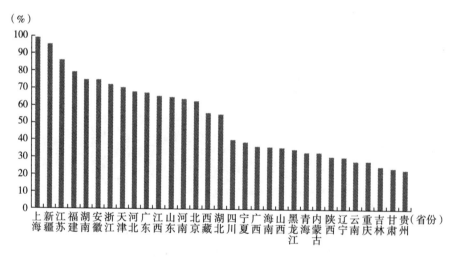

（%）

图 5-5 2015 年山东省与全国其他省份耕地有效灌溉率比较

资料来源：根据《中国统计年鉴》（2016）相关数据整理绘制。

农业投入增加带动了农业产出水平的提高，单位土地面积农产品产出状况是农业经济发展水平的重要标志之一。2015 年山东省粮食总产量为 4712.7 万吨，单位耕地面积粮食产量达到 6192.0 千克/公顷，其水平仅次于江苏、河南、湖南和江西,居全国第5位;与全国平均水平相比,山东省单位面积粮食产量比全国水平高出了34.5%(见图5-6)。

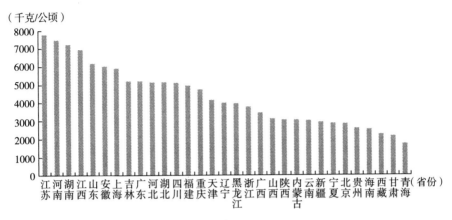

图5-6 2015年山东省与全国其他省份单位面积粮食产量比较

资料来源:根据《中国统计年鉴》(2016)相关数据整理绘制。

二、工业现代化水平

山东省工业经济发达,工业制造能力居全国前列,原盐、啤酒、纱、机制纸、烧碱、纯碱、布、化肥、化学农药原药、生铁、金属切削机床、大中型拖拉机、平板玻璃、钢材、家用电冰箱、彩色电视机等产品产量在全国名列前茅,是全国重要的化工、建材、医药、装备制造生产基地。工业现代化是山东省经济现代化的核心和主要动力,工业现代化水平的评价比较复杂,包括工业生产、工业经济、工业要素、工业环境等,涉及工业行为、结构、制度和观念的现代化等多方面。利用工业增加值、工业生产效率、产值结构、研发投入水平等指标,可从不同侧面反映山东省工业现代化发展水平。

2016年山东省工业生产增加值达到27588.7亿元,居全国第3位,是我国工业经济规模较大、发展水平较高的省份之一(见图5-7)。

规模以上工业企业的人均主营业务收入和每百元资产实现的主营业务收入是反映区域工业企业效益的主要指标。2016年山东省规模以上工业企业的人均主营业务收入为166.31万元,高出全国平均水平36%,在全国仅次于北京、天津居第3位(见图5-8)。2016年山东省规模以上工业企业每百元资产实现的主营业务收入达到143.4元,高出全国平均水平34%,在全国仅次于江西、湖南

山东经济地理

居第3位（见图5-9）。

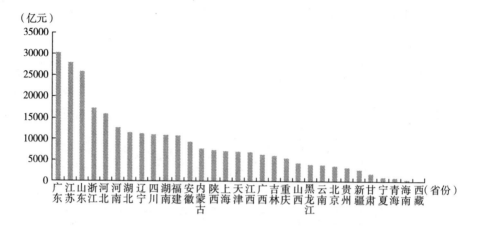

（亿元）

图5-7　2016年山东省与全国其他省份工业增加值比较

资料来源：根据《中国统计年鉴》（2017）相关数据整理绘制。

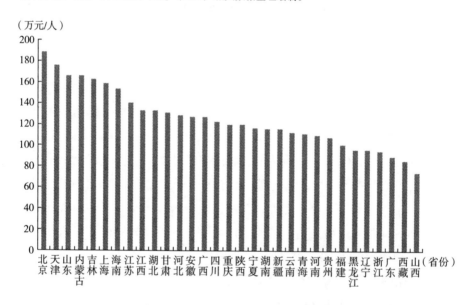

（万元/人）

图5-8　2016年山东省与全国其他省份规模以上

工业企业的人均主营业务收入比较

资料来源：根据《中国统计年鉴》（2017）相关数据整理绘制。

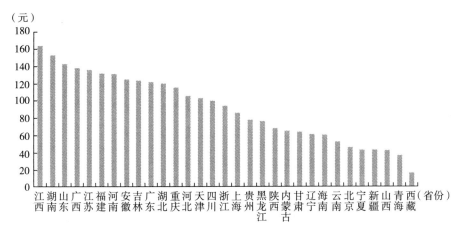

图 5-9　2016 年山东省与全国其他省份规模以上

工业企业每百元资产实现主营业务收入比较

资料来源：根据《中国统计年鉴》（2017）相关数据整理绘制。

　　工业现代化离不开现代工业技术的研发与生产应用。2015 年，山东省规模以上工业企业研究与试验发展人员的全时当量为241395 人/年、规模以上工业企业新产品开发项目数为28306 项、新产品销售收入为14698.43 亿元，分别占全国的 9.1%、9.1%、9.7%；与全国其他省域相比，这些指标仅落后于江苏、浙江、广东，居于全国第 4 位，是我国现代工业科技研发与生产应用力度较大的省份（见图 5-10 至图 5-12）。

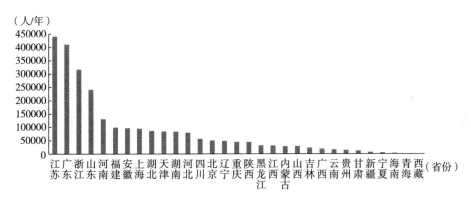

图 5-10　2015 年山东省与全国其他省份 R&D 人员全时当量比较

资料来源：根据《中国统计年鉴》（2016）相关数据整理绘制。

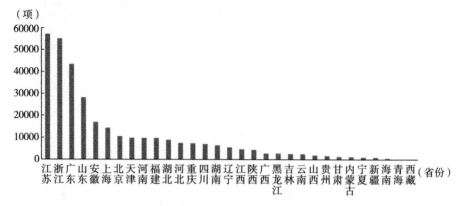

图 5-11　2015 年山东省与全国其他省份规模以上工业企业新产品开发项目数比较

资料来源：根据《中国统计年鉴》（2016）相关数据整理绘制。

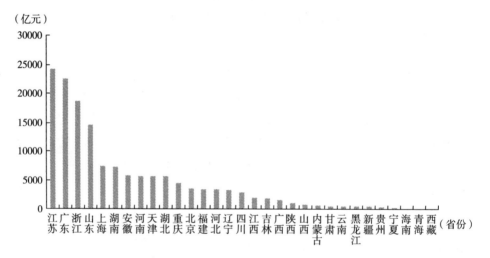

图 5-12　2015 年山东省与全国其他省份规模以上工业企业新产品销售收入比较

资料来源：根据《中国统计年鉴》（2016）相关数据整理绘制。

三、服务业现代化水平

　　山东省服务经济较为发达，服务业现代化水平在全国居于前列。2015 年，山东省实现服务业增加值居全国第 3 位，服务业产值占 GDP 的比重达到 44.8%，是我国服务业较为发达的省区（见图 5-13、图 5-14）。2015 年山东省平均每个服务业就业人员创造的增加值为 12.24 万元/人，高出全国平均水平 17.8%。

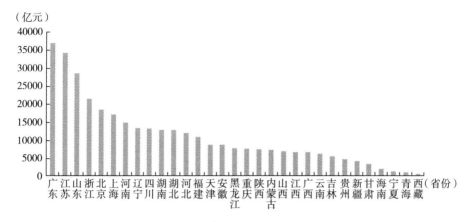

图 5-13 2015 年山东省与全国其他省份省域服务业增加值比较

资料来源：根据《中国统计年鉴》（2016）相关数据整理绘制。

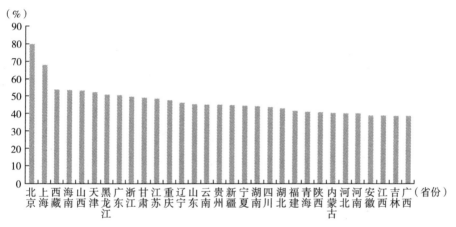

图 5-14 2015 年山东省与全国其他省份省域服务业增加值占 GDP 比重比较

资料来源：根据《中国统计年鉴》（2016）相关数据整理绘制。

第三节 产业结构

一、三次产业结构

山东省三次产业产值和就业结构的演进态势总体上符合区域经济发展一般性规律，呈现第一产业比重持续下降，第二产业比重先升后降，第三产业比重不断提高的变化态势。

（一）产值结构

山东省三次产业产值结构变化呈现明显的阶段性特征（见图5-15）。

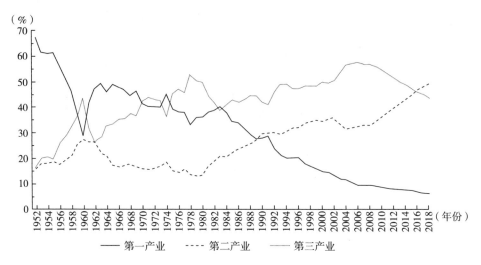

图5-15　1952~2018年山东省地区生产总值构成变化

资料来源：根据《辉煌山东70年》相关数据整理绘制。

第一阶段：1949~1970年，三次产业产值结构格局由"一、二、三"演变为"二、一、三"。1949年以前，山东省经济十分落后，产业结构以农业为主，工业基础非常薄弱，1952年全省地区生产总值中三次产业产值结构为67.4：16.60：16.0。1949年以后，山东省加大了对工业，尤其是重工业的投资力度，工业化进程加快，第二产业在国民经济中的地位和作用逐步提升。"大跃进"期间重工业过度超前发展，使全省产业结构演进与当时的经济发展水平不相适应，导致产业结构严重扭曲，1960年第二产业产值结构比重猛增到43.5%。"大跃进"之后，随着经济调整，山东省第二产业占比迅速回落，1962年仅为26.3%。之后，随着工业化的推进，第二产业产值占比逐步提升，1970年达到42.5%，再次超过第一产业，实现了三次产业产值结构格局由"一、二、三"向"二、一、三"的根本性转变。

第二阶段：1971~1990年，三次产业产值结构格局实现了由"二、一、三"向"二、三、一"的跨越。"四五"计划以来，特别是十一届三中全会以后，在国家政策驱动和消费需求拉动下，山东省投资结构开始调整与优化，第二、第三产业快速发展。改革开放初期，受农业经济"爆发式"发展影响，第二产业在国民经济中的比重曾一度下滑。之后，随着经济体制改革重心由农村向城市转移，全省工业经济发展加快，第二产业在全省国民经济中的地位稳步提升。全省地区生产总值中三次产业产值结构比 1971 年为 40.3∶44.0∶15.7，1986 年为 34.1∶42.2∶23.7，1990 年演变为 28.1∶42.1∶29.8，第三产业占比第一次超过了第一产业，实现了产值结构格局由"二、一、三"向"二、三、一"的转变。

第三阶段：1991~2006 年，全省地区生产总值构成在工业化快速发展带动下快速升级。第一产业比重稳步下降，第三产业比重在波折中缓慢增加，而第二产业比重呈波浪式快速增长，并于 2006 年达到新中国成立以来的历史最高值（57.6%）。全省地区生产总值中三次产业产值结构比由 1991 年的 28.8∶41.2∶30.0 演变为 2006 年的 9.7∶57.6∶32.7。

第四阶段：2006 年以来，在服务业全面发展驱动下，山东省经济转型升级，地区生产总值构成向服务型经济转型趋势明显加快。2016 年，实现了全省地区生产总值构成中第三产业占比超越第二产业的历史性跨越，三次产业产值结构比为 7.1∶46.1∶46.8，地区生产总值构成格局"二、三、一"向"三、二、一"转变。2018 年，三次产业产值结构比重为 6.5∶44.0∶49.5，服务业占比进一步提高，服务业引擎作用进一步凸显。

（二）就业结构

劳动力就业结构随着山东省区域经济社会发展也发生了根本性变化。

改革开放前，第一产业始终居绝对主导地位，1949 年全省第一产业占全部就业人员的 79.8%，1969 年曾达到 88.9% 的峰值。随着工业化的推进，山东省第二、第三产业就业人口比重有所增加，但是农业占全部就业人员的比例依然占绝对优势地位，1978 年山东三次产业就业结构比为 79.2∶12.3∶8.5（见图 5-16）。

改革开放以后，山东省工业化快速发展，带来了就业结构的调整与优化。1986 年三次产业就业结构比为 66.6∶21.3∶12.2，第二、第三产业就业人员占全部就业人员的 1/3，第三产业就业比重明显偏低。之后，第一产业就业人员比重持续下降，第二产业就业人员比重平缓增长，第三产业就业人员比重明显提升。2002 年，山东省三次产业就业结构比为 50.1∶24.9∶25.0，农业与非农业就业人员基本相当，实现了全省就业结构的历史性突破。

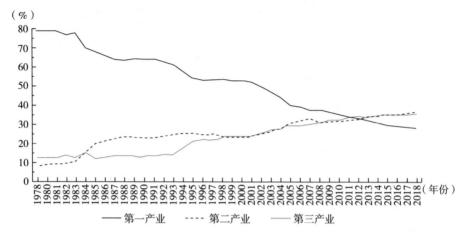

图 5-16　1978~2018 年山东省就业人员产业构成变化

资料来源：根据历年《中国统计年鉴》相关数据整理绘制。

　　21 世纪以来，全省就业结构进一步升级优化。第一产业就业人员比重持续下降，第二产业和第三产业就业人员比重在小幅波动中缓慢提升，并先后超过第一产业。2012 年，三次产业就业结构比为 33.1 : 34.2 : 32.7，实现了第二产业就业人员对第一产业的历史性超越，一二三产业就业人员大体各占 1/3，2013年完成了第三产业就业人员对第一产业的历史性超越。之后，第一产业就业比重进一步下降，第二产业就业比重小幅增长后呈现回落态势，第三产业就业比重则表现出较快增长势头。2018 年，三次产业就业结构比为 27.8 : 35.3 : 36.9，说明山东省产业结构开始向服务经济转换，就业结构进一步升级优化。

　　在山东省经济发展中，山东省产值结构与就业结构演化不同步。改革开放以来，全省产值结构与就业结构的偏离度（三次产业产值在地区生产总值所占的比重与三次产业的就业比重之差）整体逐渐减小，产业发展的协调性明显增强（见图 5-17）。

　　1980 年山东省一二三产业产值结构与就业结构偏离度为 -42.5、37.7 和 4.7，第二、第三产业就业结构与产值结构偏差严重。1990 年全省三次产业产值结构与就业结构偏离度为 -35.9、19.3 和 16.6，第二、第三产业的偏离度有所缓和，第三产业的偏离度抬升。20 世纪 90 年代，全省第一产业的偏离度略有提升，第三产业的偏离度明显下降，而第二产业的偏离度显著抬升。2000 年全省三次产业产值结构与就业结构偏离度为-37.9、26.4和11.5。21世纪以来全省第一、第二产业的产业产值结构与就业结构偏离度均快速下降，而第三产业偏离度则呈现先降后升，总体略有增加。2010年全省三次产业产值结构与就业结构偏离度为-26.3、21.6和4.7，2018年调整至-21.3、8.7和12.6。

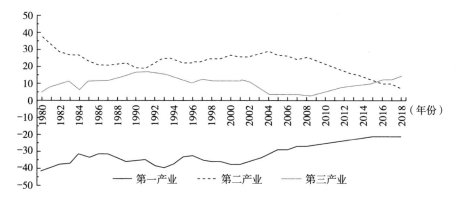

图5-17 1980~2018年山东省三次产业就业结构偏离度变化

资料来源：根据历年《中国统计年鉴》相关数据计算绘制。

总体上看，第一产业就业结构与产值结构的偏离依然比较大，且为负值，表明第一产业劳动生产率低下，存在大量的剩余劳动力。第一产业偏离度的大幅度降低，说明其劳动力大规模转移和劳动生产率的提高。第二产业和第三产业结构偏离度相对比较低，说明第二产业和第三产业在成为经济发展主体的同时，吸纳了大量的就业人口，但是也存在吸纳就业人口不足的问题。近几年，第二、第三产业的产业结构偏离度出现逆转，说明第三产业在区域经济增长中越来越重要，第三产业劳动生产效率大大提升。总体而言，山东省的产业结构与就业结构处于逐渐优化的状态，第一产业尚有大量剩余劳动力有待进一步向第二、第三产业转移。

二、产业内部结构

（一）农业结构

改革开放以来，山东省农业结构发生了根本性变化，呈现明显的阶段性特征。

1978~1990年，家庭联产承包责任制的推行，扩大了农民生产、经营的自主权，调动了农民生产积极性，推动了山东省农业结构的调整与优化。农业产值结构中，种植业比重明显下降，林牧渔业尤其是畜牧业比重显著增长。全省农林牧渔业产值结构比例由 1979 年的 83.39：1.50：12.22：2.89 调整为 1990 年的 64.96：3.17：23.26：8.61，种植业比重下降了 18.6 个百分点，农业结构呈现多元化和现代化的发展趋势。种植业内部结构也不断调整，农作物总播种面积中，棉花、油料等非粮作物占比增加到 25% 以上（见表 5-4）。

表 5-4　1979~2018 年山东省农林牧渔业产值构成　　　　　　单位：%

年份	农业	林业	牧业	渔业
1979	83.39	1.50	12.22	2.89
1985	73.99	3.30	18.73	3.98
1990	64.96	3.17	23.26	8.61
1995	55.53	2.49	25.84	16.14
2000	56.68	2.08	26.12	15.13
2005	54.36	1.54	30.07	12.44
2010	54.59	1.32	27.33	12.62
2015	50.22	1.51	28.03	15.592
2018	49.78	1.93	25.89	15.17

资料来源：《辉煌山东 70 年》。

1991~2015 年，山东省深化农村经营管理体制改革，加大农业投入，以市场为导向，积极探索农业产业化经营模式，促进农业结构进一步优化升级。人均粮食占有水平的增加和居民生活水平提高，为农业结构调整提供了重要基础条件，而增加农民收入为农业结构调整提供了根本动力，农业经营模式的创新为农业结构调整提供了体制机制保障。2015 年农林牧渔业产值结构比例调整为 50.22：1.51：28.03：15.59，与 1990 年相比，种植业比重下降近 14.74 个百分点，牧业、渔业比重分别增加 4.77 个和 6.98 个百分点。2018 年，农林牧渔业产值结构比例为进一步调整为 49.78：1.93：25.89：15.17。

20 世纪 90 年代以来，山东省种植业内部结构进一步调整与优化。农作物总播种面积中，粮食生产占比在波动中下降，由 1990 年的 74.9% 下降至 2004 年的历史最低值 58.6%，之后又逐渐提升，2015 年大致恢复至 1991 年的水平，2018 年达到 75.9%。近 20 年间，棉花在全省农作物播种面积中的占比在波动中快速下降，2018 年占比仅有 1.7%，较 1990 年降幅达 11 个百分点左右。油料作物在全省农作物播种总面积中的占比相对稳定在 6.3% 至 9.0% 之间。蔬菜播种面积占比增加较快。1990 年蔬菜播种面积占比仅有 3.3%，2003 年增至历史最高值 18.6%，之后逐渐回落，2015 年前后稳定在 13% 左右（见表 5-5）。随着居民消费升级和需求结构变化，全省农作物播种面积比例还将进一步调整与优化。但受农产品需求刚性约束和农作物单产水平等制约，种植业结构难以在近期内大幅度调整。

表 5-5　1980~2018 年山东省种植业播种面积比例变化　　　　单位:%

年份	粮食作物	棉花	油料作物	蔬菜	其他
1980	80.2	7.0	6.3	2.7	3.8
1985	73.5	10.8	9.0	2.8	3.9
1990	74.9	12.9	6.7	3.3	2.1
1995	75.0	6.1	8.1	7.9	2.8
2000	67.4	4.7	8.3	15.5	4.1
2005	62.5	7.9	8.4	17.2	4.0
2010	69.8	5.9	7.5	13.9	2.8
2015	74.7	2.9	6.6	13.2	2.6
2018	75.9	1.7	6.4	13.4	2.7

资料来源：根据《辉煌山东 70 年》相关数据整理计算。

（二）工业结构

改革开放以来，山东省工业经济快速发展，工业结构逐步完善和合理化，形成了部门结构相对完整的工业体系。

1. **行业结构体系日趋完整**

改革开放初期，山东省首先加大了纺织、食品等工业投资力度，农副产品、纺织产品等产业规模逐步壮大，在工业产值结构中的比例得以提升。进入 20 世纪 90 年代以后，山东省调整工业结构，加快冶金、化工、能源、建材等基础产业发展，促进工业行业结构优化升级，基础工业在工业体系的地位和作用逐步增强。基础工业的发展为全省基础设施建设提供良好的保障条件，推动了全省的工业化进程。进入 21 世纪，围绕"转方式、调结构"和新旧动能转换，山东省积极推进新型工业化，增强创新驱动、强化工业化与信息化融合，加快淘汰落后产能，促进传统产业升级和高新技术产业与高端制造业发展，工业经济行业结构进一步优化。高耗能、高污染的传统基础工业行业在工业体系中的占比有所下降，电子信息、生物技术及制药、新材料等高新技术产业和高端装备制造业等行业逐渐壮大。2012～2016 年累计淘汰水泥产能 5000 多万吨、炼铁近 700 万吨、炼钢 1580 多万吨。2018 年，全省规模以上高新技术产业占规模以上工业总产值的 37%，较 2002 年翻了一番多，装备制造业占规模以上工业总产值的比重达到 28%。2015 年，按照国民经济行业分类，山东省工业在采矿业、制造业、电力燃气和水的供应业 3 大门类、41 个大类和 197 个中类中均有分布，有 100 余种产品产量居全国前列，轻工、化工、机械、冶金、纺织、电子信息 6 个行业主营业务收入均超过万亿元，占全省规模以上工业总量的 80% 以上，其中轻工、化工、机械（含汽车）3 个行业突破 2 万亿元。

机械工业不断发展壮大。"六五"至"八五"期间，全省通过生产经营型开放，调整服务对象和面向国内外两个市场，技术引进和技术改造，提高产品质量，完善品种结构等促进机械工业快速发展，形成以精密数控机床和大型锻压设备为主的机床行业，以拖拉机和内燃机为主的农机行业，以推土机、装载机和汽车起重机为主的工程机械行业三大支柱行业和冷冻机、水泵、石油机械、发电和输变电设备、基础零部件、材料试验机六个优势产品。"九五"之后，全省机械工业以市场为导向，以经济效益为中心，推进战略性结构调整和技术创新，通过培植主导产品，组建大型企业集团，提高产业规模效益，重点发展汽车、电工电器、农业机械、机床、工程机械，逐渐实现了由机械工业大省向机械工业强省的转变。2015 年，山东省机械工业拥有农业机械、内燃机、工程机械、仪器仪表、文化办公设备、石化通用机械、重型矿山机械、机床工具、电工电器、机械基础件、食品及包装机械、汽车、其他民用机械、铁路运输设备等 14 个子行业，行业规模以上企业 10568 家，实现总产值、主营业务收入、利税总额、利润总额等主要指标居全国各省份第 2 位。其中，农业机械、机械基础件、食品及包装机械 3 个行业居全国第 1 位，机床工具、工程机械、汽车、内燃机 4 个行业居全国第 2 位，电工电器、石化通用 2 个行业居全国第 3 位，全省装备制造业增加值占规模以上工业增加值的比重接近 30%。21 世纪以来，机械工业行业增加值占全省工业增加值的 20% 以上，是山东省重要的工业支柱产业之一。纺织工业是山东重要的传统支柱产业之一。20 世纪 90 年代前，全省纺织工业以棉花加工为主。20 世纪 90 年代后，随着化学纤维、服装制造业发展壮大，纺织工业逐步转向纺织品精深加工和市场最终产品的制造。2005 年，全省棉纺织、印染加工业的产值占纺织行业工业总产值的比重达到 51.5%，较 1985 年下降 17.5 个百分点，全省家纺、针织和服装制造业的产值占纺织行业工业总产值的比重达到 39%，较 1990 年提升近 20 个百分点，全省原料中化学纤维耗用量所占比重超过 36%，较 1990 年提升 18 个百分点。2015 年，全省拥有规模以上纺织工业企业 4142 户，已经形成涵盖棉纺、毛纺、麻纺、丝绢、化纤、针织、家纺、产业用、服装服饰等行业的完整产业体系，产业链上游环节尤为突出，是全国纺纱规模最大的省份，服装、家纺、产业用三大终端产业增加值占全省全行业增加值的比重接近 40%，较 2005 年提高近 20 个百分点。2015 年，纺织工业增加值占全省规模以上工业增加值的比重为 5.4%。

石油和化学工业的支柱产业地位更加凸显。改革开放以来，山东省石油和化学工业稳步发展。改革开放初期，全省以农用化工、基本原料、橡胶加工为重点，逐步建立和完善化学工业体系。到 1985 年，全省已经拥有化学矿、化肥、农药、基本化工原料、基本有机合成原材料、染料、涂料、化学试剂和催化剂、橡胶加工、化工机械等十几个行业，形成了门类较为齐全的化工体系。"七五"时期，化工全行业累计完成固定资产投资比"六五"时期增长近 4 倍，投资进一步向农用化工、原料化工倾斜，"三酸两碱"产量大幅增长，解决了山东省基本化工原料短缺长期制约化工和轻纺发展的突出矛盾，实现了化学工业发展的历史性突破。"八五"和"九五"时期，通过深化改革、转换发展机制与发展方式，推进"科技兴化"和产业外向型发展，促进了全省化学行业的结构调整。在培育形成农用化工、橡胶加工、基本原料化工 3 个优势行业的基础上，石油化工逐渐成为全省化工新的优势行业。2000 年，农用化工、橡胶加工、基本原料化工、石油化工 4 个优势行业的产值、销售收入、利税、利润合计占全省化工行业的 80% 以上，硫酸、浓硝酸、烧碱、纯碱、合成氨等 9 种化工产品的产量居全国首位。"十五"以来，山东省以市场为导向，以创新为动力，以调整为主线，加快石油化工行业规模发展和全面优化升级，推进由化工大省向化工强省转变。在化肥、橡胶加工、盐化工、石油化工等重点传统产业改造的基础上，加快精细化工、现代煤化工、化工新材料、生物化工、海洋化工、环保化工等高新技术和新兴产业发展。2015 年，全省石油和化学工业规模以上企业

4658 家，全行业各项指标占全国化工行业的比重均占到 1/5，主营业务收入连续 24 年居全国同行业第 1 位。从行业结构看，2015 年全省精炼石油产品制造、橡胶制品业、基础化学原料制造、合成材料制造、肥料制造 5 个大宗基础行业主营收入分别占全省化工行业的 22.8%、14.1%、13.6%、10.8% 和 5.3%。2015 年化学工业产值占全省工业总产值的近 1/5。

冶金工业在改革开放以后实现了生产规模和行业结构的历史性跨越。经过中华人民共和国成立以来 30 多年的发展与调整，至"六五"末期全省冶金工业基本形成从地质、矿山到冶炼、轧材，从黑色金属、有色金属到耐火材料、辅料等门类比较齐全并初具规模的冶金工业体系。1985 年全省仅有粗钢产量 125 万吨，生铁 166.3 万吨，生产规模相对较小。"七五"和"八五"时期冶金工业发展速度相对缓慢。"九五"至"十三五"期间，全省冶金工业整体实现了跨越式发展，产业规模快速壮大，行业结构逐步优化。全省粗钢产量 2002 年突破 1000 万吨，2005 年突破 3000 万吨，2015 年达到 6619.3 万吨。钢铁工业产品结构优化显著，改变了长期以来建筑用钢材"一统天下"的局面，热轧薄板、冷轧薄板、镀锌板、彩涂板和管线钢、优特钢等一批较高技术含量、较高附加值的钢材品种填补空白，并逐步成为山东钢铁工业的"当家"产品。2015 年，全省黑色金属冶炼及压延加工业产值（当年价）占全国的 7.5%，较 2000 年提高 2.7 个百分点。21 世纪，发挥海运便利的优势，山东积极利用境外资源，氧化铝、电解铝、电解铜产能实现了规模化扩张，铜、铝材加工能力和产品质量显著提升，成为我国重要的有色冶金基地。2015 年，全省有色金属冶炼及压延加工业产值（当年价）占全国的 14.2%，较 2000 年提升近 9 个百分点。按照当年价计算，2000 年，全省黑色金属冶炼及压延加工业产值大致是有色金属冶炼及压延加工业产值的 2 倍，到 2015 年全省黑色金属冶炼及压延加工业产值不足有色金属冶炼及压延加工业产值的 70%，表明山东省冶金工业行业结构发生了根本性变化。21 世纪以来，全省冶金工业积极推进节能减排，化解落后产能，促进供给侧结构性改革和优化产品结构。

山东省是我国的建材工业大省，建材工业在全省工业体系占有重要地位。改革开放以后，山东建材工业在全面调整、整顿与改革的基础上逐步壮大。1985 年，全省建材工业产值占全省工业总产值的比重超过 5%，花岗石板材、大理石板材、水泥、砖、石墨、石棉制品、平板玻璃等产量位居全国前列。"七五"时期，为缓解供求矛盾，在"大家办建材"的产业发展政策激励下，全省建材工业快速发展，产品结构由单一、粗放向多品种、系列化发展。"八五"时期，山东实施由建材大省向建材强省跨越的发展战略，全省建材工业总产值年均增长23%以上，建材工业产值和增速均居全国首位，建材工业成为山东重要的支柱产业之一。"九五"至"十五"期间，山东建材工业在控制总量的基础上，淘汰落后产能，调整与优化结构，逐步形成水泥、平板玻璃、建筑卫生陶瓷为主导，新型建筑材料、无机非金属新材料和非金属矿物材料等多产业、多门类、多层次构成的建材工业体系，行业结构趋于合理。水泥工业中新型干法水泥生产在水泥生成中的比重由1995年的不足5%提升到2005年的40%以上，玻璃工业中浮法玻璃生产能力占平板玻璃的比重达到95%以上。从行业结构来看，水泥工业产值占全行业产值比重由1990年的44%下降至2005年的28%，玻璃纤维及制品在建材经济总量中的比重由1985年底的1%增长到2005年的8%，以纸面石膏板、加气混凝土、粉煤灰砖等为代表的轻质板材等新型墙体材料比重由1990年的4.3%提高到2005年的近20%。"十一五"以后，山东省建材工业加快淘汰落后产能，化解过剩产能，积极采用新技术、新工艺，推动建材深加工，行业结构调整取得新突破。科技含量及附加值高的建材产品比重逐年提高，水泥、玻璃、陶瓷和砖瓦等传统建材产品增加值比重大幅度下降。2016年，水泥和平板玻璃两个传统行业销售收入占全省建材销售收入的比重不足9%，玻璃纤维及玻璃钢制品、建筑卫生陶瓷和水泥制品等附加值较高的行业销售收入占全省建材销售收入的40%以上。2016年，山东省建材工业销售收入、利润均占全国建材工业比重13%左右，位居全国前列。

山东省是我国重要的食品工业基地，食品工业也是省域经济的重要传统支柱产业。改革开放以来，山东充分发挥农副产品丰富、消费市场广阔的地域优势，通过信贷、税收、技改和价格等地方政策，鼓励和扶持食品工业发展。1985年全省食品工业企业单位数量居全国首位，食品工业总产占全省工业总产值的比重超过13%。1985年山东的食品工业行业结构以传统的粮油加工、屠宰及肉类加工、烟草和酿酒饮料加工为主，其产值分别占全省食品工业的19.7%、20.6%、22.3%和14.6%。"七五"至"八五"期间，山东省食品工业加快技术进步和企业改革，努力发展名优食品，提高产品质量，食品行业结构调整和产品结构取得明显成效。在全省食品工业总产值中，食品加工业与制造业所占比重逐年增大，而烟草加工所占比重相对减少，以农副产品资源为基础原料的多层次加工的食品工业体系已基本形成。1995年，全省食品工业总产值中，食品加工业占54.8%，饮料制造业占22.7%，食品制造业占14.5%，全省名优食品工业总产值所占比重达到25%。"九五"时期以后，山东省以提高经济效益为中心，进一步深化食品工业企业改革，强化行业和产品调整结构，以技术进步、标准化和品牌建设带动产品质量提升，实现了由食品工业大省向食品工业强省的历史性跨越。至2000年，全省食品工业产值、产品销售收入占全国食品工业的15%左右，连续11年居全国首位，小麦粉、鲜冻畜肉、加工蔬菜、水产加工品等多项食品产品产量居全国首位。2000年，食品工业产值、产品销售收入和利税额占全省工业总产值、产品销售总收入和利税总额的比重均达到14%左右，居全省工业各行业之首。行业和产品结构进一步调整和优化，食品加工和食品制造业产值占食品工业总产值的比重提升至80%，烟、酒行业产值比重逐年下降，名优食品不断增多。2010年，山东省规模以上食品工业企业的主营业务收入、利润、利税均占到全国食品工业的1/5以上。"十二五"至"十三五"期间，山东省食品行业增速有所回落，在促进行业转型升级过程中强化品牌建设，提升产品质量和行业经济效益。2018年，山东食品工业的规模、总量均居全国同行业第一，主营业务收入、利润额和出口额保持全国首位。同年，食品工业规模占全省规模以上工业企业主营业务收入的10%以上，食品工业对全省地区生产总值的贡献率超过12%。全省食品工业形成谷物磨制、食用植物油、畜禽屠宰、肉制品、水产品及鱼糜制品、果蔬制品、淀粉及制品、啤酒、葡萄酒9大优势产业，农副食品加工业营业收入占全省食品工业营业收入的75%以上，凸显了山东食品工业以区域丰富的农副产品资源为基础的特色。

一次能源生产规模先升后降，能源生产结构不断改善。改革开放初期至2012年，山东一次能源生产规模总体呈现逐渐扩张之势，全省一次能源产量接近1.7亿吨标准煤，相当于1978年的2.9倍。同时，在全省能源生产结构中，原煤占比从1978年的49.6%逐步提升到2010年的74.2%，成为能源生产的主体。原油在全省能源生产结构中的占比，从1978的47.1%逐渐提升到1988年的53.4%，其后基本呈现下降之势，2010年仅占24.8%。这一阶段，天然气和其他能源在全省一次能源生产中的占比均较低。"十二五"以来，针对国内外能源发展的新环境和新形势，山东省坚持"节约、清洁、安全"的发展方针，积极推动能源供给侧改革，在稳定石油、天然气生产的基础上，大幅度压减煤炭生产，积极开发利用新能源，能源生产结构逐步优化。2012 年以来，全省一次能源生产产量总体呈现回落态势。2018 年全省一次能源生产总量较 2012 年减少2800 多万吨标准煤，其中绝大部分为原煤。在全省一次能源生产中，2018 年原煤占比降至 68.10%，水电、风电和太阳能光伏发电等清洁能源占比提升至 7%以上（见表5-6）。

表 5-6　1978~2018 年山东省一次能源生产情况

年份	能源生产总量（万吨标准煤）	占能源生产总量的比重（%）			
		原煤	原油	天然气	其他
1978	5901.83	49.62	47.13	3.23	0.02
1985	7531.89	46.68	51.27	2.02	0.03
1995	10757.67	58.61	39.92	1.45	0.01
2005	13995.62	71.61	27.50	0.88	0.01
2010	16055.71	74.20	24.79	0.80	0.21
2015	14632.77	70.00	25.46	0.40	4.14
2018	13238.52	68.10	24.20	0.44	7.27

注：使用当量折标系数折算标准煤；2009 年开始，一次能源包含水电、风电、核电和太阳能光伏发电，1949~2018 年数据不包括风电和太阳能光伏发电。

资料来源：《山东统计年鉴》（2019）。

2. 产业结构重型化发展

改革开放初期，山东省轻工业获得恢复性快速发展，轻工业产值占全部工业产值的比重迅速增加。1982 年轻工业占全部工业产值的比重达到 59.4%，较1978 年提高 10.79 个百分点。之后，农业和轻工业发展带来的机械设备、原材料需求拉动了重工业投资增加，重工业获得较快发展，轻工业产值比例相对下降并逐步达到与重工业相对均衡状态，1996 年轻重工业产值结构比为 49.75：50.25。进入 21 世纪，随着住房、汽车等耐用消费品需求增加和城乡基础设施建设加快，全省工业结构再次重型化发展。2014 年重工业产值占全部工业产值的比重达到 69% 的历史最高水平（见图 5-18）。

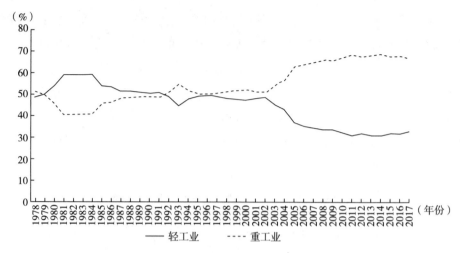

图5-18　1978~2017年山东省轻重工业产值比重变化

资料来源：根据《辉煌山东70年》相关数据整理绘制。

（三）第三产业结构

改革开放为服务业发展提供了良好机遇，山东省服务业不断发展壮大，行业结构不断调整，逐步趋于现代化。

1979~2000年第三产业占全省地区生产总值的比例不断提高，2000年达到34.8%，较1980年提高21.2个百分点。第三产业内部结构也发生了明显变化。随着城乡市场体系的建设和居民消费水平的提高，批发零售、贸易、餐饮快速发展，其产值在第三产业总产值中的占比显著提高，2000年达到29.6%，较1980年增加13.4个百分点。随着改革的深入和市场经济发展，山东的金融保险和房地产等新兴服务业逐渐壮大。1995年，金融保险和房地产业产值占全省第三产业总产值的比重分别达到14.7和9.7%。1996~2000年，金融保险业产值在第三产业总产值的比重略有下降，2000年降至10.8%，而房地产业产值比重基本维持在10%左右。交通运输仓储邮电通信业在服务业总产值中的占比经历了20世纪80年代初的短期下降之后，20世纪80年代中期以来基本稳定在19%左右（见表5-7）。

21世纪以来，随着人均收入水平的提高，山东省第三产业进入全面发展时期，第三产业在国民经济中的地位进一步提升，第三产业内部结构不断调整优化。第三产业占全省国内生产总值的比重2005年达到41.3%，2015年超过50%，2018年达到52.2%，标志着山东服务经济时代的到来。受交通运输快速化

表 5-7　1980~2000 年山东省第三产业发展情况　　　　单位:%

年份	第三产业占全省地区生产总值比重	占全省第三产业总产值的比重			
		交通运输仓储邮电通信业	批发零售贸易餐饮业	金融保险业	房地产业
1980	13.6	25.7	16.2	—	—
1985	22.3	18.8	30.5	—	—
1990	29.8	18.1	29.5	—	—
1995	32.0	18.8	29.7	14.7	9.7
2000	34.8	18.7	29.6	10.8	9.5

注:"—"表示无统计数据。

资料来源:根据《辉煌山东 60 年》相关数据整理计算。

和快递业务量大增等影响,交通运输、仓储和邮政业在第三产业增加值构成中的占比有较大幅度提升,2015 年达到 29.5%,较 2005 年提高 13.1 个百分点。近几年其占比有所回落,2018 年依然超过第三产业增加值的 1/4。批发和零售业在第三产业增加值中的占比大幅度下降,2018 年占比不足 10%,较 2010 年下降近 20 个百分点。住宿和餐饮业在第三产业增加值中的占比持续下降,2018 年仅占 3%,较 2005 年下降 4.4 个百分点。金融业和房地产业在第三产业增加值中的占比小幅提升,2018 年分别达到 11.3% 和 11.6%,较 2005 年提升 3.4 个和 0.6 个百分点(见表 5-8)。

表 5-8　2005~2018 年山东省第三产业发展情况　　　　单位:%

年份	第三产业占全省国内生产总值比重	全省第三产业分行业增加值构成					
		交通运输、仓储和邮政业	批发和零售业	住宿和餐饮业	金融业	房地产业	其他
2005	41.3	16.4	23.4	7.4	7.9	11.0	33.9
2010	44.2	13.7	29.7	4.7	9.5	11.3	31.1
2015	50.5	29.5	8.8	4.6	10.5	9.1	37.6
2018	52.2	25.6	9.9	3.0	11.3	11.6	38.6

资料来源:根据《辉煌山东 70 年》和《中国第三产业统计年鉴》(2006~2019)相关数据整理。

山东省第三产业对 GDP 增长的贡献率在曲折中上升。第三产业对山东经济增长的贡献率改革开放初期的 1980 年为 21%;1980~1990 年在较大的震荡中快速下降,1990 年仅有 2.7%;1991~1997 年在小幅震荡中快速提升,1997 年达到 41.6%；1998~2009 年在小幅度震荡中回落至 2009 年的 30.0%；近十年来，第三产业对全省经济增长的贡献率呈现快速提升趋势，2018 年对经济增长的贡献率为 60.0%，已经成为山东经济增长的主引擎（见图 5-19）。

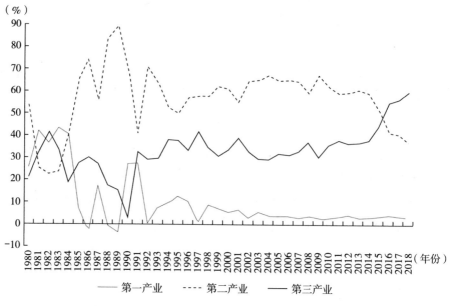

图 5-19　1980~2018 年山东省三次产业贡献率变化

资料来源：根据《辉煌山东 70 年》相关数据绘制。

三、产业结构转型升级压力大

山东省产业结构优化发展面临一些深层矛盾和问题。改革开放以来，长期的粗放型快速经济发展，给资源环境带来巨大冲击，资源环境承载力接近饱和。受资源环境约束，在激烈的市场竞争下，原有的传统产业优势趋于减弱，而新兴产业发展不足，竞争优势有待加强。全省市场经济体制机制不完善，产业发展的要素成本逐步增加，创新能力不足、高素质人才短缺、服务经济发展相对缓慢。在生态文明建设条件下，山东省产业转型升级压力加大，推进产业经济的绿色化发展，促进生态经济、循环经济等资源环境友好型经济发展成为产业转型升级的难点和重点。立足于经济新常态和高质量发展战略需求，山东省必须以创新发展为驱动力，提高产业发展结构层次，逐步推进现代农业发展，形成以先进制造业为支柱，战略性新兴产业为引领，服务业为主导的现代产业体系。

首先，山东省今后应该进一步调整农业结构，转变农业发展方式，强化农业技术创新和经营体系创新，发展产出高效、产品安全、资源节约、环境友好的农业现代化；深化农业结构调整，发展标准高、融合深、链条长、质量好、方式新的精致农业；实施农业提质增效转型升级行动，促进粮经饲统筹、农林牧渔结合、种养加一体、一二三产业融合发展。

其次，促进信息技术向市场、设计、生产等环节渗透，推动生产方式向柔性、智能、精细转变，推进工业优化升级。山东省应该加快改造提升传统产业，发展智能制造、协同制造、绿色制造和增材制造（3D 打印），提高化工、机械等传统制造业技术水平；集中力量发展新一代信息技术、高档数控机床和机器人、航空航天装备、海洋工程装备及高技术船舶、轨道交通装备、节能与新能源汽车、电力装备、现代农机装备、新材料、生物医药及高性能医疗器械等高端产业。

最后，进一步发展现代服务业，顺应制造业服务化，消费个性化、多样化趋势，利用先进技术、科学管理模式，推动生产性服务业向专业化和价值链高端延伸、生活性服务业向精细和高品质转变，促进现代服务业加快扩大规模、拓展空间、优质高效发展。

参考文献

［1］逄振镐，江奔东．山东经济史·古代卷［M］．济南：济南出版社，1998．

［2］逄振镐，江奔东．山东经济史·近代卷［M］．济南：济南出版社，1998．

［3］逄秀贞．山东经济研究［M］．济南：山东人民出版社，1996．

［4］秦柯．山东投资建设 50 年［M］．北京：人民出版社，1999．

［5］中共山东省委研究室．山东省情［M］．济南：山东人民出版社，1986．

［6］山东省交通史志编审委员会．山东公路运输史［M］．济南：山东科学技术出版社，1992．

［7］山东省统计局．辉煌山东 70 年［M］．北京：中国统计出版社，2019．

［8］山东省统计局．辉煌山东 60 年［M］．北京：中国统计出版社，2009．

［9］山东省统计局．山东统计年鉴 2016［M］．北京：中国统计出版社，2016．

［10］山东省统计局．山东统计年鉴 2019［M］．北京：中国统计出版社，2019．

［11］中共山东省委调查研究室．山东省经济和社会发展研究资料［M］．济南：山东人

民出版社，1982.

　　［12］国家统计局．中国统计年鉴 2019［M］．北京：中国统计出版社，2019.

　　［13］山东省统计局．奋进的十四年（山东分册）［M］．北京：中国统计出版社，1989.

　　［14］张华．山东改革开放 30 年［M］．济南：山东人民出版社，2008.

　　［15］国家统计局．中国工业统计年鉴 2019［M］．北京：中国统计出版社，2019.

　　［16］《中国机械工业年鉴》编辑委员会．中国机械统计年鉴（1986—2016）［M］．北京：机械工业出版社．

　　［17］中国纺织工业联合会．中国纺织工业发展报告（1990—2016）［M］．北京：中国纺织出版社有限公司．

　　［18］中国建筑材料联合会．中国建筑材料工业年鉴 2016［M］．北京：人民出版社，2016.

　　［19］《中国食品工业年鉴》编辑委员会．中国食品工业年鉴［M］．北京：中国统计出版社，2016.

　　［20］山东省情网：http：//www.sdsqw.cn/.

　　［21］中国经济社会大数据研究平台：https：//data.cnki.net/.

第六章　新型工业化与主导产业

第一节　工业化进程

从发展的角度分析，区域经济一般要经历传统经济阶段（农业居主导地位）、工业化阶段（工业居主导地位）和后工业化阶段（第三产业及高新技术产业、信息产业居主导地位）。自 18 世纪中叶英国率先开始工业革命以来，工业化已有 200 余年的发展历程，期间许多国家（主要是发达国家）相继开始并实现了工业化，目前已进入后工业化阶段，但我国整体上仍处于工业化进程中。作为工业大省，山东的工业化进程保持了与全国基本同步的发展进程。

工业化发展进程不仅是产业结构演进的过程，也是经济发展水平提高的过程，表征工业化进程的指标有人均 GDP、三次产业结构、工业结构、城市化等，本书仅以工业结构研究山东省工业化进程。

一、工业化初级阶段

山东省工业化起步于 1949 年，初级阶段为 20 世纪 50~80 年代，这 40 年又分为两个时期，前 20 年为轻工业主导的初级阶段，后 20 年为轻重工业并重的初级阶段。

1949 年山东省工业总产值仅有 7.93 亿元（1980 年不变价格），占地区生产总值不足 15%，轻工业产值占工业产值 90% 以上，其中食品纺织业占工业产值的 70% 左右。20 世纪 50~60 年代尽管实行了优先发展重工业的政策，钢铁、化工、能源、机械等得到了快速发展，重工业比重不断提高，由 1949 年的 10% 提升到 1969 年的 31% 左右，但轻工业产值仍然占工业产值的 65% 以上，纺织食品工业居于主导型地位。

20 世纪 70 年代（"四五""五五"时期），山东省继续坚持优先发展重工业的方针，重点发展了小水泥、小煤矿、小化肥、小钢铁、小机械等"五小"工业，重工业比重继续提升，重工业规模首次超过轻工业。针对消费品严重短缺的状况，"六五"时期山东省实行了轻纺工业优先发展的政策，轻工业规模再次超过重工业。纵观 20 世纪 70 年代和 80 年代，工业结构转型更多地受到社会需求和国家产业政策支配，轻重工业比重均在 50% 上下浮动，纺织食品工业继续保持主导地位，机械、化工产业地位明显提升。

二、工业化中级阶段

1990 年以后，重工业比重稳步提升，1991 年重工业再次超过轻工业，之后重工业地位明显超过了轻工业，1993 年重化工业超过纺织食品工业成为第一大产业，山东省工业化全面进入中级阶段。

依据工业结构变化，山东省工业化中级阶段可划分为四个时段。1997 年之前为初中级时段，表现为重化工业和纺织食品工业地位突出，重化工业保持约 28% 的比重，纺织食品业保持约 27% 的比重。1998~2003 年为初中级向中级的过渡时段，表现为重化工业、纺织食品业、装备制造业三足鼎立，重化工业的比重在 28% 左右，纺织食品业、装备制造业的比重在 26% 左右。2004~2008 年为工业化中级时段，表现为重化工业一枝独秀，比重在 33% 左右，约高出纺织食品业 10 个百分点，高出装备制造业 8 个百分点。2009 年以来为工业化高中级时段，山东省大力推进工业结构的高加工度化和高技术化，做强做大装备制造业，调整优化原材料工业，改造提升消费品工业，大力发展新能源、新材料、新医药、新信息和海洋开发等战略性新兴产业。尽管重化工业仍居主导地位（占 37% 左右），但装备制造业地位明显上升（占 28% 左右），纺织食品业下降到 20% 左右，工业结构在保持重化型特点的同时开始向装备制造业转型（见表 6-1）。

表 6-1　1990~2018 年山东省工业结构演化历程　　　　单位:%

年份	采掘业	纺织食品业	重化工业	装备制造业	其他工业
1990	9.64	34.02	26.83	19.08	10.43
1991	9.68	33.08	27.83	19.48	9.93
1992	10.00	31.41	30.12	18.17	10.30

续表

年份	采掘业	纺织食品业	重化工业	装备制造业	其他工业
1993	9.42	27.08	30.10	22.65	10.75
1994	9.31	28.23	29.37	22.89	10.21
1995	9.40	28.42	29.23	22.57	10.38
1996	9.52	28.10	28.53	23.30	10.55
1997	9.33	27.34	27.96	24.75	10.62
1998	9.10	26.84	27.33	26.30	10.42
1999	8.36	26.50	27.29	26.85	11.00
2000	9.71	25.90	27.83	25.82	10.74
2001	8.89	26.38	27.52	26.37	10.84
2002	8.36	25.85	27.64	27.17	10.98
2003	7.90	25.01	29.57	26.97	10.55
2004	8.23	24.05	31.35	26.30	10.07
2005	7.39	23.86	32.75	24.85	11.15
2006	7.17	23.38	33.19	25.43	10.83
2007	6.25	23.35	33.77	26.23	10.40
2008	6.65	22.73	34.09	26.63	9.89
2009	5.23	22.62	33.58	28.43	10.14
2010	5.79	21.84	33.77	28.55	10.05
2011	5.74	20.77	36.68	26.81	10.00
2012	5.35	21.22	37.75	27.02	8.65
2013	4.67	20.57	37.58	27.54	9.63
2014	4.18	19.88	38.18	28.19	9.58
2015	3.24	20.28	37.44	28.80	10.24
2016	2.81	19.88	38.60	28.53	10.19
2017	3.24	19.73	39.24	27.87	9.92
2018	6.60	15.80	40.90	24.00	12.40

注：①采掘业包括煤炭采选业、石油天然气开采业、黑色金属矿采选业、有色金属矿采选业、非金属矿采选业、开采专业及辅助性活动、其他采矿业；纺织食品业包括农副食品加工业、食品制造业、酒饮料和精制茶制造业、烟草制品业、纺织业、纺织服装服饰业、皮革毛皮羽毛及其制品和制鞋业；重化工业包括石油煤炭及其他燃料加工业、化学原料和化学制品制造业、医药制造业、化学纤维制造业、橡胶和塑料制品业、非金属矿物制品业、黑色金属冶炼及压延加工业、有色金属冶炼及压延加工业；装备制造业包括金属制品业、普通设备制造业、专用设备制造业、汽车制造业、铁路船舶航空航天和其他运输设备制造业、电气机械及器材制造业、计算机通信和其他电子设备制造业、仪器仪表制造业；其他工业包括木材加工和木竹藤棕草制品业、家具制造业、造纸和纸制品业、印刷和记录媒介复制业、文教工美体育和娱乐用品制造业、其他制造业、废弃资源综合利用业、金属制品、机械和设备修理业、电力、热力生产和供应业、燃气生产和供应业、水的生产和供应业。②1990~2017 年为工业总产值比重，2018 年为工业增加值比重。

资料来源：根据《山东统计年鉴》（1991~2019）整理。

三、工业化进程的比较

依据工业结构，参照钱纳里划分工业化阶段的人均 GDP 标准（根据美元平减指数按 1970 年的标准推演），全国 31 个省份（除港澳台）可以划分为三大类型，即后工业化阶段、工业化高级阶段、工业化中级阶段，由于中级阶段的省域众多，工业化中级阶段又分为初中级阶段、中级阶段、高中级阶段。山东省与天津、浙江、湖北、黑龙江、湖南、安徽、四川、河南 9 个省份处于工业化高中级阶段，上海、北京、广东、江苏 4 个省份已完成工业化进程，重庆、吉林 2 省份已进入工业化高级阶段，另有 11 个省份处于中级阶段，5 个省份处于初中级阶段（见表 6-2）。

表 6-2　各省份工业化阶段

发展阶段		主导工业，人均 GDP	省份
后工业化阶段		装备制造业，人均 GDP 超过 13000 美元	上海、北京、广东、江苏
工业化高级阶段		装备制造业，人均 GDP 超过 7000 美元	重庆、吉林
工业化中级阶段	高中级阶段	装备制造业与重化工业，人均 GDP 超过 4000 美元	天津、浙江、山东、湖北、黑龙江、湖南、安徽、四川、河南
	中级阶段	重化工业，人均 GDP 超过 4000 美元	辽宁、内蒙古、海南、宁夏、河北、江西、青海、新疆、广西、云南、甘肃
	初中级阶段	重化工业与采掘业（或者纺织食品业），人均 GDP 超过 4000 美元	福建、山西、陕西、贵州、西藏

资料来源：根据 2019 年各省份统计年鉴相关数据整理计算。

第二节　主导产业

改革开放以来，山东经济和各项社会事业迅猛发展，取得了令人瞩目的成就，全省国内生产总值以年均 11.8% 的速度持续增长，提前七年实现了翻两番的战略目标，经济总量和规模已跻身全国前列。但客观地看，改革开放以来山东经济的快速发展是建立在地理区位优势和资源优势基础上的，优越的地理位置、丰富的自然和人力资源、相对发达的基础产业、相对独立的经济和市场体系、较大规模的政府投资和国有投资，是支撑山东经济快速增长的重要因素。

工业化水平进入新的阶段后，经济发展呈现出一些新的特点，支持经济快速发展的主导因素也将发生新的变化，经济发展中市场约束将要逐步替代原来的资源约束、智力资本将要逐步替代传统的人力资本、开放的市场体系将要逐步替代封闭的经济体系，导致原本促进经济发展的一些优势有的开始弱化，有的渐渐消失，有些有利条件也不再具有促进作用，还有的将逐步转化为制约因素，加之21世纪初国内外经济发展大环境发生大的改变，使山东经济发展面临着新的机遇与挑战，尤其是买方市场的形成、市场作用的扩大、经济发展方式的转变（由原来的全面发展转为结构调整、突出发展某些重点行业）、改革深入攻坚阶段所导致的各种矛盾相对突出等，使影响和制约经济发展的不利因素增多。面对新的发展形势，山东经济若要继续保持较高的增长速度，必须认真分析21世纪国内外经济发展环境的变化趋势，充分依靠科学技术，在"挖掘优势领域潜能、加快培植主导产业"方面大做文章。

要持续快速地发展经济，就要立足自己的"优势领域"，选择适宜的主导产业。一个国家或一个地区的经济发展是构成经济总体的各个产业扩张的结果，但不同产业在经济总体中所占的比重不同，增长的速度不同，因而对经济总体增长的贡献也不同。总体来说，整个经济的增长在一定程度上是某些主导产业迅速增长的直接或间接的结果。主导产业的功能和作用不仅仅是其本身对经济增长的贡献，更重要的是其对其他产业及整个产业升级的带动作用。因此，21世纪山东经济要实现加快发展，必须选择好起带头作用的主导产业。

主导产业标志着山东省产业优势所在，标志着山东省产业的专业化方向。正确选择山东省的主导产业，能够使山东省蕴藏的经济优势得到恰如其分的发挥，并能使资源得到充分利用，同时还能促进山东省内各市之间以及山东省与其他各省之间建立协调的经济关系，以满足人民对经济发展的要求。

在主导产业选择过程中，既要遵守一般的选择主导产业的选择依据与原则，又要结合山东省的地理位置、优势资源、产业结构、政策、人文社会状况进行选择。①主导产业的选择应首先看该产业是否能够拉动山东省经济的发展,是否能够带动产业结构的优化升级。主导产业规模未必是最大的,但必须拥有位于全省乃至全国前列的经济优势。②在选择主导产业的过程中,不仅要考虑其带来的经济效益,还应重视其带来的环境效益与社会效益,做到以人与自然和谐相处为本,全面贯彻落实"绿色"发展理念,在环境效益与社会效益等方面起带头作用,促进山东省经济的健全发展。③主导产业应具有高创新率、高增长率、高带动率。在发展过程中推陈出新,及时学习并吸收外来的智慧与经验,在不断探索中进行有效的改革,可使产业结构不断符合经济与时代的发展要求,满足当下不断增长的各方面需求,带动非主导产业的发展,从而创造更多的就业机会,发挥巨大的人力资源优势。④主导产业的选择应与山东省又好又快的发展目标相一致,山东省主导产业应具有产业结构优化与可持续发展的性质。⑤主导产业的选择不仅要考虑选择的"必要性",即待选产业所具有的功能与性质,还应考虑培养与扶持其发展的"可能性",如待选产业的培育成本与收益对比、发挥空间的大小、发展前景、扶持与培育难度等。应选择"必要性"与"可能性"都符合要求的产业为主导。

本书主要应用区位熵、偏离—份额分析法、波士顿矩阵三种方法确定了山东省的主导产业。

如表6-3所示,2015年山东省工业大类中共有15个区位熵大于1的行业。其中,农副食品加工业,纺织业,石油加工、炼焦和核燃料加工业,化学原料和化学制品制造业,非金属矿物制品业和通用设备制造业所占比例都超过了5%,化学原料和化学制品制造业甚至超过了10%;橡胶和塑料制品业和专用设备制造业所占比例也都接近5%。数据表明,山东省的农副食品加工业,纺织业,石油加工、炼焦和核燃料加工业,化学原料和化学制品制造业,非金属矿物制品业,通用设备制造业,橡胶和塑料制品业,专用设备制造业都具有较大的区域比较优势,可以作为山东省的主导产业。

表6-3　2015年山东省工业大类中区位熵大于1的行业

产业	比重(%)	区位熵
有色金属矿采选业	0.744	1.321
农副食品加工业	8.708	1.475

续表

产业	比重（%）	区位熵
纺织业	6.700	1.856
木材加工及木、竹、藤、棕、草制品业	1.705	1.358
造纸及纸制品业	1.754	1.393
印刷和记录媒介复制业	0.678	1.015
文教、工美、体育和娱乐用品制造业	1.647	1.148
石油加工、炼焦和核燃料加工业	5.098	1.631
化学原料和化学制品制造业	11.718	1.553
医药制造业	2.861	1.231
橡胶和塑料制品业	4.296	1.533
非金属矿物制品业	5.485	1.031
金属制品业	3.859	1.147
通用设备制造业	5.667	1.334
专用设备制造业	4.256	1.313

资料来源：根据《山东统计年鉴》（2016）数据整理计算所得。

（一）偏离—份额分析法

假设山东省工业 i 部门基期的收入为 b_{i0}，工业总收入为 b_0，经过 t 年发展后，山东省工业 i 部门的收入为 b_{it}，工业总收入为 b_t。假设全国基期工业总收入为 B_0，i 部门收入为 B_{i0}，经过 t 年发展后，全国工业总收入为 B_t，i 部门收入为 B_{it}。山东省和全国工业 i 部门在 $[0, t]$ 时间段内的变化率分别为：

$$r_i = \frac{(b_{it} - b_{i0})}{b_{i0}} \tag{6-1}$$

$$R_i = \frac{(B_{it} - B_{i0})}{B_{i0}} \tag{6-2}$$

引入标准化量 b_i'，排除山东省工业增长速度与全国工业增长速度之间的差异，即按照全国工业各个部门所占的份额，将山东省工业各部门标准化。

$$b' = b_0 \times B_{i0}/B_0 \tag{6-3}$$

将山东省工业 i 部门增长量 G_i 分解为三部分：增长分量 N_i，即标准化后山东省 i 部门按全国工业平均增长率的增量；产业结构分量 P_i，指排除山东省工业增长速度与全国工业增长速度差异，产业结构对工业经济增长的贡献；竞争力分量 D_i，指工业结构以外的一切因素，即山东省工业 i 部门与全国相应部门增长速度差异引起的偏差，反映 i 部门的相对竞争能力。则：

$$G_i = N_i + P_i + D_i \qquad (6\text{-}4)$$

$$N_i = b'_i \times R_i \qquad (6\text{-}5)$$

$$P_i = (b_{i0} - b'_i) \times R_i \qquad (6\text{-}6)$$

$$D_i = b_{i0} \times (r_i - R_i) \qquad (6\text{-}7)$$

$$G = b_t - b_0 = N + P + D \qquad (6\text{-}8)$$

以这三个分量来说明山东省产业经济发展和衰退的原因，评价山东省经济结构优劣和自身竞争力强弱，找出山东省具有相对竞争优势的产业部门，进而可以确定未来区域经济发展的合理方向和产业结构调整原则。

分析 2006~2015 年山东省工业结构偏离分布特征，结果如表 6-4 所示。2006~2015 年，山东省工业发展迅速，从各项指标数值来看，各部门存在着较大的差距。①从总体部门经济增量数值（G）来看，最大为化学原料和化学制品制造业（1364.78），最小为其他制造业（-28.23）。②从经济增长份额分量数值（N）来看，最大为交通运输设备制造业（851.07），最小为其他采矿业（0.25）。③从结构偏离分量数值（P）来看，最大为农副食品加工业（791.62），最小为计算机、通信和其他电子设备制造业（-454.36），结构因素对山东省产业经济增长的贡献，农副食品加工业作用最大，计算机、通信和其他电子设备制造业作用最小。④从竞争力偏离分量（D）来看，石油加工、炼焦和核燃料加工业数值最大（326.18），农副食品加工业数值最小（-510.37），石油加工、炼焦和核燃料加工业的竞争性因素对山东省产业经济的贡献最大，农副食品加工业的竞争性因素对山东省产业经济的贡献最小。

表 6-4　2006~2015 年山东省工业 SSM 分析结果　　单位：10 亿元

类别	N	P	D	G
煤炭开采和洗选业	198.23	60.08	-150.50	107.82
石油和天然气开采业	1.43	-0.08	-26.51	-25.17
黑色金属矿采选业	70.87	-12.13	-31.56	27.19
有色金属矿采选业	54.94	7.78	21.71	84.43
非金属矿采选业	53.74	50.07	-78.42	25.39
其他采矿业	0.25	-0.09	0.17	0.33
农副食品加工业	640.35	791.62	-510.37	921.59

续表

类别	N	P	D	G
食品制造业	210.95	108.93	−142.63	177.25
酒、饮料和精制茶制造业	163.46	14.48	−79.43	98.52
烟草制品业	74.95	−48.55	−7.52	18.88
纺织业	304.13	173.20	211.78	689.11
纺织服装、服饰	198.40	−25.82	4.21	176.79
皮革、毛皮、羽毛及其制品和制鞋业	129.39	−17.46	−47.11	64.82
木材加工及木、竹、藤、棕、草制品业	140.60	60.11	6.76	207.47
家具制造业	73.55	−10.11	8.56	72.00
造纸及纸制品业	109.37	101.03	−70.87	139.52
印刷和记录媒介复制业	69.87	−28.30	45.16	86.73
文教、工美、体育和娱乐用品制造业	172.31	2.62	43.57	218.50
石油加工、炼焦和核燃料加工业	237.68	−2.97	326.18	560.89
化学原料和化学制品制造业	768.69	288.68	307.41	1364.78
医药制造业	255.38	13.64	86.73	355.75
化学纤维制造业	49.36	−34.64	0.04	14.76
橡胶和塑料制品业	268.88	55.90	169.50	494.28
非金属矿物制品业	577.71	309.61	−301.32	586.00
黑色金属冶炼及压延加工业	452.56	−106.54	−104.54	241.47
有色金属冶炼及压延加工业	468.19	−156.80	244.50	555.89
金属制品业	351.61	−70.87	199.77	480.51
通用设备制造业	409.95	117.40	88.88	616.24
专用设备制造业	342.14	139.89	4.71	486.74
交通运输设备制造业	851.07	−274.09	121.90	698.87
电气机械及器材制造业	626.37	−40.79	−134.30	451.28
计算机、通信和其他电子设备制造业	711.68	−454.36	145.73	403.05
仪器仪表制造业	63.75	−32.61	32.62	63.75
其他制造业	3.37	1.42	−33.02	−28.23
废弃资源综合利用业	40.62	−32.48	0.41	8.54
电力、热力的生产和供应业	418.16	−163.49	1.30	255.96
燃气生产和供应业	66.40	−32.06	−11.38	22.95
水的生产和供应业	15.06	−8.63	3.71	10.13

根据 SSM 计算结果可对各部门进行类型划分：①竞争增强结构优化型：竞争力偏离分量与结构偏离都为正值的部门；②竞争增强结构弱化型：竞争力偏离分量数值为正，结构偏离分量为负值的部门；③竞争弱化结构增强型：竞争力偏离分量数值为负，结构偏离分量为正值的部门；④竞争结构相对弱化型：竞争力偏离分量与结构偏离分量都为负值的部门。

属于竞争增强结构优化型的部门主要有：有色金属矿采选业，纺织业，木材加工及木、竹、藤、棕、草制品业，文教、工美、体育和娱乐用品制造业，化学原料和化学制品制造业，医药制造业，橡胶和塑料制品业，通用设备制造业和专用设备制造业。以上部门的竞争力强劲，结构相对较为合理，经济增长较为持续。

属于竞争增强结构弱化型的部门主要有：纺织服装、服饰业，家具制造业，印刷和记录媒介复制业，石油加工、炼焦和核燃料加工业，化学纤维制造业，有色金属冶炼及压延加工业，金属制品业，交通运输设备制造业，计算机、通信和其他电子设备制造业，仪器仪表制造业，废弃资源综合利用业，电力、热力的生产和供应业，水的生产和供应业，其他采矿业。以上部门结构偏离分量值为负，竞争力偏离分量值为正，表明这些部门的增长仍处于竞争力驱动阶段，未来在保持竞争力的同时，应进一步优化结构，扩大份额，提倡集约化增长。

属于竞争弱化结构增强型的部门主要有：煤炭开采和洗选业，非金属矿采选业，农副食品加工业，食品制造业，酒、饮料和精制茶制造业，造纸及纸制品业，非金属矿物制品业，其他制造业。以上部门结构偏离分量均值为正，结构因素是这些部门未来增长的主要动力。

属于竞争结构相对弱化型的部门主要有：石油和天然气开采业，黑色金属矿采选业，烟草制品业，皮革、毛皮、羽毛及其制品和制鞋业，黑色金属冶炼及压延加工业，电气机械及器材制造业和燃气生产和供应业。以上部门竞争力相对较弱，结构还需进一步创新优化。

（二）波士顿矩阵

波士顿矩阵，又称市场增长率—相对市场份额矩阵、波士顿咨询集团法、四象限分析法（见图 6-1）、产品系列结构管理法等，是一种用来分析和规划产业产品组合的方法。这种方法的核心在于，解决如何使企业的产品品种及其结构适合市场需求的变化，只有这样，企业的生产才有意义。

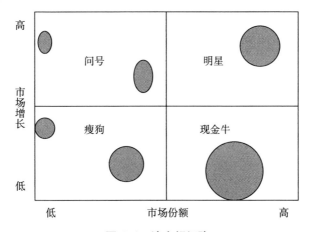

图 6-1　波士顿矩阵

资料来源：根据布鲁斯·亨德森的"波士顿矩阵"分析工具理论所绘。

初始的波士顿矩阵从市场增长率和市场占有率角度对企业产品进行组合，在坐标图上，以纵轴表示企业市场增长率，横轴表示市场占有率，各以 10% 和 20% 作为区分高、低的中点，将坐标图划分为四个象限，依次为"问号""明星""现金牛""瘦狗"。其目的在于通过划分产品所处的象限，使企业采取不同的措施，以保证其不断淘汰无发展前景的产品，保持"问号""明星""现金牛"产品的合理组合，实现产品及资源分配结构的良性循环。这里，定义纵坐标为产业的平均增长速度，作为衡量产业增长快慢的标准；把横坐标定义为占产业总产值的比重，代表产业的发展水平。垂直于纵坐标的直线表示产业总产值近三年的平均增长率，垂直于横坐标的直线代表主导产业的临界比重标准。山东省工业分大类波士顿矩阵图如图 6-2 所示。

问号类产业：产业产值占总产业产值的比重低于 5%，平均增长率高于工业总产值的平均增长率（9.49%）。山东省有 19 个这样的产业，占统计的 41 个产业的 46.34%。这些产业发展速度较快，其速度皆超过 10%，是增长型产业。其中，石油加工、炼焦和核燃料加工业，有色金属冶炼及压延加工业，汽车制造业的产业产值占总产业产值的比重超过 4%，且增长速度均超过工业总产值的平均增长率，有望成为明星类产业。

明星类产业：产业产值占总产值的比重高于 5%，平均增长率高于工业总产值的平均增长率，属于"双高产业"。山东省共有 2 个这样的产业，占统计的 41 个产业的 4.88%，分别为化学原料和化学制品制造业、通用设备制造业。其工业总产值占比分别为10%和6.14%，发展速度都比较乐观，可以作为现阶段和未来着重发展的主导产业，带动山东省经济增长。

问号类产业		明星类产业
黑色金属矿采选业	金属制品业	化学原料和化学制品制造业 通用设备制造业
非金属矿采选业	汽车制造业	
木材加工及木、竹、藤、棕、草制品业	铁路、船舶、航空航天和其他运输设备制造业	
家具制造业	电气机械及器材制造业	
印刷和记录媒介复制业	计算机、通信和其他电子设备制造业	
文教、工美、体育和娱乐用品制造业	仪器仪表制造业	
石油加工、炼焦和核燃料加工业	废弃资源综合利用业	
医药制造业	燃气生产和供应业	
橡胶和塑料制品业	水的生产和供应业	
有色金属冶炼及压延加工业		
煤炭开采和洗选业	皮革、毛皮、羽毛及其制品和制鞋业	非金属矿物制品业 农副食品加工业 纺织业
石油和天然气开采业	造纸及纸制品业	
有色金属矿采选业	化学纤维制造业	
开采辅助活动	黑色金属冶炼及压延加工业	
其他采矿业	专用设备制造业	
食品制造业	其他制造业	
酒、饮料和精制茶制造业	金属制品、机械和设备修理业	
烟草制品业	电力、热力生产和供应业	
纺织服装、服饰业		
瘦狗类产业		现金牛类产业

图6-2 山东省工业分大类波士顿矩阵图

现金牛类产业：产业产值占总产值的比重高于5%，平均增长率低于工业总产值的平均增长率。山东省的非金属矿物制品业、农副食品加工业和纺织业属于这一类，是目前山东省的主导支柱产业，虽其发展速度没有达到工业总产值的平均增长率，但其增长速度仍超过8%，通过改革和政策扶持有可能成为明星类产业。

瘦狗类产业：产业产值占总产值的比重低于5%，平均增长率低于工业总产值的平均增长率，属于"双低产业"。山东省共有 17 个瘦狗类产业，占统计的 41 个产业的 41.46%。这些产业是低增长衰退型产业。其中，专用设备制造业的平均增长速度接近于所有产业工业产值的年平均增长速度，且其产业产值占总产值的比重达 4.65%，通过改革和政策扶持有可能成为明星类产业。

综合以上工业内部各行业发展状况，根据山东省主导产业遴选依据和原则，同时参考山东省新旧动能转换所提出的"十强"产业发展计划，可将山东省主导产业确定为以下几个行业部门：化学原料和化学制品制造业（绿色化工），通用设备制造业，专用设备制造业和汽车制造业（高端装备），纺织业，农副食品加工业（现代高效农业），医药制造业（医养健康），石油加工、炼焦和核燃料加工业（新能源新材料），计算机、通信和其他电子设备制造业（新一代信息技术）等。

第三节　能　源　工　业

能源工业是采掘、采集和开发自然界能源或将自然资源加工转换为燃料、动力的工业。其是基础工业的重要组成部分，一般分成两大类：一类是能源开采工业，其产品为"一次能源"，如煤炭工业、石油工业、天然气工业等；另一类是能源加工转换工业，其产品为"二次能源"，如炼焦工业、石油冶炼工业和电力工业等。山东省煤炭、石油储量丰富，为工业发展和国民经济建设，提供了良好的物质基础。

一、煤炭工业

（一）煤炭资源

1. 煤炭资源禀赋

山东省煤炭资源比较丰富，截至 2015 年底，全省累计探明资源储量 429.9 亿吨，剩余资源储量 325.9 亿吨，其中，生产、在建煤矿占用资源储量 204.7 亿吨，尚未利用资源储量 121.2 亿吨。山东煤种主要为气煤、肥煤，其次为褐煤、长焰煤、无烟煤、焦煤和瘦煤等，煤种较齐全，煤质也好。已探明储量中，气、肥煤占 81.6%，且具有低灰、低硫、低磷、高发热量、结焦性强等特点，是优质工业用煤，利于工农业生产的发展，但有的煤种也存在数量不足的现象。全省大部分煤田煤层储存条件较好，特别是鲁西南一带煤田煤层坡度缓，地质构造与水文条件比较简单，瓦斯含量小，适合机械化开采，易于开发。开采条件比较好，主要表现在以下几个方面：

一是不少大中型煤田主煤层埋藏浅，多在−500米左右，地质构造简单，煤层平缓，水文地质条件比较好，易于开采。二是含煤层多，由于成煤期早加上有节奏的地壳运动和反复堆积，在同一地区往往形成许多含煤层。三是某些地区的成煤物质特别丰富，成煤条件极为优越，所以形成了很厚的含煤层。四是经济地理条件比较好，许多煤田坐落在经济发达、人口密集、交通便利的地区，还有不少煤田与铁矿区相联系，有利于节约运力、减轻运输压力。但许多含煤层被较厚的新地层覆盖，需采用特殊凿井方法，且地面居民点稠密、建筑设施多，给开采带来一定困难。

2. 煤炭资源分布

山东煤炭资源分布既广泛又相对集中，济宁、枣庄、菏泽、泰安、淄博、济南、莱芜、潍坊、临沂、烟台、聊城和德州12个市均有煤炭资源分布，含煤面积约1.65万平方千米，西多东少是山东省煤炭资源分布的突出特点。鲁西地区分布最为丰富，济宁、枣庄、菏泽、聊城、德州5个市的煤炭探明储量约占全省的70%。

（二）煤炭工业

山东省是我国煤炭资源开采较早的地区之一。1000多年前，淄博一带就有手工采煤。14世纪，枣庄附近也出现了土法挖煤。山东省的西法煤矿始创于清代，光绪六年（1880年）时，峄县中兴煤矿开始采用新式抽水机进行生产。19世纪后半叶，德国为了掠夺我国矿产资源，在淄博建立了第一个现代化采煤工业，民族资本也在峄县建矿挖煤，山东现代采煤业自此开始。

1. 煤炭工业发展状况

进入21世纪以来，煤炭工业进入黄金发展期。2018年山东省内共生产原煤12169.40万吨（见表6-5），连续16年超过1亿吨。山东省着眼于可持续发展和保障省内煤炭供应，积极实施"走出去"战略，扎实推进省外煤炭基地开发建设，初步建成宁蒙、晋陕、云贵、新疆、澳大利亚五大煤炭基地。截至2018年底，山东省累计在省外（国外）获得资源储量764亿吨，规划产能达3.05亿吨，主要分布在山西、陕西、贵州、云南、安徽、内蒙古、新疆、黑龙江、吉林、河北、江苏 11 个省、区，生产、基建及规划建设矿井年总设计能力 2.77 亿吨，兖矿集团在澳大利亚有 11 处生产煤矿，总设计（生产）能力 1.28 亿吨/年。山东省积极推进龙口、日照、菏泽、泰安四个省级煤炭储备物流基地建设，2015 年底，在籍储煤配送基地存储量达到 300 万吨，设计周转量 3380 万吨/年，全年实现周转量 2467 万吨。

表 6-5　1981~2018 年山东省原煤产量　　　　单位：万吨标准煤

年份	生产量	年份	生产量
1981	2950.42	1983	3132.28
1982	3040.71	1984	3258.96
1985	3516.00	2002	9333.02
1986	3642.79	2003	10476.85
1987	3798.47	2004	10461.78
1988	3970.94	2005	10021.63
1989	4067.83	2006	10042.24
1990	4282.54	2007	10526.28
1991	4282.53	2008	10500.62
1992	4535.86	2009	10424.07
1993	4519.97	2010	11913.14
1994	5560.85	2011	11585.87
1995	6305.32	2012	12528.16
1996	6392.56	2013	10722.56
1997	6496.14	2014	10699.80
1998	6412.17	2015	10242.27
1999	6425.10	2016	12900.00
2000	5741.96	2017	12960.40
2001	7634.32	2018	12169.40

资料来源：《山东统计年鉴》（2019）。

2. 煤炭工业分布

山东省煤炭产业形成两强格局，按照大型化、规模化、集约化的原则，整合 6 家省属煤炭企业，组建了山东能源集团，省内形成山能、兖矿两大煤炭集团发展格局，2018 年煤炭产量分别排全国煤炭 50 强第 5 位、第 3 位；加快地方煤炭企业兼并重组，全省煤炭企业个数由 2010 年的 131 个减少到 2017 年的 78

个，企业平均规模由 130 万吨提高到 217 万吨，产业集中度明显增强；积极推进小煤矿关闭退出和改造升级，截至 2017 年，山东省生产煤矿 115 处，登记生产能力 12484 万吨/年（见表 6-6）。

表 6-6　2017 年山东省煤矿分布

地区	煤矿数量（个）	生产能力（万吨/年）
淄博市	4	125
枣庄市	22	1497
烟台市	3	286
济宁市	47	7122
泰安市	25	1650
莱芜市	4	170
临沂市	2	54
济南市	1	63
德州市	2	139
菏泽市	5	1378

资料来源：山东省能源局。

山东焦化行业发展迅速。2018 年，山东在产焦化产能 5900 万吨，其中独立焦化产能 4080 万吨，钢厂焦化 1600 万吨，铸造焦产能 220 万吨。山东省已形成鲁中、鲁西南、鲁南三大焦化产业集聚区，建成潍坊潍焦煤焦油深加工产业园区、郓城洪达煤焦化工产业园区、济宁荣信煤焦化工和精细化工产业园区、薛焦煤焦化工产业园区、德州金能精细化工产业园区等 12 个煤焦化工产业园区，已完成产业基地和工业园区建设，形成焦化工业聚集发展新态势。

3. 面临的问题

随着煤炭运输条件不断改善，西煤东运、北煤南运的"瓶颈"逐渐打通，山东煤炭企业省内市场份额逐年降低，市场话语权、控制力降低，行业竞争力和区位优势全面减弱。

山东是煤炭资源小省，探明储量仅占全国的 2.2%，全省生产在建煤矿保有可采储量 42.35 亿吨，以现有生产能力计算，仅能维持 20 年左右。同时，资源储量不足与压覆严重并存，"三下"压煤量占储量的 48.6%。多数煤矿已经进入衰老期，生产刚性成本高、生产效率低，煤炭产业发展缺乏后劲。

全省现有生产矿井中，受水、火、瓦斯、煤尘等自然灾害威胁的占 80% 以上；衰老矿井占68%，且布局分散、战线长、环节多、系统复杂，一旦发生险情，撤人时间长、难度大。截至2015年，山东省生产及在建千米深井16处，占全国千米深井的38%。许多老矿井的采场正在向深部转移，向地质、水文地质条件复杂区域转移，向村下转移，向极薄煤层转移，安全隐患越来越突出，安全生产和管理难度越来越大。

随着国家实行更加严格的环保措施，矿区环境治理任务逐步加重。截至2015年，全省共有煤矸石山135座，占地约264公顷。采煤塌陷地面积达到67393公顷，其中，绝产区面积26893公顷，减产区面积40500公顷。采煤塌陷地集中在济宁、泰安、枣庄、菏泽四市，塌陷量占全省采煤塌陷地的86.77%。按现有的生产规模，每年新增采煤塌陷地4920公顷左右，采煤塌陷地综合治理已成为山东省一项长期、艰巨而复杂的工程。

二、石油工业

（一）油气资源

山东是石油资源相对丰富的省份，也是全国重要原油生产基地。石油资源主要分布在胜利油田及中原油田山东部分采区。截至2014年底，全省累计探明原油地质储量约54亿吨（见表6-7），居全国第2位，累计探明技术可采储量约14亿吨，累计探明经济可开采量约13亿吨；天然气累计探明地质储量2912亿立方米，累计探明技术可采储量845亿立方米，累计探明经济可采储量694亿立方米。"十二五"时期，山东省年均开采原油2700万吨，天然气5亿立方米，形成了以胜利油田为勘探开发主体，省内自产和进口原油相结合的石油供给体系。山东石油质量较好，主要是沥青基石油和石蜡基石油，比重较小、凝固点低、渗透系数高，利于原油的运输和提炼。天然气资源多与石油资源相伴，储量也很丰富。

表6-7 截至2014年底油气勘探开发成果

分类	项目	全国	山东
石油（亿吨）	累计探明地质储量	371.76	53.8954
	剩余经济可采储量	25.69	2.2968
	当年产量	2.15	0.2747
	累计产量	64.04	10.8679
	储采比	11.9	8.36

续表

分类	项目	全国	山东
天然气（亿立方米）	累计探明地质储量	130100	2912.00
	剩余经济可采储量	37800	196.76
	当年产量	1243.57	5.39
	累计产量	16900	497.05
	储采比	30.4	36.5

资料来源：全国数据来源于《2015 年全国油气矿产储量通报》，山东省数据来源于《2014 年全国油气矿产储量通报》和胜利油田勘探开发研究院。

（二）石油工业

石油工业是一个新兴的工业部门，开始于 20 世纪 60 年代。1961 年山东省在东营市打出了华北第一口具有工业价值的油井，从此拉开了华北找油会战的序幕，1964 年兴建了石油工业。经历半个世纪的建设与发展，目前山东依托胜利油田和中原油田两大油田，建立了齐鲁石化、山东海化集团、滨化集团、东明石化等独具特色的石油化工产业集群，整个石油工业体系布局趋于合理、规模巨大。山东石油工业布局同资源分布相一致，集中在胜利油田。胜利油田是我国第二大油田，位于山东北部渤海之滨的黄河三角洲地区，主要分布于东营、滨州、潍坊、德州等境内。

目前，山东省石化产业已形成专业配套、结构合理、门类齐全的产品新格局。截至 2009 年底，规模以上化工企业有 4590 家，营业收入过 50 亿元的企业达到 35 家，过百亿元的企业有 14 家。近几年来，山东炼油产能一直保持高速增长之势，是全国炼油产能扩张的佼佼者。2018 年，山东省原油一次加工能力 2.1 亿吨/年，占全国原油总加工能力的 28%。其中，地方炼油产能 1.3 亿吨/年，占全国地炼总产能的 70%。

（三）面临的问题

1. 资源勘探开发后劲不足

山东省油气勘探开发起步较早，为全省乃至全国经济社会发展做出了巨大贡献。但随着油气田的持续开发，省内原油剩余经济可采储量仅约 2.3 亿吨，在无新增探明储量情况下，仅可持续开采 8 年，且探明未开发储量及未动用控制储量地质条件复杂、开发难度较大。在国际油价持续震荡、油田开发成本大幅增加的情况下，山东石油勘探开发后劲不足，短板日渐明显。

2. 资源供给不足

山东是炼化大省，原油一次加工能力合计约 2 亿吨，其中，地方炼化企业原油一次加工能力约 1.36 亿吨，而原油年供应量不足 9000 万吨。炼化企业，特别是地方炼化企业生产所需原料严重不足，部分地方炼化企业只能使用品质较差、含硫量较高的燃料油进行生产。此外，随着山东工业化和城镇化进程不断加快，天然气消费需求快速增长，但天然气供应很大程度上依赖于中石油、中石化的长输管线，而山东处于管线的末端，受上游供气紧张的影响，山东天然气供给处于被动地位，可供资源量难以满足用气需求，供需缺口逐年扩大。

3. 管道网络不完善

目前，山东省油气管道建设里程位于全国前列，初步形成了横贯东西、纵贯南北的油气运输网络主骨架。但由于山东管道经营主体多，管网布局缺乏统筹规划，缺少有效的协调机制，管网相互调配能力弱，互联互通、资源共享没有完全实现；地区发展不平衡，区域性的输配管网不发达，部分地区还没有管网通达；随着管道投产年限增加、城市建设速度加快，长输油气管道老旧、管线占压等问题突出，管道安全隐患治理形势严峻。

第四节　冶金工业

一、钢铁工业

钢铁工业是世界各国经济和社会发展中较重要的基础原材料产业，在经济发展、财政税收、国防建设等领域发挥着不可替代的作用。作为原材料的生产和加工部门，钢铁工业上连矿产采掘业，中连煤矿、运输、电力等行业，下连金属制品、机械、汽车建造业等行业，应用领域广，产业关联度高。

1. 发展状况

山东是我国钢铁大省，钢铁产业的产品种类丰富，产业规模和产品产量居全国前列，是山东省的支柱产业之一。2016 年山东规模以上钢铁企业达到 369 家，2018 年山东生产生铁 6653.61 万吨、粗钢 7385.63 万吨、钢材 9600.32 万吨，均居全国第 3 位。目前，山东产能较大的钢铁企业主要有山钢、青钢、泰钢、日钢、潍钢、张钢等。

山东钢铁市场的产业集中度普遍较低，属于竞争型市场结构。山东粗钢产量居前四位和前八位的企业产业绝对集中度 CR_4 和 CR_8 分别为 58.1% 和 70.3%。根据美国经济学家贝恩和日本通产省对产业集中度的划分标准，山东钢铁产业集中度介于寡占Ⅲ型和寡占Ⅳ型之间，远未达到较为理想的高寡占型市场结构（见表 6-8）。

表 6-8　贝恩对市场结构的分类　　　　　　　　　　　单位:%

市场结构/集中度	CR_4 值	CR_8 值
寡占Ⅰ型	$CR_4 \geqslant 85$	—
寡占Ⅱ型	$75 \leqslant CR_4 < 85$	$CR_8 \geqslant 85$
寡占Ⅲ型	$50 \leqslant CR_4 < 75$	$75 \leqslant CR_8 < 85$
寡占Ⅳ型	$35 \leqslant CR_4 < 50$	$45 \leqslant CR_8 < 75$
寡占Ⅴ型	$30 \leqslant CR_4 < 35$	$40 \leqslant CR_8 < 45$
竞争型	$CR_4 < 30$	$CR_8 < 40$

资料来源：美国经济学家贝恩产业集中度划分理论。

赫芬达尔指数（HHI 指数）反映行业内企业的规模分布状况，它不仅考虑了市场内较大规模企业的集中程度，也兼顾到了中小企业的市场占有情况，因此成为应用较为广泛的衡量产业集中度的综合性指标。山东粗钢市场的赫芬达尔指数为 1134。根据美国司法部将 HHI 作为评估某一产业集中度指标而定出的标准，山东钢铁产业刚刚进入低寡占型市场结构（见表 6-9）。如果以美国司法部的指引作为标准，将 HHI 值 <1000 的行业归类为非集中行业，1000<HHI<1800 的行业归类为适度集中行业，那么山东钢铁产业只能勉强归类为适度集中行业。由此可见，虽然近年来山东钢铁产业的集中度明显提高，但与世界钢铁大国及国内部分钢铁强省相比仍然处于较低水平。

表 6-9　美国司法部制定的以 HHI 判断市场集中度的标准

市场结构	寡占型				竞争型	
HHI 值	高寡占Ⅰ型	高寡占Ⅱ型	低寡占Ⅰ型	低寡占Ⅱ型	竞争Ⅰ型	竞争Ⅱ型
0-10000	$HHI \geqslant 3000$	$1800 \leqslant HHI < 3000$	$1400 \leqslant HHI < 1800$	$1000 \leqslant HHI < 1400$	$500 \leqslant HHI < 1000$	$HHI < 500$

资料来源：美国司法部《1982 年并购指南》。

2．产品结构

工业和信息化部 2019 年公布数据显示，山东省 22 大类钢材品种中，有 19 种山东省内钢铁企业均能生产。从目前山东省的钢铁产业格局来看，板材型钢品种产能占比约 45%，建筑钢材产能占比约 30%，特钢产能占比约 19%，其他品种产能占比约 6%，板材和型钢占有重要地位。山东也是制造业大省，是全国重要的钢材消费区域之一。汽车、建筑、家电、机械制造业等用钢量较大行业发展迅猛，且在全国占有重要位置。而这些产业是钢铁产品的重要下游用钢行业，这些行业的快速发展也带动了本地钢材需求的增长，良好的区域经济为钢铁企业发展提供了较为广阔的空间。2015 年山东钢铁产品结构如表 6-10 所示。

表 6-10　2015 年山东钢铁产品占比情况

类别	产量/万吨	占钢材产量比重/%	类别	产量/万吨	占钢材产量比重/%
生铁	6747.9	—	特厚板	35.1	0.40
粗钢	6619.3	—	无缝钢管	843.9	9.55
钢材	8835.6	—	焊接钢管	353.1	4.00
钢筋	1124.3	12.72	冷轧薄板	631.8	7.15
棒材	657.2	7.44	热轧窄钢带	147.9	1.67
线材	1089	12.33	冷轧薄宽钢带	155.7	1.76
中小型型钢	796.2	9.01	热轧薄宽钢带	78.7	0.89
大型型钢	540.6	6.12	冷轧窄钢带	23.4	0.26
中板	229.6	2.60	镀层板	227.6	2.58
中厚宽钢带	1538	17.41	涂层板	148.1	1.68
厚板	212.4	2.40	铁道用材	3	0.03

资料来源：根据《中国钢铁工业年鉴》（2016）与中华人民共和国工业和信息化部相关数据整理计算。

3．空间布局

由于山东省铁矿石产量不足全国的 2%，钢铁企业生产所需的铁矿石以上依靠海运进口，因此位于沿海地区的企业相对于其他地处内陆地区的企业具有得天独厚的区位优势。山东海岸线长 3000 多千米，拥有青岛、日照、烟台 3 个亿吨以上港口，是长江以北唯一拥有 3 个亿吨大港的省份。但全省 80% 以上的钢铁产能分布在中心城市及内陆地区，且布局较为分散，交通运输、水资源、环保、土地等制约因素日益突出。总体来看，在当前国家明确提出加快钢铁产能向沿海转移战略规划的大背景下，山东省钢铁产业布局与国家产业政策要求和今后钢铁产业的发展趋势不适应。

4. 发展状况

近年来，山东钢铁产业受国内外宏观经济形势影响经历了由快速发展到逐步平稳的过程（见图6-3）。2011年以来，山东钢铁产业虽进入结构调整期和前期产能消化期，但仍面临产能过剩的困扰。随着近年来山东省钢铁生产能力的持续扩张，产能过剩问题日益严峻，导致企业间不正当竞争、行业利润下滑甚至亏损、节能减排压力加大等问题凸显。

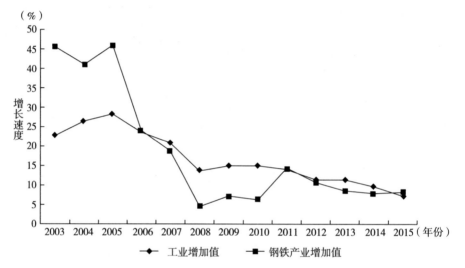

图6-3　2003~2015年山东钢铁工业与全省工业增加值增速对比情况

资料来源：《中国钢铁工业年鉴》（2004~2016）和《山东统计年鉴》（2016）。

二、有色金属工业

1. 黄金产业

山东省有色金属资源以黄金储量最为丰富。山东省是我国黄金生产的重要基地，黄金资源丰富，开采历史悠久，金矿地质储量居全国之首，黄金产量已经连续30多年高居全国第1位，实现利税占全国黄金行业一半以上。全省共探明矿产地99处，其中特大型金矿5处，大型金矿8处，2015年底全省金（岩金）金属量保有资源储量3132吨，占全国12.93%，当年开采金量41吨，该保有资源储量约可满足静态开采77年。

山东省金矿集中分布于鲁东地区的招远、莱州、栖霞、蓬莱、乳山及鲁中南地区的沂水、沂南、平邑等县市，莱州—招远、栖霞、乳山—牟平三个金矿集中区，形成了以焦家、三山岛、金城、大尹格庄、九曲、丈开头、破头青等黄金储量超过50吨的特大型金矿为主体的黄金资源和生产基地。鲁西地区归来庄金矿的发现，不仅增加了山东金矿储量，而且为在该区寻找归来庄式金矿提供了极为重要的启示。

随着我国黄金市场的开放，黄金深加工业面临着历史性的机遇，但受以往国家对黄金实行统购专营政策的影响，山东一直未能建立与其产金大省相匹配的黄金产业链，同时受陈旧思想观念的束缚，山东在黄金深加工方面还比较滞后。同时，全省75%的金矿均为小型矿山，有些小型矿山资金短缺，技术力量薄弱，技术投入少，初级矿产品多，深加工产品、高科技产品较少。

金矿地质勘探工作相对于黄金生产建设滞后，矿产资源消耗量远大于新增储量，供需矛盾日益突出，难以满足经济社会可持续发展的需要。据统计，全省159个金矿企业，287个矿区，其中资源保证程度不足5年的占77%，现有保有储量无法保证黄金稳产。

山东全省金矿资源矿山企业总共228个，其中大型矿山企业只有19个，而中小型矿山企业有209个，占到了矿山企业总数的91.7%。这些小型矿山不但技术落后效率低，而且各矿山企业"大而全，小而全"，资源得不到合理配置，没有集约化和规模经营的优势。

山东黄金资源产业可以在以下三个方面进行生产要素和生产条件的新组合，实现在后金融危机时代的可持续发展：

（1）提高黄金深加工水平，引进新技术进行黄金矿产的深加工，同时在采矿、选矿等方面引入新方法，使山东由黄金产量大省向黄金加工强省转变。

（2）寻求黄金矿产资源新的供应来源，加强黄金矿产勘查工作，从浅部资源到深部资源，从陆地黄金矿产资源到海底黄金矿产资源；同时扩大战略开发区，从山东到全国甚至海外，增加黄金矿产资源的来源渠道，利用好两个市场两种资源。

（3）合理布局企业并构建完整的产业链，整合并购规模小、技术落后、工艺落后、设备落后及效率低下的企业实现黄金矿业的合理布局和规模效益；同时实现黄金矿业从研究、勘探到深加工的纵向一体化，延伸黄金产业链。

2. 炼铝业

山东是我国铝工业第一大省。山东铝行业上游原材料铝土矿资源较少,仅拥有铝土矿储量159万吨,在全国铝土矿储量中的占比约为0.2%。尽管山东铝土矿的资源储量并不占优势,但山东地处东部沿海,拥有青岛、日照、烟台、威海等港口,进口海外铝土矿具备较强的区位优势。2018年,山东省氧化铝、电解铝和铝材产量分别居全国第一位、第一位和第二位。分产品看,2018年山东氧化铝产量2447万吨,占全国氧化铝产量的34%;电解铝产量915万吨,占全国电解铝产量的25%;铝材产量852万吨,和排名第一的河南相差无几,占全国铝材产量的19%。山东省铝冶炼企业主要分布在滨州、聊城、烟台三市,主要由魏桥集团、信发集团、南山铝业先进企业主导。

山东省铝产业集中程度高,产业集群特色鲜明。茌平信发工业园区以信发集团铝电项目为主体,形成了集发电、供热、氧化铝、电解铝、铝深加工等产品生产经营于一体的现代化工业园区。邹平铝及铝加工产业园区形成了以魏桥铝业为龙头,齐星铝业、创新金属等为骨干的电—铝—铝加工产业园区。龙口市铝及铝制品产业园区拥有生产企业21家,产品涵盖了铝合金板带箔材、型材加工及精密铸造等,形成了以南山集团为龙头,电—铝—材能力匹配的完整生产体系。龙口丛林中德车体公司年产地铁、轻轨及高铁车辆大部件模块350辆,轨道列车车体模块3000辆,丛林汽车公司是国家汽车公告目录内唯一的铝制汽车生产企业。

虽然近几年山东省铝产业有了长足的发展,但仍然存在着电解铝产能过剩、铝加工比率低、能耗高、原料资源对外依存度高、环保工作力度不够等一系列现实问题亟待解决。同时,产业高端人才缺乏,研发投入低。山东省有色金属企业多数是民营企业,企业研发能力较弱,研发投入仅占销售收入的1.0%,在高端产品竞争中处于劣势地位,拥有自有知识产权的产品很少,大部分属于跟踪开发。

根据山东省新旧动能转换发展要求,山东应加大高端铝材推广应用力度,提升铝加工产业发展空间;支持高端铝材创新研发和推广应用,在航天、高铁、汽车、消费电子、电力装备、轨道交通装备、船舶及海洋工程装备等领域中高端铝型材产品供给上实现突破;支持滨州、烟台、聊城三大铝产业集聚区走特色化、差异化发展道路。

第五节　加工制造业

改革开放以来，山东省的制造业发展取得了巨大成就，已经成为我国重要的制造业基地。近年来，山东现代工业体系不断完善，纺织、食品等工业从小到大，电子信息、装备制造、汽车、造船等工业从无到有，形成了一大批规模大、实力强的优势产业，建立起了比较完整的现代工业体系。2018 年山东省工业增加值为 28897 亿元，同比增长 0.67%，占全省生产总值的 37.79%，无论规模总量还是经济效益，均居全国第二位。制造业作为工业的主体（比例在 90% 左右），可谓山东经济的重要支柱。表 6-11 是 2018 年山东省占比较高的制造业大类，其中，通用设备制造业、专用设备制造业、汽车制造业、电气机械及器材制造业等现代装备制造业合计占山东省规模以上工业比重的 15.6%。

表 6-11　2018 年山东省部分制造业比重　　　　　　　　单位：%

类别	比重	类别	比重
农副食品加工业	6.1	汽车制造业	4.9
通用设备制造业	4.4	橡胶和塑料制品业	2.7
纺织服装业	5.0	计算机、通信和其他电子设备制造业	3.8
专用设备制造业	3.1	电气机械及器材制造业	3.2

资料来源：《山东统计年鉴》(2019)。

一、纺织工业

1. 产业发展状况

纺织工业是山东省支柱产业，2018 年纺织服装工业增加值占山东省规模以上工业增加值的 5.0%。山东省纺织工业实力雄厚，拥有棉纺织、印染、毛纺织、麻纺织和家用纺织制成品、针织品、服装、化学纤维、纺织机械等行业在内的完整的纺织工业体系。纺织工业是山东省 6 大过万亿元的支柱产业之一，截至 2018 年 10 月，全省拥有规模以上纺织服装企业 3700 家，主营业务收入约占全省规模以上工业企业总收入的 9%，占全国规模以上纺织服装企业总营收的 18% 以上，综合经济指标居全国第 2 位。2017 年全省纺织服装行业拥有中国驰名商标 38 个、山东省著名商标 178 个，拥有省级以上企业技术中心 88 个，其中国家级企业技术中心 14 个。2016 年，山东省纺织服装产业位居全国四强，与江苏、浙江、广东成为全国四大纺织服装产业集群地（见表 6-12）。在中国的纺织服装经济格局中，山东已经牢牢占据了重要一席。

表 6-12　2016 年全国纺织产业集群试点地区名单

地区/类别	纺织产业基地市（县）	纺织产业特色名城	合计
山东	4	18	22
江苏	8	2	10
浙江	5	10	15
福建	3	3	6
广东	4	6	10
河北	0	7	7

注：统计为县级单位，只包含产业集群数量大于 5 的省份。

资料来源：中国纺织工业联合会年会。

山东省纺织服装产品出口遍及五大洲，出口市场按出口额排序依次为：日本、美国、欧盟、非洲、韩国、东盟、香港、澳大利亚，以上市场约占全省纺织品服装出口总额的 85%。纱、布等初加工产品的内销市场主要集中于长三角、珠三角一带。

2. 产业分布

改革开放之后，山东省纺织业迅速发展，山东纺织业长期集中在青岛、济南和胶济铁路沿线的"两点一线"格局被打破，纺织业在全省呈现扩散式发展。目前，山东省纺织业基地主要集中于鲁北的德州、滨州和聊城，鲁中的淄博等市，以及山东东南沿海地区，而鲁西南和鲁南地区的纺织业也形成了一定的发展规模（见图 6-4）。

3. 存在的主要问题

（1）产业结构不够合理，初加工比例较高。山东省纺织服装产业结构以棉纺织初加工产品为主，多数产品处于价值链中低端，精、深加工能力相对较弱，分工协作和专业化程度较低，最终产品比例不高，高附加值特别是掌握核心技术、有定价权的产品较少，服装、家纺、产业用纺织品等精深加工产品占比较低。

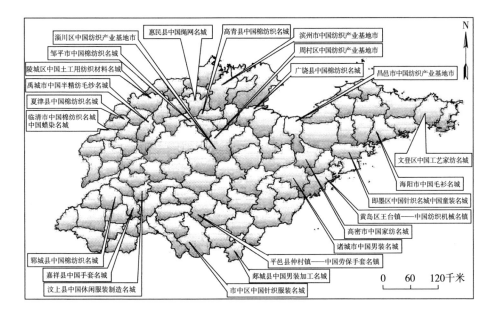

图 6-4 山东纺织业集群分布示意图

资料来源：中国纺织工业联合会。

（2）印染业发展滞后。印染行业是体现纺织工业核心竞争力的重要行业，是纺织服装产业链承上启下的关键环节，对提升纺织品附加值，丰富服装、家纺产品色彩，增强服装、家纺产品舒适性、时尚性和功能性，发挥着不可替代的重要作用。多年来，山东省印染能力明显不足，与织造能力极不匹配，成为制约纺织服装产业链发展的瓶颈。

（3）装备技术水平相对较低。山东省棉纺行业除大型龙头骨干企业的装备水平较先进外，中小微棉纺企业装备相对落后。印染行业装备技术水平的差距较大，设备自动化程度相对较低，工艺设备数控化、物流设备数控化、生产流程中央数控化三大关键技术亟待突破。

（4）品牌建设和时尚创意设计能力不足。山东省纺织服装产品销售以贴牌加工为主，有较强竞争力的知名品牌数量少。山东省服装类的知名名牌远少于浙江、江苏、广东等先进省市。

（5）专业化商贸市场发展缓慢。与珠三角和长三角先进地区相比，山东省纺织服装市场功能不全，档次低。有些市场如济南泺口、淄川、临沂综合性服装市场，虽然起步很早，但发展不快，辐射带动作用不强。省内专业市场多为中转型二三级批发市场，知名度不高，无法与粤浙苏等大型批发市场相比。

二、食品工业

食品工业是以农副产品为原料的加工工业。发展食品工业不但可以满足人们的食物要求，而且可以用食品工业的保藏加工技术使农副产品及时得到加工，有利于解决某些农副产品生产和消费的季节以及地区不平衡的矛盾，使农产品增值。

1. 产业发展状况

山东省食品工业门类齐全，2018 年全省规模以上食品工业企业 5000 余家，实现主营业务收入 17159 亿元，约占全国食品工业主营收入的 16%；实现利润 937 亿元，约占全国食品工业利润的 12%；出口额 135 亿美元，约占全国食品工业出口总额的 24%。食品工业主营业务收入、利润额和出口额三项指标 26 年保持全国首位。改革开放 40 多年，山东省食品工业的主营收入增长了约 484 倍，利税增长了 201 倍。谷物磨制、食用植物油、畜禽屠宰、肉制品、水产品及鱼糜制品、果蔬制品六大产业主营收入均超过千亿元。2018 年，精制食用植物油、冷鲜藏肉、啤酒、葡萄酒产量居全国第一位，小麦粉、酱油产量居全国第二位，白酒、罐头产量居全国第三位，冷冻水产品、乳制品产量居全国第四位。

山东省饮料行业在国内也占据重要地位。山东省饮料生产企业有 1000 余家，山东饮料生产产销量位于国内前列，其中酿酒业比较发达，饮料酒、白酒和啤酒产量位于全国前三，其他诸如碳酸饮料等品种也都位于全国前列（见表 6-13）。山东省在啤酒产业发展领域具有一定的品牌优势，以青岛啤酒品牌最为突出，逐渐形成产业集群发展趋势（见表 6-14）。

表 6-13　2016 年山东饮料制造业产品产量

类别	全国	山东	比例（%）	位次
饮料酒（百万升）	62742.00	7669.87	12.22	1
白酒折 65 度商品量（百万升）	13583.57	1126.36	8.29	3
啤酒（百万升）	45064.37	6001.27	13.32	1
软饮料（万吨）	18345.24	663.12	3.61	10
碳酸饮料类（汽水）（万吨）	1752.24	70.60	4.03	7

续表

类别	全国	山东	比例（%）	位次
包装饮用水类（万吨）	9458.52	424.05	4.48	7
果蔬汁饮料类（万吨）	2404.88	77.91	3.24	13

资料来源：智研咨询发布的《2017—2022 年中国饮料市场分析预测及未来发展趋势报告》。

表6-14　山东啤酒产业分布

地区	品牌	所属企业
淄博	绿兰莎	山东华狮啤酒有限公司
济宁	三孔	燕京啤酒（曲阜三孔）有限责任公司
	无名啤酒	燕京啤酒（山东无名）股份有限公司
泰安	泰山啤酒	山东泰山啤酒有限公司
威海	威海卫	威海啤酒集团
	昆嵛	山东昆嵛啤酒有限公司
烟台	烟台啤酒	烟台啤酒集团有限公司
	烟港	烟台第二啤酒厂
	光州	燕京啤酒（莱州）有限公司
德州	森力啤酒	山东森力啤酒饮料有限公司
菏泽	青菏泉	青岛啤酒（菏泽）有限公司
日照	汇泉	青岛啤酒（日照）有限公司
枣庄	南极洲	青岛啤酒（薛城）有限公司
临沂	银麦	山东新银麦啤酒有限公司
济南	趵突泉	济南趵突泉酿酒有限责任公司
青岛	崂山啤酒	青岛啤酒股份有限公司
	青岛啤酒	青岛啤酒股份有限公司

资料来源：智研咨询发布的《2020-2026 年中国山东啤酒产业竞争现状及投资战略规划报告》。

2. 产业布局

食品工业在山东分布比较均衡，生产和原料地、消费地紧密结合。在人口集中、市场广阔、交通便利、农业发达的青岛、济南等地建立了规模较大、现代化水平较高的食品生产基地，在原料集中产区重点建立和发展了与当地原料相关的食品工业。例如，烟台市的葡萄酒生产基地，潍坊市的卷烟、盐化工生产基地等。山东省已形成 14 个特色食品产业集群：荣成海洋食品产业集群、烟台葡萄酒产业集群、莱阳花生油产业集群、临沂干燥蔬菜产业集群、招远龙口粉丝产业集群、诸城肉禽调理食品产业集群、沂水饼干产业集群、禹城功能糖产业集群、邹平玉米油产业集群、博兴大豆油产业集群、日照鱼糜食品产业集群、金乡大蒜产业集群、平邑果蔬罐头产业集群、曹县芦笋产业集群。这些生产基地提供的产品不但在省内占有优势，而且在全国同类产品中也占有重要地位。

3. 产业发展存在的问题

（1）原材料综合利用水平不高。发达国家果蔬加工率在 50% 以上，而山东省果品加工率不到 30%、蔬菜加工率不到 20%，果蔬损失率约 30%。

（2）产业结构层次偏低。山东省食品业初加工和低档次产品多，精深加工和高附加值产品少。目前，全省精深加工食品产值占食品工业总产值的比重约为 40%，而发达国家在 70% 以上。

（3）部分行业品牌影响力和效益不高。在 2018 年中国最有价值品牌 500 强榜单中，85 个食品品牌山东只有 6 个，数量列四川、广东、北京之后。

三、汽车工业

山东汽车工业起步于 20 世纪 50 年代，发展基础较好但发展较慢。经过半个多世纪的发展，山东省汽车产业已成规模，聚集了一批全国知名的汽车制造企业。汽车工业成为山东经济中新的增长点，汽车工业的发展对山东经济有很大的整体拉动作用。山东省逐步形成了以商用车、乘用车、改装车（专用车）以及发动机、变速器、车桥和底盘等零部件为主体，品种相对齐全、技术水平较高的产业体系。截至 2017 年底，全省共有汽车及零部件生产企业 1400 余家，其中，专用车生产企业 230 多家，涵盖半挂车、轿车、越野车、客车、牵引车、载货车、专用车、自卸车、农用车、摩托车共计 10 大类，发动机等汽车零部件企业 1000 多家。2017 年，山东省汽车产业完成主营业务收入 6894 亿元。汽车产业的不断发展壮大，为推动全省经济发展、促进社会就业、改善民生福祉做出了突出贡献。山东省汽车工业不断加大研发投入，行业技术开发能力和产品研发水平明显提升。截至 2017 年底，全省汽车行业拥有国家级企业技术中心 21家，省级企业技术中心 154 家；国家级工程技术研究中心 3 家，省级工程技术研究中心 62 家；省级工程研究中心 6 家，省级工程实验室 34 家。全行业拥有专业技术人员 1.75 万名，占员工总数的 5%，研发投入占主营业务收入比重平均为

1.25%，部分骨干企业超过3%。

1. 产品结构

（1）商用车优势明显，技术水平较高。山东省商用车产量占全国商用车总产量的20%左右；重型载货汽车是山东省优势产品，2017年生产29.58万辆，超过全国产量的1/4，规模和技术水平处于全国同行业前列；轻型载货汽车总产量已连续10多年保持全国第一，总产量为51万辆。潍坊是全国较大的轻型载货汽车研发生产基地，大中型客车产量为1.3万辆，居全国第4位，具有一定的竞争力。

（2）乘用车产量占比较高。山东省乘用车产品种类齐全，包括轿车、SUV、交叉型乘用车（旧分类中的微型面包车）。2017年，全省生产乘用车产量109.04万辆，占全省汽车总产量（205.68万辆）的53%。

（3）新能源汽车发展势头良好。2017年，全省生产新能源汽车14.12万辆，同比增长22.73%，占全国产量的18%。其中，新能源客车2.03万辆，增长9.6%；新能源乘用车11.3万辆，增长24.04%，山东成为全国新能源汽车生产大省。中通客车是国内较早进入新能源客车领域的企业之一，山东沂星电动汽车公司和中上汽车有限公司也都开发出了享受政府补贴的电动客车，山东新大洋公司通过与众泰的合作成功实现了向纯电动汽车的转型。

（4）专用车产品广泛，市场竞争力强。山东是专用汽车生产大省，产量、主营业务收入居全国前列，截至2017年底，全省共有专用车生产企业230多家，2017年生产专用车47万辆，居全国首位。冷藏保温车、自卸车、压裂车、航空机场用车、军队专用车和特种车等具有较强的市场竞争力。用于国防、石油等领域的专用车的产品技术含量相对较高，在国内属于先进水平。梁山县被中国汽车工业协会命名为"中国专用汽车产业基地"。

（5）汽车零部件产业规模不断扩大，省内综合配套率较高。截至2017年底，全省拥有汽车零部件生产企业近1200家，各类商用车省内综合配套率达到85%以上，乘用车达到70%，重型载货汽车超过50%，轻型载货汽车超过80%。以潍柴动力、重汽动力、威亚以及东岳动力为代表的发动机企业，以渤海活塞、天润曲轴、金麒麟、潍坊富源、盟威集团、义和车桥、现代派沃泰、龙泵集团、济南沃德为代表的活塞、曲轴、制动系统总成、增压器、轮毂、车桥、变速器、油泵油嘴、气门挺杆等一大批零部件制造企业在国内具有优势。盛瑞传动的

8AT 自动变速器还填补了国内空白，达到国际先进水平。

2. 产业分布

山东省汽车工业的发展主要依托于骨干企业带动，其中整车企业是发展的龙头。2013 年，全省年产量超过 20 万辆的整车企业共有 4 家，分别是中国重汽集团、上汽通用五菱青岛分公司、上海通用东岳汽车公司和北汽福田诸城汽车厂。另外，一汽青岛解放、中通客车、潍柴控股等各类汽车和零部件企业形成了有力支撑。济南、青岛、烟台以及潍坊是山东省汽车工业发展的主要地区。

3. 存在的问题

（1）产业利润率较低。2015 年山东汽车工业主营业务收入超过 6600 亿元，汽车工业增加值占全省工业增加值的 4.4%。2013 年山东汽车工业利润居全国第 6 位，利润率仅为 6%，低于全国 2.3 个百分点，低于全省机械工业利润率 0.74 个百分点。山东省与前 10 位的其他省份相比，在获利能力方面明显偏低。

（2）整车企业规模偏小。规模化经营是汽车工业最显著的特点，山东省整车企业与全国大型汽车集团相比存在明显差距。2018 年，上海汽车集团股份有限公司实现销售收入 9021.94 亿元，东风汽车公司实现销售收入 6015.01 亿元，中国第一汽车集团公司实现销售收入 5940.30 亿元。而山东省中国重型汽车集团有限公司实现销售收入 1100.50 亿元，位列中国汽车工业企业第 10 名，且与第 7 名差距较大（见表 6-15）。

表 6-15　2018 年我国汽车企业 10 强

企业名称	省市	主导产品	营业收入（亿元）
上海汽车集团股份有限公司	上海	乘用车、商用车、汽车零部件	9021.94
东风汽车集团有限公司	湖北	乘用车、商用车、汽车零部件	6015.01
中国第一汽车集团有限公司	吉林	乘用车、商用车、汽车零部件	5940.30
北京汽车集团有限公司	北京	乘用车、商用车、汽车零部件	4807.38
广州汽车工业集团有限公司	广东	乘用车、商用车、汽车零部件、摩托车	3640.54
浙江吉利控股集团有限公司	浙江	乘用车、商用车、汽车零部件	3285.21
中国长安汽车集团股份有限公司	北京	乘用车、商用车、汽车零部件	2038.86
华晨汽车集团控股有限公司	辽宁	乘用车、商用车、汽车零部件	1529.68
万向集团公司	浙江	汽车零部件	1121.00
中国重型汽车集团有限公司	山东	商用车、汽车零部件	1100.50

资料来源：第十五届"中国机械工业百强企业、汽车工业三十强企业信息发布会"数据。

（3）乘用车产品档次低。山东省乘用车产品主要为中低端轿车和微型面包车，乘用车高端品牌少、低端产品多，缺乏有较强竞争力的中高级轿车产品。乘用车国内市场占有率不足7%，乘用车占整车（乘用车+商用车）的比重为60%，低于全国21个百分点。

（4）产业集群聚集效应不明显。汽车产业具有资金技术密集性、产业集聚协同性等特点，作为经济大省，山东至今尚未形成竞争优势突出的汽车产业集群。

（5）企业研发能力薄弱。与先进省市相比，山东省汽车科研机构较少，引进的大型整车企业偏重生产制造，其技术研发机构很少随迁本地。

第六节　高新技术产业

高新技术产业是指用当代尖端技术生产高技术产品的产业群，涉及信息技术、生物工程、新材料等领域。高新技术产业是国际经济和科技竞争的重要阵地，发展高技术及其基础业，对推动产业结构升级，提高劳动生产率和经济效益，具有不可替代的作用。

一、产业发展概述

进入20世纪80年代以来，高新技术产业作为主要推动力，带动了知识经济、信息经济和新经济的飞速发展，给全球带来了翻天覆地的变化。现今，高新技术及其相关产业已经成为衡量一个国家和地区软实力的重要指标。

1. 产业发展历程

中国的高新技术产业自20世纪80年代以来有了飞速发展，相关领域的研发水平已经接近或达到国际领先水平。在此作用下，山东省的高新技术产业也得到较快发展，截至2015年共拥有国家级高新区10个，分别位于济南、青岛、淄博、潍坊、威海、济宁、烟台、临沂、泰安9个市。

山东省高新技术产业发展经历了由慢到快的发展历程，可以分为三个阶段：

第一阶段（1986～1990年）：高新技术产业快速兴起阶段。在这个阶段，山东省的高新技术产业发展刚刚兴起，人们对出现的高新技术产品还不了解。

第二阶段（1991~2000年）：高新技术产业缓慢发展阶段。我国的高新技术产业逐渐发展，山东省依靠便捷的交通优势、优美的环境、雄厚的产业基础，吸引了众多前来投资的外商。各地市的高新区建设也在如火如荼地进行中，海外从事高新技术研发的学者这时纷纷来到山东，创办高新技术产业。在这个阶段，高新技术产业在山东虽然得到发展，但是发展的速度和质量差强人意。

第三阶段（2001~2018年）：高新技术产业快速发展阶段。山东省的高新技术产业迅速崛起，高新技术行业企业迅速发展壮大，传统产业也在高新技术产业的带动下，加速了技术改造进程。山东省高新技术产业形成了电器机械及器材制造业、电子及通信设备制造业、特种车辆及改装汽车制造业、医药制造业、合成材料制造业五大支柱产业。

2. 产业发展状况

2018年，山东省高新技术产业产值占规模以上工业产值比重达到37%，高新技术企业数量达9000余家，居全国第6位，成为工业高质量发展的新引擎。山东省强化工作推进机制，出台实施高端装备、新一代信息技术、高端化工、新材料四个方面的规划，持续推动产业集聚发展，启动产业集群转型升级行动，积极培育先进制造业集群和战略性新兴产业发展策源地。

3. 产业创新能力

山东省高新技术创新能力不断增强。R&D经费内部支出是衡量自主创新投入规模的重要指标，是科技创新的原动力，是科技知识的来源，也是高新技术产业发展的重要保障，代表着高新技术产业持续发展能力。山东省进一步加大高新技术研发投入，多元化的研发投入体系初步建成。2018年，山东研发经费内部支出1643.33亿元，居全国第4位，仅次于广东省、江苏省和北京市，研发经费投入强度（研发经费内部支出与GDP之比）为2.15%；企业研发投入达到1460.33亿元，总量居全国第3位，全省约有65%以上的大中型企业建立了技术研发机构。从图6-5得知，2010~2017年山东省R&D经费内部支出连年递增，其年均增长率约为14.68%，高于同期全国平均水平，反映出山东省企业和各级政府对科技创新的重视程度不断增强。

R&D人员是科技人力资源的核心。参与R&D活动的人员数量和质量是衡量一个国家和地区科技实力和技术创新能力的主要指标。如图6-6所示，2010~2018年山东省R&D从业人员数量趋平稳上升，R&D从业人员数量由2009年的

23.27 万人增长到 2018 年的 50.94 万人，总量居全国第 4 位，表明山东省高新技术企业不论是从规模上还是数量上都在不断增加，高新技术产业发展越来越受到重视。

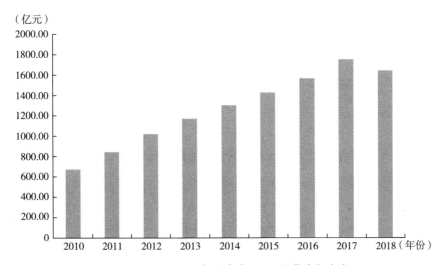

图 6-5　2010~2018 年山东省 R&D 经费内部支出

资料来源:《山东统计年鉴》(2019)。

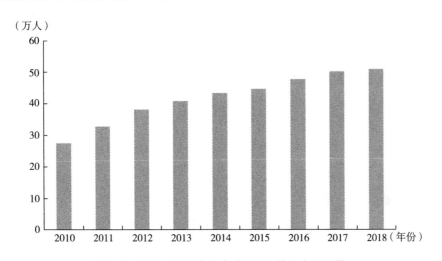

图 6-6　2010~2018 年山东省 R&D 从业人员数量

资料来源:《山东统计年鉴》(2019)。

　　2016 年，山东省共有 11 家科技企业孵化器、106 家众创空间、3 家专业化众创空间进入国家级序列，众创空间和专业化众创空间新备案数量均居全国第 1

位；国家级科技企业孵化器达 66 家，国家级众创空间 165 家，均居全国第 2 位；科技企业孵化器在孵企业超过 1 万家，其中有超过一半的企业拥有自主知识产权，累计毕业企业超过 5300 家。2018 年，全省发明专利申请量和授权量分别达到 7.58 万件和 2.03 万件。截至 2018 年底，山东省有效发明专利 87362 件，同比增长 17.1%，每万人口发明专利拥有量达到 8.78 件，较 2017 年提高 1.21 件。同年，山东省的 PCT 国际专利申请量 1751 件，马德里国际注册商标申请量 2427 件，累计有效量达到 6557 件，同比增长 112.3%，总量跃升全国第 1 位。

4. 产业布局

截至 2018 年，山东共有国家级高新区 13 家，省级高新技术产业开发区 8 家，山东省达到规模以上产业的高新区主要分布在济南省会经济圈周边和半岛地区，鲁西地区目前还没有成规模的高新技术产业开发区，因此省内高新区分布呈现出东多西少的局面。高新技术产业的发展与经济社会总体发展水平密切相关，山东西部经济发展水平滞后、基础设施薄弱、对高新技术产业投资不足，导致高新技术产业难以规模发展。半岛地区经济水平高，地处沿海交通便利，与日本、韩国经济交流频繁，国际化程度较高，吸引外资能力强，利于高新技术产业发展。各市高新区大多布局在市郊区的原因，一是地价低；二是环境好、易规划；三是对外联系、交通便利，有利于高新技术产品的销售和推广，对于发展高新技术产业具有良好的区位条件。

山东省主要的高新技术产业为电子信息、生物医药、新材料、海洋产业等。在电子信息产业方面，形成了以济南市高新区齐鲁软件园、泰安高新区蓝光计算机研究所、鲁能奥特科技有限公司等电子信息企业为基础的电子信息产业集聚区。

在新材料化工方面，形成以淄博、潍坊、东营为中心，在齐鲁石化、潍坊海化、胜利油田等大型化工企业的带动下，形成了新材料化工产业集聚区。在医药产业方面，国家重大科技专项"重大新药创制"项目进展顺利，"山东省重大新药创制中心"进入国家新药研发大平台，构建了 12 个单元技术平台，培育了 20 家国家新药大平台产业化示范企业，启动了"泰山学者—药学特聘专家"专项建设工程，系统整合济南高新区、潍坊高新区和烟台高新区医药科技园区的优势资源，构建了山东创新药物孵化基地，成为全国 7 个国家创新药物孵化基地之一，争取经费 3 亿多元，为培育壮大新医药产业奠定了基础。国家中药现代化科技产业（山东）基地省建设通过验收。"重组人白介素-Ⅱ"获得国家一类新药证书，达到国际先进水平；半岛地区集中发展海洋特色产业，打造蓝色经济区。2011~2015年全省新增海洋科技项目2211项，其中国家级300万元以上重大海洋科技计划项目150项，国家"973"计划项目8项。取得重大海洋科技成果240项，产业化技术储备和系列化配套技术日臻完善和成熟。海水养殖、海洋工程和海洋药物等领域的一批关键技术取得重大突破，"海藻纤维食药用胶囊的研制"和"组织工程人角膜内皮体外重建技术"达到国际先进水平。

5. 存在的问题

（1）山东高新技术贸易竞争力偏弱。在全国高新技术产品市场上，广东、江苏占有率超过20%，占据绝对优势，上海市场占有率接近10%，山东虽然市场占有率也不低（7%左右），但与前三名差距依然较大。山东高新技术贸易竞争力偏弱，北京、上海、辽宁、陕西、湖南、湖北等省市的高新技术贸易竞争力十分强劲，这也与其高校、科研机构分布众多有关，从侧面说明，山东只有加大对科教的投入，在短时间内建立起一大批科研名校，才能迅速提高其在全国高新技术贸易竞争中的实力。

（2）山东省高新技术产业效益一般。2010~2017年山东省高新技术制造业产业效益如表6-16所示。虽然山东省高新技术产业的主营业务收入稳步增长，利润和利税在缓慢增长过后开始加速增长，这与政府出台相关促进高新技术产业发展的政策有关，但是山东省高新技术产业的高收益优势并不明显。例如，2017年山东省高新技术制造业产业利润为948亿元，只占规模以上制造业利润总额的11.38%。

表6-16 2010~2017年山东省高新技术制造业产业效益

项目	2010年	2011年	2012年	2013年	2014年	2015年	2016年	2017年
企业数（个）	1847	1514	1875	2015	2114	2268	2207	2141
从业人员年平均人数（万人）	54.5	55.3	67.5	69.1	72.6	73.2	75.0	72.8
当年价总产值（亿元）	5176	6201	7881	9027	—	—	—	—
主营业务收入（亿元）	5149	6121	7729	8946	10212	11535	12264	12207
利润（亿元）	384	464	613	700	781	874	953	948
利税（亿元）	555	661	901	1037	1160	—	—	—

资料来源：山东省工业和信息化厅。

二、电子信息制造业

电子信息制造业是国民经济中具有战略性、基础性、先导性的产业，是经济增长的"倍增器"、发展方式的"转换器"和产业升级的"助推器"，对推动国民经济增长和社会发展具有重要作用。电子信息制造业（电子产业）是研制和生产电子设备及各种电子元件、器件、仪器、仪表的工业，是军民结合型工业，由广播电视设备、通信导航设备、雷达设备、电子计算机、电子元器件、电子仪器仪表和其他电子专用设备等生产行业组成。根据工信部电子信息产业公报统计，电子信息制造业分为电子信息制造业、软件与信息技术服务业。山东省信息技术制造业保持健康稳步发展，经济效益实现较快增长，产业布局和结构进一步优化，自主创新能力明显提高。

1. 产业发展状况

2017 年中国电子信息制造业发展指数为 164.7，各省市区最高分 78.6，最低分 63.8，平均分为 68.6，平均分以上省份 12 个（见图 6-7）。广东、江苏、浙江、上海、北京连续三年处于前五名之内，山东省电子信息制造业发展指数为 69.71，全国排第十，表明山东省信息技术制造业在全国处于中上游水平。

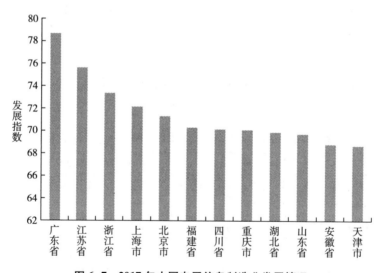

图 6-7　2017 年中国电子信息制造业发展情况

资料来源：工业和信息化部。

（1）新兴产业发展迅猛，产业结构进一步优化。新一代通信及网络、平板显示、射频识别（RFID）、半导体照明及光伏发电等新兴产业加快发展，浪潮华光、歌尔声学等一大批光电子重大项目陆续启动，集成电路设计、测试、封装等产业链基本形成，成为带动产业快速增长的新生力量。

（2）自主创新能力明显提高。全省信息产业企业坚持原始创新、集成创新和引进消化吸收再创新相结合，积极争取国家、省各级有关部门支持，加大研发投入，促进科研成果向生产转化。截至 2016 年末，山东信息技术专利申请总量已超过 304.8 万件，其中发明专利申请总量和授权量分别超过 193.7 万件、7.48 万件。高端容错服务器、高性能服务器、海量存储设备、集成电路芯片设计、网络及通信装备、光电子及新型电子材料等一批关键技术和产品实现新突破。一批"高、精、尖"的军工电子技术产品和信息系统装备研发成功，为国防建设和航天航空事业发展做出了贡献。

（3）信息技术产品推广应用进一步深化。信息技术产品和技术已广泛应用于山东省经济和社会各个领域，信息产业与传统工业的融合不断加深，带动了传统产业的结构升级，推动了传统高耗能产业的节能减排，催生了一批新的产业增长点，为产业发展开拓了广阔空间。

2. 产业布局

产业区域优势明显，产业聚集优势突出。以青岛为龙头、以胶东半岛为制造业基地、沿胶济铁路线铺开的电子信息产业带已经基本形成。其中，青岛的家用电子和通信产品，济南的软件和高性能计算机产品，烟台的计算机及网络产品、通信产品，威海的传真机、打印机等计算机外设产品，潍坊的电声器件、光电子产品，淄博的电子元器件和新材料产品等特色鲜明，优势明显，产业国际竞争力进一步提高。通过推进基地（园区）建设，产业聚集度明显提高，基地（园区）对产业的辐射带动作用明显增强。

三、太阳能光热产业

太阳能光热产业是节能环保产业的重要组成部分，也是山东省在全国具有较强竞争优势的产业。太阳能光热技术是目前太阳能应用领域比较成熟、具有较大发展潜力的技术。推广太阳能光热技术产品，发展太阳能光热产业，对于优化山东省能源消费结构，促进节能减排具有重要意义。

1. 发展状况

近年来，山东省太阳能光热产业发展较快，太阳能光热产品生产规模和推广应用量均居全国首位。太阳能光伏发电已呈现多元化、规模化的发展态势。太阳能光热应用实现了以居民为主向工、商、民并重转变，涵盖居民住宅、工业企业、宾馆、商务楼宇、学校等多个领域。截至2019年底，全省光伏发电并网装机容量累计达到1619万千瓦，居全国第1位（见表6-17）；太阳能光热产品集热面积保有量超过1亿平方米，约占全国的1/4。太阳能光热产；形成了从石英砂、毛坯管、真空管、集热器到集热工程等完整的产业链；形成了一批拥有自主知识产权、具有国内先进水平的核心技术，其中中高温工业热利用技术达到了国际领先水平；涌现出一批龙头骨干企业，产业集聚效应不断显现，行业整体竞争力进一步增强，为优化能源消费结构，促进节能减排，培育新的经济增长点做出了积极贡献。《山东省太阳能"十三五"发展规划》指出，山东省太阳能产业结构要不断优化，产业技术水平显著提升，应用成本持续降低；建立太阳能产业技术创新和多元化应用体系，形成国际竞争优势；完善太阳能应用产业服务体系，为产业健康发展提供良好的市场环境，实现太阳能强省目标。

表6-17　2019年中国分地区光伏累计装机容量　　单位：万千瓦

省（区、市）	累计装机容量	省（区、市）	累计装机容量
山东	1619	湖北	621
北京	51	湖南	344
天津	143	广东	610
河北	1474	广西	135
山西	1088	海南	140
内蒙古	1081	重庆	65
辽宁	343	四川	188
吉林	274	贵州	510
黑龙江	274	云南	375
上海	109	西藏	110
江苏	1486	陕西	939
浙江	1339	甘肃	908
安徽	1254	青海	1101
福建	169	宁夏	918

续表

省（区、市）	累计装机容量	省（区、市）	累计装机容量
江西	630	新疆	1041
河南	1054	新疆生产建设兵团	39

资料来源：国家能源局。

2. 发展存在的问题

太阳能光热产业快速发展的同时，也面临一些新情况、新问题，产业转型发展面临较大挑战。低端热水器产品产能过剩，一些企业对市场预期过于乐观，盲目投资，低水平重复建设，造成产能增长大大超过市场需求，太阳能真空管和热水器产能利用率均不足50%；产业集中度低，企业发展不平衡，全省300多家太阳能光热企业，销售收入达到30亿元以上的企业仅有3家，大部分企业销售收入都在5000万元以下；企业创新能力不强，产品同质化严重，平板集热型太阳能热水器不掌握核心技术，适销对路的高端产品、太阳能建筑一体化产品较少，尤其是适合高层建筑、安全可靠好用的产品较少，难以满足新兴市场需求；市场监管力度不够，相关标准体系不完善，太阳能光热利用设计、施工、验收和售后服务标准等不配套，监督检查和责任追究机制不健全，企业诚信缺失，拼凑式家庭作坊的廉价产品扰乱市场。这些问题已成为太阳能光热产业健康发展的瓶颈，切实采取应对举措，推动太阳能光热产业转型发展势在必行。

参考文献

［1］李娟文，王启仿．区域经济发展阶段理论与我国区域经济发展阶段形状分析［J］．经济地理，2000，20（4）：6-9.

［2］郭新璋，季星如．山东省经济和社会发展战略［M］．济南：山东人民出版社，1989.

［3］李博，曾献初．工业结构变迁的动因与类型［J］．经济评论，2010（1）：50-57.

［4］李小建．经济地理学［M］．北京：高等教育出版社，2011.

［5］张平，王树华．产业结构理论与政策［M］．武汉：武汉大学出版社，2009.

［6］张文忠．产业发展和规划的理论与实践［M］．北京：科学出版社，2009.

［7］《山东煤炭工业志》编纂委员会．山东煤炭工业志［M］．北京：煤炭工业出版社，2016.

［8］胜利石油管理局．山东省志·石油工业志［M］．济南：山东人民出版社，2013.

［9］李军．钢铁行业区域专题报告——山东篇：去产能、调结构、优布局，经济强省钢铁产业再出发［R］．2019.

［10］薛壬海．中国钢铁之最［M］．北京：冶金工业出版社，2015.

［11］中国产业调研网．山东省纺织业行业现状调研分析及市场前景预测报告（2019版）［R］．2019.

［12］刘诗白，邹广严．新世纪企业家百科全书（第3卷）［M］．北京：中国言实出版社，2000.

［13］山东省汽车整车行业企业分析报告2018版［R］．2018.

［14］腾荣祥．山东经济地理［M］．北京：群众出版社，1990.

［15］孙庆基，林育真，吴玉麟，等．山东省地理［M］．济南：山东教育出版社，1987.

［16］王有邦．山东地理［M］．济南：山东省地图出版社，2000.

［17］山东省统计局．辉煌山东60年［M］．北京：中国统计出版社，2009.

［18］周勇，刘继远．山东的高新技术产业［M］．济南：山东人民出版社，2006.

第七章　基础设施与物流业

第一节　交通运输

铁路、公路、水运、民航等交通设施，既是经济发展的重要基础设施，也是国民经济的先导性产业，交通运输体系对保障国民经济持续健康快速发展、改善人民生活和促进国防现代化建设等具有十分重要的作用。山东地处黄河下游，东临黄海、渤海，南邻江苏，北接河北，西与河南、安徽接壤，自古即为交通要冲。省内地势较缓，河流纵横，海岸线蜿蜒曲折，长达 3000 多千米，地理环境优越，为发展交通运输业提供了良好条件。

一、发展状况

1949 年以前，山东的交通运输比较落后，线路短且运输能力低下。秉承"要致富，先修路"的思想，1949 年之后，尤其是改革开放以来，山东省的交通运输事业得到了飞速发展，各种运输线路长度迅速增加。截至 2018 年底，全省的铁路、公路通车里程及内河通航里程总长度达 282468 千米，是 1949 年的 55 倍。其中，铁路通车里程由 1949 年的 887 千米增长至 5676 千米；公路通车里程由 1949 年的 3152 千米增长至 275642 千米；内河通航里程由 1949 年的 1082 千米增长至 1150 千米（见表 7-1）。

表 7-1　1949~2018 年主要年份山东省运输线路长度　　　　单位：千米

年份	铁路通车里程	公路通车里程		内河通航里程	
		合计	晴雨通车	合计	通机动船
1949	887	3152	65	1082	—

续表

年份	铁路通车里程	公路通车里程		内河通航里程	
		合计	晴雨通车	合计	通机动船
1952	954	7669	170	1459	409
1956	956	9070	667	1459	409
1966	1208	22176	5669	1827	1310
1970	1276	29159	12666	1821	1629
1976	1386	32978	21645	2118	1802
1981	1582	35292	27284	1849	1712
1986	2041	37005	31286	1840	1706
1991	2042	41937	39081	1891	1780
1996	2620	57271	55882	1891	1780
2001	2709	71128	70701	1476	—
2006	3405	204911	203363	1012	—
2011	4177	233189.3	232264	1150	—
2018	5676	275642	275344	1150	—

资料来源:《山东统计年鉴》(2019)。

二、铁路运输

1949 年前山东省铁路建设发展缓慢,截至 1949 年,山东省铁路通车总里程仅 887 千米。1949 年后山东铁路发展较快,1978 年实施改革开放时,山东省有京沪和胶济两条干线铁路以及多条支线铁路,在空间上呈"一纵一横"的布局,此时全省铁路通车里程 1400 千米,客运量和货运量分别为 3467 万人、5940 万吨。随着改革开放进程的深入推进,山东省的经济快速发展,铁路建设也进入了快速发展时期,相继建设了京九、蓝烟—胶新两条纵向铁路通道和新兖—兖日一条横向通道,空间格局也由原来的"一纵一横"转变为"三纵两横"。铁路格网密度增大,促进了省内东部和西部、南部和北部的物资人员交流,推动了山东省经济的快速发展。2008 年,山东省与铁道部签订了《关于加快山东省铁路建设有关问题的会议纪要》并召开了铁路建设工作会议,确定了 8 年内铁路的建设目标:新建、改建铁路 3800 千米,构建"四纵四横"的现代化铁路网络。

铁路运输具有其他运输方式无法比拟的优势,包括运输能力大,运行安全、稳定，成本低，一直是人们出行和运送货物的主要选择。在山东省的运输系统中，70%以上的煤炭运输、50%以上的中长途旅客运输，都是通过铁路完成的。伴随着经济的飞速发展，山东省的铁路路网规模和运输能力日渐匮乏、运量与运能的矛盾日益突出。由图7-1可以看出，近些年，尤其是1998年以来，铁路所承担客货运量的增长和铁路通车里程的增长不同步，现有的铁路网与经济发展的需要不相适应。2011年之后，随着高速铁路投入运营，铁路客运量出现了快速增长的势头。

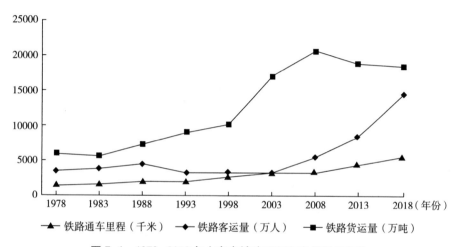

图7-1 1978~2018年山东省铁路里程和客货运量变化

资料来源：《山东统计年鉴》（2019）。

根据基础设施设计速度的标准，我国铁路划分为高速铁路（250千米/时以上）、快速铁路（200千米/时左右）、普速铁路（160千米/时以内），简称高铁、快铁和普铁。"十三五"期间，山东省的铁路网络进一步完善。

（一）高速铁路建设

截至2019年底，山东高铁通车里程1879千米，通高铁的地市有济南、德州、泰安、济宁、枣庄、日照、淄博、潍坊、青岛、烟台、威海和临沂，滨州（邹平已通）、东营、聊城、菏泽尚未通高铁。2018年1月，山东省政府工作报告指出山东将加快京九高铁、郑济高铁、京沪二通道山东段等高铁项目建设，到2022年，高速铁路总里程达到4500千米，到2030年，全省建成"三环四横六纵"高铁网络。"三环"，即省会环、半岛环和省际环；"四横"，即北部沿海通道、济青通道、鲁中通道和鲁南通道；"六纵"，即京九通道、京沪通道、京沪二通道、滨临通道、济南至枣庄旅游城际通道和东部沿海通道。

1. 运营或部分线路运营高速铁路

（1）京沪高速铁路：简称京沪高铁，又名京沪客运专线。作为京沪快速客运通道，是中国"四纵四横"客运专线网中的"一纵"，也是 1949 年以来一条建设里程长、投资大、标准高的高速铁路。山东段途经德州、济南、泰安、济宁（曲阜）、枣庄（滕州、枣庄）5 个地级市。

（2）青荣城际铁路：青荣城际铁路是山东省内第一条区域性城际高速铁路，位于胶东半岛，连接青岛、烟台、威海三个主要城市，是半岛城市群间重要的交通基础设施和快捷运输通道。线路长度 298.97 千米，全线共设 15 个车站，途经青岛、烟台和威海 3 个地级市。

（3）鲁南高速铁路：又称鲁南客运专线，简称鲁南高铁，是国家"八纵八横"高速铁路网的重要连接通道、山东省"三横五纵"高铁网络的重要组成部分，也是山东省有史以来建设里程最长、投资规模最大、建设条件最复杂、沿线覆盖人口最多的铁路项目。该项目东起山东省日照市，向西经临沂、曲阜、济宁、菏泽，与河南省郑徐客专兰考南站接轨，正线全长约 494 千米，总投资约 750 亿元。建成后，将与京沪高铁、青连铁路、郑徐客专以及规划的京九客专、京沪二通道等五条国家干线铁路实现互联互通，不仅可有效解决鲁南、鲁西南及中原地区群众快速出行问题，助推鲁南地区的经济发展，而且对加快推进"一带一路"国家倡议实施，山东省"市市通高铁"，打造"1、2、3"小时交通圈等战略发挥重要的支撑和保障作用。截至 2019 年底，日照至曲阜段正式开通运营，曲阜至兰考段在建设过程中。

（4）济青高速铁路：简称济青高铁，是中国第一条以地方为主投资建设的高速铁路，是山东省铁路快速客运网"三横五纵七连"及中国"四纵四横"快速铁路网青太客运通道的重要组成部分。该高速铁路贯穿山东半岛，连接济南、滨州、淄博、潍坊、青岛等多个中心城市，构筑起山东省客运主通道，通过青荣城际铁路、青连铁路辐射山东半岛，实现与山东沿海烟台、威海、日照等城市的快速连通，形成省内"2 小时"交通圈，完善了省内"三纵三横"快速铁路网构架。济青高铁承东启西，是我国西北、山西、河北与山东半岛地区重要的快速客运通道，是"四纵四横"客运专线网中连接华北地区和华东地区的"一横"——"青岛—石家庄—太原客运专线"的东段，是山东半岛连通全国各地的快速客运主通道。济青高铁于 2018 年底竣工运营。

2. 规划或在建高速铁路

（1）京沪高铁二线：又称京沪东线，设计时速 350 千米，沿线经过北京、天津、上海三个直辖市，以及河北、山东、江苏三个沿海省份，全长约 1200 千米，其中，河北段不到 100 千米，山东段约 500 千米，江苏段约 400 千米。京沪东线是国家《中长期铁路网规划》"八纵八横"高速铁路主通道中的第二纵，连接北京、天津、东营、潍坊、临沂、淮安、扬州、南通、上海等城市，贯通京津冀、山东半岛、长三角三大城市群。京沪东线被认为是现有京沪高铁的有效补充，具有较强的经济效益、社会效益以及国防功能。

（2）环渤海高速铁路：环渤海高铁由哈大高速铁路（大连—沈阳段）、秦沈客运专线（沈阳—秦皇岛段）、津秦高速铁路（秦皇岛—天津段）、津潍高速铁路（天津—潍坊段）、潍烟高速铁路（潍坊—烟台段）、青荣城际铁路（烟台—威海段）组成。环渤海快速铁路将连接滨州、东营、潍坊、烟台等城市，与德龙烟铁路方向相近，全长约 575 千米。环渤海高铁是山东省"三纵三横"快速铁路网中北部通道的重要组成部分，该铁路建成后，可经滨州直接对接京津冀，也可从德州连接京沪，还可通过青荣城际铁路直达青岛、烟台和威海。

（3）京港高速铁路：又称京九高铁、京九客运专线，是《国家中长期铁路网规划》中的一条国家级高铁大动脉。该高铁北起北京，南至香港九龙，连接北京、河北、山东、河南、安徽、湖北、江西、广东、香港。京九高速铁路山东境内全长约 270 千米，走向大致和京九铁路平行，在聊城西站连接郑济高铁，出站后继续向南在菏泽东站连接鲁南高铁。

（4）郑济高速铁路：又称郑济高铁，起自郑州东站，止于济南西站，是河南省"米"字形高铁网络战略的重要组成部分，也是山东"三横三纵"综合运输通道的组成部分，是连接山东、河南两省省会城市的高速通道。郑济高铁的修建，将使济南至郑州的铁路客车时间缩短到 1 个多小时，并可通过郑西高铁、西兰高铁、兰新高铁、郑渝高铁等快速抵达西北、西南地区。郑济高铁与济青高铁相连后，将与京沪高铁形成十字交叉，使济南成为全国少有的时速 350 千米高速铁路十字交叉城市，强化了济南的交通枢纽地位，有助于增强区域之间的经济联系，提升一体化发展水平。

（二）快速铁路建设

青连快速铁路，简称青连铁路，连接青岛市、日照市和连云港市，是我国"八纵八横"综合运输大通道的重要组成部分，与盐通铁路、连盐铁路、沪通铁路无缝对接，该线于 2014 年 12 月开工建设，2018 年 12 月竣工运营。青连铁路正线长 194 千米，总投资 238 亿元，主要位于山东省境内。正线北起青岛北站，沿途经过青岛市城阳区、胶州市、黄岛区，日照市东港区、岚山区和连云港市赣榆区，终点为连盐铁路设计起点石桥站，横跨两省三市。青连铁路营海南段将与胶济客运专线相连，日照段将与兖石铁路相连，南端连接连盐铁路，联通黄海北部沿海三条横贯铁路干线胶济铁路、兖石铁路、陇海铁路。

（三）普通铁路建设

1. 京沪铁路

京沪铁路是我国铁路的南北大动脉，北起"祖国的心脏"北京市，南至"东方明珠"上海市，全长 1463 千米（其中正线长 1429 千米）。全线自北向南分别经过北京市、天津市、河北省、山东省、安徽省、江苏省、上海市四省三市，纵贯海河、黄河、淮河、长江四大流域。其中，山东段经过德州市、济南市、泰安市、济宁市、枣庄市，山东段沿途客运站包括德州、平原、禹城、晏城、济南、磁窑、兖州、邹城、滕州、枣庄西。京沪铁路连接了北京和上海两座城市，沿途大多为经济发达地区，因此成为中国最繁忙的铁路干线之一。2011 年 6 月 30 日，京沪高铁建成通车，大大缓解了既有京沪线的客运压力。

2. 京九铁路

京九铁路全长 2397 千米，线路起点为北京，终点为香港九龙。线路呈南北走向，串联中国华北、华中、华东和华南地区，是国家"八五"计划的第一号工程，是当时和三峡水利工程齐名的第二大工程。该铁路于 1996 年 9 月建成通车，是一次性建成双线线路最长的一项铁路工程。京九铁路山东段途径临清、聊城、阳谷、梁山、郓城、鄄城、菏泽、定陶、曹县，与另一条南北走向的京沪线呼应成为山东两条交通大动脉。

3. 胶济铁路

胶济铁路位于山东境内，20 世纪初也被称为"山东铁路"，又称胶济线，东起青岛，西止济南，始建于 1899 年，于 1904 年建成通车。营业线路长度 384.2 千米，连接济南、青岛两大城市，东自青岛站引出，在蓝村站北接蓝烟线，在胶州站南接胶新线、胶黄线，在高密市芝兰庄站接海青线，在青州市站北接益羊线，在临淄站南接辛泰线，在淄博站北接张东线、南接张博线，在济南站西接京沪线。胶济铁路是横贯山东的运输大动脉，是青岛、烟台等港口的重要疏港通道。2018年1月，胶济铁路入选第一批中国工业遗产保护名录。

4. 德龙烟铁路

德龙烟铁路自德州市区黄河涯站引出，东至大家洼与大莱龙铁路相接，是山东省"三纵三横"铁路网的干线框架，全线长588千米，可谓山东省贯通东西的第二条"胶济铁路"。德龙铁路的建设是山东省委、省政府"一体两翼"发展战略的重要部署，形成了一条新的环渤海铁路通道。这条北部沿海铁路通道的建设，开辟出了一条煤炭运输的新通道，将滨州港、东营港、潍坊港、烟台港连成一体，并辐射威海港。山东北部这五大港口可通过铁路从西部运来煤炭、向西部输出金属矿石等，将大大增强港口的集疏运能力和竞争力。

5. 瓦日铁路

瓦日铁路横跨山西、河南、山东三省，是我国东西向重要路网干线铁路的一条重载铁路。线路西起山西吕梁山地区的兴县瓦塘镇，途经晋豫鲁3省13市，衔接京广、京九等国家南北向主要铁路干线，东至山东日照港口，正线全长1260千米。该铁路深入山西中南部地区，沟通各大煤田、主要矿区，是山西中南部地区能源输出的主要通道，是紧密联系山西、河南、山东三省区域经济的通道，扩大了港口的腹地，增强了港口的集疏运能力。瓦日铁路与南北向各大干线互联互通，为区域路网的重要组成部分，是以货为主、以客为辅的路网干线铁路。

6. 焦日铁路

焦日铁路横跨河南、山东两省，途经焦作、新乡、菏泽、济宁、临沂、日照六市，由新月铁路和新菏兖日铁路组成，为我国"西煤东运"的南部重要通道。途经山东的新菏兖日铁路由新兖铁路和兖日铁路组成：第一段，新兖铁路西起河南新乡，东至山东兖州，全长305.3千米，其中在山东境内的长度为190.7千米；第二段，兖日铁路起于京沪铁路的兖州站，向东沿蒙山和沂山所夹山谷到临沂，与胶新铁路交汇，终于日照站。

7. 黄大铁路

线路全长207.68千米，其中在山东省境内169.58千米。线路北起朔黄铁路黄骅南站，跨河北、山东两省，经沧州市、滨州市、东营市、潍坊市，南接益羊铁路大家洼车站。该铁路是环渤海铁路的重要组成部分，是一条以运煤为主，连接冀东、鲁北地区的重要铁路，是保障环渤海经济圈快速发展的重要基础设施，可以满足环渤海港口发展、完善铁路网总体布局和实现铁路跨越式发展的需要，对扩大山东与我国华北及西部地区的交流发挥重要作用。

8. 龙烟铁路

该铁路自大莱龙铁路龙口西站东端起，经龙口市、蓬莱市、福山区、芝罘区至珠玑站，是环渤海铁路的重要组成部分，与德大铁路、大莱龙铁路共同组成德龙烟铁路运输通道，是保障环渤海经济圈快速发展的重要基础设施。

三、公路运输

截至 2018 年底，山东省公路里程为 275642 千米，公路里程最长的是临沂市，达到 28581 千米；高速公路里程 6058 千米，其中青岛高速公路里程 826 千米，为全省之冠（见表7-2）。

表 7-2　截至 2018 年底山东省各市公路情况

地区	公路里程（千米）	高速公路里程（千米）	公路密度（千米/百平方千米）
山东省	275642	6058	176
济南市	12638	488	155
青岛市	14835	826	134
淄博市	11464	206	192
枣庄市	8777	164	192
东营市	9228	218	107
烟台市	19534	607	143
潍坊市	28395	565	176
济宁市	20268	327	181
泰安市	15588	239	201
威海市	7160	165	124
日照市	9233	215	172
莱芜市	4730	140	211
临沂市	28581	515	166
德州市	21826	476	211

续表

地区	公路里程（千米）	高速公路里程（千米）	公路密度（千米/百平方千米）
聊城市	20218	309	232
滨州市	16913	281	185
菏泽市	26254	317	214

资料来源：《山东统计年鉴》（2019）。

（一）普通国道与省道

1. 普通国道

以北京为中心，作扇面辐射的公路，即首都放射线，经过山东省的有 G104 京福线（德州—济南—泰安—曲阜—枣庄—济宁）、G105 京珠线（德州—高唐—茌平—东阿—平阴—东平—汶上—济宁—金乡县—单县）、G106 京广线（东明）。

北南走向的公路，经过山东省的有 G204 烟上线（烟台—福山—栖霞—莱阳—莱西—即墨—胶州—胶南—日照市东港区—日照市岚山区）、G205 山深线（庆云—无棣—滨州—博兴—桓台—淄博—淄川区—博山区—莱芜—新泰—蒙阴—临沂—郯城）、G206 烟汕线（威海—烟台—蓬莱—龙口—莱州—昌邑—寒亭区—潍坊—坊子区—安丘—诸城—莒县—临沂—罗庄区—兰陵—枣庄市市中区—峄城区）、G220 滨郑线（东营—滨州—济阳—济南—长清—平阴县—梁山—郓城—菏泽）。

东西走向的公路，经过山东省的有 G308 青石线（青岛市—南泉—潍坊市—寿光市—淄博市—周村—邹平—章丘—济南市—齐河—高唐—夏津）、G309 荣兰线（荣成—文登—莱阳—莱西—平度—潍坊—昌乐—青州—淄博—济南—茌平—聊城—冠县）、G327 连菏线（临沭—临沂—费县—平邑—泗水—曲阜—兖州—济宁—嘉祥—巨野—菏泽）、G341 青海线（胶南—诸城—沂源—莱芜—泰安—肥城—平阴—东阿—阳谷）、G342 日凤线（日照—五莲—莒县—沂水—蒙阴—新泰—宁阳—汶上—梁山）。

2. 普通省道

2015 年底，《山东省普通省道路线调整方案（2015-2030 年）》发布，山东省普通省道由 5 条省会放射线、52 条南北纵线、29 条东西横线、20 条联络线共 106 条路线组成，总里程 11486 千米（不含重复里程）。具体为：

省会放射线（5条）：济南—德州、济南—青岛、济南—枣庄、济南—微山、济南—聊城。

南北纵线（52条）：威海—东山、威海—青岛、浦湾—石岛、初村—张家埠、上庄—泽头、牟平—徐家、莱山—乳山口、烟台—海阳所、蓬莱—黄岛、烟台—凤城、店集—沙子口、王哥庄—南龙口、龙口—青岛、南墅—城阳、黄岛—大场、黄岛—鱼池、朱桥—诸城、三山岛—城阳、灰埠—里岔、平度—日照、下营—小关、央子—赣榆、滨海—九山、大家洼—沂山、莒县—阿湖、羊口—青州、河口—辛店、黄河口—临朐、沂源—邳州、汤庄—东海、张店—台儿庄、张店—鲁村、东风港—大高、惠民—沂水、高青—淄川、辛集—滨城、章丘—新泰、店子—韩庄、乐陵—胡集、盐山—济南、临邑—徐州、临邑—商丘、泰安—梁山、汶上—金乡、临清—博平、临清—邹城、临清—大名、临清—观城、魏庄—阳谷、曹县—商丘、东明—民权、东明—兰考。

东西横线（29条）：成山—初村、成山头—威海、俚岛—李格庄、烟台—招远、石岛—泽头、海阳—莱州、小纪—莱州、烟台—栖霞、田横—高青、躬家庄—崔家集、黄岛—张家屯、张家楼—海青、日照—滕州、涛雒—汤头、孤岛—阳信、寿光—高青、临朐—历城、郯城—兰考、临沂—鄄城、山亭—留庄、枣庄—梁山、枣庄—欢城、乐陵—馆陶、宁津—武城、齐河—聊城、泰安—商老庄、巨野—鄄城、丰县—长垣、青固集—庄寨。

联络线（20条）：北长山—南长山、南墅—武备、鳌山卫—东大洋、薛家岛环岛路、夏邱—土山、同三线日照连接线、东营—利津、田庄—广北农场、青州—周村、泉头—王村、大口河—车镇、日东线泗水连接线、滕州—薛城、木石—官桥、枣庄—薛城、陵县—衡水、单县—虞城、砀山—单县、无棣—阳信、高唐—临清。

普通省道路线调整后，将与国家公路、省级高速公路共同构成一个覆盖广泛、功能完善、能力充分、衔接顺畅、运行可靠的干线公路网络，有力支撑和保障山东经济文化强省建设。

（二）高速公路

1990年，为保证物流和客流的畅通，适应经济快速发展的需要，山东省开始进行高速公路建设，1993年济青、烟威等高速公路建成通车，实现了山东省高速公路零的突破。经过20多年的发展，山东省高速公路建设取得了前所未有的成就。2014 年 11 月，山东省政府批复《山东省高速公路网中长期规划（2014—2030 年）》，确定了"八纵四横一环八连"（简称"8418 网"）的高速公路网总体布局格局。2016 年 11 月，山东省交通运输厅根据经济社会发展形势和省委、省政府相关要求，结合各市意见建议，对这一规划做出适当调整和完善，将全省高速公路网布局修改为"九纵五横一环七连"（简称"9517 网"），总里程约 8300 千米，其中纵线 9 条，包括烟台—日照（鲁苏界）、潍坊—日照、无棣（冀鲁界）—青州—临沭（鲁苏界）、沾化（冀鲁界）—淄博—临沂（鲁苏界）、无棣（冀鲁界）—莱芜—台儿庄（鲁苏界）、乐陵（冀鲁界）—济南—临沂（鲁苏界）、德州（冀鲁界）—泰安—枣庄（鲁苏界）、德州—东阿—单县（鲁皖界）、德州（冀鲁界）—商丘（鲁豫界）；横线 5 条，包括威海—德州（鲁冀界）、青岛—夏津（冀鲁界）、青岛—泰安—聊城（鲁冀界）、董家口—范县（鲁豫界）、日照—菏泽—兰考（鲁豫界）；环线 1 条，为威海—烟台—潍坊—东营—滨州—德州—聊城—菏泽—济宁—枣庄—临沂—日照—青岛—烟台—威海；连接线 7 条，包括烟台—海阳、龙口—青岛、荣成—潍坊、东营—济南—聊城—馆陶（冀鲁界）、济南—菏泽—商丘（鲁豫界）、济南—徐州（鲁苏界）、濮阳—阳新（山东段）。目前建成运营的主要高速公路有：

1. 京沪高速公路

京沪高速（G2）北起中国首都北京，南至长江三角洲的龙头上海，途经天津、河北、山东、江苏。京沪高速公路是"八五"计划中"五纵七横"和"两纵两横"三个重要路段的一条，同时也是国家高速规划（7918 网）中一条纵向主干线，全长 1261.99 千米。京沪高速的通车，使中国华北、华东地区连为一体，缓解了北京至上海交通走廊运输紧张的状况，对加强国道主干线的联网和发挥高速公路的规模效益起了重要作用，为 20 世纪中国高速公路的建设画上了一个圆满的句号，成为连接 21 世纪中国高速公路事业的新起点。京沪线山东段起于冀鲁交界的德州市梁庄，经德州、禹城、济南、长清、泰安、临沂，止于鲁苏交界的临沂市红花埠，全长 431.82 千米。

2. 京台高速公路

京台高速（G3）是北京—台北高速公路的简称，是国家公路网规划中一条首都放射线高速公路。2017 年 2 月，其被国务院列入"十三五"现代综合交通运输体系发展规划。京台高速公路山东段北起冀鲁交界的德州市经济技术开发区宋官屯街道办事处梁庄居委会，南止鲁苏交界的枣庄市台儿庄区张山子镇梁庄村，全长约 369.3 千米，途径德州、济南、泰安、济宁、枣庄 5 个地级市。

3. 同三高速公路（沈海高速公路）

同三高速公路（G15）始于黑龙江省同江市，终点为海南省的三亚市，全长 5700 千米，是国家规划建设的"五纵七横"主干线中最长的一条，也是唯一一条贯通中国沿海地区的高速公路。同三高速公路的主要路段沈阳至海口段为沈海高速公路，同三高速公路山东段北起烟台港，经烟台、莱西、平度、胶州、黄岛、日照，在汾水镇与江苏段相接，全长 360 千米。

4. 青银高速公路

青银高速（G20）是横贯中国大陆北部的一条国道主干线，为中国高速公路规划五纵七横的一条横向线，是中国"十五"时期投资最大、线路最长的国家级高速大动脉。该线连接山东省青岛市和宁夏回族自治区银川市，全长 1610 千米，青银高速山东段起自青岛市，经山东省的潍坊、淄博、济南，从山东德州市夏津出境与河北邢台相连，全长 419 千米，俗称济青高速北线。

5. 青兰高速公路

青兰高速（G22）是连接青岛市和兰州市的高速公路，全长 1795 千米。青兰高速山东段贯穿济南市历城区、章丘区，淄博市沂源县，临沂市沂水县，潍坊市诸城市，青岛市胶州市，黄岛区共 7 个县（市、区），全长 307.8 千米，俗称济青高速南线。

6. 日兰高速公路

日兰高速（G15$_{11}$）是日照—兰考高速公路简称，是沈海高速（G15）的联络线之一。日兰高速起点在山东省日照市，经过山东、河南 2 省，终点在河南省兰考县。日兰高速公路山东段途经日照、莒县、费县、平邑、泗水、曲阜、兖州、济宁、嘉祥、巨野、菏泽，全长 400 余千米，是山东省东西走向的重要高速公路大动脉。

7. 荣乌高速公路

荣乌高速公路（G18）起于山东省荣成市，终于乌海市，全长 1820 千米，途经山东、天津、河北、山西、内蒙古 5 个省份，是国家高速公路网规划的 18 条东西横线的第 4 条，是内蒙古公路网规划"三纵、九横、十二出口"的重要组成部分，也是横穿河北省雄安新区的第一条高速公路。荣乌高速公路山东段途经威海、烟台、潍坊、东营 4 个地级市，在山东省"五纵连四横，一环绕山东"高等级公路网络中"一环""一横"的重要组成部分。

四、水路运输

水路运输按照航行区域分为内河运输和海洋运输。

在内河航运方面，山东境内河流众多，50 千米以上的河流有 1000 余条，但多系夏涨冬枯的山洪河道，能够常年通航的仅有黄河、运河、小清河等几条主要河道，沂河、徒骇河、马颊河等只能季节通航。在海洋运输方面，山东沿海海岸线长，岛屿多，岬湾曲折，水陆相交，形成一条天然海上运输线。截至2018 年底，全省内河通航里程 1150 千米，水路货运量 17964 万吨，周转量183552 百万吨千米，沿海主要港口货物吞吐量为 161512 万吨。

（一）内河运输

早在 1130 年，山东省就开通了小清河，1141 年，建设戴村坝—南旺枢纽工程以汶（河）济运，巧用大汶河，开通京杭大运河。1604 年，建成韩庄运河，巧用泗水，实现黄运分治、以湖济运。2018 年，内河港口吞吐量完成 7365.6 万吨，同比增长 12.5%。2020 年，全省通航里程达到 1350 千米，港口吞吐量达到2 亿吨，全面建成"一干多支、干支直达"的航道网络和布局合理、功能齐全的港口群。

（二）海洋运输

山东海上交通运输历史悠久，对中国政治、经济的发展和对外文化交流做出了一定贡献。鸦片战争后，帝国主义列强侵入中国，烟台、青岛等口岸被迫开放。英、日、德等国依仗特权和先进的轮船，控制山东海运，倾销商品，掠夺资源。

胶济铁路通车后，青岛港迅速发展，不到十年超过烟台港，规模跃居山东各港口之首。至 1949 年底，山东沿海有大小港口 11 个，其中有货物吞吐量和旅客发送量的港口 8 个。截至 2018 年，山东省海港有青岛港、日照港、烟台港、威海港、东营港、潍坊港、滨州港等。2018 年，山东省沿海港口吞吐量继续保持快速增长的良好态势，全年累计完成货物吞吐量 16.1 亿吨，同比增长 6.4%。其中：外贸吞吐量完成 8.5 亿吨，同比增长 5.8%；集装箱吞吐量完成 2764.9 万标箱，同比增长 8.0%。山东省主要港口介绍如下：

1. 青岛港

青岛港作为驰名世界的天然良港，具有 100 多年的发展历史，是青岛发展变迁的集中体现。经过近些年的发展，青岛港已跻身世界著名亿吨大港之列，与世界上 150 多个国家和地区的 450 多个港口有贸易往来。截至 2019 年，与青岛港建立友好港关系的港口已达 22 个，南有巴基斯坦瓜达尔港，柬埔寨西哈努克港，马来西亚关丹港、巴生港等；西有埃及塞得港、吉布提港、德国汉堡港等；北有法国布雷斯特港、土耳其马普特港等。截至 2018 年底，青岛港有集装箱航线 160 多条，直达东南亚、中东、地中海、欧洲、黑海、俄罗斯、非洲、大洋洲的航线数量超过 70 条；青岛港共开通班列 40 条，其中管内班列 28 条、管外班列 7 条、国际班列 5 条（含中韩快线），完成吞吐量 5.4 亿吨。

2. 日照港

日照港东临黄海，北与青岛港、南与连云港毗邻，隔海与日本、韩国、朝鲜相望，是中国重点发展的沿海 20 个主枢纽港之一。截至 2019 年 7 月，日照港主要从事港口业务、物流服务、建筑制造、金融商贸等领域的装卸服务和国际国内客运服务。港口业务包含铁矿石、油品及液体化工运输，集装箱运输，煤炭运输，散粮运输，木片运输，镍矿运输，钢铁运输，焦炭运输，水泥运输，木薯干运输，客箱班轮运输。物流服务包含保税物流运输、物流信息平台构建、物流园区（日照国际物流园区、日照港中亚国际物流园区和新疆日照港物流园区）创建，2019 年完成吞吐量 4.64 亿吨。

3. 烟台港

烟台港由芝罘湾港区、西港区、蓬莱港区、龙口港区、寿光港区五大港区组成，位于东北亚国际经济圈的核心地带，是中国沿海南北大通道的重要枢纽和贯通日韩至欧洲新欧亚大陆桥的重要节点。2018 年 5 月，烟台港被列为 21 世纪海上丝绸之路的重要节点，被要求加快港口建设步伐，形成参与和引领国际合作竞争新优势，成为"一带一路"特别是 21 世纪海上丝绸之路建设的排头兵和主力军，这为烟台港提供了千载难逢的发展机遇。据 2019 年 8 月烟台港官网显示，烟台港主营业务包括客运滚装运输、集装箱中转、管道运输、液化油品仓储中转、散杂货装卸，2018 年完成吞吐量 4.4 亿吨。

4. 威海港

威海港位于地处太平洋黄海海域外海的威海市区东部，赵北嘴和北山嘴两岬角之间，西岸即威海市区所在地，故称威海湾，这里也是甲午海战的发生地。海岸近似半圆形，三面环山，刘公岛横列于东，为天然屏障，威海商港位于海湾北部。由于威海市地处华东地区，毗邻江苏省，是准南方的气候，所以冬季湾内很少结冰，航道可常年通行。从南岸赵北嘴到北岸北山嘴，海岸线长30余千米，海湾口阔7千米。刘公岛将其分为南北两口：从刘公岛贝草嘴至牙石岛为北口，口阔1600米，最深处34.5米，无暗礁，万吨轮可畅通无阻，是威海港的主要航道，2018年完成吞吐量5570万吨。

五、航空运输

民航业的发达程度是衡量一个地区竞争力和现代化水平的重要指标。改革开放以来，山东省的民航业得到了长足的发展，同时也在中国的民航业中发挥了举足轻重的作用。截至2018年底，山东省正式运营的民用机场有9个，分别是济南遥墙国际机场、青岛流亭国际机场、烟台蓬莱国际机场、威海大水泊机场、日照山字河机场、临沂启阳机场、潍坊机场、济宁曲阜机场、东营胜利机场，业务量如表7-3所示。其中，济南遥墙国际机场、青岛流亭国际机场和烟台蓬莱国际机场是山东省的干线机场，其余均为支线机场。依托干线机场，充分利用支线机场的地域优势与资源情况，大力发展支线航空，促进山东省航空事业均衡发展，是山东省航空运输发展的主要方向。

表7-3　2018年山东省民用机场业务量

机场	旅客吞吐量		货邮吞吐量		起降架次	
	本期完成（人次）	比上年增长（%）	本期完成（吨）	比上年增长（%）	本期完成（架次）	比上年增长（%）
青岛流亭国际机场	25556278	4.2	256299	14.1	186500	2.1
济南遥墙国际机场	17560507	5.7	135263	19.0	129994	2.5
烟台蓬莱国际机场	10052929	19.2	57061	10.9	86441	14.5
威海大水泊机场	3090766	23.2	9228	36.4	25694	23.0
临沂启阳机场	2580823	28.6	10245	27.5	21601	27.4
济宁曲阜机场	1487810	21.8	2975	11.8	11608	14.0
潍坊机场	468598	-35.3	13845	-42.5	4613	-33.2
日照山字河机场	1017891	12.9	1773	22.4	126020	58.4
东营胜利机场	880145	27.4	488	64.3	45718	31.9

资料来源：2019年民航机场生产统计公报。

山东省民用机场布局规划确定，到 2035 年，全省形成"两枢一干九支"民用运输机场布局，即青岛、济南 2 个枢纽机场，烟台 1 个干线机场，威海、临沂、济宁、日照、潍坊、东营、菏泽、枣庄、聊城 9 个支线机场。

第二节　通信与网络

1949 年后，山东省加快了电信通信建设，先后引进了微波通信、程控交换、光纤通信、卫星通信、移动通信等先进的通信技术和设备，电信通信实现了交换由人工向程控化、传输由模拟向数字化的全面转变，省内各地市陆续建成本地电话网，电话通达了所有乡镇和大部分村庄，县（市）以上城市全部进入了国际直拨电话网，国际通信实现了直接出口。伴随着一系列改革，全省的通信方式也发生了重大变化。

一、发展状况

截至 2018 年底，山东省电信业务总量为 3654.2 亿元；移动电话用户为 10569.5 万户；固定电话用户数为 846.3 万户；互联网宽带接入用户为 2884.9 万户。1978~2018 年，山东全省各市电信业务总量基本上呈现增加的趋势，但在 2010 年由于统计口径发生变化，出现了较大的波动（见图 7-2）。

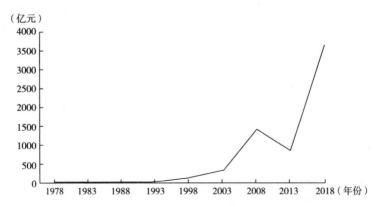

图 7-2　1978~2018 年主要年份山东省电信业务总量

注：2011 年起，电信业务总量按 2010 年价格计算；2016 年起，电信业务总量按 2015 年价格计算。

资料来源：《山东统计年鉴》（2019）。

2018 年，青岛市的通信业务发展在各个方面都居于全省领先水平，电信业务总量为 569.2 亿元，占全省的 15.58%；移动电话用户数为 1258.8 万户，占全省的 11.91%；固定电话用户数为 138.5 万户，占全省的 16.37%；互联网宽带接入用户为 334.6 万户，占全省的 11.60%（见表 7-4）。

表 7-4　2018 年山东省各市电信业务基本情况

地区	电信业务总量 （亿元）	移动电话用户数 （万户）	固定电话用户数 （万户）	互联网宽带接入用户 （万户）
山东省	3654.2	10569.5	846.3	2884.9
济南市	475.6	1022.0	142.1	307.6
青岛市	569.2	1258.8	138.5	334.6
淄博市	172.8	521.0	57.3	140.0
枣庄市	108.5	365.6	25.3	110.3
东营市	97.7	272.8	30.4	87.8
烟台市	278.9	837.9	57.8	209.2
潍坊市	331.0	998.1	77.0	250.4
济宁市	239.2	772.4	47.2	207.8
泰安市	149.4	523.4	47.1	145.7
威海市	119.7	367.4	39.7	102.3
日照市	97.0	293.7	21.1	81.0
莱芜市	34.8	125.3	15.0	45.4
临沂市	343.3	1012.2	48.2	255.2
德州市	137.9	508.2	29.1	144.9
聊城市	150.6	541.9	30.4	143.1
滨州市	113.4	401.1	24.3	139.9
菏泽市	235.2	747.7	15.8	179.7

注：2016 年起，邮电业务总量按 2015 年价格计算。

资料来源：《山东统计年鉴》（2019）。

二、移动通信

移动电话在当代通信联络方面具有特殊地位。1991 年 5 月，山东省从美国摩托罗拉公司引进的蜂窝状模拟移动电话系统第一期工程正式开通，济南、潍坊、淄博开办移动电话业务，当年发展用户 1421 户。1993 年 7 月，移动电话实现了省内自动漫游联网，并陆续与北京、天津、上海、广东、福建、江苏、浙江等 13 个省市区实现人工漫游联网。1995 年 1 月，国内移动电话实现全国自动漫游联网。随着移动通信技术的不断升级，移动电话的用户数也在持续增加，山东全省移动电话用户数从 2000 年的 501 万户增加至 2018 年底的 10569.6 万户（见图 7-3），其中，3G 移动电话用户数从 2011 年以来呈现出先增加后减少的趋势，由 2011 年的 881 万户增加至 2014 年的 3402 万户，之后开始减少，2016 年减少至 1250 万户，3G 移动用户减少是伴随着 4G 的产生和发展出现的。山东的移动通信网络的技术已经走过了第一代模拟技术（1G）、第二代数字技术（2G）和第三代宽带数字技术（3G），目前正处在第四代移动通信技术（4G）向第五代移动通信技术（5G）过渡时期。

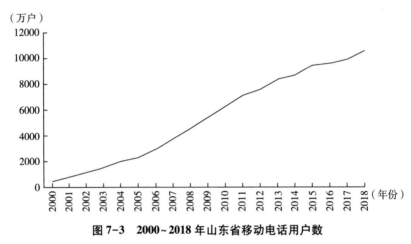

图 7-3　2000~2018 年山东省移动电话用户数

资料来源：《山东统计年鉴》（2001~2019）。

第三节　物流业

一、发展状况

（1）产业规模持续扩大。2018 年，山东省物流行业运行呈现出稳中有升的态势，实现社会物流总额 21.8 万亿元，发展水平和竞争能力显著提高，对经济转型和产业升级发挥了重要的支撑保障作用。

（2）产业结构持续优化。如表7-5所示，山东是制造业大省，工业品物流总额占全省社会物流总额的61.18%，商贸和农业物流规模不断扩大。快递行业和电商物流发展较快，2018年山东省全年快递服务企业业务量累计完成21.87亿件，同比增长44.38%，支撑全省网络零售额超3900亿元。2018年，全省电子商务交易额达到4.5万亿元，同比增长28.58%。其中，B2B电子商务交易额3.92万亿元，同比增长27.30%；网络零售额0.58万亿元，同比增长37.98%。

表7-5　2017年山东全省及各市物流总额　　　　单位：亿元

地区	社会物流总额	农产品物流总额	工业品物流总额	进口货物物流总额	外地货物流入物流总额	单位与居民物品物流总额
山东省	249708.2	7656.9	152783.8	7858.6	70172.7	7857.8
济南市	21794.4	443.6	6166.7	257.1	13590.0	1293.9
青岛市	30198.5	578.1	18136.5	2001.7	7792.0	1449.2
淄博市	17566.9	209.6	11559.3	305.4	5155.6	312.0
枣庄市	5461.6	269.4	3971.4	12.0	914.2	228.8
东营市	15959.3	216.1	12864.7	977.7	1793.3	89.8
烟台市	21686.7	728.9	15194.9	1337.1	3483.8	565.2
潍坊市	20381.2	869.3	12494.3	510.9	5261.0	689.2
济宁市	10078.6	864.9	6434.7	173.4	2168.0	391.6
泰安市	9975.6	407.2	5762.2	35.0	3471.0	269.1
威海市	10673.4	309.5	7407.3	549.2	2093.5	298.4
日照市	5215.5	241.1	2871.9	559.6	1338.0	166.7
莱芜市	3336.5	92.0	2143.6	36.8	673.1	57.0
临沂市	28038.4	586.4	11247.2	174.4	13855.5	864.7
德州市	13580.2	524.8	11238.6	64.9	1298.8	299.3
聊城市	13608.3	500.4	8523.7	222.9	3962.7	358.5
滨州市	10684.3	428.3	8102.1	401.4	1529.2	197.1
菏泽市	11468.8	387.3	8664.7	239.1	1793.0	327.3

资料来源：《中国物流年鉴》（2018）。

（3）运行效率逐步提高。山东省持续推动物流行业降本增效，山东省社会物流总费用占GDP的比率从2014年的16.2%降至2018年的14.15%，总体呈缓慢下降趋势。

（4）服务能力显著提升。截至2018年12月，山东省国家A级物流企业347

家，5A 级物流企业 37 家；国家星级冷链物流企业 18 家，占全国的 29.5%，居全国首位。2018 年，农产品冷链流通标准化示范企业 6 家，国家级示范物流园区有 5 家，国家优秀物流园区 8 家。

（5）交通运输网络日趋完善。山东省铁路、公路、海港、航空、管道四通八达，交通运输条件的不断完善，促进了全省物流业的发展。公路方面，2018 年，山东境内公路总里程超 27 万千米，是全国最长公路网之一；铁路方面，2018 年，全省铁路营业里程突破 6000 千米，居全国前列；水运方面，截至 2018 年 11 月，全省沿海港口吞吐量达 14.9 亿吨，形成以青岛港、烟台港、日照港为主要港口，以威海港、潍坊港、东营港、滨州港为地区性重要港口的分层次布局；航空方面，全省共有 9 个运输机场，形成了"两枢一干六支"的机场格局。

（6）物流信息化建设稳步推进。随着大数据、物联网、云计算等现代信息技术在物流领域的推广与应用，全省物流信息平台建设不断推进。截至 2018 年底，山东省交通物流公共信息平台共注册企业会员 3773 家，发布供求信息 180.6 万条。2018 年，山东口岸物流协同平台实现"单一窗口"海运进口集装箱提货单、设备交接单电子化流转；济南国际内陆港被授予全国首个"国家智慧物流创新先行区"。

（7）标准化建设卓有成效。截至 2018 年底，全省共有淄博、临沂、德州、济南、青岛、烟台、潍坊 7 个国家级物流标准化及供应链体系建设试点城市，潍坊市、烟台市入选 2018 年农产品冷链流通标准化示范城市，山东 6 家企业入选 2018 年农产品冷链流通标准化示范企业，烟台、潍坊、泰安、威海、菏泽 5 市开展 2018 年省级物流标准化试点工作。2018 年 8 月，山东省仓储与配送协会物流标准化委员会成立，将进一步贯彻落实国家标准，构建省内物流标准化系统。物流标准化试点工作形成了诸多可复制推广的创新发展模式，取得了提效率、降成本、减损耗的明显成效。

（8）国际物流通道日益畅通。一是国际快递业务规模不断扩大。2018 年 1~11 月，全省国际/港澳台业务量累计完成 1200.73 万件，同比增长 12.08%。二是国际贸易通道建设成效明显。自 2015 年起，青岛、临沂、济南等 9 市相继开行欧亚班列，截至 2018 年 10 月，累计发运 800 余列，形成东连日韩、西接中亚及欧洲的国际海陆大通道。三是"海上高速"构筑加速。2018 年 6 月，烟台国际陆港快件监管中心正式启用，实现"空运时效、海运价格"；中日韩跨境食品贸易海上高速公路项目打造中韩间 12 小时、中日间 30 小时生鲜食品跨境海上高速通道，助力威海打造泛东北亚区域物流枢纽。

二、发展存在的问题

总体来看，山东省物流业实现了平稳健康发展，但仍然存在一些问题：

（1）物流运行成本较高。近年来，全省社会物流总费用与地区生产总值的比率虽低于全国平均水平 0.4 个百分点，但与沿海其他省份相比，运行效率仍然较低。随着人力、土地、燃料等成本不断升高，影响物流企业运营的各要素价格呈上升态势，物流企业成本上升压力进一步加大，平均利润率呈逐年下降趋势。

（2）专业化和精细化服务水平不高。近年来，山东省各类物流企业成长较快，但发展很不均衡，市场竞争能力相对较弱，存在发展方式粗放、运输效率低、服务水平不高等突出问题。随着产业结构的调整，制造企业对物流服务需求的个性化要求越来越高，一般的运输、仓储服务，难以满足产业转型升级所需要的专业化、精细化的服务要求。

（3）物流基础设施配套服务功能不完善。物流园区建设缺乏统一的规划与管理，一些物流园区建设定位不明确，服务功能较低，没能与当地产业集群、产业特色和交通网络有效结合，布局合理、功能完善的物流园区网络体系尚未建立。多式联运服务体系建设滞后，枢纽和节点城市多式联运设施建设不完善，物流基础设施之间、各种运输方式之间不衔接、不配套，不能满足现代物流发展的要求。

（4）物流发展环境建设有待优化。近年来，有关市和企业适应物流业的发展，开发建设物流信息系统和平台，但物流企业与工业、商贸流通企业间的信息不能有效对接、共享共用。此外，还存在诚信体系建设滞后，市场秩序建设、政策法规体系建设不够完善，物流业从业人员整体素质有待于进一步提升等发展环境问题。

三、发展布局

山东省将打造以济南、青岛为核心的"2+4+N"综合交通枢纽布局，加快提升济南、青岛枢纽国际服务功能和智慧化水平，努力培育国际性综合交通枢纽；提升完善烟台、潍坊枢纽全国性服务功能，打造形成具有重要影响力的全国性综合交通枢纽；充分发挥临沂、菏泽枢纽区位优势，加快建成全国性的综合交通枢纽。围绕六大交通枢纽，山东省布局了六大物流枢纽：

（1）青岛构建"一带一路"国际多式联运物流枢纽。青岛加快建设五大物流园区，进一步凸显国际物流枢纽功能；建设前湾港南港区物流园，促进临港产业加速聚集发展；建设董家口港区物流园，重点推进冷链物流集群及物流基地等重大项目建设；规划建设胶东空港物流园，打造东北亚区域性航空物流枢纽、跨境电商物流集聚区；建设胶州湾国际物流园，构建"一带一路"国际多式联运物流枢纽；建设即墨国际陆港物流园，打造山东半岛铁路物流枢纽。

（2）济南打造董家镇国际内陆港。打造济南物流枢纽，加快建设邯济铁路与胶济铁路联络线，打造集国际货运班列、多式联运、金融、物流信息一体化服务的董家镇国际内陆港；加快济南国际机场改扩建，打造涵盖航空运输、保税物流、总部经济、科技研发、临空经济一体发展的遥墙国际航空物流港；加快推进新旧动能转换先行区的基础设施建设，打造集聚物流、交易平台、数字经济、金融信息等新动能要素的黄河北岸现代智慧物流枢纽，形成三个重要的物流中枢。

（3）烟台建设三个综合服务型物流枢纽。加快推进烟台国际综合物流园区、综合物流港、商贸物流园区三个综合服务型物流园区建设，重点支持烟台西港临港区、烟台航空、蓬莱临港区、山东济铁烟台、龙口港区、莱州港区六个货运枢纽型物流园区建设，引导推进莱山齐畅、莱州文峰、招远金都、龙口恒通、龙口恒泰、栖霞宏达、莱阳绿色食品七个物流中心建设。

（4）潍坊建设鲁辽陆海货滚甩挂运输大通道。重点建设潍坊北站高铁物流基地、滨海临港物流基地、鲁东物流中心、寿光农产品物流园、空港物流基地和中国食品谷、坊子物流基地、潍坊综合保税区以及公路港、多式联运集装箱、昌潍零担等物流园。

（5）菏泽打造五大物流园区。重点打造集"物流配载、仓储配送、生产资料展示交易、物流金融、物流信息、配套服务"等为一体的航空港物流园区、菏泽保税物流园区、菏泽交通物流园区、菏泽济铁物流园区、万福河商贸物流园区五大物流园区。

（6）临沂创建中国物流之都。建设 G2 生态商贸物流带，高速铁路、高速公路、国际空港、综合保税、物流小镇总部集聚中心五个物流中心，鲁南铁路、临沂城际分拨、临沂快递、临沂工业品、临沂商城"一带一路"出口产品加工、经开制造业、临港国际七个物流园区和九个县级物流基地，为发展商贸物流和小商品集散基地提供支撑保障。

参考文献

［1］山东省人民政府．山东省国民经济和社会发展第十三个五年规划纲要（2016—2020年）［EB/OL］．［2016-03-04］http：//www.shandong.gov.cn/art/2016/3/4/art_ 2267_ 19294. html.

［2］山东省人民政府．山东省高速公路网中长期规划（2014—2030 年）调整方案［EB/OL］．［2016-12-15］.http：//www.shandong.gov.cn/art/2016/12/15/art_ 94238_ 8600831. html.

［3］山东省交通运输厅．山东省普通省道路线调整方案（2015—2030 年）［EB/OL］. ［2015-09-14］．http：//jtt.shandong.gov.cn/art/2015/9/14/art_ 100465_ 8495204. html.

［4］山东省统计局．山东统计年鉴 2019［M］.北京：中国统计出版社，2019.

［5］中国物流与采购联合会．中国物流年鉴 2018［M］.北京：中国物资出版社，2018.

［6］中国民用航空局．2019 年民航机场生产统计公报［EB/OL］.［2020-03-09］.http：//www.caac.gov.cn/XXGK/XXGK/TJSJ/202003/t20200309_ 201358.html.

第八章　现代服务业

改革开放以后山东省服务业取得了长足的发展，2019 年服务业实现增加值 37640.2 亿元，占全省生产总值比重为 53.0%，比 2018 年提高 1.7 个百分点，对经济增长的贡献率为 78.2%，服务业主引擎作用突出。服务业新动能增势强劲，2019 年规模以上服务业营业收入比 2018 年增长 8.0%。其中，战略性新兴服务业、科技服务业和高技术服务业分别增长 10.8%、10.1% 和 10.8%；互联网和相关服务、软件和信息技术服务业、商务服务业分别增长 51.4%、19.7% 和 16.9%。

第一节　金融业

一、发展状况

（1）金融产业贡献度明显提升。2017 年，全省金融业实现增加值 3707.24 亿元，占地区生产总值的比重达到 5.1%，占服务业增加值的比重达到 10.6%，金融业作为国民经济支柱产业的地位得到巩固。2017 年，全省金融业实现地方税收 342.8 亿元，占全部地方税收比重的 7.8%，金融从业人员达到 121 万人。

（2）金融行业实力持续增强。2017 年底，全省金融资产总额达到 12.6 万亿元。全省本外币存、贷款余额分别达到 9.1 万亿元、7.09 万亿元，分别居全国的第 6 位和第 4 位。2017 年，全省证券经营机构代理交易额 8.32 万亿元，全国占比 3.7%；期货经营机构代理交易额 12.28 万亿元，全国占比 6.5%；全省实现保费收入 2738 亿元，居全国第 3 位；保险深度为 3.77%，保险密度为 2737 元/人。

（3）金融组织体系日趋健全。2017 年，初步形成了以银行、证券、保险为主体，多种新兴金融业态并举的金融组织体系。全省银行业金融机构达到 331 家，网点数量 15662 个。全省证券公司法人机构 2 家、证券公司分公司 83 家、证券营业部 556 家；期货公司法人机构 3 家、期货营业部 104 家。全省保险公司法人机构 5 家、驻鲁保险机构 94 家，各级保险分支机构遍布城乡，总量达到 7418 家。与此同时，小额贷款、融资担保、民间融资、典当、融资租赁、农村合作金融、金融属性交易市场等多类型金融业态有序发展。

（4）地方金融改革逐步深入。全省农信社银行化改革全面完成。山东省首家民营银行——威海蓝海银行开业运营。鲁证期货、山东国际信托先后在香港成功上市。完成规范化公司制改制的企业达到 1.5 万家。区域性股权市场发展、民间融资规范引导、新型农村合作金融改革试点等都走在全国前列。济南区域性金融中心建设扎实推进。青岛市作为我国唯一一个以财富管理为主题的金融综合改革试验区，政策争取、项目引进、交流合作、宣传推介等工作取得新进展。烟台基金业集聚发展态势初步形成。

二、发展布局

山东省金融业发展区域差异较大，主要以济南和青岛为核心，构筑山东金融业发展的双核结构。2018 年，山东省存款、贷款余额分别为 9.62 万亿元和 7.76 万亿元。由表 8-1 计算所知，济南和青岛各项存款余额分别占全省总额的 17.73% 和 16.75%，各项贷款余额分别占全省总额的 20.70% 和 20.75%。

表 8-1 2018 年山东省各市金融机构本外币存贷款余额　　　　单位：亿元

地区	各项存款余额	住户存款余额	各项贷款余额
济南市	17060.1	5067.3	16059.9
青岛市	16121.3	6036.7	16098
淄博市	4617.2	2793.4	3199.9
枣庄市	2037.7	1302.7	1344.3
东营市	3721.4	1624.7	3553.1
烟台市	8211.9	4492.2	5550
潍坊市	7929.8	4694.7	5803.1
济宁市	5486.8	3366.2	3516.1
泰安市	3672.3	2363.2	2357.9

续表

地区	各项存款余额	住户存款余额	各项贷款余额
威海市	3682	2060.6	2518.7
日照市	2530.6	1397.5	2355.7
莱芜市	1033.8	632.9	825.3
临沂市	6371.6	3954.5	5099.4
德州市	3456	2275.6	1955.5
聊城市	3505.8	2343.9	2464.2
滨州市	2875.1	1521.5	2615.6
菏泽市	3905.3	2870.4	2267.4

资料来源:《山东统计年鉴》(2019)。

山东省保险业的区域发展也呈现出相似格局,如表8-2所示,2018年,济南和青岛财产险公司保费收入分别占全省总额的11.56%和16.79%,人寿险公司保费收入分别占全省总额的15.07%和14.26%。为此,山东将重点推动济南区域金融中心和青岛财富管理中心建设,努力把济南建设成为立足山东、辐射周边省份、在全国有较大影响的黄河中下游地区金融中心;把青岛市建设成为国内领先、面向国际的新兴财富管理中心。

表8-2　2018年山东省各市保险业务情况　　　　单位:亿元

地区	保费收入		
	合计	财产险公司	人寿险公司
济南市	415.5	91.4	324.1
青岛市	439.4	132.8	306.6
淄博市	171.2	38.3	132.9
枣庄市	79.1	17.9	61.2
东营市	97.4	28.7	68.7
烟台市	266.7	70.9	195.8
潍坊市	232.2	63.7	168.5
济宁市	191.5	54.2	136.6
泰安市	125.8	26.7	99.1
威海市	104.8	25.7	79.1
日照市	68.9	23.1	45.8
莱芜市	30.5	6.6	23.9

续表

地区	保费收入		
	合计	财产险公司	人寿险公司
临沂市	252.5	79.2	173.3
德州市	116.5	32.0	84.5
聊城市	109.3	34.6	74.7
滨州市	106.4	30.9	75.5
菏泽市	133.6	33.4	100.2

资料来源:《山东统计年鉴》(2019)。

三、发展存在的问题

(1) 金融产业地位有待提升。主要关注金融在资金保障和服务实体经济方面的功能,对把金融产业作为重点产业培育发展的认识不够深入。

(2) 金融总体实力不强。2017 年,金融业增加值占地区生产总值比重为 5.1%,低于全国平均水平 2.8 个百分点,与山东经济大省的地位还不相称。

(3) 地方金融机构小、弱、散。地方法人金融机构的行业排名普遍靠后,规模实力和品牌影响力难以比肩国内同行业领先企业。

(4) 金融结构存在失衡。银行业"一业独大",证券期货、基金与保险业发展不足。社会融资过度依赖信贷资金,直接融资比重偏低。金融中心城市资源聚集度不高、辐射带动能力不强,与小微企业、"三农"和偏远地区、贫困地区金融服务不足问题并存。

(5) 金融风险防控压力较大。全省银行业不良贷款持续暴露,个别大企业信用违约风险及担保圈、债券承兑、非法集资等领域的风险较为突出。

第二节 房地产业

一、发展历程

改革开放以来至 2018 年,山东省房地产业发展大致经历了萌芽起步期、投资膨胀期、市场调整期、快速发展期、平稳发展期和波动升级期。

（1）萌芽起步期（1978～1990年）：1986年公有制住房开始改革，1990年房地产市场发展起步，住房私有化有了一定发展，但市场化程度低、开发量少，且没有经营自主权，房地产业处于起步阶段。

（2）投资膨胀期（1991～1995年）：1991年"提租"制度成为房改的重中之重，1992年开始实行公积金制度，并启动安居工程，房地产市场自此开始发育。山东省房地产投资开发迅速增长，1991年、1992年、1993年分别增长了75.4%、89.0%、132.2%。

（3）市场调整期（1996～1997年）：此阶段的重点为消化空置商品房以及处理未完成的工程，房地产开发市场进入盘整消化阶段。1997年，在亚洲金融危机影响和国家对房地产严格的宏观调控下，房地产业发展低迷，当年山东房地产开发投资仅增长4.3%。此阶段，福利分房制度取消，但居民对住房的刚性需求依然旺盛，住房消费结构开始变动，购房的比例明显增加，1997年比1996年多了近20个百分点，增长至50.4%。自此，房地产市场开始形成。

（4）快速发展期（1998～2003年）：1998年进行住房制度改革，实行货币分房。随着以市场为导向的住房分配制度的实施，房地产业逐渐成为新的经济增长点与消费热点。1998～2003年山东省房地产开发投资增长迅速，年平均增长32.5%，商品房销售面积年均增长28.5%。个人购房成了住宅市场的主力军，居民居住条件大大改善。在住房市场化的背景下，2003年人均住房使用面积增加了6.8平方米，城镇居民的人均住房面积是19.6平方米，是1978年的3倍多。

（5）平稳发展期（2004～2007年）：2003年以来，山东经济进入了新的快速发展期。经济持续健康快速增长，居民消费结构不断升级，城镇化进程不断加快，城乡居民收入大幅提升，住房改善需求、拆迁安置需求和新增城镇人口置业需求等不断扩大。2003～2007年，山东省房地产开发规模不断扩大，2006年首次突破1000亿元，完成投资1185.2亿元，增长21.2%，2007年完成投资1521.0亿元，增长28.3%，房地产开发投资以年均31.2%的速度平稳快速增长。1998～2007年山东房屋销售价格累计上涨了66.6%。

（6）波动升级期（2008～2018年）：房地产开发投资由2008年的1975.6亿元增长到2018年的7552.97亿元，年均增长14.35%。从房屋建设用途来看，住宅投资由2008年的1562.1亿元增长到2018年的5717.52亿元，年均增长

13.85%；办公楼投资由 2008 年的 53.2 亿元增加到了 2018 年的 305.71 亿元，年均增长 19.11%；商业营业用房投资由 2008 年的 215.6 亿元，增长到 2015 年的 806.38 亿元，年均增长 14.10%。

二、发展状况

（1）房地产开发投资规模稳步扩大。山东省房地产业 1990 年完成的开发投资只有 9.2 亿元，1994 年首次破百亿元，2000 年超过 200 亿元，位居全国第 7。2006 年，山东房地产开发投资突破 1000 亿元。2018 年投资额位居全国第 4，完成投资 7552.97 亿元。

（2）商品住宅投资占房地产开发投资比重大幅上升。1995 年商品住宅投资完成 70.0 亿元，仅占房地产开发投资的 57.8%，2000 年商品住宅投资为 146.21 亿元，占房地产开发投资的比重为 65.5%。在房地产市场供求关系和国家宏观调控政策的双重作用下，山东省房地产开发投资结构不断优化。2018 年商品住宅投资为 5717.52 亿元，占房地产开发投资的 75.7%，比 1995 年提高了 17.9 个百分点。

（3）房屋销售增长较快。1991 年山东省商品房销售面积仅为 176.6 万平方米，2018 年销售面积达 13454.73 万平方米，年均增长 17.41%。商品房销售额由 1991 年的 12.9 亿元，增长到 2018 年的 10065.70 亿元，年均增长 27.97%。

三、区域差异

济南、青岛作为山东省的"龙头"城市，经济发达、城镇人口多，房地产业的发展基础好，起步较早，房地产业的发展速度快、发展空间大。沿海城市因为具有得天独厚的自然条件、区域优势，房屋的升值空间比较大，吸引了众多的置业者前来置业。内陆一些资源型城市，如淄博、莱芜城市经济条件虽好，但是居住环境及城市基础设施的建设速度较慢，随着企业及公众环境意识的增强，整体的居住环境不断改善，房地产业的发展潜力较大。西部的一些城市，受经济、文化、区位等因素影响，房地产业起步较晚，相对其他地市，发展速度较慢，但在政策的扶持下，随着经济不断发展，房地产业的发展水平也会稳步提升。

第三节　文教体卫业

一、文化事业

1949 年中华人民共和国成立以后，山东省各级文化管理机构逐步建立健全，各项文化事业取得了巨大的成就。截至 2018 年，全省共有文化（艺术）馆 157 个、文化站 1819 个、艺术表演团体 105 个、剧场（院）106 个、图书馆 154 个、博物馆 517 个。全省图书馆、博物馆机构数、人数逐年稳步增长，博物馆在 2013 年急剧增加（见图 8-1）。

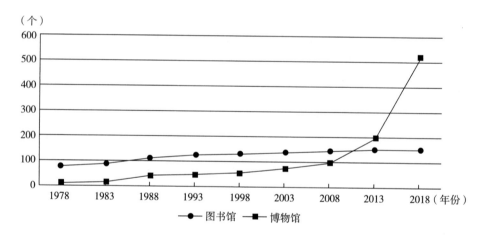

图 8-1　1978~2018 年山东省图书馆、博物馆机构数变化

资料来源：《山东统计年鉴》（2019）。

21 世纪以来，山东省文化建设与文化产业发展的步伐逐步加快，文化影响力逐步提升。为了充分发挥各地区文化的特色与优势，山东省已经打造形成了包括山东国际文化产业博览会、中国曲阜国际孔子文化节、潍坊国际风筝会、菏泽国际牡丹花会、青岛国际啤酒节、泰山国际登山节等在内的一系列具有齐鲁风格、山东特色的文化知名节会。山东已经成功举办多届世界儒学大会，创设颁发"孔子文化奖"，使对外文化交流进一步扩大。2010 年，"孔子文化周"大型文化活动在联合国教科文组织总部成功举办，进一步推动了儒家文化的世界影响力。

山东省积极推动文化品牌建设，实施了一系列文化精品建设工程，通过广播电视精品频道和特色栏目等途径，积极加大精品力作的宣传推广力度，成功打造了一批具有地域特色的文化精品，如"鲁剧"品牌、"鲁版图书"品牌、"文学鲁军"品牌、"齐鲁画派"品牌已赢得市场青睐。此外，文化与旅游融合发展，已打造了诸如"孔子""封禅大典""蒙山沂水"等旅游演艺品牌，文化市场影响力逐步扩大。

二、教育事业

2018 年，全省共有幼儿园 20231 所，义务教育阶段学校 12725 所（其中普通小学 9674 所，普通初中 3051 所），普通高中 620 所，中等职业学校（不含技工学校）398 所，特殊教育学校 149 所，高等学校 156 所（其中普通高校 145 所、成人高校 11 所），研究生培养机构 33 所。幼儿园在园幼儿约 307.55 万人，小学在校生约 725.97 万人，初中在校生约 345.72 万人，普通高中在校生约 164.21 万人，中等职业学校在校生约 75.01 万人，普通本专科在校生约 204.08 万人，研究生（含在职研究生）约 12.13 万人。

（一）学前教育

2018 年全省共有独立设置幼儿园 20231 所，在园幼儿约 307.55 万人。全省共有幼儿园教职工约 28.92 万人，其中专任教师约 19.03 万人，学前教育专业毕业的专任教师约 12.83 万人，占专任教师总数的 67.43%（见表 8-3）。

表 8-3　2018 年山东省分市幼儿园园数、在园幼儿数及幼儿教师情况

地市	园数（所）	在园幼儿数（人）	专任教师数（人）
山东省	20231	3075514	190269
济南市	1461	221440	16116
青岛市	2241	263890	20957
淄博市	755	125093	9355
枣庄市	730	93723	4461
东营市	363	65500	6089
烟台市	905	163905	11406
潍坊市	1783	261095	20589

续表

地市	园数（所）	在园幼儿数（人）	专任教师数（人）
济宁市	2029	314133	15321
泰安市	1144	160959	12286
威海市	317	73817	4701
日照市	637	98610	6770
莱芜市	372	39868	2958
临沂市	2760	353383	19816
德州市	1201	155190	9563
聊城市	621	154775	6251
滨州市	567	101740	6584
菏泽市	2345	428393	17046

资料来源：《山东统计年鉴》（2019）。

（二）特殊教育

2018 年，共有独立设置的特殊教育学校 149 所，在校生 19927 人。特殊教育学校共有教职工 6076 人，其中专任教师 5352 人，接受过特教专业培训的专任教师占总数的 86.68%。

（三）义务教育

如表 8-4 所示，2018 年全省共有义务教育阶段学校 12725 所，其中小学 9674 所，比 2017 年减少 64 所，初中 3051 所（其中九年一贯制学校 906 所），比 2017 年增加 83 所。全省共有义务教育在校生约 1071.69 万人，其中小学教育在校生约 725.97 万人，初中教育在校生约 345.72 万人。小学校均规模约 750 人，平均班额约 39.3 人，初中校均规模约 1133 人，平均班额约 46.1 人。全省义务教育阶段学校共有教职工约 73.41 万人，其中小学约 39.23 万人，初中（含九年一贯制学校）约 34.18 万人。小学教育生师比为 16.86∶1，专任教师学历合格率为 99.99%，专科及以上学历所占比例为 95.72%；初中教育生师比为 12.26∶1，专任教师学历合格率为 99.87%，本科及以上学历所占比例为 89.49%。

表 8-4　2018 年山东省各市义务教育阶段学校、学生及专任教师数

地市	小学			初中		
	学校数（所）	在校人数（人）	专任教师数（人）	学校数（所）	在校人数（人）	专任教师数（人）
山东省	9674	7259706	430702	3051	3457221	281957

续表

地市	小学			初中		
	学校数(所)	在校人数(人)	专任教师数(人)	学校数(所)	在校人数(人)	专任教师数(人)
济南市	575	466558	30605	208	199534	17962
青岛市	713	569923	36890	247	268336	24007
淄博市	300	203450	15690	153	172377	15247
枣庄市	500	368238	21001	105	139084	9826
东营市	110	111362	8255	78	90417	8245
烟台市	290	264256	18774	216	205068	20757
潍坊市	747	579107	39656	287	298562	26231
济宁市	1056	657083	38183	265	306427	23453
泰安市	520	297994	19474	160	212002	16874
威海市	92	118390	7729	88	85629	8404
日照市	285	198307	11719	79	99182	8140
莱芜市	116	55288	4099	42	47793	4099
临沂市	1305	1058395	51697	286	401883	29164
德州市	706	421813	27248	171	204998	15782
聊城市	670	612752	32689	190	211237	15951
滨州市	305	251541	16430	138	128278	11000
菏泽市	1384	1025249	50563	338	386414	26815

资料来源:《山东统计年鉴》(2019)。

(四)高中阶段教育

如表8-5所示,2018年全省高中阶段教育学校(不含技工学校,下同)共有1018所,其中,普通高中620所(含完全中学103所,十二年一贯制学校66所);中等职业学校398所。全省高中阶段共有在校生约239.22万人,其中普通高中在校生约164.21万人,中等职业学校在校生约75.01万人。全省普通高中(含完全中学和十二年一贯制学校)共有教职工约17.34万人,其中专任教师约13.79万人,生师比为11.90∶1,专任教师学历合格率为98.97%,具有研究生学历的比例为11.61%。全省中等职业学校共有教职工5.93万人,其中专任教师4.83万人,生师比为15.54∶1,专任教师学历合格率为94.36%,具有研究生学历的比例为8.69%,专任教师中"双师型"教师所占比例为35.98%。

表 8-5　2018 年山东省分市高中阶段教育学校、学生及专任教师数

地市	普通高中			中等职业学校		
	学校数(所)	在校人数(人)	专任教师数(人)	学校数(所)	在校人数(人)	专任教师数(人)
山东省	620	1642050	137946	398	750142	48269
济南市	43	112232	8626	34	51601	3711
青岛市	72	117107	12000	50	84293	6692
淄博市	33	89677	7208	17	30872	2000
枣庄市	25	71287	5422	19	42495	1735
东营市	16	41998	3726	7	20481	989
烟台市	48	86752	9052	31	51955	4644
潍坊市	58	164654	16814	33	75200	4666
济宁市	39	132862	9896	20	46037	3022
泰安市	36	106420	8341	14	38485	2196
威海市	18	29496	3679	18	19416	1958
日照市	16	51088	4233	13	26372	1580
莱芜市	9	28442	2135	8	7455	515
临沂市	54	174788	13712	32	77711	3879
德州市	26	101897	7910	30	45644	2765
聊城市	41	112013	8557	19	37732	2908
滨州市	32	67226	6188	17	30822	2035
菏泽市	54	154111	10447	36	63571	2974

资料来源:《山东统计年鉴》(2019)。

(五)高等教育

2018 年全省共有研究生培养机构 33 处,其中高校 30 所,科研机构 3 处;普通高等学校 145 所,其中本科院校 67 所(含 11 所独立学院),高职(专科)院校 78 所;独立设置成人高等学校 11 所。普通高等学校中,共有中央部属高校 3 所,均为"双一流"院校。

2018 年全省高等教育在校生(包括研究生、普通本专科和成人本专科)总规模为约 257.03 万人,其中在校研究生约 10.25 万人(其中博士生 1.08 万人)(见表 8-6),在职人员攻读硕士学位人数约为 1.88 万人。全省普通高等学校共有教职工约 15.85 万人,其中专任教师约 11.27 万人;成人高等学校共有教职工 1479 人,其中专任教师 970 人。全省研究生培养单位共有研究生指导教师约

2.20 万人。普通高等学校占地面积 20.42 万亩,校均 1408 亩,生均 66.71 平方米;校舍建筑面积 5848.28 万平方米,校均 40.33 万平方米,生均 28.66 平方米;图书藏量 1.82 亿册,校均图书 125.64 万册,生均 89 册;教学科研仪器设备资产总值 272.62 亿元,校均 1.88 亿元,生均 13358 元;计算机 72.67 万台,校均 5012 台,每百名学生拥有 35.6 台(见表 8-7)。

表 8-6　**2018 年山东省高等教育招生、在校生和毕业生情况**　单位:万人

类别	合计	研究生	普通本科	普通专科	比例
招生	66.69	3.78	27.88	35.03	5.67:41.81:52.53
在校生	214.33	10.25	106.82	97.26	4.78:49.84:45.38
毕业生	61.22	2.63	23.96	34.63	4.30:39.14:56.57

资料来源:《2018 年山东省教育事业发展统计公报》。

表 8-7　**2018 年山东省普通高校学校产权办学条件基本情况**

项目	普通高校总计	本专科高校	
		校均	生均
占地面积	20.42 万亩	1408 亩	66.71 平方米
校舍建筑面积	5848.28 万平方米	40.33 万平方米	28.66 平方米
图书藏量	1.82 亿册	125.64 万册	89 册
教研仪器设备总值	272.62 亿元	1.88 亿元	13358 元
计算机	72.67 万台	5012 台	35.6 台

注:学生数采用普通本专科在校生数。
资料来源:《2018 年山东省教育事业发展统计公报》。

(六)民办教育

2018 年全省共有民办幼儿园 8897 所,入园幼儿 45.33 万人,在园幼儿 137.79 万人,分别占全省总数的 43.98%、43.71% 和 44.80%;民办小学 277 所,招生 8.04 万人,在校生 50.16 万人,分别占全省总数的 2.86%、6.20% 和 6.91%;民办普通初中 347 所,招生 16.10 万人,在校生 45.71 万人,分别占全省总数的 11.37%、14.66% 和 13.22%;民办普通高中 185 所,招生 8.82 万人,在校生 25.06 万人,分别占全省总数的 29.84%、16.20% 和 15.26%;民办中等职业学校 102 所,招生 4.37 万人,在校生 12.31 万人,分别占全省总数的 25.63%、17.81% 和 16.40%;民办普通高等学校 40 所,普通本专科招生 12.63 万人,在校生 38.71 万人,分别占全省总数的 27.59%、20.08% 和 18.97%。

三、体育产业

近年来，山东省积极整合体育产业资源，不断优化布局，突出重点，打造特色，使全省的体育产业得到了较快发展。

2017年5月，山东省体育局、山东省发展和改革委联合印发《山东省体育产业发展"十三五"规划》，对"十三五"时期山东省体育产业的发展基础、总体要求、空间布局、主要业态、重点工程、主要任务和政策措施做了科学系统的描述和部署。该规划提出，到2020年，全省体育产业总规模达到3500亿元，体育产业对国民经济的综合贡献率明显提升，产业增加值占全省生产总值的比重达到1%。

2018年底全省共有各技术等级的运动员3356人，其中，国际级运动健将16人、运动健将174人、一级运动员809人、二级运动员2357人；共聘任教练员127人，其中，国家级教练员2人、高级职称教练员40人、一级教练员43人、二级职称教练员35人、三级职称教练员7人；共有等级裁判员4454人，其中，一级裁判员508人，二级裁判员3946人（见表8-8）。

表8-8　2011~2018年山东省等级运动员、教练员、裁判员发展人数

单位：人

年份	等级运动员	聘任教练员	等级裁判员
2011	2512	177	1076
2012	3360	157	1784
2013	4650	163	3213
2014	4045	129	3481
2015	4006	134	3630
2016	4304	97	2038
2017	2908	105	2524
2018	3356	127	4454

资料来源：《山东统计年鉴》（2019）。

四、卫生事业

2017年底全省卫生总费用达3570.83亿元（见图8-2），其中政府卫生支出3570.83亿元（占23.59%），社会卫生支出1679.35亿元（占47.03%），个人

卫生支出 1048.99 亿元（占 29.38%）（见图 8-3）。

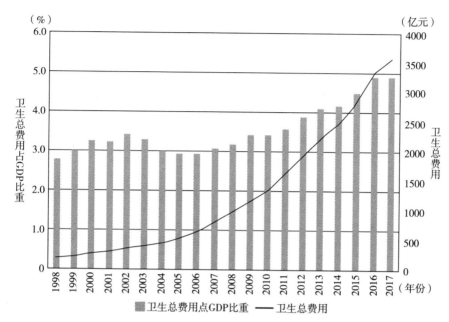

图 8-2 1998~2017 年山东省卫生总费用和卫生总费用占 GDP 比重

资料来源：《山东统计年鉴》（2019）。

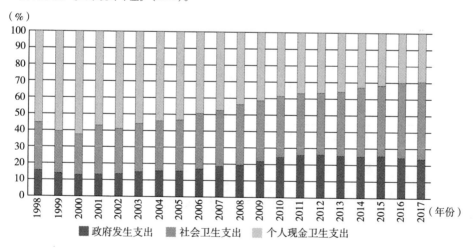

图 8-3 1998~2017 年山东省卫生总费用筹资构成

资料来源：《山东统计年鉴》（2019）。

2018 年全省卫生机构人员 961792 人，其中卫生技术人员达 738618 人。按医疗机构划分，医院卫生技术人员 472101 人，基层医疗卫生机构卫生技术人员

212475 人，专业公共卫生机构卫生技术人员 50925 人，其他卫生机构卫生技术人员 3117 人。

2018 年全省医疗卫生机构床位 608446 张，其中医院 460690 张（占 75.72%），每千人医疗卫生机构床位数为 6.06 张（见表 8-9）。

表 8-9　2018 年山东省各市卫生事业基本情况

地区	卫生机构数（个）	床位数（张）	执业（助理）医师（人）	注册护士（人）	每千人医疗卫生机构床位数（张）
山东省	81512	608446	290037	322742	6.06
济南市	6030	57460	32131	37492	7.70
青岛市	8028	57837	34578	38360	6.16
淄博市	4777	31823	16099	16403	6.77
枣庄市	2583	23443	10337	13267	5.97
东营市	1701	13075	7386	8227	6.02
烟台市	5599	42551	19486	20230	5.97
潍坊市	7770	58362	27158	29500	6.23
济宁市	6937	50737	22731	27667	6.08
泰安市	4422	32557	14612	17353	5.77
威海市	2291	19327	9191	10731	6.83
日照市	2534	15486	7153	8150	5.28
莱芜市	1313	7351	3509	3706	5.33
临沂市	7754	64721	24308	28335	6.09
德州市	5351	27021	14537	12935	4.65
聊城市	5904	33465	13720	15300	5.51
滨州市	2895	21155	10724	11891	5.39
菏泽市	5623	52075	22377	23195	5.94

资料来源：《山东统计年鉴》（2019）。

第四节　旅游业

一、发展状况

2018 年全省旅游业稳步提升，取得长足发展，全省实现旅游消费总额 10461.20 亿元，同比增长 13.7%；接待国内游客 8.6 亿人次，同比增长 10.18%

（见表8-10）。旅游环境建设、旅游品牌建设、旅游基础性工作、旅游新业态发展、旅游大项目建设、"旅游+"、乡村旅游等工作取得显著成效。

表8-10 2018年山东省主要旅游发展指标

类别	数目
旅行社总数（个）	2613
星级旅游饭店总数（个）	544
A级景区总数（个）	1276
接待入境游客（万人次）	513.10
外国人（万人次）	366.06
港澳台胞（万人次）	146.93
港澳同胞（万人次）	82.16
台湾同胞（万人次）	64.78
国内旅游人数（亿人次）	8.60
旅游总消费（亿元）	10461.20
入境游客消费（亿美元）	33.60
国内游客消费（亿元）	9661.50

资料来源：《山东统计年鉴》（2019）。

一是深入推进"旅游+"，旅游各要素协同创新和旅游资源配置优化，通过"旅游+"推动旅游休闲业加快改变价值创造方式和行业发展模式。二是加大海外市场营销力度，打造东方圣地、仙境海岸、平安泰山等十大旅游目的地。三是推进乡村旅游提质增效，发展现代乡村旅游，培育乡村旅游示范单位。四是加强旅游公共服务和基础设施建设，加大旅游集散中心、旅游咨询服务中心建设力度，完善道路引导标识。五是大力实施旅游厕所革命和卫生专项整治工程、旅游综合环境和安全隐患整治工程、文明旅游工程，加强全行业的文明素质建设。六是大力实施大企业驱动工程、大项目拉动工程、大活动带动工程，培育旅游大企业集团，推进一批重大文化旅游项目，持续办好"好客山东贺年会"。七是大力实施"旅游+互联网"工程、"旅游+金融"工程、旅游改革创新工程，打造线上线下融合的网络营销体系，提升旅游资本化运作水平，培育旅游创新新动力。

二、发展格局

山东省 17 个地市的旅游业发展水平存在区域差异。青岛、济南、烟台、泰安、潍坊、临沂和济宁 7 个城市的旅游业发展处于全省前列；淄博、威海和日照 3 个城市旅游业发展处于全省中游水平；枣庄、东营、聊城、滨州、德州、菏泽和莱芜 7 个城市的旅游业发展水平相对较低（见表 8-11）。由此，山东省旅游呈现明显的东西差距，东部地市及沿海地区的旅游发展水平较高，而中西部城市的旅游发展水平较低。综合考虑各地市间的优劣势，各地市在充分利用本地区旅游资源的基础上，要积极增强与邻居区域间的协调、合作，改变旅游落后区被动发展的局面，进而推动区域整体旅游综合实力的提升。

表 8-11 2018 年山东省各市旅游业发展状况

地区	国内游客人次（万人次）	国内旅游收入（亿元）	入境旅游人次（万人次）	入境旅游收入（亿美元）
济南市	7967.8	1054.7	39.9	2.23
青岛市	9848.9	1651.0	153.6	11.64
淄博市	5858.0	658.1	21.5	1.05
枣庄市	2478.6	217.9	3.6	0.08
东营市	1837.0	179.1	6.4	0.51
烟台市	7937.6	982.4	63.8	6.13
潍坊市	7550.2	823.8	36.7	2.50
济宁市	7341.7	728.9	33.0	1.48
泰安市	7549.4	790.0	40.1	2.43
威海市	4632.0	598.3	50.7	2.77
日照市	4906.1	368.3	28.2	1.18
莱芜市	1229.6	70.8	0.8	0.07
临沂市	7487.6	795.1	19.3	1.03
德州市	3062.5	199.2	2.5	0.04
聊城市	2479.3	198.8	5.9	0.28
滨州市	1832.7	159.2	5.6	0.19
菏泽市	2139.2	185.9	1.8	0.04

资料来源：《2019 年山东旅游统计便览》。

三、空间结构优化

第一，发展省会旅游圈。构建以济南为中心，包括泰安、曲阜、济宁、淄博、莱芜、聊城、德州和滨州在内的 9 地市省会旅游圈。省会旅游圈以济南为一级旅游中心，曲阜、泰安、淄博为次旅游中心；构建黄河沿岸观光休闲生态旅游带，沿京沪铁路山、水、圣人文化休闲旅游带；充分发挥文化传播的功能，打造以齐文化、水浒文化、孔子文化和聊斋文化等为代表的文化旅游产品。大力开展宣传促销活动，继续推进"好客山东"品牌的建设，打造区域旅游形象品牌，促进旅游产业结构的优化。

第二，构建半岛旅游圈。在半岛蓝色经济区的开发中，旅游业被定位为主导产业和优势产业。因此，依托半岛蓝色经济区，将滨州、东营、潍坊、烟台、威海、青岛和日照沿海 7 市，37 个区、县（市）构建半岛旅游圈，不仅可使周边旅游资源"串珠成线"，凸显沿海景区的集聚效应，也能够使 7 个地市形成开发合力，发挥旅游业的"乘法"效应。半岛蓝色经济区的旅游业应以海洋生态旅游开发、城市旅游开发和度假区建设为重点，大力推动旅游的现代化、国际化和集群化发展，在"好客山东"总体形象品牌的指引下，塑造"蓝色度假"的区域子品牌，将其建设成为全国一流的海滨度假旅游连绵带和国际海滨休闲度假旅游目的地。

第三，开发建设黄河三角洲旅游圈。黄河三角洲旅游圈包括东营、滨州，潍坊的寒亭区、寿光市、昌邑市，德州的乐陵市、庆云县，淄博的高青县，以及烟台的莱州市等 19 个县（市、区）。结合旅游圈的特点，集中开发黄河口湿地生态旅游区、打造历史与生态农业旅游区、发展生态农业与民俗文化旅游区、培植国家级生态旅游示范区和 5A 级旅游景区，将黄河三角洲打造成为集历史、人文和自然生态于一体的特色、高效的生态旅游经济区，发挥黄河三角洲旅游圈在山水圣人旅游线和半岛海滨旅游线中的衔接作用，形成集生态农业观光、海滨和民俗度假于一体的特色、高效旅游经济区。

第四，打造鲁中、鲁南红色旅游圈。鲁中和鲁南地区可以集中打造红色旅游圈。山东省有着深厚的革命历史文化积淀，先天条件比较优越，在空间格局上已形成"一个核心，三个区域，一条主线"。其中，一个核心指的是以临沂为中心的沂蒙山革命老根据地红色旅游区，涵盖区域包括临沂、莱芜、淄博、潍坊 4 个地市的部分地区。3 个区域中有 2 个位于鲁南或鲁西南地区，即以菏泽为中心的原冀鲁豫边区及以枣庄和微山湖为中心的铁道游击队活动区，第三区域是以烟台、潍坊、青岛及威海为中心的胶东革命根据地旅游区。一条主线是指八路军——五师在山东的转战路线，其运动轨迹主要位于鲁中和鲁南地区，由此形成鲁中、鲁南大红色旅游圈。

第五节 信息服务业

一、发展状况

近年来，山东省信息服务业呈现出蓬勃的发展生机，规模、质量同步提升。

（1）产业规模位居国内前列。2019 年，山东省软件企业 4439 家，从业人员 62.6 万人，实现软件业务收入 5147.5 亿元，其中软件产品实现收入 1873 亿元，信息技术服务 2337.6 亿元，信息安全 71.9 亿元，嵌入式系统软件 865 亿元。

（2）综合实力稳步提升。山东省软件产业载体支撑能力较强，2019 年，山东省拥有济南、青岛 2 个"中国软件特色名城"，软件名城数量并列全国第一位。拥有齐鲁软件园、青岛软件园 2 个国家级产业园区，培育了 19 个省级软件园区，为产业发展提供了有力支撑。拥有省级软件工程技术中心 125 个，海尔、浪潮、海信、中车四方、中创软件、东软载波 6 家企业入选"2019 中国软件和信息技术服务综合竞争力百强企业"；浪潮、山东开创、山东海看 3 家企业入选"2019 年中国互联网企业 100 强"。浪潮 ERP、中创中间件、瀚高数据库、华天 CAD、概伦 EDA 等高端软件产品性能优秀，在业内享有较高知名度。

（3）聚集发展态势明显。目前，山东省已形成济南市大数据应用产业集群、淄博市电子信息产业集群、泰安市新一代信息技术产业集群三大信息产业集群；建设有齐鲁软件园、青岛市南软件及动漫游戏产业园、东营软件园、潍坊软件园、山东测绘地理信息产业园、泰山云谷互联网产业园、临沂国家中印科技国际创新园、烟台电子商务产业园、诸城电商创业园、济宁海能—商动力电商产业聚集区、汶上华儒电子商务产业园 11 个重点产业园区。

（4）新兴业态蓬勃发展。在全国率先成立了省云计算中心和省云计算产业联盟，建设了省云计算平台并取得了显著应用成效。2020 年，全省电子商务交易额 1.38 万亿元。"好品山东"网络营销管理服务平台开通运行，上线企业15000 余家。累计培育省级物联网基地 7 个。2019 年，山东省物联网产业主营收入达到 1900 亿元，带动相关产业产值超过 3600 亿元，同比增幅保持在 15%以上。

两化融合支撑有力。涌现出一批国内领先的知名企业以及浪潮企业资源计划（ERP）、东方电子生产监控管理系统、蓝光采矿设计与安全系统、华天三维计算机辅助设计（CAD）等一批市场应用良好的软件产品和技术，极大地带动了传统产业的改造升级。

二、发展存在的问题

尽管近年来山东省信息服务业发展较快，但仍存有以下问题：一是产业规模偏小，虽然居全国第 4 位，但总量与居全国前列的江苏、广东等省相比仍有差距拉大趋势。二是大企业少，2018 年软件业务收入超 100 亿元的企业只有 3家。三是自主创新能力不强，缺少像阿里巴巴、腾讯、百度等具有较强国际影响力的新兴信息服务企业。四是发展环境需进一步优化，高层次人才缺乏，高等院校人才培养模式与企业需求间存在偏差，公共技术服务平台数量偏少，软件企业融资难。五是由于市场应用与用户认知的矛盾，国产自主可控软件产品市场开拓较难。

三、产业布局优化

（1）信息技术服务业。强化"三核一廊两翼"协同发展布局，以济南、青岛、烟台为核心节点，发挥沿胶济铁路科技创新走廊的高端引领作用，推动鲁西南与鲁西北两翼联动发展，重点布局发展人工智能、区块链等 12 个产业方向，着力培育大数据、云计算、高端软件、虚拟现实、量子科技、智能家居、集成电路和北斗卫星导航、工业互联网八大千亿级产业集群；开展北斗导航与地理信息产业应用示范，建设国家北斗导航数据山东分中心、国家高分数据与应用中心山东分中心；大力推进国家健康医疗大数据北方中心、电信运营企业数据中心建设。

（2）软件服务业。实施软件"四名"工程，推动软件名城、名园、名企、名品协同发展。济南按照"一城六区"和"多园多基地"的产业布局，发挥"中国软件名城"优势，构建基础支撑软件、信息安全软件、云计算、大数据等产业集群。青岛按照"东园西谷北城"的产业布局，高水平创建中国软件名城，重点加强工业软件和高端行业应用软件的研发应用。烟台、威海发展应用软件、服务外包与灾备服务等，潍坊、淄博、东营布局发展石化软件、呼叫中心等，临沂、济宁、泰安布局发展商贸物流、跨境电商等，构建优势互补的发展格局。

（3）信息传输服务业。培育具有山东特色的量子技术产业链，围绕量子通信网络运营、量子技术标准和安全测评、关键器件研发和产业化、国防技术研发和产业化等方面，搭建量子安全区块链和量子通信业务支撑系统；加大网络提速降费力度，抢先布局第五代移动通信网络，加快5G商用推广，推动规模组网建设，形成端到端典型应用；推动青岛国际海底光缆登陆站建设，推进中美跨太平洋高速光缆系统建设和扩容，建设国际通信业务出入口局，打造国际通信数据港。

（4）电子商务服务业。打造综合性电子商务平台，支持"好品山东"建设成为国内知名的名优产品网络营销服务平台，重点在农产品、装备制造、煤炭、钢铁、石化等领域布局建设专业性B2B电子商务平台；布局发展制造业电子商务外包服务，支持制造业企业通过第三方平台拓展网络营销渠道，鼓励大型企业利用电子商务强化供应链管理，整合上下游资源，推广青岛海尔和红领集团"互联网+制造"个性化定制模式；支持青岛、济南建设全球区块链中心，布局发展区块链技术在政府管理、跨境贸易、供应链金融、知识产权产业化等十大领域的转化应用。

（5）山东省深入贯彻网络强国、"互联网+"、大数据等国家战略，重点布局发展网络基础设施、高端软件、物联网等核心技术，促进软件和信息技术服务业跨越发展。2020年，规模以上企业达到3500家，从业人员40万人，软件业务收入超过6000亿元；新增软件著作权1300个，新增省级软件工程技术中心50家；超100亿元企业继续保持明显优势，超10亿元企业达到15家以上。信息服务业成为山东省重要的战略性新兴产业，对国民经济和社会发展的服务支撑作用明显增强。

参考文献

［1］靳兰香，李明泉．山东服务业发展与扩大消费问题研究［M］．北京：中国发展出

版社, 2013.

　　［2］马广水. 山东商业服务业蓝皮书（2013－2014）［M］. 北京：经济科学出版社, 2014.

　　［3］潘海岚. 中国现代服务业发展研究［M］. 北京：中国财政经济出版社, 2008.

　　［4］孙国茂, 马宇. 山东省金融科技发展报告（2019）［M］. 北京：中国金融出版社, 2019.

　　［5］山东省房地产业协会. 2018 年山东省房地产业发展报告［R］. 2019.

　　［6］刘向红, 韩贤志, 赵丽萍. 齐鲁传统文化［M］. 济南：山东科学技术出版社, 2019.

　　［7］山东省旅游发展委员会. 山东旅游年鉴 2018［M］. 郑州：中州古籍出版社, 2018.

　　［8］山东省卫生和计划生育委员会. 2018 年山东省卫生健康事业发展统计公报［R］. 2020.

　　［9］李永红, 何敬东. 山东体育 60 年回顾与展望［M］. 北京：中国文史出版社, 2013.

　　［10］张士俊, 夏季亭. 山东省民办教育发展报告［M］. 青岛：中国海洋大学出版社, 2018.

　　［11］山东省经济和信息化委. 山东省软件和信息技术服务业转型升级实施方案（2015－2020 年）［Z］. 2015.

第九章　乡村经济

　　山东省是我国农业开发较早的地区之一，也是我国的农业大省。1949 年以来，尤其是党的十一届三中全会以来，山东省从实际出发，创造性地贯彻执行党和国家关于农业和农村改革与发展的一系列方针政策，在实施家庭联产承包责任制的基础上，逐步建立起农村社会主义市场经济体制，现代农业产业体系和经营体系逐步完善，主要农产品产量大幅度提高，农业综合生产能力显著增强，农村二、三产业发展迅速，农业农村经济结构不断优化。2018 年全省农业总产值达 9397.39 亿元，占全国的 8.3%，相当于 1949 年的 468 倍、1978 年的 92 倍。

　　21 世纪，山东农村经济进入转型发展阶段，面临着一系列亟待解决的问题。小农户分散经营与国内外大市场的衔接问题还没有很好地解决，农产品"卖难"和农户增产不增收问题时有发生。农业生产规模化、集约化、专业化和绿色化发展面临诸多体制机制障碍，农业生产效率有待进一步提高。新型农业经营体系和农业社会化服务体系尚不完善，农村基本公共服务水平尚不能很好满足广大农村居民需求，农村人居环境有待提升。农业和农村发展面临的资源与环境约束越来越明显，农业现代化发展面临的资金、技术与体制障碍一时还难以克服。城乡统筹发展不充分，城乡居民收入差距依然较大。

第一节　农林牧渔到乡村经济

一、乡村经济体制变革

1. 家庭联产承包责任制

党的十一届三中全会后，山东省大力推行和完善以家庭联产承包为基础、统分结合的双层经营体制，农村经济体制改革逐步深入。全省农村经济体制改革从地处鲁西南、经济基础薄弱的东明县开始，由西向东逐步展开。1978年，东明县集体分配人均收入只有28元，人均口粮132.5千克。1979年开始，东明县实施"包干到户"，将生产队集体耕地承包给农户，承包户自行组织农业生产，完成上交任务后，剩余全部收入归承包户自己所有。"包干到户"极大地调动了当地农民的生产积极性，全县粮棉生产成倍增长。在仿效安徽凤阳县、山东东明县经验的基础上，山东农村生产责任制不断推广和完善，至1983年实行"包干到户"的单位已占全省单位总数的96.8%，家庭联产承包责任制在全省普遍推开。人民公社原有的"政社合一""一大二公"经济体制显然不能够适应家庭联产承包责任制下农村经济发展的新要求。1984年全省的人民公社全部改建为乡镇，生产大队的行政职能由村民委员会取代，农村以家庭承包经营为基础、统分结合的双层经营体制逐步确立。

1985年4月开始，山东省全面探索农产品市场化改革，粮食统购改为合同订购，合同订购之外的粮食可以自由进入市场。鲜活农产品购销逐步市场化，倡导发展乡镇企业，鼓励农民从事非农产业活动。农村经济体制改革激发了农村经济发展活力，全省农业经济全面快速发展，主要农产品产量大幅度增长，全省人民的温饱问题基本解决。农业计划、价格、流通等体制改革不断推进。到1990年底，除了棉花和一部分粮食、油料、烟叶、蚕茧实行国家计划收购外，全省其他农副产品全部放开经营，农业发展的计划体制改革取得突破。打破单一的国家定价体系，形成了多种价格形式并存的农产品价格管理体制。1990年农副产品收购总额中，国家定价、指导价商品比重为37.1%和17.2%，市场调节价商品比重达到45.7%。实施农村商品流通体制改革，农村集市贸易快速恢复和发展，农村商业组织和个体工商户迅速成长，农村有计划的社会主义市场经济体系逐步建立。到1990年底，全省乡镇企业总产值突破1000亿元，成为山东农村经济的"半壁江山"和重要增长点。

在巩固和完善家庭联产承包责任制的基础上，山东省农村改革全面进入向社会主义市场经济体制转轨阶段。作为国家农村改革试验区，山东省在农村土地流转和土地适度规模经营、农村股份合作制和农业产业化经营体系建设等方面积极探索。1993年山东省提出实施农业产业化经营，对传统的农业经营体系进行变革，到2000年底，全省建起各类龙头企业1.8万家，1/3以上的农户与龙头企业建立了比较稳定的产销联系，形成了寿光、莱阳和诸城等产业化经营典型地域模式。在市场机制和政策推动下，全省农民合作经济组织和农业社会化服务体系建设取得较快发展。到 1998 年，全省拥有各类合作经济组织 3.8 万个，农业科技、农业信息、农机服务和农产品加工流通等农业社会化服务体系初见端倪。2000 年全省农业总产值和农民家庭人均纯收入均相当于 1978 年的 22 倍，农村基本实现小康并开始向全面小康社会迈进。

2. 乡村经济体制综合配套改革

进入 21 世纪，山东省在完善家庭联产承包责任制的基础上，积极实施农村综合改革，推进城乡统筹、新农村建设、城乡融合和乡村振兴，促进农村经济社会全面发展。

（1）农村税费改革不断深入。2002 年山东省被确定为全国扩大农村税费改革试点的省份，之后的三年多时间内其先后取消"三提五统"（公积金、公益金、管理费和教育附加费、计划生育费、民兵训练费、民政优抚费、民办交通费）和屠宰税、除烟叶外的农业特产税，取消农村劳动积累工和义务工，大幅度降低农业税税率，有 66 个县免征农业税。在全面清理农民负担项目和农村税费改革试点的基础上，2006 年全省全面取消了农业税。农村税费改革减轻了农民负担，有效化解了农村内部矛盾，为农村经济长期发展增添了动力。

（2）农业补贴政策体系日趋完善。从 2004 年开始山东省对种粮农民实行直接补贴，随后逐步扩大农业补贴范围，提高补贴标准，完善补贴机制，新增补贴向主产区和优势产区集中，向新型生产经营主体倾斜。2015 年起山东省在全国率先开展农业"三项补贴"政策改革试点，将原有的农作物良种补贴、种粮农民直接补贴和农资综合补贴等农业"三项补贴"合并为"农业支持保护补贴"，补贴资金引导农民发展绿色农业、生态农业及实施城乡环卫一体化等，支持耕地地力保护和粮食适度规模经营，将农资综合补贴资金的 20% 集中用于农业担保体系建设和农业社会化服务体系建设。通过完善补贴政策体系，建立激励机制，促进农业转型升级和农村全面发展。

（3）农村土地使用制度和产权制度不断创新。土地是农业农村发展的命根子，土地使用制度改革对于激发农村经济发展活力至关重要。山东省是全国三个整建制土地确权颁证试点省之一，也是我国较早进行土地所有权、承包权、经营权"三权分置"改革的省份。到 2015 年全省基本完成农村土地承包经营权、集体土地所有权、宅基地使用权、集体建设用地使用权的确权与颁证工作。通过农村土地确权登记，完善了农村基本经营制度，明确了农村各类土地权属，确保了各类经营主体安心承包和经营土地，有助于农村土地流转、抵押、转让等。在基层实践探索的基础上，山东省积极引导农村土地经营权有序流转，建立健全土地流转服务体系，出台多项政策措施规范土地流转行为，发展多种形式的土地适度规模经营，积极推进集体经营性建设用地入市改革，探索宅基地有偿使用和自愿有偿退出机制。禹城市作为国土资源部集体建设用地入市和宅基地制度改革试点县，在征地范围与程序、补偿标准与机制、补偿资金代管与收益共享、宅基地分配与盘活利用等方面取得突破，在集体经营性建设用地入市同地同权方面取得积极进展。

（4）农村财政、金融体制改革创新步伐加快。山东省农村金融体制改革探索从 20 世纪 80 年代中期试办农民集体"小银行"、开展农村合作资金融通试点开始，至 90 年代中期已初步形成农业政策性金融体系和农村商业银行体系。21 世纪，针对农村资金严重外流、农村金融服务主体少、农户和农村中小企业贷款困难等问题，山东省进一步改革和创新农村金融体制，农村金融服务覆盖面显著增强，服务产品多元化发展；加大涉农融资支持，构建商业金融、政策金融、合作金融功能互补、相互协作的农村金融组织体系，发展新型农村金融机构，逐步实现村镇银行县（市）全覆盖；推动各金融机构下沉金融服务重心，扩大普惠金融覆盖面，截至 2016 年末各金融机构在全省农村地区布设助农取款服务点 15 万个。山东是全国唯一开展新型农村合作金融的试点省份。2015～2017 年全省有 334 家合作社取得试点资格，累计发生信用互助业务额 1 亿多元。全省农业保险快速发展，"十二五"期间保费收入年均增速达 50%，农险县区覆盖率 100%，小麦、玉米两大主粮作物平均承保覆盖率超过 80%，主要为新型农业经营主体提供担保服务的山东省农业融资担保有限责任公司正式运营。通过"银行+电商+贫困户""银行+担保+旅游度假项目+贫困户""金融+产业+就业"等多种模式，实施金融帮扶。在加大政府投入力度的基础上，实施涉农资金管理改革试点，发挥政策导向方向和财政支农资金的杠杆作用，通过融资担保、股权参与、农业保险、项目推进、政策联动等途径，将财政扶持政策与金融、担保、保险等相关政策有机结合。创新财政支农方式和投入机制，逐步形成多形态、多层次、多元化的"三农"投融资体系。2016 年山东省财政投入农业农村领域的资金超过 900 亿元，接近 1978~2007 年全省各级财政预算内安排支农支出的总和。

（5）城乡二元体制改革取得明显突破。在新农村建设和乡村振兴战略指导下，山东省不断创新与完善城乡经济社会发展一体化制度，健全城乡融合发展体制机制和政策体系，促进工农互促、城乡互补、全面融合、共同繁荣的新型工农城乡关系建立；统筹编制城乡经济社会发展，以工促农、以城带乡，促进基础设施和公共服务向农村延伸，初步形成城乡经济社会发展、生态环保一体化新格局，城乡统筹发展机制初步建立；逐步放宽农村户口迁移进城条件，落实农业转移人口市民待遇，维护农民权益，进城落户农民的土地承包经营权、宅基地使用权、集体收益分配权保持不变；完善"宜城则城、宜乡则乡"的城乡双向户口迁移政策，拥有农村宅基地使用权或土地承包经营权的进城落户农村人口回农村经常居住的，可自愿将户口迁回原籍。农村户籍制度改革，促进了新型城镇化发展，缓解了农村资源环境压力，促进了农村劳动力就业，增加了农民收入，也为乡村吸引人才提供了便利，有利于推进农业农村经济发展。

统筹农村公共服务和基础设施建设，完善农业社会化服务体系。21 世纪，山东省进一步加强农村公共服务和农村基础设施建设，改革农村基础设施建设、维护和管理机制，推进城乡基础设施互联互通，初步形成了政府主导、多元参与、城乡一体的基本公共服务和基础设施体系，在全国率先完成城乡居民养老保险和医疗保险合并，建立起城乡统一的就业创业服务体系，基本实现村村"四通"（通柏油路、通自来水、通电视、通信息网络）；加强农业社会化服务体系建设，构建公共服务、经营性服务、互助性服务"三位一体"的社会化服务体系，激励各类经营性服务组织到农村社区设立网点。

（6）农业科技创新体系和农技推广体系改革不断深化。山东省深化农业科研体制改革，出台一系列政策措施，鼓励农业科研机构和科技人员以技术开发、技术咨询、技术入股、技术转让等形式参与农业生产、加工和流通，不断完善农业科研体系，激励农业创新研究及成果转化、技术推广与服务。全省先后实施农业科技攻关计划、农业良种工程、星火计划、丰收计划、燎原计划和农业科技示范园工程、生态农业和绿色食品基地建设工程、优质高效农产品基地开发工程、新型农民科技培训工程、农业科技展翅行动等农业科技创新和技术推广项目，组织落实国家级基层农技推广体系改革试点和新型职业农民培育整体推进示范省建设。全省农业科技创新平台初步形成，农业科研创新、农技推广和农民培训三大体系日渐完善，推动了农业发展由主要依靠物质资源投入向依靠科学技术带动和农业劳动者素质、农业经营管理水平提高转变。截至2017年，全省现代农业产业技术体系创新团队总数 26 个，国家级和省级农业科技（示范）园区 140 多个，基本实现对主要农产品的全覆盖，农业科技进步贡献率62.6%。初步构建起以政府公益性农技推广机构为主导，农村合作经济组织为基础，农业科研、教育等涉农企业广泛参与的多元化基层农技推广体系。

（7）乡村生态文明建设制度不断创新。推进国土空间分区管治，划定生态空间和基本农田保护红线，完善生态保护补偿制度和奖励政策，加大重点生态功能区转移支付和基本农田保护力度。强化农业资源消耗管控，探索耕地保护补偿机制，大力推进高标准基本农田建设。实施水利发展改革，初步建成了防洪除涝、水资源调配、节水、水环境保护四大工程体系。通过农业水价、水利投资及水利工程管理和价格收费体系综合改革，建立了农业用水精准补贴制度和节水激励机制，形成社会资本参与农田水利建设机制，促进了水利产业良性运行，有效缓解了水资源严重短缺矛盾，农业抗御水旱灾害能力全面提高。充分利用农村多样化资源，借助一二三产业融合，拓展农业功能，减轻农村发展对农业资源的压力。推进美丽乡村、新农村建设和乡村振兴，开展农村环境连片综合整治，农村人居环境总量明显改观。推广"户集、村收、镇运、县处理"生活垃圾处理模式，城乡环卫一体化实现了全省镇、村全覆盖。实施耕地质量提升工程和生态循环农业示范基地建设，促进农业可持续发展。乡村生态文明制度创新促进了乡村生态环境质量提升，为农业农村发展提供了良好的生态基础。

（8）乡村治理进一步创新与完善。完善财政转移支付制度，增加乡村治理经费投入，新增村级组织运转经费，确保对村级的各项转移支付足额到位。推行农村社区化服务与管理，建立以农村党组织为核心、自治组织负责、群团组织和各类经济社会组织协同、居民广泛参与的农村社会治理体制，实施村务公开、政务公开。结合集体产权制度改革，构建由村党支部、村民委员会、村股份经济合作社"三驾马车"驱动的新型村庄治理结构，促进农村"政经分离"。通过完善乡村治理机制，维护了乡村社会安定，增强了乡村公共服务水平，提高了乡村自我发展、自我服务的能力。

二、农业结构的调整与优化

改革开放以前，山东省农业结构比较单一。1949～1978年，种植业占农业总产值的比例平均高达84.7%，林牧渔业发展相对滞后，粮食及其他主要农产品短缺严重。改革开放后，随着农村改革的推进，山东省积极进行农业结构调整，原有的单一农业结构逐步被打破，大农业结构逐步建立，在全国较早地实现了粮棉油菜果、农林牧渔业多元化发展的大农业格局。

1. 调整种植结构，促进非粮产业发展

改革开放初期，山东省按照"不放松粮食生产，积极发展多种经营"的原则要求，适度调减粮食作物播种面积，增加经济作物播种面积，种植业结构多元化发展。1979～1984年，全省粮食作物播种面积比下降近10个百分点，经济作物播种面积比由1978年的13.7%提高到24.6%，尤其是棉花播种面积增加幅度较大。受农产品市场供求关系、国家政策等因素综合影响，1985年至20世纪末，山东省种植结构进一步调整与优化，经济作物播种面积比例总体呈现逐步增大之势，而粮食作物播种面积比例在波动中下降。2000年经济作物播种面积占全部农作物播种面积的1/3。同时，经济作物内部种植结构调整幅度较大。与1984年相比较，2000年棉花在农作物播种面积中的占比下降11.2个百分点，蔬菜播种面积占比提高接近13百分点，以花生为主的油料作物播种面积占比仅提高2.2个百分点。进入21世纪，粮食作物占农作物播种面积比例呈现先降后升的变化特点，先由2000年的67.4%下降到2014年的历史最低值58.6%，其后逐步回升到2018年的75.9%。同时，经济作物在农作物播种面积中的占比呈现出先升后降的发展态势，且经济作物内部结构进一步调整，棉花在农作物播种面积中的占比在经历了21世纪初期几年的短暂回升后快速下降，2004年其占比接近10%，2018年仅有1.7%。与其相似，蔬菜在农作物播种面积中的占比在2001～2003年增加约2个百分点，2003年达到历史最高值18.6%，其后的15年逐步回落，2018年为13.4%。2001～2018年，油料作物在农作物播种面积中的占比下降约2.5个百分点（见图9-1）。

中华人民共和国成立以来，山东省粮食作物种植结构发生了根本性变化。1952年，全省农作物作物播种面积中小麦占比不足31%，其他作物合计占比达到57.4%。其中，大豆占17%，高粱占12%，谷子占10%，地瓜占7.6%，玉米

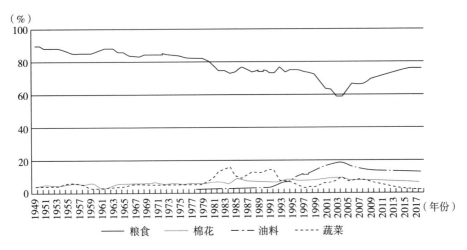

图 9-1　1949~2018 年山东省主要农作物播种面积占比变化

资料来源：根据《辉煌山东 70 年》相关数据整理绘制。

占 7.5%，粮食作物类型多样，粗粮占比较大。"一五"时期至改革开放前，受粮食紧缺压力、农业科技发展和农业生产条件改善等综合影响，农作物作物播种面积中小麦播种面积占比小幅提高，而谷子、高粱和大豆占比大幅度降低，而高产作物玉米和地瓜播种面积比例快速提升。1978 年，农作物作物播种面积中小麦占 34.6%，大豆占 5.2%，高粱占 2.8%，谷子占 1.9%，地瓜占 14.8%，玉米占 19.9%。改革开放以后，随着农业生产条件改善，粮食作物单产水平逐步提高，粮食短缺问题大为缓解，居民生活水平提高对粮食市场需求结构的变化推动全省粮食生产结构进一步调整。农作物作物播种面积中，小麦占比在改革开放初期至 90 年代初期基本呈现上升趋势，1993 年达到 38.7% 的历史最高值。其后，其占比在波动中下降，2003 年跌至历史最低值 28.5%，2004~2018 年间逐步提升，2018 年为 36.6%。1978~2018 年，受畜牧业发展带来的饲料用粮激增等影响，全省玉米在农作物作物播种面积中的占比基本呈现逐步抬升之势，20 世纪 90 年代中期其占比超过 25%，2018 年达到 35.5%。玉米与小麦成为山东省粮食作物的主体，播种面积比例占农作物播种面积的 70% 以上。改革开放初期的 20 年，地瓜在农作物播种面积中占比的快速下降，1998 年为 4.7%，较 1978 年下降 10 个百分点。其后，其占比基本呈现缓慢下降的态势，至 2018 年，其占比低至不足 1%。改革开放初期的 10 年，大豆在农作物播种面积中占比基本维持在 5% 左右，其后，其占比在波动中缓慢下降，2018 年，其占比低至不足 2%。改革开放以来，高粱和谷子在农作物播种面积中的占比也呈现逐渐下降之势，2000 年两者合计占比跌至不足 1%。山东省是水资源严重缺乏的地区，稻谷在农作物播种面积中的占比一直不高，改革开放以来长期稳定在 1% 左右。总体上看，改革开放以来，山东省粮食作物品种结构变化明显，呈现出趋于单一化的地域特征（见表 9-1）。

表 9-1　1978~2018 年山东省主要粮食作物在农作物播种面积中的占比变化

单位:%

年份	小麦	稻谷	谷子	玉米	高粱	地瓜	大豆
1978	34.6	1.4	1.9	19.9	2.8	14.8	5.2
1985	36.4	1.0	2.3	19.2	1.4	7.6	4.7
1990	38.1	1.1	1.3	22.1	0.6	6.8	4.1
1991	38.2	1.3	1.1	21.8	0.5	6.3	3.7
1992	38.1	1.1	1.0	21.6	0.5	6.2	3.8
1993	38.7	1.0	1.1	22.7	0.5	6.1	5.6
1994	37.2	1.0	0.9	22.6	0.4	5.6	5.3
1995	37.0	1.1	0.9	24.9	0.4	5.5	4.7
1996	36.7	1.4	0.8	25.8	0.4	5.3	4.2
1997	36.8	1.5	0.7	23.9	0.4	5.0	4.8
1998	35.8	1.4	0.7	25.0	0.3	4.7	4.8
1999	35.7	1.7	0.6	24.6	0.3	0.0	4.4
2000	34.3	1.5	0.5	22.7	0.2	3.7	4.0
2001	31.5	1.5	0.4	22.2	0.2	0.0	3.5
2002	30.8	1.4	0.4	22.9	0.2	0.0	2.9
2003	28.5	1.0	0.4	22.1	0.2	0.0	2.6
2004	28.8	1.2	0.3	22.8	0.1	0.0	2.2
2005	30.5	1.1	0.3	25.4	0.1	2.6	2.2
2006	31.3	1.2	0.2	25.7	0.1	2.6	2.2
2007	33.1	1.2	0.1	26.8	0.1	0.0	1.6
2008	32.8	1.2	0.1	26.8	0.1	0.0	1.5
2009	33.4	1.3	0.1	27.5	0.1	0.0	0.0
2010	33.4	1.2	0.2	27.7	0.0	2.3	1.5
2011	33.4	1.2	0.2	27.9	0.0	2.3	1.5
2012	33.5	1.1	0.2	27.9	0.0	0.0	0.0

续表

年份	小麦	稻谷	谷子	玉米	高粱	地瓜	大豆
2013	33.2	1.1	0.2	27.7	0.0	0.0	0.0
2014	33.4	1.1	0.2	27.9	0.0	0.0	0.0
2015	33.8	1.0	0.1	28.2	0.0	2.0	1.2
2016	34.0	0.9	0.2	28.4	0.0	2.0	1.2
2017	36.8	1.0	0.3	36.0	0.0	0.0	0.0
2018	36.6	1.0	0.3	35.5	0.0	0.9	1.7

资料来源：根据历年《山东统计年鉴》和《中国农业年鉴》相关数据整理计算。

2. 发展林牧渔业，促进大农业发展

改革开放以来，随着农村经济体制改革推进，农村市场经济逐步完善，山东省林牧渔业快速发展。1979~1994年，林牧渔业产值占农业总产值的比重持续增加，分别由1979年的1.5%、12.2%和2.9%调整为1994年的2.9%、27.2%和18.4%，种植业产值占比由83.4%降至51.5%，以种植业为主体的单一农业结构逐渐被打破，大农业结构逐步建立。1995~2015年山东省农业结构进一步优化调整，畜牧业结构比例提高2.2个百分点，林业和渔业所占比例有所下降。2015年，不包括农林牧服务业，林牧渔业合计占农业总产值比例达到47.3%，畜牧业所占比例达到29.4%。

随着林权体制改革，山东省逐步调整林业生产结构，兼顾林业生产的生态效益与经济效益，促进林业集约经营和商品生产发展，因地制宜建立不同特色的林业生产体系。在山区以水源涵养林为主，建设用材林、防护林、经济林等相结合的林业生产体系；在平原以农田林网为主，建设林网、林带、片林、间作、村镇绿化网，形成带、片、点相结合的平原绿化体系。围绕建设用材林和经济林生产基地，推进林业产业由单一的林果生产逐步向资源培育、林产品精深加工、商贸流通、森林旅游等二、三产业拓展和延伸，形成木材生产加工、果品贮藏加工、苗木花卉种植、森林旅游、林下种养、野生动物驯养利用等多业并举、多元化发展的格局。2015年，林业总产值达到6345亿元，全省有林地面积达到5180万亩，林木蓄积量达到1.24亿立方米，林木绿化率达到25%，果品产量居全国首位。

改革开放以后，山东省粮食生产的快速发展为畜牧业规模扩张提供了较充足的饲料来源，而居民生活水平的整体提高为畜牧业产品提供了广阔的消费市场。全省畜牧生产逐步从一般家庭副业向专业化、规模化、集约化方向发展，畜牧生产规模和效益快速提升。畜牧业内部结构演进表现出明显的多元化倾向。从肉类生产结构来看，1978年以前猪肉产量占全省肉类总产量的90%以上，1990年降至70%左右，2005年不足50%，而2005年禽肉占全省肉类总产量的1/3，牛羊肉占比达到16%。2015年，畜牧业产值达到2523.2亿元，居全国第一，肉、蛋、奶产量分别达到774万吨、424.3万吨、284.9万吨，肉蛋奶总产量约占全国总量的10%，居全国首位。21世纪，山东省畜牧业向标准化规模养殖和生态畜牧业方向转型升级。2015年，全省畜禽标准化规模养殖比重达到68%，初步形成沿黄肉牛肉羊产业带、胶济沿线奶牛产业带和胶东半岛畜产品出口基地、鲁中南猪禽基地、黄河三角洲绿色畜产品基地的"两线三片"畜牧生产布局。

渔业是山东省传统优势产业。改革开放以来，山东省改革渔业管理体制，实施捕捞与养殖相结合，控制近海捕捞强度，积极发展远洋渔业和海淡水养殖，不断调整渔业生产结构和布局，构筑现代渔业产业体系。内陆区域坚持生态渔业理念，在大力发展上粮下鱼、标准化养殖池塘、休闲渔业的同时，持续开展"放鱼养水"活动，保障了水域生物多样性和饮用水源地水质清洁。在总结推广荣成、长岛等海水养殖、捕捞经验的基础上，1987年山东省提出建设"海上山东"的总体设想。1992年山东省委研究确定建设"海上山东"的总体规划，提出以渔业开发为先导，采用高新技术，大力发展新兴海洋产业。2014年山东省提出建设"海上粮仓"，印发了《关于推进"海上粮仓"建设的实施意见》。2016年《山东省"海上粮仓"建设规划（2015—2020年）》颁布，明确将山东省打造成全国优质高端水产品生产供应区、渔业转型升级先行区、渔业科技创新先导区、渔业生态文明示范区，依托山东丰富的海洋及内陆水生生物资源，利用现代科技和先进生产设施装备，通过人工养殖、增殖、捕捞及后续加工、贸易等，将内陆水域、近海、深海、远海和可利用国际公海开发建设成为能够持续高效提供水产食物的"粮仓"。2016年，全省水产品总产量居全国首位，达到949万吨，全省共建成各类海洋牧场240处，其中国家级14处，占全国总数的1/3。

总体来看，改革开放以来山东省农业产业结构演进呈现多元化发展特征，与全国农业产业结构变化趋势基本一致，符合区域农业产业结构现代化演进的基本规律。山东省农业结构演进的地域特色鲜明，历史悠久、人口密集、土地开发强度较大，长期以来林业产值占比低于全国平均水平，而山东省海洋资源优势明显，渔业产值占比明显高于全国平均水平。2017年，山东省林业产值比重较全国低2.8个百分点，而渔业产值比重高出5.5个百分点。

3. 适应市场需求变化，促进农业转型升级

随着国内外市场需要变化，山东省农业不断转型升级。21世纪，山东省加快农业和农村经济结构战略性调整，实施全省农业和农村经济结构转型升级。通过实施"三压三扩"（压缩普通粮食生产，扩大优质专用粮生产，大力发展以优质专用小麦和高油玉米为重点的优新品种；压缩一般经济作物，扩大优质高效经济作物；压缩缺乏市场竞争优势的农产品生产，扩大畅销高价特别是出口创汇产品生产），促进农业结构调整和供给侧改革，推进农业区域布局和品种品质结构进一步优化。强化农产品质量安全，加强标准化体系建设，促进农业高质量发展。2015年有40个县建成国家级出口农产品质量安全示范区，有92个县被列为省级示范区，认定省级农业标准化生产基地8万余公顷、全省无公害农产品产地面积101万公顷，基本建立起了省、市、县、乡、村五级农产品质量监管体系，蔬菜、水果农药残留监测合格率99.1%，畜产品抽检合格率99%以上。实施农牧结合，推进粮经饲三元种植结构调整，促进农业可持续发展。2016年，全省在19个县开展"粮改饲"试点，籽实玉米种植面积减少9.33万公顷；青贮玉米等饲料作物面积达到6.67万公顷，大豆种植面积增加2.67万公顷，杂粮杂豆种植面积增加0.67万公顷。2018年推出《山东省新旧动能转换现代高效农业专项规划（2018—2022年）》和《关于创新体制机制推进农业绿色发展的实施意见》，全省"三品一标"（无公害农产品、绿色食品、有机农产品和农产品地理标志）产品8214个，比2011年增长42%，全省畜禽粪污综合利用率达到86.75%，农作物秸秆综合利用率超过90%。

4. 实施品牌引领战略，增强区域农产品市场竞争力

随着农产品市场竞争日趋激烈，农产品品牌建设对于拓展市场空间、提升农产品市场竞争力的作用日益显现。山东省在优化农业生产布局、打造特色农产品生产基地、培育新型农业经营主体的基础上，充分利用农业优势资源和地方特色文化，积极推进农产品品牌建设，先后出台《关于加快推进农产品品牌

建设的意见》《山东省农产品品牌建设实施方案》和《山东省农产品品牌提升行动实施方案》。2016 年，率先在全国发布省级农产品整体品牌，推出了"齐鲁灵秀地、品牌农产品"山东农产品整体品牌形象，首批认定 11 个区域公用品牌、100 个企业品牌和 20 家品牌产品专营体验店。2017 年，全省遴选 32 个省级农产品区域公用品牌，超过 300 个市级农产品区域公用品牌，200 个农业企业产品品牌。烟台苹果、滕州马铃薯、章丘大葱、金乡大蒜、威海刺参 5 个农产品区域公用品牌进入"2017 年度中国农产品区域公用品牌价值排行榜"百强，上榜数量居全国首位。

5. 因地制宜，促进农业生产专业化、规模化和集约化

建立农产品生产基地，促进农业生产的专业化和规模化发展。1985～1990 年，山东省先后投资 5.76 亿元，建设粮食基地县 75 个、商品粮基地 22 个、优质棉基地（项目）64 个、优质农产品基地 19 个、农副产品出口基地（项目）53 个、畜牧基地 31 个、名特优项目 36 个。21 世纪，按照《山东省优势农产品区域布局规划》，积极发展优势产业，促进优质产品、优势产业向优势区域集中，建设一批高效农业产业带。截至 2015 年，全省专业村 6510 个，专业镇 320 个，国家级"一村一品"示范村镇 146 个，省级示范村镇 307 个。加强科技投入，提高农业生产集约化水平。截至 2015 年，主要农作物良种普及率 98% 以上，良种对粮食增产的贡献率为 45%：生猪良种覆盖率 95%，肉牛、肉羊良种覆盖率 90%，肉鸡、蛋鸡和奶牛良种覆盖率 100%，水产养殖良种覆盖率 80%，主要造林树种林木良种使用率 80%。2017 年全省流转土地面积超过 3000 万亩，全省土地经营规模化率超过 40%。农业生产专业化、规模化和集约化发展带动全省农业生产效率提高。2017 年，全省亩均产值达到 3856 元，是 1978 年的 50 倍。从亩均用工看，生产小麦、玉米、棉花的用工数分别比 1978 年减少 83.9%、81.0%、50.4%，规模化养殖使生猪平均用工数减少 94.6%。

三、乡村非农产业的发展壮大

改革开放以后，山东省乡村社会结构发生了根本性变革，改变了过去乡村单一发展农业的格局，乡村二三产业逐渐壮大并成为农村经济的主体。乡镇企业发展是促进山东省乡村区域社会变革的主要动力。

1. 乡村产业结构的根本性变化

山东省的乡镇企业源于农村副业和手工业。20 世纪六七十年代，山东省粮食等农产品长期处于自给、半自给状态，农业生产压力大，工副业发展长期受经济计划排挤，人力、物力、财力等投入非常有限，难以实现规模化发展。改革开放以来，家庭联产承包责任制的实施促进了农业生产发展和劳动生产率提高，为乡镇企业的发展提供了较为充足的劳动力和农副产品资源条件。同时，农民收入的增加，提高了广大农村市场的购买力，为乡镇企业发展创造了十分有利的市场环境。1986 年山东省乡镇企业产值首次超过农业产值，农村以种植业为主的传统经济模式被打破。"七五"时期全省乡镇企业产值年均增长32.4%，"八五"时期年均增速达到 45.4%。乡镇企业产值占全省农村社会总产值比重由 1980 年的不足 25% 提高到 1995 年的 85%，乡镇企业成为农村经济的重要支柱，农村的产业结构和经济结构发生了质的变化。山东乡镇企业以乡（镇）办、村办、联户办、个体多种所有制形式共存，但以乡村集体企业为主体，集体企业产值和固定资产总值均占到全部乡镇企业的 70% 以上。1995 年全省乡镇企业产值中，工业占 73.2%、建筑业占 11.0%、交通运输业占 5.9%、商业服务业占 8.3%、农业占 1.6%。以工业为主体，横跨三大产业的乡镇企业发展壮大了农村集体经济，为农业发展提供了资金、装备和市场等多方位支撑。1980~1995 年全省乡镇企业"以工补农"资金达 68 亿元。在乡镇企业发展推动下，全省农村产业结构快速非农化发展。全省农村地区生产总值中，一二三产业产值比 1978 年为 54.0∶41.7∶4.3，1990 年调整到 36.6∶58.6∶4.8，2000年演变为 27.1∶53.2∶19.6。农业经济尽管也在不断壮大，但受农业经济自身产业特征的制约，在乡村经济中的地位逐渐降低，而乡村非农产业在市场和政策的激励下不断发展，逐渐成为乡村经济的主体。

21 世纪在新农村建设和乡村振兴战略的推进下，山东省农村非农产业发展获得新的生机，农村一二三产业交叉融合，农村电商、乡村旅游等蓬勃发展。

乡镇企业产权改制后取消原有的按隶属关系分类。乡镇企业按照国际通行法则，以规模大小和所有制性质进行企业类型划分，形成乡镇企业、中小企业、民营经济三者之间相互包含、互为主体的关系。2005 年全省乡镇企业改制工作基本完成，带动了中小企业、个体私营经济的快速崛起，中小企业（乡镇企业）产值占全省地区生产总值的 50%，全省农民收入的 40% 来自中小企业工资收入。

中小企业、民营经济发展推动了农村经济结构的进一步调整升级。全省农村一二三产业产值比例由 2005 年的 11：57：32 调整到 2010 年 9：54：37，第一产业占比持续下降，二三产业占比总体持续提升，农村第三产业表现出强劲的增长势头，占比增加显著。农村服务业发展呈现多元化态势，新业态、新模式不断呈现。2015 年，全省中小企业三次产业户数比例为 2.79：26.97：70.24，第三产业成为其主体，在新设立的企业中，第三产业占比也超过 70%。山东省农村电商快速壮大，淘宝村、淘宝镇个数居全国前列。2014 年，全省农村电商交易额 300 亿元，到 2017 年农村网络零售额达到 541.9 亿元。乡村旅游势头良好，2017 年，乡村旅游接待人数超过全省旅游接待总数的 1/2，乡村旅游收入超过全省旅游收入的 1/4，全省规模化开展乡村旅游的村庄超过 3200 个、经营户 6.4 万户，吸纳安置就业 33 万人。

2. 农民就业和收入结构的根本性变化

乡村非农产业发展，为农村剩余劳动力提供了大量就业岗位，全省农村劳动力就业快速非农化发展。全省乡村非农产业就业人员占乡村劳动力总数的比例在 1980 年仅为 7%，1985 年超过 20%，2000 年接近 1/3，2013 年超过 1/2，2015 年达到 56.8%，乡村地区传统的以农业为主的就业模式被打破。

随着乡村就业结构的改变，山东省农民人均可支配收入逐年增加，收入主要来源于农业生产的传统收入格局逐渐被打破，非农收入比例逐步提高。1978 年，全省农民人均可支配收入仅为 115 元，其中绝大部分为农业收入。1985 年，农村居民人均可支配收入提高到 408 元，其中 30% 为乡镇企业发展给农民带来的非农收入。20 世纪末，全省农村居民人均可支配收入提高到 2663 元，其中近 40% 为非农收入。21 世纪以来，随着农村经济全面发展和农村劳动力转移规模增大，全省农村居民人均可支配收入进一步提高，农民从事第一产业获得收入在其收入结构中的占比大幅度下降。2018 年，全省农村居民人均可支配收入达到 16297 元，其中 55% 为非农收入（见图 9-2）。

3. 农村产业的外向型发展

改革开放以来，山东省农村逐步加大对外开放的步伐，促进传统的小农生产方式变革。第一，利用外资进行农业开发。充分利用世界银行等国际组织的贷款与援助，开展中低产田改造和农业综合开发。1990～2002 年，山东省先后实施两期利用世界银行贷款加强灌溉农业的项目建设。第二，引进先进生产技术、

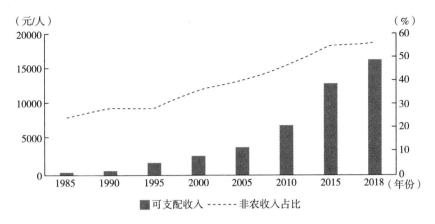

图 9-2　1985~2018 年山东省农村居民人均可支配收入变化

资料来源：根据《辉煌山东 70 年》相关数据整理绘制。

加工设备和良种。优良品种的引进，促进了山东省的农牧良种选育和品种更新，提高了农产品品质质量，丰富了农产品种类。薄膜栽培、喷滴灌等新技术的引进，推动了农业生产栽培技术的进步，提高了农业生产集约化水平和农业资源利用率。先进的农产品加工、保鲜、贮藏等技术、设备的引进促进了农产品产业链的形成发展，提高了农业产业综合效益。第三，发展创汇农业。根据外向型经济发展的要求，以乡镇企业和产业化龙头企业为引领，建设花生、果品、肉食鸡、水产、蔬菜等农产品及其加工品出口商品生产基地。2017 年全省农产品出口总值 1152.5 亿元，占全国农产品出口的 22.7%，连续 19 年居全国首位。第四，"走出去"，拓展农业资源利用和市场空间。山东省通过输出投资和技术，农产品贸易、对外投资合作等取得一定成效。截至 2014 年底，山东省共备案核准设立涉农境外企业 126 家，对外实际投资 16 亿美元，全省企业累计拥有境外林权 314 万公顷，林木蓄积量 5.8 亿立方米；种植棉花 36 万公顷、粮食 7 万公顷、天然橡胶 5.2 万公顷、其他经济作物 1.6 万公顷。

四、乡村产业服务体系的完善

家庭联产承包责任制实施以后，村集体为农户家庭生产提供的生产经营服务受各方面条件限制呈现量少且无序的特点。20 世纪 80 年代中期以后，围绕服务于农村商品发展，全省各级政府开始全面开展农村社会化服务体系建设。90 年代之后，山东省逐步加强农业社会化服务的规范化、网络化建设，促进服务形式实体化、服务管理制度化。目前,山东省已经形成由农村生产服务、流通服务、农机服务、金融服务、科技服务、信息服务和农产品加工经营服务等构成的农村社会化服务体系。

第二节　农业产业化经营与乡村经济发展

山东省在全国较早地提出并实行了农业产业化经营。农业产业化经营发展,促进了小农户与大市场的有效衔接,增加了农民收入,推动了农业和农村经济结构调整,加快了农业生产的专业化、规模化、区域化和集约化,带动了乡村经济的全面发展。

一、农业产业化经营发展历程

(一) 20 世纪 80 年代中期至 90 年代初:实践创新阶段

20 世纪 80 年代中期以后,山东省农村经济发展中出现了一些新的矛盾和问题。一是农业分散经营和国内外大市场的矛盾。家庭承包责任制调动了农民的生产积极性,但并没有解决农户生产与市场衔接的问题,随着农产品产量增加,一些地方农产品"卖难"问题日益凸显,农业结构调整的市场风险加大。二是农业社会效益高与农民收益低的矛盾。农业要保障国民食物安全,有巨大的社会效益,但它与二三产业相比,其市场风险和自然风险较大。让农民分享农产品加工增值效益,必须打破传统农业发展与加工、运销等产业相脱节的体制机制障碍。三是农户生产经营规模小与实现农业现代化的矛盾。个体农户生产经营规模小,受传统农业发展思维的影响深,技术更新相对较慢,难以实现专业化、规模化和集约化。

针对这些矛盾和问题,山东省在深化农村改革过程中积极探索。诸城市1985 年组织实施"农村商品经济大合唱",动员各部门为农村商品经济发展服务,促进区域农村商品生产发展。1986～1989 年,诸城市初步建立起生产、加工、流通一条龙的大农业系列化服务体系,以国际和国内两个市场为导向,以农副产品加工经营企业为龙头,以家庭经营为基础,通过社会化服务和利益吸引,使农、工、商、贸结合成"风险共担、利益均沾、互惠互利"的经济利益共同体。随着生猪、肉牛、黄烟、果品、蔬菜等一条龙生产体系的建设，诸城全市形成了多层次、多形式、多渠道、多成分的农业一体化生产格局，较好地解决了城乡分割，农副产品生产、加工、流通相互脱节的问题，基本实现城市与乡村、工业与农业、条条与块块、计划与市场的有机结合，促进了农村经济发展。1992年12月，中央政策研究室农村组和农业部农村经济研究中心联合在诸城市召开贸工农一体化、产供销一条龙经营研讨会，总结推广诸城"贸工农一体化"的经验和做法。寿光市政府提出了以蔬菜生产带动地区经济发展的致富战略。随着蔬菜产量增加，"致富菜"销售不畅，"卖菜难"的问题日益突出。地方政府意识到，必须建立既能激励生产，又能有效调控生产的市场经济运行机制，由只抓生产转到生产与流通并重。通过建设蔬菜批发市场、完善农村市场体系、优化市场环境、吸引外地客户等举措，寿光市搞活了蔬菜流通，促进了蔬菜产业的进一步发展。1988年，寿光市蔬菜种植面积增加到2.4万公顷，蔬菜生产在区域农村经济发展中的主导地位进一步加强，蔬菜生产的专业化、区域化、服务社会化、产销一体化水平迅速提高。

1992年，潍坊市在总结诸城、寿光等地农村经济发展经验的基础上，认为农业产业化经营，比较好地解决了农民分散经营与统一市场的联结问题，增强了区域农产品的市场竞争能力，提高了农业经济效益，促进了农民增收和乡村经济发展，明确提出"确立主导产业，实行区域布局，依靠龙头带动，发展规模经营"的农业发展新战略。1993年，潍坊市开始在全市范围内实施农业产业化经营战略，将"农业产业化"的概念进一步明确为"以市场为导向，以效益为中心，以科技为支撑，围绕主导产业，优化组合各种生产要素，对农业和农村经济实行区域化布局，专业化生产，一体化经营，社会化服务，企业化管理，形成以市场牵龙头，龙头带基地，基地连农户，集种养加、产供销、内外贸、农科教为一体的经济管理体制和运行机制"。

（二）20世纪90年代中期至20世纪末：全面推进阶段

1993年4月，山东省农委在潍坊市调查的基础上，向省委、省政府提交了《关于按产业化组织发展农业的初步设想与建议》的报告。1994年1月，山东省委、省政府出台《关于加快发展农村社会主义市场经济的决定》，提出在全省实施农业产业化。山东省及各市地陆续出台了一系列发展农业产业化的政策措施，农业产业化在山东全省进入全面推进阶段。到1995年底，山东省已有农业龙头企业 1.3 万多个，龙头企业带动农产品生产基地 333.3 多万公顷，约占全省耕地的 50%；带动农户 700 多万户，占全省农户总数的 35% 以上；形成专业村 2.1 万个，占行政村总数的 25% 以上。全省的畜牧、水产、蔬菜、果品、桑蚕、烟草、花生等农业生产的产业化经营初具规模。

1997 年山东省实施加快农业产业化龙头带动的战略，加强了农业产业化发展的政策保护和资金支持，提出要加快农业产业化发展步伐，实现由农业大省向农业强省跨越，农业产业化经营向更高层次迈进。1999 年山东省提出"区域化布局、规模化开发、基地化建设、标准化生产、产业化经营、外向化发展"的思路，推进农业综合开发进入以农业基础设施建设与产业开发有机结合的新阶段。到 2000 年，全省各类龙头企业已发展到 1.8 万家。在龙头企业带动下，借助产业化机制全省发展 100 多个专业乡镇、3500 多个专业村、80 多万个专业户，建成万亩以上农产品生产基地 100 多个，形成了诸城、寿光、莱阳、金乡等产业化经营典型地域模式。

1995 年 3 月，《农民日报》发表《产业化是农村改革与发展的方向》一文，第一次提出"产业化是农村改革与发展的方向""产业化是农村改革自家庭联产承包责任制以来又一次飞跃"。1997 年 9 月，中央十五大报告中明确提出："积极发展农业产业化经营，形成生产、加工、销售有机结合和相互促进的机制，推进农业向商品化、专业化、现代化转变。"以此为标志，农业产业化成为我国农业和农村经济发展的重要战略方向，迅速在全国展开。

（三）21 世纪：提高发展阶段

2002 年，山东省委、省政府出台了《关于深入推进农业产业化经营的决定》，指出农业产业化经营既有利于稳定以家庭承包经营为基础、统分结合的双层经营体制，又较好地适应了多层次农业生产力的发展要求，集生产、加工、流通、服务于一体，促进了三次产业生产要素的优化配置，拓展了农业发展的空间和领域，表现出广泛的适应性和强大的生命力。以家庭承包经营为基础，加快农业产业化经营的发展步伐，是山东省农村经济工作的主攻方向。山东省政府出台相关政策，在财政投入、税收、信贷、用地、用电等方面扶持农业产业化发展。

"十五"时期，山东省不断创新产业化经营模式、组织形式、联结机制，产业化经营领域不断拓宽，民营成分龙头企业成为农业产业化经营的主要力量，主导产业优势区域逐渐形成。2005 年，规模以上龙头企业达到 5868 家，农业产业化国家重点龙头企业 46 家，居全国首位。通过龙头企业领办、农民自发创办等形式，农村中介组织快速发展，农民组织化程度有了较大提高。全省各类农业产业化组织 11268 个，经工商、民政、农业部门登记注册备案的中介组织发展到 2126 家，各类产业化组织共带动农户 1375.98 万户，占全省农户总数的 67.12%。

"十一五"时期，山东省提出了"以产业化升级农业、以城镇化繁荣农村、以工业化富裕农民"的战略部署，实施了农业产业化"515"工程（用 5 年时间，投入财政与信贷资金 100 亿元，重点支持 500 家农业龙头企业发展），有力地推动了农业产业化不断向纵深发展。农业产业化组织模式不断创新，"龙头企业+基地+专业合作组织+农户"和"龙头企业+专业合作组织+农户+基地"等新模式不断涌现，农户由最初的卖出原料产品获得一次性收益，逐步发展到通过入股分红等形式，与龙头企业共同分享加工、销售环节的利润。龙头企业不断将先进物质装备、生产技术等要素引入农业和农村，对农业转型升级和增加农民收入都发挥了重要作用。2010 年全省省级以上农业龙头企业达到 695 家；规模以上农业龙头企业达到 8080 家，企业原料基地面积 6112 万亩，参与农业产业化经营的农户达到 1720 万户，占全省农户总数的 70%以上；形成多种形式的农业生产联合与合作，在工商部门登记的农民专业合作社达 43331 家，居全国首位。借助产业化机制开展农村扶贫。山东省已有省级以上扶贫龙头企业 88 家，企业在全省重点扶持乡镇内建起 30 多个万亩以上的生产基地，直接带动近 20 万农户发展相关产业。产业化发展促进了农业生产的集群式发展和区域化布局。

"十二五"时期，山东省以深入推进农业产业化经营为重点，进一步提升了农业市场化水平。继续实施农业产业化"515"工程，大力发展新型农民专业化合作组织，积极推进农业产业化与新型交易模式对接。以农业产业化示范基地建设为抓手，引导龙头企业向优势产区集中，培育区域整体优势，发挥了集群集聚效应，提高了产业整体素质和效益。强化科技创新，提高企业的科技含量和产品附加值，积极引导龙头企业改造升级、兼并整合，打造了一批具有自主知识产权、在全国具有领军地位的行业龙头。创新形成以合作制、混合所有制为主导的产业化经营体制，鼓励发展混合所有制农业龙头企业，支持农民合作社兴办农产品加工流通项目。2015 年，全省规模以上龙头企业数量居全国首位，达到9300家,其中:国家级龙头企业89家;销售收入过亿元的龙头企业2600多家,过百亿元的12家;全省50%以上的大宗农产品被龙头企业收购、加工,70%以上的鲜活农产品主要由各类产业化组织加工包装运销省外;发展农民合作社15.4万家,家庭农场4.1万家,各类农业社会化服务组织达到20万个,实现了新型农业经营模式的多元发展,全省以龙头企业、合作社、家庭农场等新型农业经营主体为主导的农业现代经营体系初步构建(见表9-2)。

表9-2　2010~2017年山东省新型农业经营主体数量　　单位:个

主体名称	2010年	2012年	2013年	2014年	2015年	2016年	2017年
规模以上农业龙头企业	8080	9004	9109	9220	9300	9400	9600
农民合作社	43331	70336	98869	131554	15400	175000	186000
家庭农场	—	—	30000	38000	41000	48000	55000

注:"—"表示无统计数据。

资料来源:《山东省"十三五"农业和农村经济发展规划》、山东省情网。

"十三五"以来,山东省农业产业化以农业现代化、农民奔小康、农村可持续发展为重点,推动农业供给侧结构性改革,促进农村一二三产业融合发展,培育"新六产"促进农业产业化升级,构建现代农业产业体系、生产体系、经营体系。

首先,积极培育新型农业经营主体和社会化服务主体。通过培育规模化经营主体和社会化服务主体,促进农户、家庭农场、合作社、龙头企业、社会化服务组织之间的联合与合作,发展多种形式的适度规模经营。完善"龙头企业+合作社+基地+农户""龙头企业+合作社+家庭农场""公司+中介组织+农户""新型经营主体+社会化服务"等多种生产组织模式,促进农民、合作社与龙头企业之间交叉渗透。创新发展订单农业,支持龙头企业依托"一村一品"专业村镇建设高标准原料生产基地,与农户、家庭农场、农民合作社形成稳定购销关系,为农户提供贷款担保和资助订单农户参加农业保险。2017年,全省规模以上农业龙头企业达到9600多家,农民合作社发展到18.6万家、家庭农场5.5万家,农业社会化服务组织达到20多万个,参与产业化经营农户超过1800万户(见表9-2)。新型农业经营主体数量居全国前列。在我国《2018农业产业化龙头企业500强排行榜》中,山东共有80家企业入围,是全国入围企业最多的省份。

其次，体制机制创新。引导龙头企业建立股份合作制等新型利益联结机制，鼓励合作社、家庭农场、农户等通过劳动力、资金、土地等方式入股龙头企业，支持企业采取保底收购、股份分红和利润返还等方式，让农户更多地分享农产品加工、流通和出口等带来的增值效益。

最后，产业融合促进农业产业体系和功能完善。山东省依托产业化机制，充分发挥各类农业经营主体的作用，在产业融合的基础上，积极推动农业生产方式、经营方式和组织方式转变，构建农产品从田头到餐桌、从初级产品到终端消费无缝对接的产业体系，拓展农业多种功能，推进终端型、体验型、循环型和智慧型业态发展壮大。通过产业融合，吸引要素集聚、跨界配置和业态创新，各相关产业和经济主体利益联结更加紧密，实现全链条增值，并让农民更多地分享二三产业的增值收益。引导各类经营主体与休闲、旅游、文化、教育、科普、养生养老等产业深度融合，健全产业融合利益联结机制，形成"公司+农民合作社+家庭农场""公司+家庭农场"等形式的农业产业化联合体。截至2018年，全省认定农业"新六产"示范县17个、示范主体147家，省级休闲农业和乡村旅游示范县9个、示范点21个，美丽休闲乡村24个，齐鲁美丽田园24个，休闲农业精品园区（农庄）23个。

山东省先后发布《山东省人民政府办公厅关于加快发展农业"新六产"的意见》《山东省农业"新六产"发展规划》《山东省农业"新六产"发展监测指标体系》和《关于加快推进农业产业化联合体发展的实施意见》等，将重点围绕推动产业链、价值链、供应链"三链重构"，培育壮大农业"新六产"，打造山东农业产业化升级版。规划到2022年，全省销售收入500万元以上的农业龙头企业达到1万家，出资总额100万元以上的农民合作社14万个，家庭农场8万个，农业社会化服务组织达到25万家以上。同时，全省新型农业经营主体参与农业"新六产"发展的比例达到80%，农户参与产业化经营比例达到85%；创建农业"新六产"示范县50个，国家和省级农村产业融合发展示范园30个，省级及以上现代农业产业园50个，形成千亿级农村产业融合发展集群10个、百亿级农村产业融合发展集群100个，创建示范农业产业化联合体1000个。

二、农业产业化典型地域模式

山东省作为农业产业化的发源地，农业产业化不断创新与发展，形成诸多产业化组织模式。从推动产业化形成与发展的动力机制来看，山东省农业产业化典型地域模式主要有龙头企业带动型、主导产业关联型、专业市场带动型和中介组织带动型。

（一）龙头企业带动型

龙头企业带动型是指以农副产品加工企业为龙头，以国内外市场为导向，以农户为基础形成的贸工农、种养加一体化农业产业化经营模式。该模式在山东省农业产业化经营地域模式中发育最早，分布最为广泛，以诸城、安丘、蓬莱等地最为典型。龙头企业与农户通过合同契约形成"龙头+基地+农户"的产业组织格局，龙头企业为农户提供产前、产中、产后服务，农户按时向龙头企业提供一定数量、符合质量要求的农产品，双方通过相关契约实现保护价收购、收益分成。诸城市是山东省较早发展农业产业化经营的地区。在"农村商品经济大合唱"的基础上，全市按照"确立主导产业，实行区域布局，依靠龙头带动，实现规模经营"的发展路径，逐渐形成了市场牵龙头、龙头带基地、基地连农户，种养加、产供销、贸工农一体化的经营模式（见图9-3）。

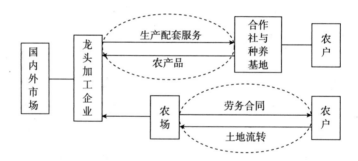

图9-3　诸城市龙头企业带动型产业化经营组织模式

资料来源：参考王慧（2002）。

随着农业产业化经营的发展，诸城市农业产业化组织不断创新和完善。2016年，全市市级以上农业龙头企业发展到110家，许多龙头企业主动创办合作社或与农民专业合作社有效对接，流转农户承包土地建立规模化生产基地，形成"龙头企业+农场+农户""龙头企业+合作社+基地+农户""龙头企业+合作社+家庭农场"等产业化经营组织模式。全市建立建设各类现代农业示范园区238个，发展专业合作社2517家，家庭农场1340家，形成了肉鸡、生猪、烤烟、果蔬、苗木花卉、玉米深加工、粮油面食、花生、茶叶、特种动物等农业产业体系，全市90%的农产品得到就地加工转化增值，当地90%以上的农户进入产业化经营链条，农民收入的75%来自农业产业化经营体系。

（二）主导产业关联型

主导产业关联型是指开发利用当地优势资源，建立和发展区域性农业主导产业，以主导产业为基础，形成种养加、储运销一体化的农业产业化经营体系。主导产业关联模式将分散的农户生产与农业生产的区域化、专业化和规模化有机结合，比较有效地解决了家庭联产承包责任制实施后小农户生产实现规模经济、小农户与大市场有效衔接的问题。通过产业关联效应，主导产业带动农业产前、产中和产后相关产业不断壮大，促进农村产业分工发展。山东省无论是东部较为发达的地区，还是西部比较落后的地区，都出现了许多通过发展特色经济、培育主导农业推动地区农业产业化发展的典型，例如金乡的"大蒜经济"、乐陵的"小枣经济"、青州的"花卉经济"、莱芜的"三辣经济"等。

山东省金乡县是主导产业关联型农业产业化发展的典型之一。金乡县原是一个传统的农业大县，粮食作物种植业长期以来一直是其农业和农村经济的主体，经济相对落后。20世纪80年代以来，该县充分利用有利的自然条件，迅速扩大大蒜种植面积。1984年形成一定规模，达到660公顷，1994年超过1.33万公顷，1998年达到3.33万公顷。大蒜主导产业规模化扩张带动了相关产业的快速发展，形成大蒜主导产业关联型产业化经营模式（见图9-4）。运销、仓储、加工等相关产业的发展，一方面畅通了大蒜商贸流通，拉长了大蒜和蒜苔的销售期，缓解了农产品集中上市带来的压力；另一方面有效地实现了农产品产品增值。

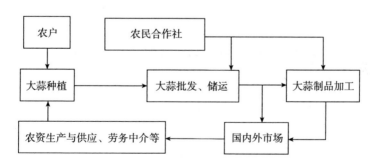

图9-4 金乡县主导产业关联型产业化经营组织模式

资料来源：参考王慧和刘兆德（1999）。

21世纪，金乡县常年种植大蒜4万公顷左右，大蒜贮藏能力200万吨以上，带动周边区域种植大蒜超过13万公顷，全县大蒜加工出口总量占全国的70%以上。"金乡大蒜"先后荣获"首届中国农业博览会银质奖""国家地理标志产品""中国驰名商标"等称号。金乡县成为全国大蒜种植培育、储藏加工、贸易流通、信息分布的中心和价格形成中心。2017年，金乡县大蒜储藏加工企业发展到1700家，冷库3000多座，加工能力达到110万吨，有10万人从事大蒜营销。借助国家现代农业产业园建设，利用农业产业化组织，金乡县促进绿色优质大蒜种植、大蒜特色产品加工和现代农产品物流等发展，推进大蒜产业特色化、品牌化、绿色化、高效化发展。

（三）专业市场带动型

专业市场带动型是指在区域农业发展过程中着力培育农副产品专业批发市场，通过市场体系建设带动农副产品生产基地的形成，诱发农副产品贮运、加工等相关产业发展，形成以市场为纽带，种植、养殖、贮运、加工、购销一体化的农业产业化经营体系。农村市场体系的建立和规模化发展，为区域农业生产专业化发展和农业产业化链条完善提供了动力。寿光市是发展专业市场带动型农业产业化模式的典范（见图9-5）。

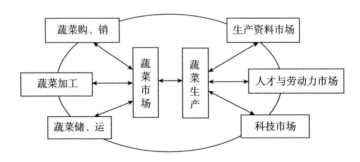

图9-5 寿光市专业市场带动型产业化经营组织模式

资料来源：笔者自绘。

党的十一届三中全会以后，寿光市确立了以蔬菜生产带动地区经济发展的致富战略。通过培育蔬菜生产专业户，依靠典型引导和带动作用，全市蔬菜种植面积由1979年的0.58万公顷猛增到1984年的1.6万公顷。随着蔬菜生产规模快速扩大，"卖菜难"问题日益严重。针对这种情况，当地政府通过建设蔬菜批发市场，完善农村市场体系，促进了蔬菜产业的进一步发展。全市建设了以市区蔬菜批发市场为中心，以沿路市场为躯干，以集贸市场为支点，以流通中介组织和运销队伍为纽带的农副产品市场体系，有效化解了蔬菜生产规模化发展带来的"卖菜难"困境。寿光市先后累计投资 1 亿多元建立了农机、种子、农药、化肥等生产资料市场，形成了以城区生产资料市场为中心，以供销社和乡村供应站为基点的生产资料市场网络；以市科技服务中心为依托，建立了 90多家技术贸易机构，形成了覆盖全市的科技市场。随着蔬菜生产对人才和劳动力需求的增加，人才和劳动力市场也随之建立起来。以蔬菜批发市场为核心，由各种生产要素市场相互配合所构建的现代农村市场体系促进了农户家庭生产与国内外消费市场的衔接，有效解决了主导产业发展中的农资供应、技术进步和农产品销售等问题，在我国首创了通过发展农产品市场，特别是专业批发市场，带动区域专业化生产和产加销一体化经营的农业产业化经营模式。

2015 年，全市蔬菜种植面积 5.3 万公顷，拥有冬暖式蔬菜大棚 40 万个，标准化蔬菜生产及种苗园区 100 多处，蔬菜专业村 756 个，有 6 种蔬菜产品被评为国家地理标志产品，552 种蔬菜产品获得"三品"认证；全市蔬菜加工产业化龙头企业发展到 410 家，农村专业合作经济组织发展到 1022 个，辐射带动 80%的农户进入了产业化经营体系。

（四）中介组织带动型

中介组织带动型是指依托农业和农村经济发展过程中形成的农民合作社、专业协会等中介组织延伸、发展而形成的农业产业化经营体系。围绕某一农产品的开发、生产、营销和相关服务等，农户与农户或者农户与其他研发、营销、服务、加工等相关机构、经济主体按照一定的章程联结起来，形成中介组织。中介组织通过各种形式的联合与合作，把分散生产的农户组织起来，实施农资统一采购、生产过程一体化服务，统一销售农产品，实现小农户与大市场的有效衔接，推进了农业生产规模经营，增强了农业生产抗御市场风险的能力。同时，农村经济合作组织的建立也提高了农户的市场主体地位，保障了农民利益，增加了农民收入。中介组织对属于不同利益主体的资金、技术、人才、劳力、土地等进行优化配置，提高了生产要素使用效率。

山东省莱阳市通过建立农村中介组织，推动了区域农业产业化发展（见图9-6）。一是农民自己兴办合作社。按照"民办、民管、民受益"的原则，兴办生资供应型、科技服务型、产品加工型、市场销售型等合作社。二是企业牵头兴办合作社。为克服"公司+农户"产业化经营中利益关系难协调、产销关系衔接不稳定、农产品品质保障难等问题，企业牵头引入合作机制，将多年来与企业关系比较松散的农户组织起来，成立合作社。合作社按公司的加工订货单来安排农户生产，对农产品生产环节实施监督和管控。三是涉农部门参与兴办合作社。涉农部门发挥资产、技术、信息、服务等优势牵头领办农业合作经济组织，或是以入股、联合等形式参与农民举办的合作经济组织。农村合作经济组织实行入社自愿、退社自由、民主管理、利润返还，为社员提供各种服务。四是成立联合社。专业社以入股的方式成为联社的团体成员。在纵向上，围绕同一产业和产品，全市已形成农资供应，蔬菜加工购销，果品购销加工，畜禽、养殖服务等专业合作服务体系，组建市级专业联合社；横向上，以改造后的基层供销合作社为依托，吸纳各种成分的专业社参加，组建区域性综合联合社。这样，联合社为专业社服务，专业社为农户服务，形成莱阳农业产业化经营体系。2014 年，全市共兴办各类合作经济组织 1191 个，拥有社员 10 万余人，合作社年实现销售收入 10 亿多元，为企业建立基地 21.8 万亩，辐射农户 10.8 万户。

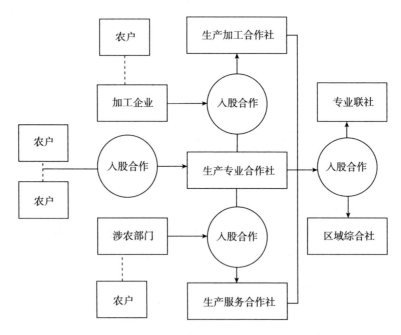

图 9-6 莱阳市中介组织带动型产业化组织模式

资料来源：参考遥望（1997）绘制。

三、农业产业化催生农业产业集群发展

2008 年，山东省委、省政府颁布《关于进一步深化农业产业化经营加快发展现代农业的意见》，提出推进农业产业集聚发展。2012 年山东省出台《关于贯彻国发〔2012〕10 号文件进一步扶持龙头企业发展深化农业产业化经营的意见》，提出以国家级、省级农业产业化示范基地建设为抓手，探索推进龙头企业集群集聚发展。"十三五"以来，山东省进一步明确，发展和壮大农业产业集群是促进农业现代化发展和新旧动能转换的重要路径。2017 年山东省筹集财政资金 1.84 亿元，在全省支持 79 个农业产业集群发展。农业产业集群具有专业化、规模化和产业组织网络体系完整等特点，能够产生较好的集聚经济效益和创新效应，从而增强区域农产品市场竞争力，提高区域农业特色产业整体效益。山东省以农业产业化经营为依托和纽带，围绕区域特色农业产业链，鼓励农户与其关联企业、组织和机构在一定的地理空间集聚，形成了诸多特色农业产业集群，其中以烟台苹果产业集群、金乡大蒜产业集群和寿光蔬菜产业集群等较为典型。

寿光市蔬菜特色农业产业集群（见图 9-7）以专业化小农户规模集聚为基础。在集群中，蔬菜生产专业户之间既相互竞争，又分工协作，形成"一乡一品""一村一品"的蔬菜区域化种植格局。区域市场体系的建立为集群相关经济主体优化组合区内外资源，降低生产成本和交易费用，提升产品竞争优势提供了外部条件。专业化市场形成对下游产品和服务的专业化、规模化需求，激发了相关产业发展。相关经济主体依托市场并相互链接，围绕蔬菜生产、运销和加工形成空间集聚，以获得集聚经济和范围经济。集群中的专业协会、合作社等中介组织连接产前、产中、产后各个环节，在集群网络中发挥着"黏合作用"。通过举办蔬菜博览会、建设蔬菜博物馆、发展农业旅游，寿光已经成为中外蔬菜科技文化、相关产品信息交流的基地。政府、研究机构、企业、农户、金融和中介机构等协同创新，形成区域创新系统，获得创新效应。处于集群产业链条最前端的小农户在农业产业集群发展中具有重要作用，小农户经营存在明显的规模不经济，但也存在创新主动性强、生产积极性较高、适应市场较快等方面的优势。寿光市蔬菜产业集群发展的经验表明，通过经营组织创新，强化生产和服务保障体系可以促进农户扬长补短，赢得较大的外部规模经济空间

和整体竞争优势。从寿光市蔬菜产业集群发展的历程来看，地方政府在县域资源配置、行政与经济管理等方面处于主导地位，在加强区域市场体系建设、维护市场交易公平、建立区域创新网络等方面大有作为。寿光市政府通过体制机制、管理与服务全方位创新推动了区域特色产业集群的形成与发展。

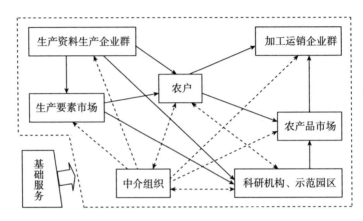

图 9-7　寿光市蔬菜产业集群网络

资料来源：参考徐丽华和王慧（2014）。

第三节　乡村经济发展的地域差异

山东省乡村经济发展地域差异明显。乡村经济地域差异是山东省农业发展自然基础条件差异和区域整体经济社会发展水平差异综合作用的结果。

一、农民人均可支配收入的地域差异

农村居民人均可支配收入差异是乡村经济发展差异的综合反映。山东省农村居民人均可支配收入地域差异明显。2015 年，农村居民人均可支配收入最高的是青岛市，达到 16730 元，而最低的是菏泽市，仅为青岛市的 58.6%（见图 9-8）。

在 17 地市中，青岛、威海、烟台、潍坊、淄博和济南 6 个地市的农村居民人均可支配收入水平较高，达到 1.4 万元以上，属于第一层次；东营、莱芜、泰安、滨州、济宁、日照和枣庄 7 个地市的农村居民人均可支配收入水平在 1.2

万~1.4万元，属于第二层次；而德州、临沂、聊城和菏泽4地市的农村居民人均可支配收入水平相对较低，在9802~11269元，属于第三层次。从地域上来看，山东省农村居民人均可支配收入总体呈现"东高西低""中部高南北低"的空间格局。农村居民人均可支配收入的地域差异是山东省资源环境基础条件差异与经济社会发展水平差异综合作用的结果。

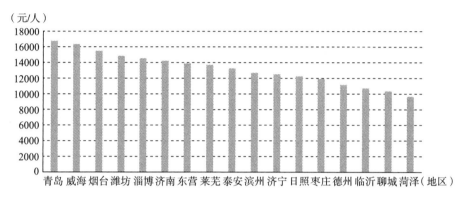

图9-8 2015年山东省各地区农村居民人均可支配收入

资料来源：根据《山东统计年鉴》（2016）相关数据整理绘制。

二、粮食单产的地域差异

单位播种面积粮食产量反映了区域耕地的产出水平。2016年《山东统计年鉴》显示，2015年山东省17个地市粮食单产的地域差异明显。水土等耕种条件配合较好的德州、济宁、聊城、滨州等地市的粮食单产水平较高。山地丘陵面积比重较大或水土等配合不理想、粮食生产限制性因素明显的地市，粮食单产水平相对较低，如济南、威海、烟台、莱芜等。2015年德州市粮食单产水平最高，达到7519千克/公顷，日照市粮食单产水平最低，仅为5977千克/公顷，相当于德州市的80%（见图9-9）。

从总体来看，山东省粮食单产的地域差异远小于农村居民人均可支配收入的地域差异。德州、滨州、聊城等地市的粮食单产水平较高；地区农村居民人均可支配收入却比较低。而烟台、威海、济南等地市的粮食单产水平较低，而地区农村居民人均可支配收入却比较高。

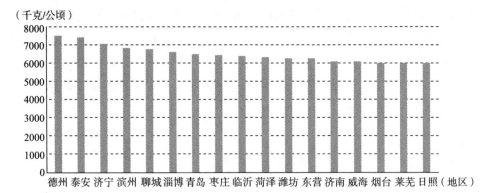

图 9-9　2015 年山东省各地区粮食单产比较

资料来源：根据《山东统计年鉴》（2016）相关数据整理绘制。

三、农业结构的地域差异

农业结构的多样化是农业发展水平的重要标志之一。农业结构多样化度可以用农业总产值中林牧渔业及农林牧渔服务业产值所占的比重来表示。2015 年山东省各地区农业结构多样化度差异较大。农业结构多样化度最高的是威海市，达到 72.9%；东营市的农业结构多样化度次之，达到 58.6%；农业结构多样化度最低的是聊城市，仅为 28.1%，仅相当于威海市的 38.5%（见图 9-10）。

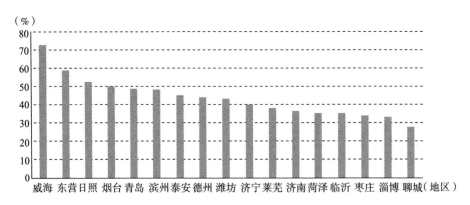

图 9-10　2015 年山东省各地区农业结构多样化度

资料来源：根据《山东统计年鉴》（2016）相关数据整理绘制。

在 17 个地市中，威海、东营、日照和烟台 4 个地市的农业结构多样化度均超过了 50%，属于农业结构多样化水平较高的地区；青岛、滨州、泰安、德州、潍坊和济宁6个地市的农业结构多样化度在40%至50%，属于第二层次；莱芜、济南、菏泽、临沂、枣庄、淄博和聊城7个地市的农业结构多样化度相对较低，均在40%以下，属于第三层次。总体来看，山东省农业结构多样化度的地域差异比较明显，呈现出"东高西低""沿海高内陆低"的空间态势（见图9-11）。

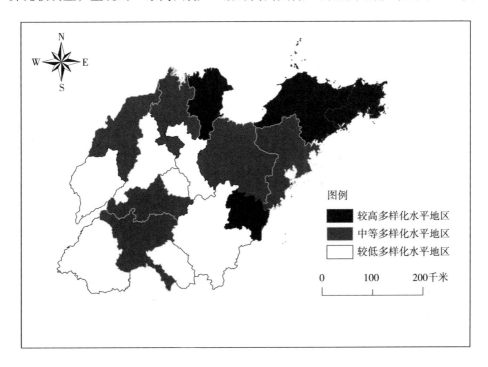

图9-11 2015年山东省农业结构多样化度的地域差异示意图

资料来源：地图资料基于山东省地理信息公共服务平台［"天地图·山东"，审图号：鲁SG（2019）028号］的标准地图绘制，图内专题数据来源于《山东统计年鉴》（2016）。

农业结构的地域差异受区域经济发展水平、农业资源结构、地理区位等多种条件综合影响。从总体上看，山东省农业结构的地域差异大于农村居民人均可支配收入的地域差异，更高于粮食单产水平的地域差异。山东省农业产值结构多样化度偏低的地市，其区域经济发展水平一般相对较低，农村居民人均可支配收入也相对较低，如临沂、聊城、枣庄、菏泽等地市。东部沿海地区地市的农村居民人均可支配收入和农业多样化指数一般均较高。一方面，山东半岛较高水平的地区经济发展促进了其农业结构的多样化发展；另一方面，临海的地市依托丰富的海洋资源，渔业生产发达，推动了其农业结构的多样化发展。

威海市渔业产值超过农业总产值的 50%，烟台、东营、青岛、日照的渔业产值比例也相对较高，而其他地市，除了滨州的渔业产值比例为 12.71%，其余地市的渔业产值比例均在 6.5% 以下（见表 9-3）。平原面积比例较高的地市作为山东省的粮食生产基地，种植业产值结构比例相对较高，如聊城、菏泽、济宁、淄博等地市，农业多样化指数也相对较低。

表 9-3　2015 年山东省及各地市农业产值结构　　　　　单位：%

区域	种植业	林业	牧业	渔业	农林牧渔服务业	区域	种植业	林业	牧业	渔业	农林牧渔服务业
全省	51.62	1.47	26.42	15.97	4.52	泰安	54.61	1.48	35.92	2.90	5.10
济南	63.23	2.41	29.74	1.20	3.41	威海	27.13	0.24	18.35	50.75	3.54
青岛	51.14	0.41	24.61	19.70	4.14	日照	47.29	1.32	26.43	20.72	4.23
淄博	66.49	5.59	22.91	2.14	2.87	莱芜	62.20	2.99	31.36	1.55	1.88
枣庄	66.19	0.96	25.08	2.59	5.17	临沂	64.99	3.51	25.62	2.77	3.11
东营	41.36	0.91	25.04	23.65	9.04	德州	55.71	2.24	34.19	3.23	4.63
烟台	49.74	1.96	17.14	27.66	3.50	聊城	71.88	0.56	23.69	1.85	2.03
潍坊	56.74	0.77	33.47	5.29	3.73	滨州	51.58	2.04	27.89	12.71	5.78
济宁	59.52	1.32	29.12	6.14	3.90	菏泽	64.51	2.14	27.63	2.60	3.12

资料来源：根据《山东统计年鉴》（2016）相关数据整理计算。

参考文献

［1］曹云升. 山东省乡镇企业可持续发展的战略思考［J］. 山东社会科学，2006（7）：124-126.

［2］李平英，孟晓楠. 改革 30 年山东农业发展研究［J］. 山东农业大学学报（社会科学版），2008（3）：6-14.

［3］陆万明. 辉煌山东 70 年［M］. 北京：中国统计出版社，2019.

［4］农业部乡镇企业局. 中国乡镇企业统计资料 1978-2002 年［M］. 北京：中国农业出版社，2003.

［5］逄秀贞，林书香，王永昌，等. 山东经济研究（下）［M］. 济南：山东人民出版社，1996.

［6］山东省情网：http：//www.sdsqw.cn/.

［7］山东省统计局. 山东统计年鉴 2019［M］. 北京：中国统计出版社，2019.

［8］腾荣祥. 山东经济地理［M］. 北京：群众出版社，1990.

〔9〕王恭博.山东省农业产业化转型问题研究〔D〕.济南：山东大学，2016.

〔10〕王慧，刘兆德.中国农村区域经济发展的典型研究——金乡县"大蒜经济"发展探讨〔J〕.地域研究与开发，1999，18（4）：42-45

〔11〕王慧.农业产业化经营与农村地域发展的典型研究〔J〕.国土与自然资源研究，2004（1）：25-26.

〔12〕王慧.山东省农业产业化经营与农村区域发展研究〔J〕.地域研究与开发，2002（2）：46-50.

〔13〕王有邦.山东地理〔M〕.济南：山东省地图出版社，2000.

〔14〕徐丽华，王慧.区域农业产业集群特征与形成机制研究——以山东省寿光市蔬菜产业集群为例〔J〕.农业经济问题，2014（11）：23-26.

〔15〕遥望."莱阳试验"：用合作社推进农业一体化、产业化经营〔J〕.中国农村经济，1997（9）：57-60.

〔16〕张洪军.改革开放三十年山东省会计优秀成果选编〔M〕.北京：经济科学出版社，2009.

〔17〕张祖陆.山东地理〔M〕.北京：北京师范大学出版社，2014.

〔18〕中共山东省委研究室.山东省情 1949-1984〔M〕.济南：山东人民出版社，1986.

〔19〕中国经济社会大数据研究平台：https：//data.cnki.net/.

第四篇

区域经济与城乡发展

第十章 区域经济空间格局

第一节 区域经济基本空间格局

本章以山东省2015年的行政区划为基准，用人均GDP和经济密度（地均GDP）来综合表示地域经济发展水平。

一、点轴格局

本书以县域为基本地域单元分析山东省区域经济的点轴格局。县域是一个地理概念，县和县级市是县域的基本组成部分，但是地级市的市区在我国是个难以界定的概念，它在空间规模上相当于县域，但在经济规模上又远大于县域，而且还包括若干性质不同的市辖区（县级）。为了研究方便，笔者将地级市中心城区所在的区域作为一个县域，它的远郊区作为独立的县域。

2015年山东省共有51个市辖区，其中5个近年来设置的区作为独立县域，分别是长清区、兖州区、文登区、陵城区、沾化区；46个中心城区所在的市辖区合并为17个县域，分别是济南（市中区、天桥区、历下区、槐荫区、历城区），青岛（市南区、市北区、李沧区、崂山区、城阳区、黄岛区），淄博（张店区、淄川区、博山区、临淄区、周村区），枣庄（市中区、薛城区、山亭区、台儿庄区、峄城区），东营（东营区、河口区），烟台（芝罘区、福山区、莱山区、牟平区），潍坊（潍城区、奎文区、寒亭区、坊子区），济宁（任城区），泰安（泰山区、岱岳区），威海（环翠区），日照（东港区、岚山区），莱芜（莱城区、钢城区），临沂（兰山区、河东区、罗庄区），德州（德城区），聊城

（东昌府区），滨州（滨城区），菏泽（牡丹区）。这样山东省共有县域 108 个，
其中县 58 个、县级市 28 个、远郊区 5 个、中心城区 17 个。

根据人均 GDP 和经济密度，分别计算山东 108 个县域经济发展水平，具体
如表 10-1 所示。

表 10-1　2015 年山东省县域经济发展水平

地区	人均GDP（元/人）	经济密度（万元/平方千米）	发展指数	地区	人均GDP（元/人）	经济密度（万元/平方千米）	发展指数
济南	139156	20512	3.8232	东阿	47035	2581	0.7232
青岛	120614	17956	3.3369	济阳	47639	2514	0.7194
龙口	162704	11557	2.8455	高青	50816	2263	0.7126
烟台	165727	9983	2.6644	庆云	42349	2784	0.7113
长岛	156077	10581	2.6635	昌乐	44352	2498	0.6903
东营	195792	5905	2.3778	禹城	45396	2425	0.6894
淄博	99057	10670	2.2075	聊城	38152	2857	0.6864
荣成	152577	6699	2.1272	长清	47354	2251	0.6827
桓台	100989	9920	2.1253	临邑	43842	2373	0.6699
广饶	147618	6583	2.0714	阳谷	36442	2769	0.6609
兖州	97027	9703	2.0644	武城	43288	2306	0.6565
德州	87169	9754	1.9903	汶上	30638	2757	0.6117
胶州	118214	7411	1.9384	宁津	36571	2283	0.5984
威海	103725	7926	1.8870	无棣	52735	1211	0.5908
邹平	110604	6548	1.7632	鱼台	33217	2387	0.5845
滨州	99607	7002	1.7325	梁山	30333	2557	0.5830
垦利	172529	1702	1.6375	平原	40677	1826	0.5723
文登	123429	4433	1.5918	冠县	31641	2317	0.5624
日照	89223	6142	1.5348	嘉祥	27450	2562	0.5601
即墨	95730	5731	1.5344	陵城	38070	1883	0.5584
招远	112253	4468	1.5048	莱阳	37893	1883	0.5569
蓬莱	104733	4174	1.4047	沂源	43629	1520	0.5565
滕州	59121	6723	1.3639	临沭	32672	2103	0.5429
章丘	84542	5066	1.3557	夏津	34397	1989	0.5421
临沂	57521	6754	1.3549	海阳	42323	1462	0.5383
潍坊	71190	5667	1.3248	五莲	41065	1399	0.5197
肥城	70639	5476	1.2953	莘县	28678	2121	0.5125
邹城	69806	5137	1.2442	金乡	28347	2107	0.5080
茌平	80226	4399	1.2331	东明	30950	1943	0.5079

续表

地区	人均GDP（元/人）	经济密度（万元/平方千米）	发展指数	地区	人均GDP（元/人）	经济密度（万元/平方千米）	发展指数
济宁	63194	5382	1.2220	乐陵	30843	1867	0.4970
莱州	84359	3719	1.1781	郯城	26176	2147	0.4953
寿光	75415	4055	1.1487	阳信	29665	1710	0.4669
曲阜	60392	4742	1.1154	安丘	29853	1674	0.4637
高唐	72322	3887	1.1013	栖霞	38070	1152	0.4628
乳山	85212	2866	1.0735	沾化	43623	787	0.4606
高密	65906	3841	1.0427	莒南	28519	1694	0.4554
泰安	53705	4549	1.0352	巨野	24088	1971	0.4552
莱西	71084	3355	1.0216	兰陵	24360	1950	0.4547
诸城	67861	3470	1.0103	郓城	24778	1915	0.4536
青州	61570	3689	0.9872	莒县	27828	1696	0.4500
新泰	54928	4005	0.9741	费县	29693	1556	0.4470
博兴	60969	3383	0.9424	沂水	30531	1454	0.4406
齐河	62963	2856	0.8898	成武	24515	1769	0.4323
临清	46221	3892	0.8880	单县	22637	1694	0.4072
利津	83946	1512	0.8861	惠民	27670	1321	0.3996
平阴	61351	2745	0.8620	平邑	25395	1463	0.3995
枣庄	47498	3343	0.8266	定陶	21164	1726	0.3993
昌邑	63735	2310	0.8247	商河	25895	1426	0.3988
宁阳	46110	3402	0.8229	临朐	27117	1333	0.3967
菏泽	38606	3772	0.8098	泗水	24954	1406	0.3885
莱芜	49377	2965	0.7926	蒙阴	30018	1068	0.3858
平度	56061	2454	0.7806	沂南	23955	1310	0.3677
微山	53026	2227	0.7261	鄄城	18255	1610	0.3602
东平	45038	2724	0.7256	曹县	18633	1586	0.3601

资料来源：根据《山东统计年鉴》（2016）、《中国县域统计年鉴》（2016）、《中国城市统计年鉴》（2016）相关数据整理计算。

根据经济发展水平指数，全省108个县域可以分为两大类五个基本类型。两大类为发达型县域和中等型县域，其中发达型县域又分为发达型和准发达型，中等型县域又分为中上型、中等型、中下型。发达型县域包括济南、青岛等21个，经济发展水平指数都在1.5以上，即高出全省平均水平1.5倍以上，2015年人均GDP均在1.2万美元以上，达到了高收入国家的水平（人均GDP超过12600美元）。济南、青岛经济发展水平指数在全省县域中更是遥遥领先，相当于全省平均水平的 3.3 倍以上，人均 GDP 接近 20000 美元，属于典型的发达型县域。龙口、烟台等 19 个县域属于准发达型县域。值得说明的是，长岛、东营 2 个县域，前者属于海岛县，后者属于胜利油田所在地，虽然两者人均 GDP 较高，但是综合分析上仍属于准发达型县域。蓬莱等 87 个县域人均 GDP 都在 2000 美元以上，超出了中等收入国家（人均 GDP 超过 1035 美元）底线，因此属于中等型县域。其中，蓬莱等 18 个县域为中上型，经济发展水平指数在 1.0 以上，人均 GDP 在 10000 美元左右；青州等 44 个县域为中等型，经济发展水平指数在 0.5~1.0，人均 GDP 多在 4000 美元以上；乐陵等 25 个县域为中下型，经济发展水平指数小于 0.5，人均 GDP 在 2500 美元以上。

依据经济发展水平，山东省 108 个县域构成了"283"的点轴空间格局（见图 10-1）。"2"即济南、青岛 2 个一级增长极，"8"即淄博、东营、烟台、泰安、威海、日照、胶即、兖州 8 个二级增长极，"3"即沿海、济青、京沪 3 条增长轴。

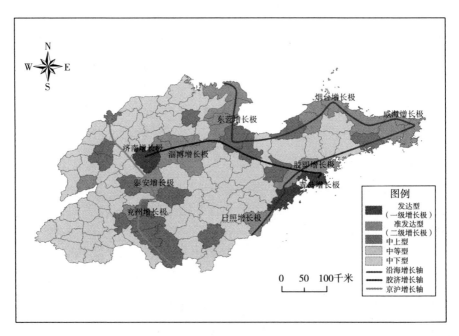

图 10-1 山东省区域经济点轴结构示意图

资料来源：地图资料基于山东省地理信息公共服务平台［"天地图·山东"，审图号：鲁 SG（2019）028 号］的标准地图绘制，图内专题数据来源于《山东统计年鉴》（2016）、《中国县域统计年鉴》（2016）、《中国城市统计年鉴》（2016）。

济南、青岛2个一级增长极分别分布在鲁中和山东半岛，形成了山东省区域经济的"双核心"，在全省所有县域中遥遥领先，人均GDP、经济密度、发展指数分别相当于全省县域平均值的2.13倍、5.03倍、3.58倍，相当于二级增长极的1.34倍、3.55倍、2.38倍。

8个二级增长极涵盖19个县域，其中淄博增长极包括淄博、章丘、桓台、邹平4个县域，东营增长极包括东营、垦利、广饶3个县域，烟台增长极包括烟台、蓬莱、龙口、招远4个县域，威海增长极包括威海、文登、荣成3个县域，胶即增长极包括胶州、即墨2个县域，泰安、日照、兖州自身分别构成了3个二级增长极。二级增长极主要分布在山东省中东部，尤其是沿海一带，这也是山东省县域经济的基本状况。

3条增长轴涵盖了48个县域，占全省县域总数的44.4%。沿海增长轴是三大增长轴中规模最大、发展水平最高的一个，它呈半圆形环绕山东半岛，从北向南依次包括东营、垦利、广饶、寿光、潍坊、昌邑、莱州、招远、龙口、蓬莱、烟台、威海、荣成、文登、乳山、海阳、莱阳、即墨、胶州、日照20个县域。其中，发达型县域14个，占该增长轴全部县域的70%，占全省同类型县域的67%，另外5个为中上型，1个为中等型县域，没有中下型县域，反映该增长轴的整体发展水平是比较高的。胶济增长轴呈东西走向，自西向东依次包括济南、章丘、邹平、淄博、桓台、青州、寿光、临朐、昌乐、潍坊、安丘、昌邑、高密、胶州、即墨、青岛16个县域。其中，发达型县域7个，占该增长轴全部县域的44%，占全省同类型县域的33%，其他9个县域中，中上型4个、中等型3个、中下型2个，表明该增长轴的整体发展水平较高。京沪增长轴呈南北走向，自北向南依次包括德州、陵城、平原、禹城、齐河、济南、长清、泰安、宁阳、新泰、曲阜、兖州、邹城、滕州、枣庄15个县域。其中，发达型和准发达型县域3个，占该增长轴全部县域的20%，其他12个县域中，中上型5个、中等型7个，分别占该增长轴全部县域的33%、47%，上述三项县域类型指标全省平均分别为19%、17%、41%，其虽然整体水平与全省相当，但在山东省中西部地区仍是一条相对凸起的发展轴带。

二、板块结构

本书以市域作为基本地域单元研究山东经济空间的板块结构。市域一般指城市行政管理的全部地域，全省共有 17 个地市，分别是济南市、青岛市、淄博市、枣庄市、东营市、烟台市、潍坊市、济宁市、泰安市、威海市、日照市、莱芜市、临沂市、德州市、聊城市、滨州市、菏泽市。按照前文的计算办法，获得了全省 17 个地市的经济发展水平指数（见表 10-2）。根据发展水平指数，全省 17 个地市可分为 3 个等级 8 个板块，一级板块经济发展水平明显高于全省平均水平，6 地市的平均发展指数为 1.513，青岛市高达 1.745，人均 GDP 在 10 万元左右，根据空间分布可分为 3 个板块，即鲁中板块（济南、淄博 2 市）、半岛板块（青岛、烟台、威海 3 市）、黄河三角洲板块（东营市）；二级板块经济发展水平与全省平均水平基本持平，9 个地市的平均发展指数为 0.773，人均 GDP 在 5 万元左右，根据空间分布可分为 3 个板块，即鲁东板块（潍坊、日照 2 市）、鲁中南板块（泰安、莱芜、济宁、枣庄 4 市）、鲁西北板块（滨州、德州、聊城 3 市）；三级板块经济发展水平居全省下游，2 个地市的平均发展指数为 0.481，人均 GDP 在 3 万元左右，根据空间分布可分为 2 个板块，即鲁南板块（临沂市）、鲁西南板块（菏泽市）。

表 10-2 2015 年山东省地市经济发展水平

经济板块		地市	人均 GDP（元/人）	经济密度（万元/平方千米）	发展指数
一级板块	鲁中板块	济南市	85919	7457	1.509
		淄博市	89235	6954	1.473
	半岛板块	青岛市	102519	8435	1.745
		烟台市	91979	4689	1.222
		威海市	106922	5522	1.429
	黄河三角洲板块	东营市	163938	4355	1.700
二级板块	鲁东板块	潍坊市	55824	3279	0.793
		日照市	58110	3147	0.794
	鲁中南板块	枣庄市	52692	4464	0.912
		济宁市	48529	3556	0.774
		泰安市	56490	4070	0.892
		莱芜市	49377	2936	0.706
	鲁西北板块	德州市	48062	2656	0.663
		聊城市	44743	3056	0.687
		滨州市	61189	2491	0.738

续表

经济板块		地市	人均GDP（元/人）	经济密度（万元/平方千米）	发展指数
三级板块	鲁南板块	临沂市	36656	2190	0.525
	鲁西南板块	菏泽市	28350	1962	0.438

资料来源：根据《山东统计年鉴》（2016）相关数据整理计算。

三、城乡结构

城乡划分有着不同的标准，不同国家、不同时期在理论上和实践上都有不同的界定。为研究方便，本书的城市是指设有"市"和"区"建制的区域，乡村是指设有"县"建制的区域。根据前文界定，2015年山东省共有城市型区域50个、乡村型区域58个，城市型区域中副省级区域2个、地级区域15个、县级区域33个（28个县级市和5个新设的区）。

城市型区域经济发展水平明显高于乡村型区域，50个城市型区域的人均GDP、经济密度、经济发展水平指数分别相当于58个乡村型区域的1.70倍、2.09倍、1.88倍；城市型区域中副省级区域发展水平显著高于地级和县级区域，发展指数约是它们的2倍以上，地级与县级城市型区域发展水平差别相对较小，尤其是人均GDP比较接近（见表10-3）。另外，县级城市型区域与乡村型区域发展水平也比较接近，说明山东省的县级市（区）经济发展水平相当于县的经济发展水平，还没有形成明显优势。总体分析，山东省城乡经济的差异主要表现在少数几个中心城市所在区域与其他区域的差异，众多的县域经济发展水平相对均衡。

表 10-3 2015年山东省城乡区域经济发展水平差异

指标	城市型区域	城市型区域			乡村型区域
		副省级区域	地级区域	县级区域	
人均GDP（元/人）	78329	129885	92273	68860	46006
经济密度（万元/平方千米）	5310	19234	6758	3808	2542
发展指数	1.3366	3.5800	1.6404	1.0626	0.7097

资料来源：根据《山东统计年鉴》（2016）、《中国县域统计年鉴》（2016）、《中国城市统计年鉴》（2016）相关数据整理计算。

第二节　区域产业分工

　　山东省区域内部自然条件、自然资源、经济基础、人口与劳动力条件、交通区位等都存在较大差异，因而市地间产业结构存在较大互补性，为区域分工与协作奠定了基础。利用 SPSS 18 软件，根据三次产业产值占 GDP 的比重，对山东省 17 个地市进行系统聚类分析，各类别之间的聚类采用组内连接方法，距离测度使用欧氏（Euclidean）距离法，并将聚类结果绘成系统聚类谱系图（见图 10-2）。

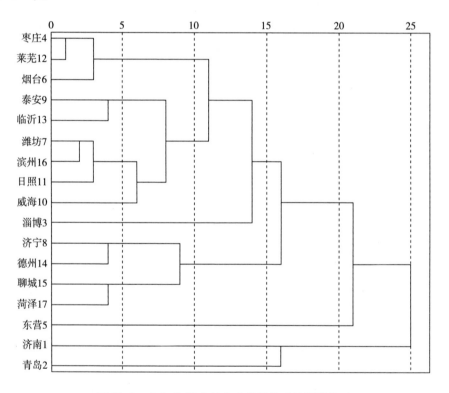

图 10-2　山东省 17 个地市产业结构系统聚类谱系

　　选取聚类标准为 10，将 17 个地市分成 7 个组，即枣庄、莱芜、烟台组，泰安、临沂、潍坊、滨州、日照、威海组，淄博组，济宁、德州、聊城、菏泽组，东营组，济南组，青岛组。

根据产业结构的相似性进行适当合并，形成 4 个层次（见表 10-4）。

表 10-4　2015 年山东省 17 个地市三次产业结构　　单位:%

层次	地市	一产比重	二产比重	三产比重	层次	地市	一产比重	二产比重	三产比重
第一层次	全省	7.9	46.8	45.3	第三层次	泰安	8.5	46.3	45.2
	济南	5.0	37.8	57.2		威海	7.2	47.4	45.4
	青岛	3.9	43.3	52.8		日照	8.4	48.7	42.9
第二层次	淄博	3.5	54.0	42.5		临沂	9.2	44.8	46.0
	枣庄	7.6	52.7	39.7		滨州	9.3	48.8	41.9
	东营	3.4	64.7	31.9	第四层次	济宁	11.3	47.3	41.4
	烟台	6.8	51.6	41.6		德州	10.3	49.4	40.3
	莱芜	7.9	51.7	40.4		聊城	11.9	51.0	37.1
第三层次	潍坊	8.8	48.2	43.0		菏泽	11.2	52.8	36.0

资料来源：根据《山东统计年鉴》（2016）相关数据整理计算。

济南、青岛两市聚类距离最近，合并为第一层次，该层次第三产业不仅超过了第二产业，而且比重大于 50%，第一产业退居次要地位，比重在 5% 以下，产业结构层次最高。枣庄、莱芜、烟台组与淄博、东营组合并为第二层次，该层次的突出特点是第二产业比重高，均在 50% 以上，第二产业超过第三产业 10 个百分点，尤其是东营超过 30 个百分点，第一产业已经退居次要地位，但第三产业还没有充分发育。泰安、临沂、潍坊、滨州、日照、威海组为第三层次，该层次第一产业虽然占比较高，但均在 10% 以下，第二产业略高于第三产业，二三产业均在成长期。济宁、德州、聊城、菏泽组为第四层次，该层次第一产业比重较高，尚在 10% 以上，第三产业发育不充分，第二产业比重显著超过第三产业。

一、农业分工

农业有广义与狭义之分，广义的农业等同于第一产业，即农业、林业、牧业、渔业及其服务业，狭义的农业仅指各种农作物的种植业，此处的农业为狭义的农业。2015 年，山东省农业、林业、牧业、渔业及其服务业中，农业占主体地位，增加值占 51.62%，其次是牧业和渔业，分别占 26.42% 和 15.97%，三者合计占 94.01%。三大主业中，牧业区域差异最小，17 个地市的变异系数^①仅为 0.1850，渔业最大，为 1.1003，农业为 0.1895。因此，从宏观上讲，农林牧渔业的区域分工主要是农业与渔业的分工。威海、烟台、日照、东营 4 市的渔业比重高，均超过 20%，尤其是威海市渔业比重高达 50.75%，而聊城、淄博、枣庄、临沂、莱芜等内陆市的农业比重在 62% 以上，聊城市 70% 以上的产值集中在农业上（见表 10-5 和图 10-3）。

表 10-5   2015 年山东省 17 个地市农业总产值比重   单位:%

区域	农业	林业	牧业	渔业	服务业	区域	农业	林业	牧业	渔业	服务业
全省	51.62	1.47	26.42	15.97	4.52	泰安	54.61	1.48	35.92	2.90	5.09
济南	63.23	2.41	29.75	1.20	3.41	威海	27.13	0.24	18.34	50.75	3.54
青岛	51.14	0.41	24.61	19.70	4.14	日照	47.29	1.33	26.43	20.72	4.23
淄博	66.49	5.59	22.91	2.14	2.87	莱芜	62.21	2.99	31.36	1.55	1.88
枣庄	66.19	0.96	25.08	2.59	5.18	临沂	64.99	3.51	25.62	2.77	3.11
东营	41.36	0.91	25.04	23.65	9.04	德州	55.71	2.24	34.19	3.23	4.63
烟台	49.74	1.96	17.14	27.66	3.50	聊城	71.88	0.56	23.69	1.85	2.03
潍坊	56.74	0.77	33.47	5.29	3.73	滨州	51.58	2.04	27.89	12.71	5.78
济宁	59.52	1.32	29.12	6.14	3.90	菏泽	64.51	2.14	27.63	2.60	3.12

资料来源：根据《山东统计年鉴》（2016）相关数据整理计算。

山东省种植业主要包括粮食、油料、棉花、烟叶、药材、蔬菜、瓜果七大农作物的种植，其中以粮食、蔬菜、油料、棉花种植为主，四者合计占农作物播种面积的 96.62%。四大农作物中，粮食作物种植面积最大，各市地播种面积占农作物播种面积比重均超过 50%，德州、淄博甚至超过了 80%，各市地播种面积比重的变异系数仅为 0.1187，市地间差别不大。蔬菜种植业是山东省第二大产业部门，蔬菜种植面积占全省农作物播种面积 17.13%，市地间种植面积比重具有较大差异，各市地播种面积比重的变异系数达到 0.4905。油料和棉花种

---

① $C_v = \dfrac{1}{Y_0}\sqrt{\dfrac{\sum\limits_{i=1}^{n}(Y_i - Y_0)^2}{n}}$ 。式中，C_v 为变异系数，Y_i 为第 i 区域的人均 GDP；Y_0 为 n 个区域的平均人均 GDP；n 为区域个数。

植是山东省第三、第四大农业部门，其种植面积比重分别为 6.88% 和 4.86%，区域间种植面积差异极大，各市地油料、棉花播种面积比重的变异系数高达 0.9831、1.6556（见表 10-6）。

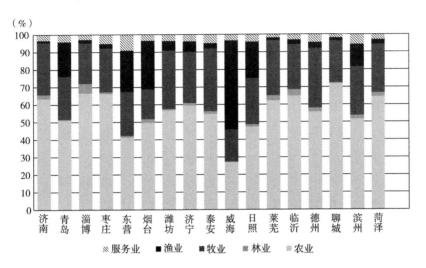

图 10-3　2015 年山东省 17 个地市的农业结构

表 10-6　2015 年山东省 17 个地市主要农作物种植面积比重　　　　单位：%

区域		粮食	油料	棉花	烟叶	药材	蔬菜	瓜果
全省		67.95	6.88	4.68	0.22	0.30	17.13	2.60
粮食主导型	济南	75.86	2.27	2.06	0.00	0.15	17.06	2.24
	淄博	83.68	2.49	1.14	0.27	1.40	9.96	1.05
	德州	84.19	0.53	4.35	0.00	0.01	10.28	0.64
	滨州	75.38	0.57	14.62	0.00	0.02	6.33	2.91
粮食—蔬菜主导型	枣庄	68.85	5.89	0.91	0.00	0.06	23.20	1.07
	潍坊	68.76	4.19	2.36	0.88	0.14	19.03	4.00
	济宁	68.59	4.13	6.26	0.00	0.07	18.71	2.22
	泰安	64.55	8.95	1.05	0.00	0.21	23.66	0.49
	莱芜	51.30	8.29	1.17	1.64	0.78	34.75	0.95
粮食—油料主导型	青岛	71.51	11.89	0.21	0.05	0.00	15.16	1.18
	烟台	68.48	21.85	0.04	0.00	0.02	8.08	1.41
	威海	59.71	28.38	0.00	0.00	1.20	9.16	1.49
	日照	63.91	22.61	0.47	1.45	1.73	8.09	1.17
	临沂	65.21	17.05	0.70	0.89	1.06	13.19	1.64

续表

区域		粮食	油料	棉花	烟叶	药材	蔬菜	瓜果
粮食—棉花主导型	东营	58.85	0.44	31.27	0.00	0.02	7.12	1.65
	聊城	75.15	2.42	3.03	0.00	0.14	16.54	2.66
	菏泽	70.28	4.54	8.65	0.00	0.34	11.60	4.31

资料来源：根据《山东统计年鉴》（2016）相关数据整理计算。

依据四大农作物种植面积结构，全省17个地市可分成五大类型。粮食主导型，包括济南、淄博、德州、滨州4市，粮食作物一业独大，种植面积比重超过75%。粮食—蔬菜主导型，包括枣庄、潍坊、济宁、泰安、莱芜5市，蔬菜种植面积比重接近全省平均水平。粮食—油料主导型，包括青岛、烟台、威海、日照、临沂5市，油料作物种植地位比较突出。粮食—棉花主导型，包括东营、聊城、菏泽3市，棉花种植面积远高于全省平均水平。

粮食作物是山东省种植业的主体，种植面积占农作物种植面积的67.95%。山东省粮食作物种植主要有小麦、稻谷、玉米、谷子、高粱、大豆、薯类等，其中小麦、稻谷、玉米、大豆、薯类5种粮食作物的播种面积占粮食作物播种总面积的99.49%，尤其是小麦（占50.72%）、玉米（占42.36%）更成为山东省最主要的粮食作物，在全省广泛分布。17地市中，菏泽、德州、枣庄、聊城、济宁、滨州、青岛、泰安、济南、日照、临沂11市的小麦种植面积大于玉米，莱芜、烟台、潍坊、威海、淄博、东营6市的玉米种植面积大于小麦。稻谷分布相对集中，临沂、济宁、东营3市的种植面积占据了全省稻谷的70%以上。大豆和薯类分布比较广泛，其中大豆以威海、烟台、临沂、枣庄、济宁、菏泽等市更为集中，薯类以临沂、日照、济宁、莱芜、烟台、威海等市更为集中（见表10-7和图10-4）。

表10-7　2015年山东省17个地市主要粮食作物种植面积比重　　单位：%

地区	小麦	稻谷	玉米	大豆	薯类	地区	小麦	稻谷	玉米	大豆	薯类
全省	50.72	1.55	42.36	1.83	3.03	济南	48.53	0.48	45.83	1.42	2.04
菏泽	58.87	0.47	38.19	1.84	0.47	日照	47.76	2.16	42.09	1.89	5.51
德州	53.35	0.00	46.33	0.15	0.13	临沂	47.23	5.92	36.55	3.09	6.50
枣庄	53.11	0.78	40.83	2.51	2.47	莱芜	23.27	0.00	68.37	0.52	6.83
聊城	51.69	0.02	47.45	0.52	0.21	淄博	46.44	0.24	50.97	0.47	1.16
济宁	50.92	6.14	38.32	2.40	2.04	烟台	42.89	0.04	50.93	2.58	3.09

续表

地区	小麦	稻谷	玉米	大豆	薯类	地区	小麦	稻谷	玉米	大豆	薯类
滨州	50.45	0.11	48.66	0.32	0.21	威海	41.45	0.00	50.52	4.06	3.96
青岛	49.88	0.02	48.35	1.09	0.61	潍坊	48.04	0.01	49.95	0.59	0.83
泰安	48.79	0.06	47.07	1.84	1.95	东营	47.28	4.22	47.39	0.65	0.13

资料来源：根据《山东统计年鉴》（2016）相关数据整理计算。

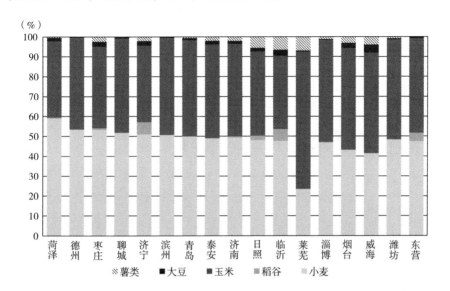

图 10-4　2015 年山东省 17 个地市粮食种植结构

二、工业分工

（一）主要工业行业分布

工业是第二产业的主体，部门众多，根据我国产业分类方案，工业包括采矿业、制造业、电力燃气及水的生产和供应业 3 大门类，共计 41 个工业部门。山东省工业类型齐全，规模以上工业拥有 41 个工业部门，为了研究方便，这里舍去开采辅助活动、其他采矿业、其他制造业、废弃资源综合利用业、金属制品机械和设备修理业、燃气生产和供应业、水的生产和供应业 7 个规模过小的工业部门，保留 34 个工业部门，这 34 个工业部门的增加值比重达到 99.2%，能够代表山东省工业整体的特征。同时，根据生产产品的相似性，将 18 个工业部门整合为 8 个工业行业，具体为：食品加工，食品制造和酒、饮料、茶等制造 3 个部门整合为食品业；纺织、服装、皮毛制品 3 个部门整合为纺织业；木材加工、家具制造 2 个部门整合为木材加工业；黑色金属矿采选与冶炼 2 个部门整合为黑色冶金业；有色金属矿采选与冶炼 2 个部门整合为有色冶金业；非金属矿采选与制品 2 个部门整合为非金属矿采选与制品；石油和天然气开采业，石油加工、炼焦和核燃料加工业 2 部门整合为石油开采与加工业；汽车制造业，铁路、船舶、航空航天和其他运输设备制造业 2 部门整合为运输设备制造业。其他 16 个工业行业分别为烟草业、造纸业、印刷业、文教等用品业、煤炭业、化学原料与制品业、医药制造业、化纤业、橡胶与塑料业、金属制品业、通用设备制造业、专用设备制造业、电器制造业、计算机等制造业、仪器仪表制造业、电力等生产与供应业。整合后共计 24 个工业行业。

山东省 24 个工业行业中，增加值比重超过 3% 的有食品业（11%）、化学原料与制品业（10%）、纺织业（8.8%）、非金属矿采选与制品业（6.3%）、通用设备制造业（6.1%）、运输设备制造业（6.0%）、石油开采与加工业（5.7%）、有色冶金业（4.9%）、专用设备制造业（4.6%）、橡胶与塑料业（3.9%）、金属制品业（3.9%）、电器制造业（3.8%）、计算机等制造业（3.8%）、医药制造业（3.2%）、黑色冶金业（3.1%）15 个工业行业，增加值比重总和达到 85.1%。

15 个主要工业行业中，计算机等制造业分布最不平衡，不平衡指数[①]为0.592，高度集中于烟台、青岛、威海，3 市占全省计算机等制造业的 75.4%；有色冶金业紧随其后，不平衡指数为 0.559，高度集中于烟台、聊城、东营，3 市占全省有色冶金业的 71.9%；石油开采与加工业位居第 3，不平衡指数为0.522，高度集中于东营、淄博、青岛，3 市占全省石油开采与加工业的 68.1%。

不平衡指数超过 0.3 的还有运输设备制造业（0.370）、黑色冶金业（0.318）、化学原料与制品业（0.314）。运输设备制造业主要分布在青岛、烟台、潍坊、济南、聊城，5 市占全省运输设备制造业的 69.1%。黑色冶金业主要分布在临沂、莱芜、淄博、聊城、潍坊，5 市占全省黑色冶金业的 61.7%。化学原料与制品业主要分布在东营、淄博、潍坊、菏泽、德州，5 市占全省化学原料与制品业的 64.2%。另外，橡胶与塑料业（0.299）、医药制造业（0.297）不平衡指数也接近 0.3，橡胶与塑料业主要分布在东营、青岛、威海、潍坊、烟台，

---

① $C = \frac{1}{2} \sum |P_i - S_i|$，C 为不平衡指数，$0 < C < 1$，$P_i$、$S_i$ 分别为 i 市产值比重和面积比重。

医药制造业主要分布在德州、菏泽、淄博、临沂、威海。

专用设备制造业（0.143）、食品业（0.144）、非金属矿采选与制品业（0.158）、通用设备制造业（0.198）、电器制造业（0.197）、纺织业（0.218）、金属制品业（0.233）等分布相对均衡，不平衡指数多在0.2以下。相对而言，潍坊、青岛、烟台、东营、淄博、临沂、德州7市专用设备制造业规模较大，临沂、青岛、烟台、潍坊、德州、威海、聊城7市食品业规模较大，淄博、临沂、德州、泰安、青岛、烟台、枣庄7市非金属矿采选与制品业规模较大，青岛、聊城、德州、潍坊、淄博、泰安、烟台7市通用设备制造业规模较大，青岛、烟台、威海、泰安、淄博、济南、聊城7市电器制造业规模较大，滨州、潍坊、青岛、聊城、德州、菏泽、东营7市纺织业规模较大，青岛、烟台、东营、潍坊、滨州、济南、泰安7市金属制品业规模较大（见表10-8）。

（二）区域分工

由于工业部门繁多，为研究方便，此处将各市地工业归并为4类：轻工业，包括食品、纺织、造纸、印刷、文教用品制造、木材加工等；原材料与能源工业，包括采掘、冶金、非金属矿物制品、电力等；化学工业，包括石油加工、化学原料及制品、医药、化纤、塑料、橡胶等；装备制造业，包括金属制品、各类设备及仪器仪表制造等。全省4类工业规模相当，轻工业占25.99%，原材料与能源工业占21.14%，化学工业占24.16%，装备制造业占28.19%。但各市差别较大，依据4类工业在本市工业中的比重，全省17个市的工业结构可分为3大类型，同一类型的主导行业也不尽一致，即使主导行业一致，优势工业部门也存在差异。市地优势工业部门按照其产值在全市工业总产值中的比重大于平均值加1倍标准差的标准确定。

第一类为单一主导型，4类工业中，装备制造业独占鳌头，比重超过40%，包括济南、青岛、烟台、淄博、东营、莱芜、滨州7个市。

济南、青岛、烟台3市为装备制造主导型，其中济南市装备制造业占47.9%，优势工业部门是运输设备制造业、通用设备制造业、计算机等制造业；青岛市装备制造业占47.1%，优势工业部门是运输设备制造业、电器制造业、食品业；烟台市装备制造业占43.9%，优势工业部门是有色冶金、计算机等制造业、食品业、运输设备制造业。

淄博、东营2市为化工主导型，淄博市化学工业占43.3%，优势工业部门是

表10-8 2015年山东省主要工业行业不平衡指数及集中分布区

市地	计算机等制造业(0.592)	有色冶金业(0.559)	石油开采与加工工业(0.522)	运输设备制造业(0.370)	黑色冶金业(0.318)	化学原料与制品业(0.314)	橡胶与塑料业(0.299)	医药制造业(0.297)	金属制品业(0.233)	纺织业(0.218)	通用设备制造业(0.198)	电器制造业(0.197)	非金属矿采选与制品业(0.158)	食品业(0.144)	专用设备制造业(0.143)
济南				●					●			●			
青岛	●		●	●			●		●	●	●	●	●	●	●
淄博			●								●	●	●		●
枣庄						●		●					●		
东营			●			●				●					
烟台	●			●		●	●		●		●		●	●	●
潍坊						●	●		●		●			●	●
济宁															●
泰安							●	●	●			●	●		
威海	●													●	
日照															
莱芜					●										
临沂					●			●							
德州				●		●		●		●	●		●	●	●
聊城		●			●				●	●			●	●	●
滨州										●				●	
菏泽						●		●		●					

资料来源：根据山东省及其17个地市2016年统计年鉴中的相关数据整理计算。

化学原料与制品业、非金属矿采选与制品业、石油开采与加工业；东营市化学工业占55.4%，优势工业部门是石油开采与加工业、化学原料与制品业、橡胶与塑料业。

莱芜市为原材料与能源主导型，原材料与能源工业占63.8%，优势工业部门是黑色冶金业。

滨州市为轻工主导型，轻工业占52.5%，优势工业部门是纺织业、食品业。

第二类为双业并重型，4类工业中有2类工业产值比重超过25%，合计比重超过60%，包括威海、济宁、泰安、临沂、菏泽5市。

威海市属于装备制造与轻工并重型，装备制造业、轻工业分别占40.5%和33.3%，优势工业部门是食品业、计算机等制造业。

泰安市属于装备制造与原材料能源并重型，装备制造业、原材料与能源工业分别占37.4%和26.2%，优势工业部门是煤炭业、通用设备制造业、非金属矿采选与制品业、食品业、化学原料与制品业、纺织业。

济宁、临沂2市属于轻工与原材料能源并重型，其中济宁市轻工业、原材料与能源工业分别占34.8%和26.1%，优势工业部门是煤炭业、纺织业、食品业、造纸业、橡胶与塑料业；临沂市轻工业、原材料与能源工业分别占39.2%和28.2%，优势工业部门是食品业、黑色冶金业、木材加工业、化学原料与制品业、非金属矿采选与制品业。

菏泽市属于化工与轻工并重型，化学工业、轻工业分别占40.1%和37.3%，优势工业部门是化学原料与制品业、纺织业、食品业。

第三类为综合型，4类工业中有3类比重相当，三者合计超过75%，包括潍坊、德州、枣庄、日照、聊城5市。

潍坊、德州2市属于轻工、装备、化工综合型，潍坊市轻工业、装备制造业、化学工业分别占31.5%、28.4%和27.2%，优势工业部门是化学原料与制品业、食品业、纺织业；德州市轻工业、装备制造业、化学工业分别占33.4%、26.1%和25.1%，优势工业部门是食品业、化学原料与制品业、非金属矿采选与制品业、通用设备制造业、纺织业。

日照、聊城、枣庄3市属于轻工、原材料、装备综合型，日照市轻工业、装备制造业、原材料与能源工业分别占31.4%、29.5%和24.2%，优势工业部门是食品业、运输设备制造业、黑色冶金业；聊城市轻工业、原材料与能源工业、装备制造业分别占 31.0%、28.8% 和 28.5%，优势工业部门是有色冶金业、食品业、纺织业、通用设备制造业；枣庄市原材料与能源工业、轻工业、装备制造业分别占 28.7%、27.3% 和 24.4%，突出的优势工业部门是煤炭业、非金属矿采选与制品业、化学原料与制品业、纺织业、食品业。

第三节　经济区划与区域差异

一、经济区形成的自然背景

依据地貌、降水、土壤、植被等自然要素，山东省可划分为鲁东、鲁中南、鲁西南、鲁西北、鲁北滨海 5 个自然区域。鲁东自然区域是指潍河—沭河谷地以东地区，包括青岛市、烟台市、威海市、日照市及潍坊市部分地区；鲁中南自然区域是指潍河—沭河谷地以西，小清河、黄河以南，京杭大运河以东地区，包括枣庄市、临沂市、莱芜市及济南市、泰安市、淄博市、潍坊市、济宁市大部分地区；鲁西南自然区域是指京杭大运河以西、黄河以南地区，包括菏泽市及济宁市部分地区；鲁西北自然区域是指黄河以北地区，包括聊城市、德州市及滨州市部分地区；鲁北滨海自然区域是指黄河三角洲地区，包括东营市及滨州市、济南市、淄博市部分地区。这 5 大自然区域为经济区奠定了坚实的自然基础。

二、经济区的划分

经济区的划分是个复杂而且难以操作的事情，综合考虑经济区内部自然条件的相似性、经济发展方向的一致性、行政区的完整性、同级经济区在地理空间上不重叠性等原则，结合山东省实际情况，尤其是"两区一圈一带"战略格局，本书提出四大板块、六大经济区的基本构想。

四大板块即山东半岛经济板块、黄河三角洲经济板块、鲁中经济板块、鲁西经济板块。

山东半岛经济板块在山东经济区划史上有过不同的表述和范围界定，如胶东经济区、鲁东经济区、山东半岛城市群、胶东半岛沿海经济区、"海上山东"

等。2011年1月4日，国务院批复《山东半岛蓝色经济区发展规划》，其成为我国第一个以海洋经济为主题的国家发展战略，规划主题区范围包括山东全部海域，青岛、东营、烟台、潍坊、威海、日照6市及滨州市的无棣、沾化2县。山东半岛经济板块区域范围，以山东半岛蓝色经济区为基础，考虑到黄河三角洲经济板块等因素，界定为青岛、烟台、威海、潍坊、日照5市，其中青岛、烟台、威海3市构成胶东经济区，潍坊、日照2市构成鲁东经济区。

作为跨世纪工程，黄河三角洲的开发建设最早见于20世纪90年代，2009年12月1日国务院批复《黄河三角洲高效生态经济区发展规划》，其上升为国家战略。该规划确定的黄河三角洲高效生态经济区范围包括东营、滨州2市，潍坊市寒亭区、寿光市、昌邑市，德州市乐陵市、庆云县，淄博市高青县，烟台市莱州市，共涉及6个市的19个县（市、区），考虑到该规划区与山东半岛经济板块有较大的重叠性，黄河三角洲经济板块仅限定为东营、滨州2市。该板块历史上均为原惠民地区，因此构成1个（黄河三角洲）经济区。

鲁中经济板块有鲁中经济区、济南城市圈、省会城市群经济圈等多个名称，并且地域范围大小不同，从两三个地市到六七个地市不等。目前省会城市群经济圈包括济南、淄博、泰安、莱芜、德州、聊城、滨州7市，考虑到与黄河三角洲、鲁西经济板块的地域交叉，鲁中经济板块仅指济南、淄博、泰安、莱芜4市，该板块县级政区归属多次调整，分分合合，且地域相近，因此设为一个鲁中经济区。

德州、聊城、菏泽、济宁、枣庄、临沂6市曾分属鲁西北经济区、鲁西南经济区、鲁东南经济区、京九经济带、鲁南经济带等不同地域。2013年山东省委、省政府提出了以条形布局、邻边经济为特征，建设由上述6市组成的西部经济隆起带。该隆起带构成鲁西经济板块，依据交通区位以及历史传统，该板块分为鲁西南经济区（枣庄、济宁、菏泽、临沂4市）和鲁西北经济区（德州、聊城2市）。全省经济板块和经济区的基本格局如表10-9所示。

表10-9 山东省经济区划方案

经济板块	经济区	区域范围
山东半岛	胶东	青岛市、烟台市、威海市
	鲁东	潍坊市、日照市

续表

经济板块	经济区	区域范围
黄河三角洲	黄河三角洲	东营市、滨州市
鲁中	鲁中	济南市、淄博市、泰安市、莱芜市
鲁西	鲁西南	枣庄市、济宁市、临沂市、菏泽市
	鲁西北	德州市、聊城市

三、区域经济差异

衡量区域经济发展水平有单指标和综合指标两种方法，本书采取综合指标法，选取经济规模、经济效益、经济结构、经济可持续发展力和居民生活水平5大类20个指标变量，用熵值法获得各指标权重，结果如表10-10所示。

表10-10 山东省区域经济发展评价指标体系

目标层	系统层	指标层	指标权重
区域经济发展水平	经济规模（0.2816）	GDP（X1）	0.0555
		公共财政预算收入（X2）	0.0841
		出口总额（X3）	0.1420
	经济效益（0.3741）	人均GDP（X4）	0.0496
		经济密度（X5）	0.0501
		人均公共财政预算收入（X6）	0.0743
		人均全社会固定资产投资总额（X7）	0.0786
		人均社会消费品零售总额（X8）	0.0566
		人均科教支出（X9）	0.0649
	经济结构（0.1115）	二三产业产值占GDP比重（X10）	0.0011
		城乡就业人员比重（X11）	0.0039
		实际利用外资额与GDP之比（X12）	0.0502
		出口额与GDP之比（X13）	0.0563
	经济可持续发展力（0.1162）	万元GDP电耗（负）（X14）	0.0196
		万元GDP用水量（负）（X15）	0.0417
		万元GDP工业废水排放量（负）（X16）	0.0499
		工业固体废物综合利用率（X17）	0.0050

续表

目标层	系统层	指标层	指标权重
区域经济 发展水平	居民生活水平 （0.1166）	人均城乡居民储蓄存款余额（X18）	0.0524
		农村居民可支配收入（X19）	0.0284
		城市居民可支配收入（X20）	0.0358

在标准化处理各指标原始数据后进行加权求和，获得各区域经济发展水平指数，如表 10-11 所示。

表 10-11　山东省区域经济发展指数

经济板块	发展指数	经济区	发展指数	市地	发展指数
山东半岛	0.6195	胶东	0.7773	青岛市	0.9942
				烟台市	0.6765
				威海市	0.6612
		鲁东	0.3828	潍坊市	0.3997
				日照市	0.3659
黄河三角洲	0.4137	黄河三角洲	0.4137	东营市	0.5826
				滨州市	0.2448
鲁中	0.3927	鲁中	0.3927	济南市	0.5781
				淄博市	0.4646
				泰安市	0.2696
				莱芜市	0.2583
鲁西	0.1873	鲁西南	0.1998	枣庄市	0.2048
				济宁市	0.2862
				临沂市	0.2104
				菏泽市	0.0979
		鲁西北	0.1622	德州市	0.1750
				聊城市	0.1495

资料来源：根据《山东统计年鉴》（2016）、《中国城市统计年鉴》（2016）相关数据整理计算。

在四大经济板块中，山东半岛经济板块的发展水平位居四大经济板块之首，黄河三角洲经济板块和鲁中经济板块的发展水平基本持平，鲁西经济板块的发展最低，与其他板块存在较大差距。在六大经济区中，胶东经济区发展水平遥居领先地位，经济发展水平指数达 0.7773，远高于其他经济区，黄河三角洲、鲁中经济区、鲁东经济区居于中等地位，经济发展水平指数在0.4左右，鲁西南和鲁西北经济区发展水平最低，经济发展水平指数小于0.2。

在17市地中，青岛市经济发展水平最高，经济发展水平指数达到0.9942，相当于第二位的1.47倍，烟台、威海、东营、济南的经济发展水平居于第二层次，经济发展水平指数在0.5以上，上述五市构成了山东省经济发达地区。淄博、潍坊、日照、济宁、泰安、莱芜、滨州的经济发展水平居于第三层次，经济发展水平指数在0.25~0.5，为山东省中等发达地区。临沂、枣庄、德州、聊城、菏泽的经济发展水平居于第四层次，经济发展水平指数多在0.2以下，是山东省的欠发达地区。

总体分析，山东省区域经济存在较大的不平衡性，具有"东高西低""北高南低"的基本格局。

第四节　重要战略经济区

一、山东半岛蓝色经济区

山东是海洋大省，大陆海岸线长达3000多千米，占全国的1/6。山东省委、省政府历来十分重视海洋开放与建设，1991年山东省委、省政府就作出建设"海上山东"的战略决策，山东省"九五"计划（1996~2000年）、"十五"计划（2001~2005年）、"十一五"规划（2006~2010年）均把"海上山东"作为重大工程加以建设。2009年6月，山东省委、省政府印发《关于打造山东半岛蓝色经济区的指导意见》，2010年4月，省政府向国家发展和改革委员会报送《山东半岛蓝色经济区发展规划纲要》，2011年1月，国务院批复《山东半岛蓝色经济区发展规划》，使山东半岛蓝色经济区成为我国第一个以海洋经济为主题的区域发展战略。

（一）位置与范围

山东半岛在自然地理上有狭义和广义之分，狭义的山东半岛是指胶莱河以东地区，亦称胶东半岛，主要包括青岛市、烟台市，威海市；广义的山东半岛是指以小清河口和绣针河口两点连线以东地区，除包括青岛市、烟台市、威海市，还包括潍坊市和日照市。山东半岛蓝色经济区位于山东半岛及其周边地区，包括山东全部海域，青岛、烟台、潍坊、威海、日照、东营 6 市全部及滨州市无棣、沾化 2 个沿海县（见图 10-5），共计 54 个县（市、区），陆域面积 6.4 万平方千米，海域面积 15.95 万平方千米。

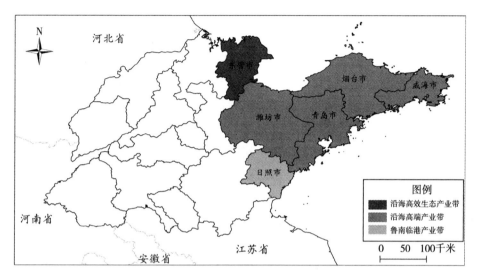

图 10-5　山东半岛蓝色经济区区位示意图

资料来源：地图资料基于山东省地理信息公共服务平台［"天地图·山东"，审图号：鲁 SG（2019）028 号］的标准地图绘制，图内专题数据来源于《山东统计年鉴》（2016）。

（二）经济发展水平与区域差异

山东半岛蓝色经济区总体发展水平较高，2018 年地区生产总值 35987 亿元（仅含青岛等 6 市），人均 106401 元，约合 14883 美元，已经跨越了高收入水平的门槛（2018 年世界银行高收入标准为人均 GDP12055 美元以上）。2018 年山东半岛蓝色经济区人均 GDP 相当于山东省平均水平的 1.39 倍，相当于我国东部地区（11 省域）平均水平的 1.22 倍，相当于全国平均水平的 1.73 倍，在 31 个省域（不含港澳台）中，仅低于北京、上海、天津 3 个直辖市，与江苏省相当；农民人均纯收入 18766 元，相当于山东省平均水平的 1.41 倍，相当于东部地区平均水平的 1.19 倍，相当于全国平均水平的 1.49 倍，在 31 个省域（不含港澳台）中，仅低于北京、上海、天津、浙江 4 省市，因此，山东半岛蓝色经济区属于我国经济发达地区。

同时也应看到，山东半岛蓝色经济区内部发展水平还存在较大差异，在 6

市和2县中,青岛、威海2市的人均GDP直逼北京、上海、天津3个直辖市,烟台市也达到很高水平,东营市由于石油经济发达和"地广人稀"更是高达每人191942元,潍坊、日照2市以及无棣、沾化2县人均GDP仅与东北地区(3省域)相当。根据前文研究,青岛市经济综合发展指数为0.9942,潍坊市和日照市分别为0.3997、0.3659,前者相当于后两者的2.49倍和2.72倍。

(三) 空间格局

山东半岛蓝色经济区重点打造"一区三带"的发展新格局,"一区"就是全面打造山东半岛蓝色经济区,建成海洋经济发达、产业优势突出、人与自然和谐发展、在国内外有重要影响的蓝色经济区;"三带"一是依托青岛、烟台、潍坊、威海,打造半岛沿海高端产业带,二是依托日照,打造鲁南临港产业带,三是依托东营、滨州(黄河三角洲)打造沿海高效生态产业带。

(四) 半岛沿海高端产业带

青岛市着力打造中国蓝谷,建设具有国际竞争力的高端产业、海洋经济聚集区和我国东部沿海地区重要的经济增长极。做强轨道交通装备、汽车、船舶海工、机械装备4大装备制造业,提升家电、石化、橡胶、纺织、食品、电子信息6大重点产业,做强金融、物流、旅游、会展、商贸、商务、科技等高端服务业,大力发展种植业、渔业、园艺业等现代农业。

烟台市制造业突出汽车、海工装备、通用设备、电子、食品、黄金、现代化工等优势产业,打造"烟台制造"品牌;服务业突出商贸、旅游、物流、金融等产业,现代农业突出"陆上粮仓""海上牧场"和果品生产,打造"烟台农业精品"品牌。

威海市制造业突出发展数控机床、汽车制造、海产品和农副产品深加工、纺织服装等产业;服务业突出发展现代物流、电子商务、休闲旅游、健康养生等产业;大力发展特色农业和海洋渔业。

潍坊市进一步提升了机械装备、汽车制造、石化盐化、纺织服装、食品加工、造纸包装等制造业;做强做大现代服务业;建成了全国最大的优质蔬菜种苗生产基地、畜禽良种生产基地。

(五) 鲁南临港产业带

日照市打造沿海精品钢铁产业集聚区,不断加快发展汽车及零部件产业,改造提升石油化工、粮油加工等产业,形成了一种"重而特、重而优"的工业体系；打造了以蓝天碧海金沙滩和太阳文化、太公文化、莒文化、黑陶文化、民俗文化为特色的"王牌"旅游目的地；大力发展茶叶种植等特色农业和海洋牧场产业。

二、黄河三角洲高效生态经济区

早在 20 世纪 90 年代，山东省就提出了实施黄河三角洲开发的跨世纪工程，"十一五"规划（2006~2010 年）进一步提出综合开发黄河三角洲和沿莱州湾经济区建设。在此基础上，2009 年 12 月 1 日，国务院通过了《黄河三角洲高效生态经济区发展规划》，黄河三角洲地区的开发建设正式上升为国家战略。目前，黄河三角洲地区凭借自身特有的生态环境和经济基础，并结合其他三角洲地区发展的经验与教训，已经得到了很大的发展。

（一）位置与范围

从自然地理的角度来讲，黄河三角洲在不同时期有不同的地理范围。历史上，黄河经过数次大的改道以及海岸线变化、黄河大堤修筑，黄河三角洲的位置、范围不断变化，就目前黄河入海口所在区域而言，一般认为黄河三角洲是古代、近代和现代三角洲的复合体。古代黄河三角洲以蒲城（滨州市滨城区）为顶点，北起套尔河口，南至小清河口，主要形成于 11~893 年，海岸线外延约 35 千米，陆地面积约为 7200 平方千米。近代黄河三角洲以垦利区宁海为顶点，北起套尔河口，南至支脉沟口，主要形成于 1855 年（黄河从铜瓦厢决口北流夺大清入海）~1953 年，海岸线外延约 37 千米，陆地面积约为 5400 平方千米。现代黄河三角洲以垦利区渔洼为顶点，北起挑河，南至宋春沟，是 1934 年以来仍然在形成的三角洲，陆地面积约为 3000 平方千米。

黄河三角洲整体地势南高北低，古代、近代、现代三角洲由西向东依次排列。黄河三角洲拥有国家级自然保护区，生存着约 2000 种珍稀濒危鸟类以及珍贵的湿地生物和植被等。黄河三角洲滩涂广阔，鱼、虾、蟹等海鲜资源丰富，同时石油、天然气资源十分丰富，是胜利油田所在地。但是，受黄河三角洲地区的原生和次生盐碱化、海潮和风暴灾害、旱涝等问题的影响，再加上湿地自身的脆弱性，黄河三角洲地区的生态环境较为脆弱，生态建设任务繁重。

为统筹黄河三角洲开发，使经济活动更加完整和规范，山东省以自然地理的三角洲为基础，整合周边县市，对黄河三角洲高效生态经济区范围做出了明确界定,包括东营市和滨州市全部,以及与其毗邻、自然环境条件相似的潍坊市北部的寒亭区、寿光市、昌邑市,德州市的乐陵市、庆云县,淄博市的高青县,烟台市的莱州市,共涉及6个地级市的19个县(市、区),总面积2.65万平方千米(见图10-6)。

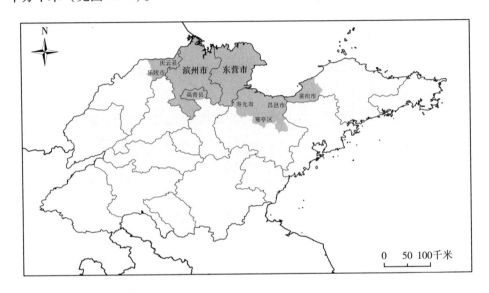

图 10-6 黄河三角洲高效生态经济区区位示意图

资料来源:地图资料基于山东省地理信息公共服务平台 ["天地图·山东",审图号:鲁 SG(2019)028号] 的标准地图绘制,图内专题数据来源于《山东统计年鉴》(2016)。

(二)经济发展水平与区域差异

黄河三角洲地区经济发展水平可以用三句话概括,即"一流的人均 GDP,二流的产业结构,巨大的区域差异"。由于石油经济的存在和相对的"地广人稀",黄河三角洲 2018 年人均 GDP111459 元(仅含东营、滨州 2 市),高于山东半岛蓝色经济区,更高于全省、全国平均水平。黄河三角洲地区三次产业产值之比为 6:55:39,第二产业占有绝对优势。从工业内部看,石油天然气开采业、石油加工业、化学工业、纺织工业、食品工业遥居各工业部门前列,产业结构处于中低端层面。黄河三角洲高效生态经济区内部区域差异巨大,从市地层面看,东营市人均 GDP 高达 191942 元,而滨州市仅为 67405 元,前者约等于后者的 3 倍;从县域层面看,东营(东营区、河口区)、广饶在全省 108 个县域中经济发展指数排名第 6 名和第 10 名,邹平、滨州、垦利分别位居第 15、第

16、第 17 名，但也有乐陵、阳信、沾化、惠民等排在 80 名以后，从而也印证了三角洲内部经济发展水平的差异性。

（三）空间格局

鉴于黄河三角洲特殊的自然生态环境，该区域主打高效生态经济，走保护与发展双赢的路子。根据国务院批复的《黄河三角洲高效生态经济区发展规划》，在空间上形成以自然保护区为主体的核心保护区、以高效生态农业区为主体的控制开发区、以省级以上开发区和城镇建设用地为主体的集约开发区三个类型的区域空间格局。

核心保护区主要包括自然保护区、水源地保护区和海岸线自然保护带，约占区域面积的 14%。自然保护区内主要有黄河三角洲国家级自然保护区、滨州贝壳堤岛与湿地系统国家级自然保护区、昌邑国家海洋生态特别保护区等；水源地保护区主要有广南、孤北等水库及周边区域，黄河、小清河等河道及流域。

控制开发区主要包括高效生态农业区、浅海滩涂和黄河入海流路。高效生态农业区范围遍及全区，在三角洲腹地重点发展优质粮棉，在近海区域重点发展生态渔业，在盐碱地区域重点发展生态牧业，在传统蔬菜和果品生产地重点发展绿色果蔬等产业。浅海滩涂要充分考虑生态环境相对脆弱的特点，适度发展养殖业，有序发展原盐业，加快发展滨海旅游业，合理开发海水资源、滩海油田和风能，严禁发展重化工业。在黄河现行流路区要严格限制生产建设活动，在备用流路区控制城镇建设和人口迁入居住。

集约开发区主要包括城镇现有建成区和拓展区、国家级及省级开发区和沿海防潮大堤内以盐碱荒滩为主的连片未利用地等。重点打造以东北部和东部沿海地域为主的东营临港产业区，以无棣、沾化、滨城区为主的滨州临港产业区，以寒亭北部、寿光北部、昌邑北部为主的潍坊北部临港产业区，以沿海地带为主的莱州临港产业区。

东营市和滨州市承担着黄河三角洲高效生态经济区的主要功能。东营市要充分利用"蓝黄"两块金字招牌，做强高效生态经济，打造现代生态产业体系，抢占生态文明建设制高点。滨州市一要做强高效生态经济品牌，打造高效生态经济产业集群，构筑具有滨州特色的现代农业产业体系；二要以北海经济开发区为核心，以沾化区、无棣县为两翼，以港产城一体发展为重点，着力培植壮大现代海洋渔业、海洋化工等产业，构建蓝色经济产业体系；三要主动融入省会城市群经济圈建设，依托邹平市地理位置、资源产业等方面的优势，实现与济南全方位对接，将邹平市打造成对接省会城市群经济圈的桥头堡，带动各县区协调发展。

三、省会城市群经济圈

省会城市群经济圈建设由来已久，最早可以追溯到 20 世纪 80 年代，山东省"七五"计划（1986～1990 年）首次提出建设鲁中（济南、泰安、莱芜）经济区的设想。21 世纪以来，省会城市群经济圈建设思路越来越明晰，"十五"计划（2001～2005 年）突出城市化战略，全省逐步形成"两大中心、五条城镇发展轴线"，"两大中心"即济南、青岛两个中心城市；"十一五"规划（2006～2010 年）进一步凝练了"十五"计划的区域发展方案，提出加快济南城市圈建设目标，有关部门制定了《济南都市圈规划》；"十二五"规划（2011～2015年）提出了省会城市群经济圈重点区域带动战略，成为全省"两区一圈一带"格局重要组成部分；"十三五"规划（2016～2020 年）制定了"东部提升、中部崛起、西部跨越"的区域发展战略，纵深"两区一圈一带"建设，省会城市群经济圈立足区域一体化发展，打造山东省中部崛起的战略平台。

（一）位置与范围

省会城市群经济圈位于山东省中西部，是省内"两区一圈一带"战略格局的结合部，东联山东半岛蓝色经济区，北、西、南呈半环状辐射黄河三角洲高效生态经济区和西部经济隆起带（见图 10-7）。该区域以济南为中心，包括其周围的泰安、淄博、莱芜、德州、聊城、滨州 6 市，形成"1+6"市构成的城市群经济圈，区内有 52 个县（市、区），总面积 52076 平方千米，约占山东省总面积的 33%。该区域区位优势明显，京沪高铁、京沪铁路、京沪高速、京台高速纵贯南北，济青高铁、胶济客专、胶济铁路、青银高速、青兰高速横穿东西，济南遥墙国际机场通达国内外重要城市。

（二）经济发展水平与区域差异

省会城市群经济圈发展水平居全省中等，2018 年地区生产总值 26755 亿元，人均为 76469 元，略高于全省平均水平，与我国东部地带发展水平相当。但区内差异较为明显，呈现出"中心区域强，周围区域弱"的特点。从市域层面看，

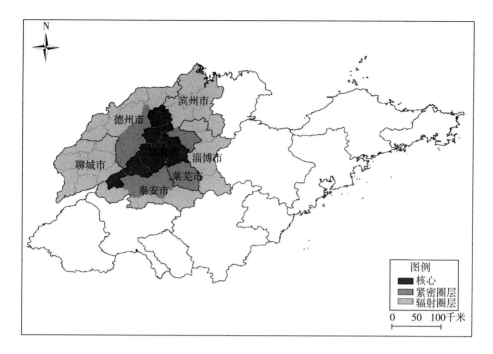

图10-7　省会城市群经济圈区位示意图

资料来源：地图资料基于山东省地理信息公共服务平台［"天地图·山东"，审图号：鲁SG（2019）028号］的标准地图绘制，图内专题数据来源于《山东统计年鉴》（2016）。

济南市中心性综合得分明显高于周边市地，其次是淄博市，其他市地发展水平较低。济南市、淄博市人均GDP分别为105310元、107796元，经济发展水平整体上达到我国发达地区水平。泰安市、莱芜市、德州市、聊城市、滨州市的人均GDP分别为64743元、72926元、58181元、51892元、67317元，尚低于山东省平均水平，略高于全国平均水平。从县域层面看，中心区域的济南、淄博等居全省108个县域的前10位，但周边的惠民、商河位居100名之后。

（三）空间格局

依据发展现状，省会城市群经济圈具有"一核心两圈层"的空间格局。一核心，即济南中心城市；两圈层，即紧密圈层、辐射圈层。紧密圈层以济南为核心，70千米为半径，包括济南市、莱芜市以及泰安市（泰山区、岱岳区、肥城市）、德州市（齐河县、禹城市、临邑县）、滨州市（邹平市）的部分县域。辐射圈层以150千米为半径，包括淄博市、聊城市以及泰安市（新泰市、东平县、宁阳县）、德州市（德城区、陵城区、宁津县、庆云县、平原县、夏津县、武城县、乐陵市)、滨州市(滨城区、沾化区、无棣县、阳信县、惠民县、博兴县)的大部分县域。

济南市以老城区为中心,聚焦中央商务区建设;以济南西客站、东客站和黄河北、长清、章丘等城市次中心,推动城市组团式发展;以济阳、平阴、商河三县驻地及工业园区为主要载体,加强现代化卫星城建设,增强城乡一体发展的重要纽带作用。

莱芜市对接济南,以京沪高速和规划建设的济莱快速铁路为纽带,打造以莱城城区为主体,北起口镇南至钢城城区的城镇和产业密集带。

泰安市融入省会城市群经济圈,对接西部经济隆起带,依托泰城中心城市,打造 104 国道高端产业聚集带和大汶河绿色产业聚集带。

淄博市强化张店主城区的核心引领作用,推动淄川、博山、周村、临淄、桓台等中部区域转型发展,依托高青、沂源分别打造北部健康服务业和南部生态经济示范区。

四、西部经济隆起带

由于资源条件、经济基础不同,山东省东西部发展水平存在较大差距,西部地区尚处于欠发达状态。为了改变这种状况,山东省委、省政府早在"七五"计划(1986~1990 年)时期就提出鲁西北、鲁西南、鲁东南经济区的战略构想,之后又相继提出建设新石(日菏、鲁南)、京九经济带的设想。近些年,随着黄河三角洲、山东半岛、中原经济区上升为国家战略,2013 年山东省委、省政府正式提出了建设西部经济隆起带的战略,西部经济隆起带成为全省"两区一圈一带"格局的重要组成部分。

(一)位置与范围

西部经济隆起带包括枣庄、济宁、临沂、德州、聊城、菏泽 6 市和泰安市的宁阳县、东平县等共 60 个县(市、区),面积 67179 平方千米,约占全省的 42.5%,与江苏、安徽、河南、河北 4 省 11 市接壤,是省会城市群经济圈和中原经济区的组成部分(见图 10-8)。

(二)经济发展水平与区域差异

西部经济隆起带处于欠发达水平,2018 年地区生产总值 21662 亿元(仅含 6 市),人均为 49744 元,仅相当于全省平均水平的 65% 左右,低于全国平均水平,

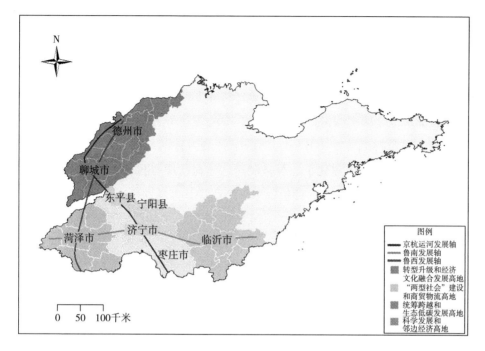

图 10-8 西部经济隆起带区位示意图

资料来源：地图资料基于山东省地理信息公共服务平台［"天地图·山东"，审图号：鲁 SG（2019）028 号］的标准地图绘制，图内专题数据来源于《山东统计年鉴》（2016）。

与我国西部地带的发展水平相当。

首先，区域内产业结构层次低，矿产资源型产业、纺织食品产业等比重偏高，产业链条短，且市地间结构趋同。其次，区域整体城镇化水平较低，2018年枣庄、济宁、临沂、菏泽、聊城、德州 6 市的城镇化水平分别为 55.88%、58.85%、51.54%、50.25%、51.77%、57.07%，均低于全省 61.18% 的平均水平。最后，区域内部差异较小，6 市（除临沂、菏泽偏低外）的人均 GDP 多在60000 元上下，存在着低水平平衡现象。

（三）空间格局

西部经济隆起带重点构筑京杭运河、鲁南、鲁西三条发展主轴，建设转型升级和经济文化融合、"两型社会"建设和商贸物流、统筹跨越和生态低碳、科学发展和邻边四大发展高地。

依托京杭运河，形成贯通枣庄、济宁、聊城、德州 4 市的京杭运河发展轴；依托菏兖日铁路和鲁南高铁，形成融合临沂、济宁、菏泽，辐射枣庄的鲁南发展轴；依托德商高速公路、京九铁路，形成贯通德州、聊城、菏泽的鲁西发展轴。

转型升级和经济文化融合发展高地，主要是推进济宁、枣庄资源型城市转型，加快发展接续产业和替代产业。济宁市着重煤炭产业的转型升级，培植发展信息技术、高端装备、生物医药、新材料等战略性新兴产业，提升发展工程机械、食品加工、纺织服装、高档造纸、冶金建材等传统优势产业，大力发展文化旅游、现代物流等特色产业，把济宁打造为鲁西地区的经济、科教中心。枣庄市坚持改造提升能源化工、装备制造、建材纺织等传统产业，积极培育新兴产业，大力发展文化旅游、商贸服务等产业。

临沂市力推"两型社会"建设和商贸物流高地，大力发展资源节约型、环境友好型产业，提升汽车及装备制造、健康食品、生物医药、高端木业、不锈钢及冶金、绿色化工、环保建材、纺织服装等产业集群。同时，创新发展商贸、物流两大引擎产业，打造全国最大的现代专业市场集群和国际商品集散中心。建成全国革命老区科学发展和"两型社会"建设高地，将临沂市打造为鲁南苏北区域性中心城市。

德州要充分发挥资源区位优势，建成全国重要的新能源产业基地、生物产业基地、高端装备制造基地、纺织服装基地和全省低碳发展示范城市。聊城市要积极建设全国重要的有色金属及深加工基地，新能源汽车生产基地及全省重要的精细化工、纺织、造纸、生物医药基地，建成鲁西生态化新兴工业城市、邻边地区综合交通枢纽和商贸物流中心城市、江北文化旅游和休闲度假目的地城市。

菏泽市大力培植能源化工、生物医药、机电制造、农产品加工、商贸物流等主导产业，积极发展金融保险、文化旅游等现代服务业，将自身建设成为山东、江苏、河南、安徽交界地区的科学发展高地和区域性中心城市。

参考文献

［1］张祖陆. 山东地理［M］. 北京：北京师范大学出版集团，2014.

［2］翟忠义. 山东省综合经济区划的初步探讨［J］. 山东师范大学学报（哲学社会科学版），1984（10）：7-14.

［3］刘志红，卢红书. 山东省城市经济区划初步研究［J］. 山东建筑工程学院学报，1992，7（1）：42-49.

［4］郑国，赵群毅．城市经济区与山东省区域经济空间组织研究［J］．经济地理，2004，24（1）：8-12.

［5］郭新璋，季星如．山东省经济和社会发展战略［M］．济南：山东人民出版社，1989.

［6］杜甜梦，代合治，高艳丽．山东省区域经济发展水平空间格局演变研究［J］．鲁东大学学报，2017，33（1）：76-82.

［7］黄春海，张祖陆．黄河三角洲国土开发与整治［J］．地理科学，1986，6（3）：197-205.

［8］赵明华，朱明明．济南都市圈城市中心性研究［J］．鲁东大学学报，2011，27（2）：158-162.

［9］郝兆印．济南都市圈经济一体化发展研究［D］．济南：山东师范大学，2013.

［10］孙明明．加快推进山东西部经济隆起带发展的对策研究［J］．山东农业工程学院学报，2015，32（2）：66-70.

［11］国家发展和改革委员会．山东半岛蓝色经济区发展规划［Z］．2011.

［12］山东省人民政府．黄河三角洲高效生态经济区发展规划［Z］．2008.

［13］山东省人民政府．省会城市群经济圈发展规划［Z］．2013.

［14］山东省人民政府．西部经济隆起带发展规划［Z］．2013.

第十一章　城镇化

　　1949 年后，山东省开始了具有实质意义的城镇化进程，1949 年设济南、青岛、潍坊、张店、周村、德州、烟台、济宁、羊口、石岛、威海、龙口 12 座城市。1950 年张店、周村 2 市合为张周市，博山县城关与淄川县矿区合并为博山市，撤销羊口、龙口、石岛 3 市。1954 年设立临清市，张周市与博山市合并为淄博市，当时全省共有济南、青岛、烟台、淄博、潍坊、威海、德州、济宁、临清 9 个建制市，其中济南、青岛、烟台、淄博为省辖市，另设莱阳、临沂、惠民、泰安、聊城、济宁、菏泽、德州、潍坊、文登、胶州 11 个专区，奠定了山东城市空间结构的基本格局。

　　20 世纪 50 年代末至 60 年代中叶是山东城市发展的起伏波动期，城市设置在急剧扩张后大幅度收缩。山东省先后设置了枣庄、泰安、聊城、临沂、菏泽、新汶 6 座城市，之后又撤销了泰安、聊城、临沂、菏泽、新汶、临清 6 座城市，至 1965 年山东省城市仍是 9 座，只是临清换成了枣庄。"文化大革命"时期，山东省无一城市增减，属于典型的停滞时期。

　　20 世纪 80 年代以来山东城市发展进入了一个新阶段，先后设置了泰安、滨州、东营（1982 年），聊城、临清、临沂、菏泽、莱芜、新泰、日照（1983 年），曲阜、青州、龙口（1986 年），胶州、莱阳、诸城（1987 年），莱州、滕州、乐陵、文登、荣成（1988 年），即墨、平度（1989 年），莱西、胶南（1990 年），蓬莱、招远（1991 年），肥城、章丘、兖州、邹城（1992 年），寿光、乳山、禹城（1993 年），安丘、高密、昌邑（1994 年），栖霞（1995 年），海阳（1996 年）39 座城市，平均每年新增 2.6 座城市，城市总数达到 48 座。之后十余年城市数量保持了相对稳定。

　　2012 年，撤销县级胶南市、青岛市黄岛区，以原青岛市黄岛区、县级胶南市的行政区域为新的黄岛区;2013 年兖州市撤市设区,改称兖州区;2014 年撤销县级文登市,设立威海市文登区;2016 年章丘撤市设区;2017 年即墨撤市设区;2018 年撤销邹平县,设立县级邹平市,2019 年撤销地级莱芜市,并入济南市。

至 2018 年底,山东省设有市建制的城市总数为 44 个,其中副省级城市 2 个(济南、青岛),地级市 15 个,县级市 26 个,另有建制镇 1092 个。按人口规模,其中,I 型大城市 2 个(济南、青岛)、II 型大城市 5 个(临沂、烟台、淄博、潍坊、济宁)、中等城市 11 个(枣庄、东营、泰安、威海、日照、德州、聊城、滨州、菏泽、莱芜、新泰)、小城市 26 个(见表 11-1)。

表 11-1　截至 2018 年底山东省各类城市数量

城市等级	城市名称	城市数量
I 型大城市	济南、青岛	2
II 型大城市	临沂、烟台、淄博、潍坊、济宁	5
中等城市	枣庄、东营、泰安、威海、日照、德州、聊城、滨州、菏泽、莱芜、新泰	11
I 型小城市	平度、诸城、胶州、荣成、莱州、滕州、莱阳、寿光、安丘、青州、莱西、临清、邹城、高密、龙口、肥城、海阳、乐陵、曲阜、招远	20
II 型小城市	乳山、禹城、栖霞、蓬莱、昌邑、邹平	6

资料来源:《山东统计年鉴》(2019)。

第一节　城镇化发展过程与特征

一、城镇化的发展历程

1949 年以来,山东省城镇化发展波动性较大。改革开放以来,山东省经济发展迅速,城镇化进程加快。1990 年第四次全国人口普查山东省城镇化率为 27.34%,首次高于全国平均水平,自此山东省的城镇化逐渐进入快速平稳发展阶段。2011 年山东省人口城镇化率超过 50%,2019 年山东省常住人口达 10070.21 万人,城镇人口 6194.2 万人,城镇化率为 61.51%(户籍城镇化率约 51%),山东省正逐渐告别乡村主导的时代,逐步进入以城市型社会为主体的新的城镇发展时期（见表 11-2）。

表 11-2　1952~2019 年山东省城镇化进程　　　　单位:%

年份	非农业人口比重	城镇人口比重	年份	非农业人口比重	城镇人口比重
1952	5.99	—	2002	29.04	40.3
1953	6.17	7.32	2003	31.11	41.8
1964	7.94	12.93	2004	32.21	43.5
1966	7.74	—	2005	34.16	45
1976	8.28	—	2006	34.78	46.10
1982	10.33	16.81	2007	36.76	46.75
1990	18.73	27.34	2008	37.61	47.60
1991	19.33	—	2009	37.55	48.32
1992	20.52	—	2010	40.26	49.71
1993	22	—	2011	41.13	50.90
1994	24.03	—	2012	41.97	52.43
1995	24.94	31.94	2013	42.97	53.75
1996	25.87	—	2014	43.96	55.01
1997	26.22	—	2015	47.87	57.01
1998	25.88	—	2016	49.04	59.02
1999	26.03	36.1	2017	50.19	60.58
2000	26.84	38.15	2018	50.94	61.18
2001	27.89	39.2	2019	—	61.51

资料来源：历年《山东统计年鉴》、山东省统计公报。

1949 年以来的山东省城镇化历程大致可以划分为以下几个发展阶段：

（一）城镇化波动与徘徊发展阶段（1949~1977 年）

1949~1957 年为城镇化发展起步阶段。在"一五"计划时期，山东省在国家重点建设项目的带动下，稳步推进工业化，改造、兴建了一批工业企业，增强了城市吸纳人口的能力，城镇化水平稳步提高，1957 年城镇化水平达到 8.4%。

1958~1960 年为超常规发展阶段。"大跃进"期间，经济建设上实施大计划、高指标，新建城市，城镇人口迅猛增加。1958 年城镇化率较 1957 年提高了 2 个百分点，这是一种超常规的发展速度。到 1959 年，城镇人口增加了 139 万人，城镇化率升至 11.0%，形成了这一时期城镇人口超常规增长的局面。

1961～1977 年为徘徊停滞阶段。随着 20 世纪 60 年代初国民经济调整、城市人口精简、市镇设置标准的提高，部分市镇建制撤销，出现"反城市化"现象，1962 年城镇化水平比 1960 年下降了近 3 个百分点。20 世纪六七十年代，国民经济遭到极大破坏，城市工业发展停滞，农村商品经济与小城镇发展受到限制，同时出现了以知识青年上山下乡和下放干部为特征的城乡人口的反向流动，城市人口一度出现负机械增长。虽然从 1971 年开始城镇化率有所回升，但速度缓慢，到 1977 年才达到 13.3%。之后，知青返城，城镇人口才有明显增加，城镇化水平才有一定提高。

（二）城镇化振兴与较快发展阶段（1978～1999 年）

1978～1990 年为改革开放的前期，在农村经济体制改革取得明显成效的基础上，山东省适时启动了城市经济体制改革，经济的迅猛发展，促进了城镇建设和农村劳动力转移，乡村城镇化迅速推进，城镇个数和人口数量大量增加，山东省城镇化水平和产业非农化水平经历了一个持续稳定增长的过程，城镇化率由 1978 年的 13.46% 上升至 1990 年的 27.34%，从而结束了城市化长期徘徊不前的局面。

进入 20 世纪 90 年代，社会主义市场经济体制逐步建立，改革开放持续推进，城镇化率在这一阶段稳步发展，逐步进入中期快速发展阶段，1999 年城镇化率达到 36.1%。

与前一个时期相比较，这一阶段城镇化发展快速平稳，年均提高 1 个百分点以上。这一时期第二、第三产业发展迅速，尤其是第三产业产值比重增长明显，产业产值配置形成"二三一"的格局；第三产业的蓬勃发展使山东省吸收农村劳动力的能力明显上升，就业比例不断提高，第一产业就业人口下降明显，促进了城镇化的发展。

（三）城镇化快速扩张阶段（2000～2017 年）

2000 年以后山东省城镇化进入加速发展阶段。2000 年，山东省委、省政府将城镇化确立为山东省四大发展战略之一，明确了山东省要成为全国城镇化发达地区之一的目标，从此山东城镇化进入了新的快速发展期。这一时期，半岛城市群建设、蓝黄经济区发展战略的实施，推进了经济发展。2000 年后，山东省第一产业就业比重迅速下降，第二、第三产业均发展迅速，第二产业主导地位稳固，第二、第三产业吸收农村劳动力的能力持续稳定上升。全省城镇化发展取得新突破，2000~2017 年城镇化率由 38.15% 上升到 60.58%，城镇化达到全球城镇化中等水平。除了 2006~2009 年步伐略有放慢外，其他多个年份增幅达 1.5 个百分点，2015 年、2016 年连续两年提高 2 个百分点，城镇化整体呈超常规发展状态。其中，2011 年山东省城镇化水平超过 50%，实现城镇人口对农村人口的超越，这是社会结构的一个历史性变化，山东省逐步进入城市主导型社会。但这一时期城镇化水平的提高和超常规发展有由城镇人口统计口径变化以及人为城镇化因素导致的虚高现象。

按照国际一般规律，当人均收入超过 3000 美元时，城镇化将进入加速期；国际经验还告诉我们当城镇化水平超过 30% 之后，城镇化也将进入快速增长期。这两项指标均显示（山东省人均 GDP 超过 10000 美元，城镇化率在 60% 以上），山东省正处于城镇化快速发展的关键阶段。在快速发展的过程中，城镇化问题也开始显现，新型城镇化成为重要战略选择。

（四）城镇化内涵发展与调整阶段（2018 年至今）

最近几年国际政治、经济格局演变的不稳定性以及部分发达经济体去全球化的举措对全球产业链形成较大冲击。与全国类似，山东省正面临着外需不稳和传统工业转型的新形势，经济增速趋缓，结构调整压力增大。受此影响，城镇化增速趋缓，2018 年、2019 年分别只提高了 0.6 个和 0.33 个百分点，山东将逐渐进入内涵提升的新型城镇化发展阶段。在经济发展进入新常态的局面下，加快城镇化进程必将成为山东省经济发展的战略性选择，它将成为新时期扩大内需、促进经济发展的重要带动力量。随着综合试验区建设、扩大内需举措的实施，以及新旧动能转换成效的逐步显现，山东城镇化有望实现持续稳定发展。

二、城镇化的主要特征

2019 年，山东省常住人口达 10070.21 万人，城镇人口 6194.2 万人，城镇化率为 61.51%（户籍城镇化率约 51%），略高于全国 60.60% 的平均水平。相较于 1990 年，山东省 2019 年的城镇人口增长了一倍多。

（一）大中城市发展速度快，城镇体系不断完善

根据新的城市规模划分标准，以城区常住人口为统计口径，将城市划分为五类七档。具体的划分标准如表 11-3 所示。

表 11-3 新的城市规模划分标准

城市规模	超大城市	特大城市	大城市		中等城市	小城市	
			Ⅰ型	Ⅱ型		Ⅰ型	Ⅱ型
城区常住人口	≥1000 万人	500 万～1000 万人	300 万～500 万人	100 万～300 万人	50 万～100 万人	20 万～50 万人	<20 万人

资料来源:《关于调整城市规模划分标准的通知》。

　　按照新的城市规模划分标准,1990 年山东省缺少特大城市,也没有Ⅰ型大城市。Ⅱ型大城市、中等城市、Ⅰ型小城市、Ⅱ型小城市的数量分别为 3 个、4 个、18 个、9 个,可见小城市数量多。2019 年山东省出现了Ⅰ型大城市,Ⅰ型大城市、Ⅱ型大城市、中等城市、Ⅰ型小城市、Ⅱ型小城市的数量分别为 2 个、5 个、11 个、20 个、6 个,中等以上规模的城市数量明显增加(见表 11-4)。山东省的Ⅰ型小城市数量一直占明显优势。Ⅰ型大城市有突破性的发展,中等城市数量增加迅速,由 1990 年的 4 个增加到 2019 年的 10 个,Ⅱ型小城市数量明显偏少,但若考虑县政府驻地建制镇的话,则Ⅱ型小城市数量会有大幅度增加。山东省已经形成了“金字塔”式的等级结构,城市规模结构体系不断完善。

表 11-4 1990 年、2019 年山东省各等级规模城市数量

年份	特大城市	大城市		中等城市	小城市	
		Ⅰ型	Ⅱ型		Ⅰ型	Ⅱ型
1990			3	4	18	9
2019		2	5	11	20	6

资料来源:根据 1991 年和 2020 年《山东统计年鉴》等相关数据整理计算。

(二)区域差异显著

　　与全国的情况相似,山东省城镇化水平也存在较大的区域差异,主要表现为东西部城镇化发展的不平衡性。

　　1990~2019 年,山东省的城市数量由 34 个发展到 44 个,增加了 10 个,其中胶东半岛地区(青岛、烟台、潍坊、威海 4 市)增加了 6 个(其间有 3 个县级市撤市设区);而西部地区(滨州、德州、聊城、临沂、菏泽 5 市)仅增加了 3 个。胶东半岛地区面积占山东省的 29%,2019 年设市 22 个,平均每 2005 平方千米一个城市,而西部地区面积占山东省的 44%,设市仅 9 个,平均每 7650 平方千米才一个城市。1991 年,山东东部地区的青岛市下辖的 5 个县级市(胶州、平度、即墨、胶南、莱西)在中国率先完成了县改市。目前,东部地区已形成

了以青岛为龙头，以烟台、潍坊、威海3市为骨干，以各县级市为发展重点，以各中心镇为基础的4个层次的城市发展梯度链，形成了城镇化健康发展的金字塔构架，使城镇化步入了良性发展的轨道，并以此为基础向外围扩展形成了山东半岛城市群。而西部地区城市稀少，城市规模较小，城市基础设施不够完善，缺乏能成为区域发展中心的大城市，难以对广大农村地区产生很好的集聚和辐射作用。

为了便于从空间上分析，笔者把山东省划分为鲁东、鲁中和鲁西，鲁东是指青岛、烟台、潍坊、威海4市；鲁中是指济南、淄博、东营、莱芜、泰安、济宁、枣庄、临沂、日照9市；鲁西是指德州、滨州、聊城、菏泽4市。2015年鲁东的平均城镇化率最高（60.5%），鲁中（57.1%）次之，鲁西（47.3%）最低，人口城镇化率低于50%的地市主要分布在鲁西地区。城镇化水平由东向西递减，呈阶梯状分布。鲁东、鲁中城镇化水平相差3.4个百分点，鲁中和鲁西的城镇化水平相差近10个百分点，区域差异较大。与山东省邻近的江苏省的城镇化水平也存在明显的区域差异，其城镇化水平由南向北降低，苏南、苏中、苏北的城镇化水平依次为74.3%、60.9%、57.5%（见表11-5）。与江苏省相比，山东省城镇化水平最高的鲁东明显低于苏南，鲁中与苏中相近，而鲁西也低于苏北较多，说明山东省在城镇化进程中，既要提高鲁东地区的水平，增强辐射带动能力，也要加快鲁西的发展，缩小区域差距。

表11-5 2015年山东省与江苏省城镇化水平对比 单位:%

区域	鲁东	鲁中	鲁西	苏南	苏中	苏北
城镇化水平	60.5	57.1	47.3	74.3	60.9	57.5

资料来源：根据《山东统计年鉴》（2016）、《江苏统计年鉴》（2016）等相关数据整理计算。

从17地市看，差异更为明显。2000年山东省17地市的城镇化水平都在20%以上，最高的青岛市为57.16%，最低的菏泽市为20.86%，两者相差36.30个百分点（见图11-1）。城镇化率在20.86%~28.19%的地级市有4个，28.20%~40.59%的有6个，40.60%~49.72%的有4个，大于49.72%的有3个。经过十余年的发展，到2015年17地市的城镇化水平都在45%以上，比2000年提高了25个百分点。城镇化水平处于40%~50%的有2个地市，50%~60%的有9个，60%~70%的有5个地市，70%以上的有1个，各个地市的发展水平均有显著的提高（见图11-2）。城镇化水平最高的是青岛市70%，最低的是菏泽市 45.13%，两者相差 24.87 个百分点。两个地市的差距比 2000年时减少了近 11 个百分点，但差距依然较大。2019 年 17 地市的城镇化水平均超过 50%，两地市差距进一步减至 23.42%。

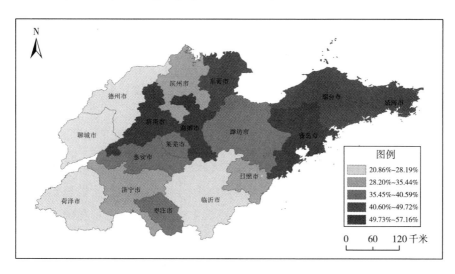

图 11-1　2000 年山东省地级市城镇化水平示意图

资料来源：地图资料基于山东省地理信息公共服务平台［"天地图·山东"，审图号：鲁 SG（2019）028 号］的标准地图绘制，图内专题数据来源于《山东统计年鉴》（2011）。

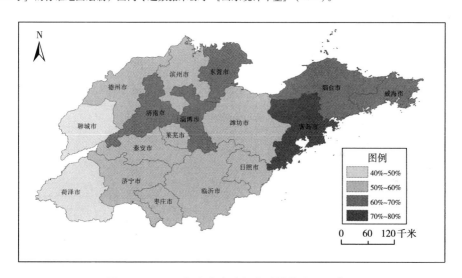

图 11-2　2015 年山东省地级市城镇化水平示意图

资料来源：地图资料基于山东省地理信息公共服务平台［"天地图·山东"，审图号：鲁 SG（2019）028 号］的标准地图绘制，图内专题数据来源于《山东统计年鉴》（2016）。

（三）就地城镇化特征明显

第六次人口普查结果显示，山东省 2010 年常住人口 9579.31 万人，其中不在自己户口所在地居住的流动人口数量 1370 万人，仅占常住人口的 14.3%，人口流动性远低于北京、上海、浙江及广东等沿海省市。在全部流动人口中，省外迁入人口 212 万，仅占全部常住人口的 2.2%，占全部流动人口的 15.5%；省内流动人口占总流动人口的 84.5%，为全国平均水平的 2.6 倍。山东省人口跨地市流动性也较弱，仅济南、青岛和东营省内非本市的外来人口所占比例超过了 10%[①]，呈现出典型的就地城镇化特征。

（四）中心城市有较大发展，但中心性仍有待加强

2018 年山东省城镇体系的首位度非常接近 1，4 城市指数和 11 城市指数均在 0.5 以下（见表 11-6）。山东省历年的城镇体系的首位度指数都偏低，一般在 1.3 以下，4 城市指数和 11 城市指数也大多在 0.5 左右，是我国城市首位度指数较低的几个省区之一，反映出山东城镇人口的高位序城市集中度偏低，城市人口分布较为均衡，同时具有典型的双中心特征，规模较大的城市均没有在区域内占据强垄断地位。济南、青岛分别位于山东中部和半岛沿海，两城市在区位条件、人口规模、经济总量等方面不分伯仲，具有省内其他城市无法比拟的优势。近几年，济南和青岛也加入Ⅰ型大城市的行列，但相对于山东省人口和经济规模而言，这两个城市的城市规模和综合实力仍然偏小。与同类城市相比，济南和青岛发展亦显滞后。

表 11-6 山东省部分年份城镇体系的首位度指数

首位度指数	2000 年	2006 年	2009 年	2012 年	2015 年	2018 年
S_2	1.01	1.30	1.10	1.07	1.12	1.00
S_4	0.46	0.59	0.53	0.49	0.49	0.49
S_{11}	0.48	0.57	0.52	0.48	0.45	0.46

资料来源：根据《山东统计年鉴》（2019）相关数据整理计算。

（五）城镇化进程中的资源、环境问题突出

山东省城镇化加速发展在获得资源环境巨大支撑和保障的同时，对资源环

---

① 资料来源于《2000 年中国人口普查分乡、镇、街道资料》和《2010 年中国人口普查分乡、镇、街道资料》。

境本身产生了重要影响。一方面，城镇化可以集约化利用土地、水等各种资源，降低环境管理成本；另一方面，城镇化加速发展对各种资源的需求量不断增加，对环境的承载力提出更高要求，造成资源短缺和利用效率低下，引起空气污染、水污染等各种环境问题。一是土地资源供给压力增大，建设用地扩张较快，导致人均耕地迅速减少。山东省东部8市的人均耕地只有0.069公顷，已迫近国际公认的人均耕地警戒线。二是水资源严重不足。山东省人均水资源量仅为全国平均水平的1/6，2/3的城市属于缺水型城市，山东省东部8市的中心城市均是严重缺水城市，特别是近年来黄河来水量大幅度减少，更加剧了本区严重缺水的问题。一些城市由于过量开采地下水，造成地下水位下降，地下水漏斗区面积不断扩大，海水入侵严重。三是在环境方面，随着城镇规模的扩大、城镇居民生活水平的提高，城市生产、生活释放的废水、废气和垃圾迅猛增长，给原本趋紧的城镇资源和环境供给带来了更大的压力。山东省能源消费结构单一，主要以煤炭和石油为主。原煤和原油消耗占一次能源的95%以上，尤其是煤炭占80.75%，加重了大气的污染。如2014年，全省细颗粒物（PM2.5）、可吸入颗粒物（PM10）、二氧化硫（SO_2）、二氧化氮（NO_2）的平均浓度为82微克/立方米、142微克/立方米、59微克/立方米、46微克/立方米，高于全国62微克/立方米、105微克/立方米、35微克/立方米、38微克/立方米的平均水平。山东省依靠高耗能、高耗水、高排放、高污染的产业支撑了过去的城镇化发展，给本来脆弱的生态环境带来了更大的压力。虽然近几年环境质量有所改善，但城镇化的可持续性仍不容乐观。

第二节　城镇化进程中的若干问题分析

一、两种口径城镇化水平的偏差分析

综上所述，基于城镇地域范围统计城镇人口比重和基于户籍制度统计非农人口比重是测度城镇化率的两个常用方法，但近年来山东省两种统计口径下的城镇化率存在明显差异（见表11-7）。

表 11-7　基于两种口径的山东省城镇化率比较

年份	户籍城镇化率	城镇人口城镇化率	差值
2000	26.84	35.15	8.31
2001	27.89	39.2	11.31
2002	29.04	40.3	11.26
2003	31.11	41.8	10.69
2004	32.21	43.5	11.29
2005	34.16	45	10.84
2006	34.78	46.1	11.32
2007	36.76	46.8	10.04
2008	37.61	47.6	9.99
2009	37.55	48.3	10.75
2010	40.26	49.7	9.44
2011	41.13	50.9	9.77
2012	41.97	52.43	10.46
2013	42.97	53.75	10.78
2014	43.96	55.01	11.05
2015	47.87	57.01	9.14
2018	50.94	61.18	10.24

资料来源：根据历年《山东统计年鉴》相关数据整理计算。

根据第六次全国人口普查的数据，按常住人口统计口径，山东省居住在城镇地域内的人口为 5614 万人，由此推算，2015 年底山东省城镇化水平达到 57.01%。但根据户籍人口口径，山东省非农人口为 4702 万人，城镇化率仅为 47.87%，相差 9.14 个百分点，与常住人口口径相差 900 多万人。总体上，山东省近 30 年来两种口径下的城镇化率在波动中稳定上升，且上升趋势基本一致，常住人口城镇化率比户籍人口城镇化率约高出 10 个百分点，且这种差距一直稳定地存在。这说明了不同统计口径下，城镇化率会被高估或低估，按常住人口城镇化率，山东省在 1992 年就进入了城镇化的中期阶段，但按照户籍人口口径，山东省在 2003 年才进入城镇化中期阶段，比地域范围口径的统计整整晚了 11 年。当然这两种统计口径的城镇化率，各有其意义和局限性。但显然，这样大的差距反映出城镇化进程中的某些环节出了问题，主要是我国城乡分割的户籍管理制度、社会保障制度有待进一步完善创新。

二、城镇化与产业结构演进的协调性分析

区域产业结构演变与城镇化发展有密切联系，一方面，产业结构的优化升级所引起的人口在三次产业中的流动成为城镇化进程的主要推动力，促进城镇规模的扩大和城镇化水平的提高；另一方面，城镇化水平的提高又会反作用于资源要素的供给以及空间配置，从而促进产业结构的优化升级。目前，我国经济发展进入新常态，产业结构向更合理阶段演化的趋势明显，城镇化水平也呈现快速上升趋势，优化产业结构，积极推进城镇化成为我国未来发展的主攻方向。笔者采用"产业结构城镇化响应强度"模型及标准差、变异系数等多种方法，对山东省产业结构演变城镇化响应强度的时空差异及响应机理进行分析，以期为山东省产业结构调整、新型城镇化建设提供参考。

（一）响应强度时空差异分析

根据佩蒂—克拉克原理，随着社会经济的发展，产业结构由第一产业为主逐步转换为以第二产业和第三产业为主。产业结构的有序演进促进了产业要素在产业内部的合理有序流动和产业要素的空间聚集，同时城镇化又响应产业结构的调整与有序转化，带动区域产业结构的演变和升级。据此，有学者提出了"产业结构演变城镇化响应强度"概念。产业结构演变的城镇化响应系数测度模型如下：

$$R = \frac{m}{M} \bigg/ \frac{f}{F} \tag{11-1}$$

其中，R 为产业结构演变的城镇化响应系数，m 为城镇户籍人口数量，M 为总人口数量，f 为二、三产业产值，F 为产业总产值。通过城镇化率与非农产业比重之间的比值表示城镇化对产业结构演变的响应程度。若响应系数值增大表明该时期城镇化的速度快于产业结构演变的速度。换言之，城镇化水平的提高会推动产业结构的演变，促进产业结构优化升级。若响应系数减小，说明城镇化对产业结构演变的推动作用减弱，城镇化水平的提高对于产业升级的带动作用降低。

1. 响应强度的时间变化

根据式（11-1）并结合数据源可计算得到山东省响应系数并绘制折线图（见图11-3）。

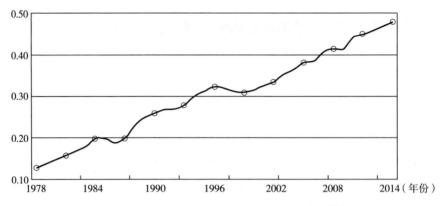

图 11-3　山东省 1978~2014 年产业结构演变城镇化响应系数变化

由图 11-3 可知：改革开放以来，山东省产业结构演变城镇化响应强度呈现明显的波动式上升趋势。具体而言：1978~1984 年呈现上升趋势，1985~1987 年出现"U"形波动，1988~1995 年呈现缓慢上升，1996~1999 年呈现短暂的下降趋势，之后开始持续上升。可以看出，山东省城镇化和产业结构相协调，城镇化对产业结构响应强度作用越来越明显。城镇化水平的提高推动产业结构的演变，促进产业结构优化升级。

此外，产业结构演变城镇化响应系数在时间序列上还呈现出显著的阶段性特点。1978~1984 年为高速增长阶段，初期响应系数为 0.13，1984 年为 0.20，响应系数年增长率达到 1.70%；1984~2000 年为波动增长阶段，响应系数由0.20 增至 0.32，在 1984~1986 年、1996~1998 年出现两次短暂的下降外；2000~2014 年为持续增长阶段，除 2008~2009 年出现缓慢下降，响应系数持续上升，至研究期末高达 0.48。

2. 响应强度地域差异的变化趋势

为更加准确地分析山东省响应系数变化特点，采用标准差和变异系数测算响应系数的绝对差异和相对差异。标准差越大，表明产业结构演变的城镇化响应系数绝对差异越大；标准差越小，说明绝对差异较小；变异系数越大，则表明产业结构演变城镇化响应系数相对差异越大；变异系数越小，说明相对差异较小。根据标准差和变异系数公式计算得到山东省各地市 1994~2014 年标准差和变异系数变化情况（见图 11-4）。

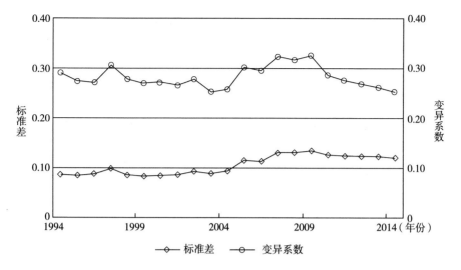

图 11-4　1994~2014 年山东省各地市产业结构演变城镇化响应系数特征分析

由图 11-4 可知，1994~2014 年山东省响应强度标准差变化呈现平稳的趋势。1994~2003 年呈现相对稳定趋势，标准差由 0.087 缓慢增至 0.089，变化幅度仅为 0.002；2003~2008 年呈现波动上升趋势，标准差由 0.089 增长为 0.132，其中 2005~2007 年标准差出现短暂的下降；2009 年之后标准差呈现平稳下降趋势。由此可以看出，山东省产业结构演变城镇化响应强度绝对差异变化并不显著。由变异系数的变化趋势可以看出，山东省产业结构演变城镇化响应系数变异系数总体上呈现"M"形演变趋势：1994~1997 年、2003~2007 年变异系数呈现波动上升趋势，1997~2003 年、2007~2014 年变异系数呈现波动下降趋势。因此，与绝对差异的演变特征不同，相对差异呈现扩大—缩小—扩大—缩小波动扩大态势，基本呈现"M"形的"类马太"效应。

3. 响应强度的地域分异格局

根据三个时间截面的山东省各地级市的响应系数绘制出山东省产业结构演变城镇化响应强度的空间格局图（见图 11-5）。

（1）总体上，山东省的产业结构演变城镇化响应强度呈现出自东部沿海到西部内陆逐渐递减的空间梯度格局，并且以胶济线为界，胶济线以北地区的响应强度高于胶济线以南地区。具体而言，青岛、威海、烟台、济南、东营、淄博以及潍坊等位于东部沿海或胶济线沿线的地市，其响应强度始终高于其他地市，构成了强响应地区。1994~2014 年的动态度显示，17 地市的响应强度均不同程度地得到加强，但增强的幅度存在空间不均衡的特点，明显表现出胶济线以北地区高于胶济线以南地区，东部沿海地区较强于西南内陆地区。变化幅度较大的地市主要集中在以青岛、威海为代表的沿海地区以及以济南、潍坊为代表的胶济线地区，这与响应强度的空间格局基本吻合。

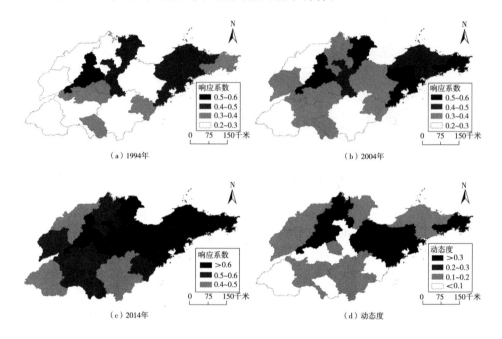

图 11-5　1994~2014 年山东省产业结构演变城镇化响应系数与响应系数动态度空间态势示意图

资料来源：地图资料基于山东省地理信息公共服务平台［"天地图·山东"，审图号：鲁 SG（2019）028 号］的标准地图绘制，图内专题数据来源于《山东统计年鉴》（2016）。

（2）随着时间推移，强响应地区所构成的 H 形空间结构特征逐步凸显。以青岛为中心的东部沿海隆起带（威海—烟台—青岛—日照），以济南为中心的鲁中地区隆起带（东营—滨州—济南—淄博—莱芜—泰安—济宁）以及沿胶济线分布强响应地带（淄博—潍坊）连接而成的连续区域逐渐形成。1994 年，东部沿海隆起带与鲁中地区隆起带已经形成，东部地区的威海、烟台、青岛、日照以及中部地区的东营、淄博、济南、莱芜、泰安等地市的响应系数均超过 0.3，响应强度自东向西呈现出高低相间的分布态势。2004 年，胶济线沿线城市的响应强度迅速加强使两条隆起带通过胶济线连接在一起，"H"形分布的雏形开始形成，同时鲁中地区隆起带不断向两端扩散形成贯穿南北的较强响应地区。2015 年，"H" 形上的地市在实现其响应强度进一步强化的同时带动了周围地区响应强度的增强。省内绝大多数地市的响应强度都实现了向高一等级的跃迁，但仍存在空间上增长不均衡的特点，东部沿海隆起带与胶济线上各地市响应系数增加的幅度要高于鲁中隆起带。

（3）省内次级区域相比，研究期初各区域的响应强度顺序为山东半岛城市群>省会城市群经济圈>鲁南经济带，三大区域响应系数的平均值分别为 0.4、0.35、0.3。至研究期末，三大区域响应强度的大小顺序保持稳定，仍为山东半岛城市群>省会城市群经济圈>鲁南经济带，响应系数的平均值分别为 0.58、0.49、0.38。值得注意的是，研究期初半岛城市群与鲁南经济带的差值为 0.1，研究期末两者差值已达到 0.2，可以看出山东省响应系数的地域差距逐渐扩大。从响应系数的增速来看，研究期间三大区域的响应强度顺序为山东半岛城市群>省会城市群经济圈>鲁南经济带，可以看出半岛城市群的响应强度增速高达鲁南经济带两倍多，响应强度呈现出"马太效应"的态势。

综上，响应强度整体呈现出自东部沿海向西部内陆逐渐递减的梯度格局，随着时间演进，逐渐形成"H"形的空间结构特征。从省内三大次级区域演变特征可知，研究期内山东省内三大区域呈现山东半岛城市群>省会城市群经济圈>鲁南经济带的特点，且三大次级区域差异随时间呈现扩大趋势。

（二）各地市响应强度类型

根据以上分析可知，山东省各地市产业结构演变城镇化响应强度的地域差异明显。为判断区域产业结构演变城镇化响应强度绝对差异和相对差异的空间状态，引入各地市产业结构演变城镇化响应系数与全省平均值的离差和比率（以下简称离差和比率），其公式分别为：

$$D_i = X_i - \overline{X} \tag{11-2}$$

$$G_i = X_i / \overline{X} \times 100\% \tag{11-3}$$

其中，X_i 为 i 市区产业结构演变的城镇化响应系数，$\overline{X}$ 为产业结构演变城镇化响应系数的全省平均值。D_i 和 G_i 分别为离差和比率，D_i 值和 G_i 值越大，则表明各市区产业结构演变的城镇化响应系数相对全省平均水平越大；D_i 值和 G_i 值越小，说明相对全省平均水平越小。

通过比较分析山东省各地级市 1994 年和 2014 年响应系数比率的情况（见表 11-8）以及 1994~2014 年响应系数离差值的变化，根据划分标准（见表 11-9）划分出五种响应类型（见图 11-6）。

表 11-8　山东省各地市响应系数与全省平均值的比率　　　　单位:%

地级市	1994 年	2014 年	地级市	1994 年	2014 年
济南市	165.66	158.74	威海市	116.93	124.30
青岛市	139.97	139.55	日照市	113.59	82.47
淄博市	153.76	105.63	莱芜市	127.99	115.00
枣庄市	119.77	82.68	临沂市	82.37	79.26
东营市	132.78	115.73	德州市	86.87	77.47
烟台市	136.67	115.79	聊城镇	84.25	86.40
潍坊市	96.85	128.60	滨州市	79.71	90.80
济宁市	96.88	87.75	菏泽市	84.01	62.03
泰安市	118.27	84.38			

表 11-9　响应强度类型划分

响应强度类型	划分标准	所含区域
强响应类型	$G_i \geqslant 130\%$	济南、青岛
较强响应类型	D_i 为正增长且 $130\% > G_i \geqslant 120\%$	潍坊、威海
中等响应类型	D_i 为正增长且 $120\% > G_i \geqslant 90\%$ 或 D_i 为负增长且 $130\% > G_i \geqslant 100\%$	烟台、东营、莱芜、滨州、淄博
较弱响应类型	D_i 为正增长且 $90\% > G_i \geqslant 70\%$ 或 D_i 为负增长且 $100\% > G_i \geqslant 80\%$	济宁、泰安、日照、枣庄、聊城
弱响应类型	D_i 为负增长且 $80\% > G_i \geqslant 70\%$，或 $G_i < 70\%$	临沂、德州、菏泽

作为省会城市的济南和山东半岛蓝色经济区"龙头城市"的青岛的发展水平领先全省，成为强响应类型。济南作为山东省的政治中心，经济发展及省会相关服务功能极大地拉动了产业结构的演化升级，促进了第三产业的发展，其第三产业增加值占 GDP 的比重全省最高，第三产业劳动力比重亦位居全省前列。青岛作为我国率先开放的 14 个沿海开放城市和半岛都市带的核心城市，依托其区位优势和巨大的海洋资源优势成为产业、人口集聚区域。

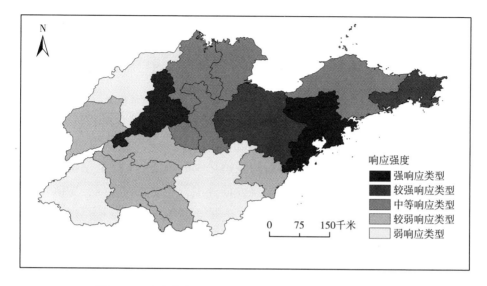

图 11-6 山东省产业结构演变城镇化响应强度类型示意图

资料来源：地图资料基于山东省地理信息公共服务平台［"天地图·山东"，审图号：鲁SG（2019）028号］的标准地图绘制，图内专题数据来源于《山东统计年鉴》（2015）。

较强响应类型的地市包括威海、潍坊。威海位于山东半岛最东端，临近韩国、日本，具有良好的海洋区位优势，城镇人居环境优越；潍坊位于济南青岛之间，扼守胶济铁路，与青岛、威海、烟台共同组成了半岛都市圈。潍坊、威海两市的产业结构演变城镇化响应系数离差值均呈增长趋势，比率值也较大，相对于全省发展水平高，具有较高的响应强度。

中等响应类型的地市有东营、莱芜、烟台、淄博、滨州。东营作为新兴工业城镇，依托山东省半岛蓝色经济区与黄河三角洲高效生态经济区两大战略区以及丰富的石油资源迅速崛起。今后应加大产业结构的优化升级，加强可持续产业的发展。烟台位于半岛都市圈内，依靠其沿海城镇的优势，加快城镇化步伐带动产业结构的优化升级。淄博与滨州位于省会都市圈内，城镇化水平较高。莱芜毗邻省会济南，属于省会都市圈，响应强度较大。但莱芜作为山东省重要的钢铁产业基地，对资源能源依赖性大，城镇化质量不高。今后要发挥临近济南的区位优势，加快经济结构转型，推动第三产业的发展。淄博是山东省传统的工业城镇，石化、制药、陶瓷等工业在全省占有重要地位。但淄博第三产业相对滞后，应继续加大产业结构演变城镇化响应响度，加大对第三产业的拉动力度。滨州地处黄河三角洲高效生态经济区及省会都市圈内,是山东省的"北大门"。滨州外向型经济较好,近年来城建投入力度不断加大,基础设施得到完善。今后,应抓住济南都市圈建设的契机,加强与济南、淄博和东营的经济联系,进一步突显其工业基础的城镇特色。

较弱响应类型的地级市数量较多,主要包括山东省南部各市(日照、泰安、济宁、枣庄)以及西部的聊城。鲁南各市缺少经济发展的增长极及推动产业,产业结构低下且升级缓慢,较为落后的城镇化水平和低下的产业结构使这些地区响应强度较弱。日照处于山东省经济发展外围,基础较为薄弱,城镇化规模不大且质量不高,但作为新兴港口城镇,近年来城镇化水平加快,经济发展水平不断提高,今后应调整经济增长方式,进一步强化其在鲁南城镇带的门户位置,促动产业结构优化升级,建立地区协调发展机制。

弱响应类型的地市包括临沂、德州与菏泽。临沂是山东省第一人口大市,但城镇化率较低,城乡二元差异明显。今后应积极推进城镇化进程,统筹城乡发展,努力实现城乡一体化。德州、菏泽属于全省的边缘区,非农产业尤其是第二产业发展落后,城镇化水平低,经济基础差。两市1994~2015年的产业结构演变城镇化响应系数与全省平均值的比率与离差均出现下降趋势,与发达地区的差距加大,今后山东省须加大对该类型地区的扶持力度。

(三) 产业结构演变与城镇化发展存在偏差的原因分析

山东省产业结构演变与城镇化发展的协调程度在不断提高,两者的互动关系明显增强。但与全国类似,山东产业结构也存在结构性偏差,第三产业发展明显滞后,城镇化发展的后续动力相对不足。从产值上看,非农产业产值比已达到90%,体现了产业结构的演变升级;但城镇化发展的途径是农村人口转化为城市人口,虽然山东省非农产业产值比已上升到90%,但却并未吸纳相对应的非农产业人口,使以产值比衡量的产业结构升级未对城镇化发展产生明显作用。

山东省城镇化相对于产业结构演变存在着一定的偏差,即城镇化滞后于产业结构演变。由以上分析可知造成这种偏差的主要原因是"产业结构的偏差",而并非是"城镇化的偏差",后者偏差小于前者。第三产业快速发展则是缓解山东省城镇化与产业结构演变偏差的重要途径。山东省城镇化外延扩张的特征较为明显,内涵发展有待加强。山东经济的开放度提升较快,极大地推动了产业结构的演进和城镇化的发展，但是对外资外需的依赖在一定程度上也弱化了产业结构的演进和城镇化之间的互动关系，互动的内生性依然不足。换言之，对外过度依赖很大程度上替代了国内需求对产业结构演进的拉动作用，也是对内需不足的掩盖，城镇化对消费的积极作用被削弱。

三、人口、经济与土地城镇化进程的协调性分析

目前山东省城镇化水平已经突破 50%，处于城镇化的加速发展阶段。在城镇化高速推进的过程中，结构性的矛盾与问题逐渐暴露。首先，一些地区"摊大饼"式的城市发展导致土地城镇化过快。其次，人口城镇化虚高，农民工的"市民化"问题难以解决，户籍城镇化水平较低。最后，山东省的经济发展水平与城镇化进程与发达国家相比还有较大差距，处于双低状态，且发展不平衡。城镇化在结构上的推进速度明显表现为土地城镇化大于人口城镇化和经济城镇化。

选取 2005 年、2010 年、2015 年三个时间截面，通过构建人口城镇化—经济城镇化—土地城镇化评价指标体系，采用熵值法和耦合协调度模型对其协调关系进行深入分析，以期为山东省推进新型城镇化建设提供参考依据。

（一）协调度时空差异分析

1. 时间变化特征

2005 年、2010 年与 2015 年山东省 17 个地级市人口城镇化—经济城镇化—土地城镇化的耦合协调度，如表 11-10 所示。

表 11-10 山东省 2005 年、2010 年与 2015 年人口城镇化—
经济城镇化—土地城镇化耦合协调度

区域	2005 年	2010 年	2015 年	区域	2005 年	2010 年	2015 年
济南市	0.3777	0.4331	0.4763	威海市	0.4381	0.4875	0.4969
青岛市	0.4202	0.4731	0.5146	日照市	0.2889	0.3453	0.3881
淄博市	0.3870	0.4263	0.4755	莱芜市	0.3250	0.3523	0.4021
枣庄市	0.2980	0.3159	0.3713	临沂市	0.3008	0.3587	0.3821
东营市	0.4550	0.4905	0.5122	德州市	0.3084	0.3419	0.4047
烟台市	0.3768	0.4250	0.4611	聊城市	0.2685	0.3003	0.3493
潍坊市	0.3622	0.3725	0.4202	滨州市	0.2630	0.3886	0.4303

续表

区域	2005 年	2010 年	2015 年	区域	2005 年	2010 年	2015 年
济宁市	0.3268	0.3517	0.4305	菏泽市	0.1337	0.2747	0.3302
泰安市	0.3161	0.3429	0.3950	全省	0.3321	0.3812	0.4259

资料来源：2006 年、2011 年、2016 年的《中国城市统计年鉴》《山东省统计年鉴》以及山东省各地市的统计年鉴、统计公报、政府工作报告等。

由表 11-10 可知，2005 年到 2015 年山东省人口城镇化—经济城镇化—土地城镇化耦合协调度呈上升的趋势。全省耦合协调度平均值在 2005 年为 0.3321，属于轻度失调类型，到研究期末已达到 0.4259，协调类型上升为濒临协调型。

全省 17 地市间的协调度变动存在明显的时空差异特征。具体而言，以济南、青岛、淄博为代表的胶济铁路沿线城市或山东半岛上的城市增长速度比较均衡。如济南从 2005~2010 年协调度上升了 0.05，2010~2015 年上升 0.04，上升幅度比较均衡。以菏泽、滨州、济宁、枣庄等市为代表的鲁西、鲁南地区及其他边缘地带协调度的上升幅度波动较大。菏泽市、滨州市 2005~2010 年协调度的上升幅度是 2010~2015 年上升幅度的 3 倍。而济宁市、枣庄市后 5 年的上升幅度是前 5 年的 3 倍，上升幅度变化较大。究其原因，协调水平增幅较为稳定的区域，经济实力雄厚，城镇化水平较高，产业结构优化，所以其协调程度平稳向前发展；而协调度增长幅度不均衡的地级市大多经济发展水平不高，社会发展不均衡，产业结构不合理，受外界因素的影响较重，所以其耦合协调度的增长也不稳定。

2. 空间变化特征

根据耦合协调度划分标准，可根据三个时间截面的协调类型绘制出山东省人口城镇化—经济城镇化—土地城镇化协调度空间格局图（见图 11-7）。

（1）总体上，山东省人口城镇化—经济城镇化—土地城镇化耦合协调度呈现从东部沿海到西部内陆逐级递减的空间梯度格局。2005~2015 年，青岛、东营、威海、烟台等沿海城市为省内城镇化协调程度较高的地区，位列发展的第一梯队。半岛地区充分利用海洋资源与区位优势发展强大的海洋经济，在人口城镇化推进、经济发展水平、资源利用效率等方面都走在全省发展的前列，因此其耦合协调度也位居全省之冠。济南、淄博、潍坊、莱芜等中部地区位于城镇化协调发展的第二梯队。该梯队的城市在占据山东省核心地带的基础上依托胶济铁路，成为东部沿海与西部内陆交通运输的大动脉，在协调东西发展、实现海陆互动的同时实现自身快速发展。菏泽、枣庄、聊城等鲁西南内陆城市位于城镇化协调发展的第三梯队，城镇化协调程度长期位于全省末位。

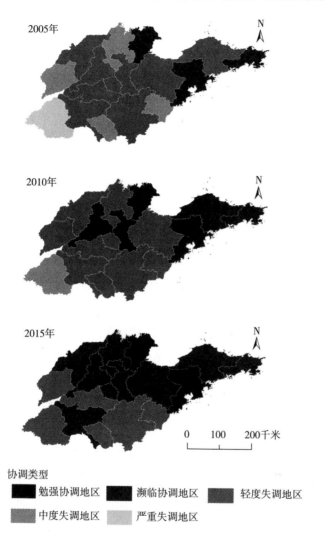

图 11-7　山东省人口城镇化—经济城镇化—土地城镇化协调度类型分布示意图

资料来源：地图资料基于山东省地理信息公共服务平台［"天地图·山东"，审图号：鲁 SG（2019）028 号］的标准地图绘制，图内专题数据来源于《山东统计年鉴》（2016）。

（2）协调度内部格局，呈现以胶济铁路为界，胶济铁路沿线及其北部地区的城镇化协调程度明显高于胶济铁路南部地区。具体而言，胶济铁路沿线城市的城镇化协调程度优于北部黄河三角洲高效生态经济区的城市，明显高于鲁南地区的城市。因此，山东省城镇化协调程度明显呈现北重南轻的空间分异格局。胶济线贯穿山东省北部地区，构成了山东省经济发展脊梁，两翼地区较胶济线发展缓慢。但近年来随着黄河三角洲高效生态经济区战略的实施，"北翼"地区迅猛的发展势头带动城镇化协调推进。"南翼"地区产业结构低下，城镇化水平较低，在城镇化协调发展方面亦明显落后于北部地区。

（3）省内次级区域①相比，研究期初，山东半岛城市群的协调度平均值为0.3882，其次是省会城市群经济圈（0.3208），最后是鲁南经济带（0.2696），三大区域的极值为0.1186。研究期末，山东半岛城市群依旧位居榜首，省会城市群经济圈次之，鲁南经济带最后，协调度平均值分别为0.4681、0.419、0.380，极值为0.0877。这表明三大区域间协调度的差异正逐渐缩小，落后地区的发展速度加快，协调度发展的"追赶效应"日趋明显。

（二）耦合协调度类型分析

以2015年山东省人口城镇化—经济城镇化—土地城镇化耦合协调程度，可将17个地市分为勉强协调地区、濒临协调地区以及轻度失调地区。

1. 勉强协调地区

青岛作为山东省区域经济发展的"双核"之一以及半岛城市群的龙头城市，经济发展水平、产业结构演进、城镇化质量、集约化程度等均位于全省前列，具有成为国际化大都市的发展潜力。2015年其城镇化协调度居全省首位，这与其极高的经济城镇化（0.7810）、人口城镇化（0.8552）以及土地城镇化（0.7556）发展水平密切相关。东营市2005年与2010年城镇化耦合协调度全省第一，2015年仅次于青岛位居第二位。其作为山东省的石油重镇，以黄河三角洲高效生态经济区为立足点，凭借丰富的石油资源，实现了经济迅猛增长。2005年、2010年以及2015年其经济城镇化均位为全省之冠，土地城镇化水平也极高，但人口城镇化相对前两者发展较为不足。

2. 濒临协调地区

济南作为山东省政治文化中心，城镇化发展水平较高。2015年的城镇化协

---

① 半岛城市群（青岛、济南、烟台、威海、潍坊、东营、淄博、日照）、省会城市群经济圈（济南、淄博、泰安、莱芜、德州、聊城、滨州）与鲁南经济带（日照、临沂、枣庄、济宁、菏泽）三大经济地域。

调程度居全省第四位。其中，人口城镇化较高，2010 年与 2015 年分别居全省第二位、第一位，同时土地城镇化推进速度较快。淄博、潍坊位于胶济线上，位于济南与青岛之间，依托独特的区位优势与交通条件，经济发展水平较高。2015 年淄博市经济城镇化居全省第四位，人口城镇化居全省第三位，但较低的土地城镇化影响其协调度的提升。莱芜毗邻济南，但城镇化协调程度远不如后者，较低的土地城镇化是其协调度发展不高的重要原因。

威海、烟台作为东部沿海发达城市经济城镇化发展较快，2015 年威海的经济城镇化居全省第三位，烟台居全省第六位。威海环境状况优越，再加上中韩自由贸易区的建立，吸引了大量人员聚集，城镇化质量发展比较协调；烟台依托山东省蓝色经济区的建设，外向型经济发展程度较高。从近些年的发展状况来看，烟台的经济城镇化与土地城镇化发展较好，但人口城镇化是其协调城镇化发展的一大短板。

济宁、滨州、德州三市的城镇化协调度与同类型的济南、威海等地相比仍存在较大差距，其主要原因在于：经济发展水平落后，城镇化规模与质量均低于其他地区。济宁作为鲁南经济带的重要节点城市，其土地城镇化在 2015 年仅次于青岛居全省第二，但经济城镇化与人口城镇化明显滞后。滨州 2015 年的城镇化协调水平与 2005 年相比明显提高，但总体协调水平仍然较低，主要体现在经济城镇化水平较低。德州的经济城镇化在 2015 年居全省倒数第三，这是其协调城镇化发展的最大障碍。

3. 轻度失调地区

2015 年城镇化轻度失调的城市主要集中在省会城市群经济圈的边缘地带以及鲁南地区，有聊城、泰安、临沂、日照、枣庄、菏泽六市。

聊城、泰安毗邻济南，但处于省会城市群经济圈的外围，不仅没有得到济南的辐射带动效应，反而受济南集聚效应的影响，经济发展缓慢，城镇化协调度不高。

日照作为新型的港口城市近些年发展较快，但同样位于全省经济发展的边缘地带，使其城镇化协调程度较低。

临沂、枣庄、菏泽处于全省经济发展的塌陷区，面临资源枯竭、经济结构升级缓慢等发展瓶颈。同时，鲁南地区缺少区域经济增长极的带动，并且远离全省经济发展的核心地带，难以接受发达地区的辐射作用，城市竞争力不强，城镇化规模较小、质量较差，最终导致鲁南地区协调度为全省最低。

第三节　新型城镇化发展建议

一、发展趋势

1990~2000 年山东省城镇化水平年均增长 1.07 个百分点，2001~2010 年年均增长 1.17 个百分点，2011~2014 年年均增长 1.33 个百分点，城镇化水平呈现快速发展态势，2015 年、2016 年连续两年提高 2 个百分点。

在山东经济转型和新旧动能转换的背景下，城镇化速度不宜高估，但每年提高 1~1.5 个百分点还是有望实现的，若按照山东省年均提高 1.33 个百分点的发展速度，到 2025 年城镇化水平将达到 70%，与韩国发展速度相当。考虑经济结构转型的压力、国际经济格局变化以及突发事件的影响，可参照低速发展模式，山东城镇化水平将在 2043 年达到 70%。在以人为核心的新型城镇化背景下，要更加注重城镇化发展的包容性、持续性和协调性，以提高城镇化质量为城镇化发展的核心，因此今后山东省城镇化年均提高 0.5~1 个百分点即为较高速度。若按此估算，预计到 2030 年城镇化率达到 70%以上，城镇人口超过 7000万，逐步进入城镇化的高级阶段。

二、发展策略

（一）稳步推进人口市民化

建立健全市民化推进机制，逐步提高人口市民化质量。一是统筹推进户籍制度改革。实施差异化的户口迁移政策，全面放开小城市和建制镇落户限制，有序放开中等城市落户条件，合理确定大城市落户条件，每年实现 100 万农业转移人口市民化。二是推进农业转移人口享有城镇基本公共服务。建立健全农业转移人口市民化推进机制和成本分担机制，推进农业人口转移与财政支持、用地指标双挂钩，加快实现教育、就业、社保、医疗、住房保障等公共服务覆盖城镇常住人口。三是扎实推进城中村和棚户区改造，到 2020 年完成 150 万户棚户区、6000 个左右城中村改造，破解城市内部二元结构，切实提高城镇化的包容性。

（二）优化城镇布局和形态

城市群是新型城镇化的主体形态，是经济社会发展的重要载体。山东半岛城市群起步较早、发展较快，是"十三五"时期国家重点建设的城市群之一。在 21 世纪初时，山东半岛城市群包括济南、青岛、烟台、威海、日照、东营、潍坊、淄博 8 个地市。《山东省新型城镇化规划（2014—2020 年）》将其范围扩展到包括 2 个副省级城市（济南、青岛）和 11 个地级市（淄博、东营、烟台、潍坊、泰安、威海、日照、莱芜、德州、聊城、滨州）。随着城市群的进一步发育，内部一体化进程加快，对山东全省其他地市产生的联动效应也越来越明显，基于此，2017 年发布的《山东半岛城市群发展规划（2016—2030 年）》，明确山东半岛城市群范围覆盖全省 17 设区市。该规划提出山东半岛城市群的"四大定位"：我国北方重要开放门户、京津冀和长三角重点联动区、国家蓝色经济示范区和高效生态经济区、环渤海地区重要增长极。到 2030 年，城市群综合竞争力保持全国先进位次，全面建成发展活力足、一体化程度高、核心竞争力强的现代化国家级城市群。

依托山东半岛城市群，山东城镇布局可构建"双核""两圈""四区"的总体格局。

"双核"：即济南、青岛两个核心城市。积极促进济南、青岛建设成为国家中心城市。充分发挥济南的省会城市优势，大力发展总部经济、服务经济、高端装备制造和高新技术产业，努力建设成为区域性经济中心、金融中心、物流中心和科技创新中心，成为环渤海地区南翼的中心城市；依托青岛区位优势，紧抓国家"一带一路"建设机遇，大力发展金融财富、总部商务、商贸物流、旅游会展等现代服务业、先进制造业及海洋新兴产业，建成我国沿海重要中心城市和滨海度假旅游城市、国际性港口城市。

"两圈"：即济南都市圈和青岛都市圈。在支持济南、青岛发展为国家中心城市的基础上，协同周边城市发展，调整优化行政区划，培育发展济南、青岛都市圈。济南都市圈重点突出省会城市优势，强化与周边淄博、泰安、莱芜、德州、聊城等城市的同城化发展，建设成为半岛城市群向中西部拓展的枢纽区域。青岛都市圈重点发展蓝色经济，协同潍坊等城市一体发展，建设陆海统筹、具有较强国际竞争力的都市圈。

"四区"：即烟台—威海、东营—滨州、济宁—枣庄—菏泽、临沂—日照四个城镇密集区，通过加快人口产业集聚，推进一体化发展，形成全省新型城镇化的核心载体。

（三）提升城市综合承载能力

基于经济社会发展水平和资源环境承载能力，充分考虑生育政策调整的影响，合理调控城镇规模结构。

预计到 2030 年，山东总人口达到 1.06 亿左右，城镇人口达到或超过 7500 万。济南、青岛发展成为城区人口 500 万人以上的特大城市；烟台、临沂步入 300 万~500 万人的 I 型大城市行列；淄博、枣庄、东营、潍坊、济宁、泰安、威海、日照、德州、聊城、滨州、菏泽达到 100 万~300 万人的 II 型大城市规模；50 万~100 万人的中等城市 26 个，50 万人以下的小城市 58 个；10 万人以上的建制镇 20 个左右，5 万~10 万人的建制镇 60 个。由此形成较为成熟的城镇规模等级体系。

为提升各级城镇综合承载水平，需做到以下方面：

一是提高城市规划设计水平。合理划定"三区四线"，尊重自然历史风貌，规划建设具有齐鲁文化特色和时代精神的美丽城镇；做好城市重要地段的城市设计，注重建筑单体与城市整体风貌的协调，不搞奇奇怪怪的建筑；强化对城乡规划管控的技术支撑，力争到 2020 年遥感辅助城乡规划督察覆盖所有市县。

二是推进产城融合发展。加快各类开发区产业升级，配套完善生活服务设施，促进职住平衡，提高产业、人口集聚能力。

三是提高城市基础设施和公共服务水平。统筹布局教育、卫生、文化、体育和社会福利设施，建设城市社区"一刻钟"服务圈。

四是提升城市安全保障能力。加强城市防震防灾设施建设，建设好城市生命线工程，加强城市地下管网改造和防涝设施建设。加强工程质量管理，实施建筑质量责任终身追究制度，创建"百年建筑"。

五是创新社会治理和社区管理，整合部门城市管理职能，提高社区自治和服务功能。

（四）推动城乡发展一体化

一是优化城乡要素配置。建设城乡统一的人才、资金、技术、土地等要素市场，推进城乡基础设施和公共服务一体化，力争养老服务设施覆盖所有农村。

二是提升农业现代化水平。加快农业现代化进程，持续推进千亿斤粮食产能建设，高产创建田良种覆盖率达到100%，耕种收综合机械化水平达到80%，推动新型城镇化和农业现代化良性互动。

三是建设社会主义新农村。加强农村环境治理和特色村庄保护。

（五）分类引导，构建差异化的城镇化多元载体体系

山东省的城镇化是典型的就地就近城镇化，山东省应根据这一特征鼓励农村人口就近向城镇转移，在继续发挥大中城市人口集聚效应的基础上，有重点地发展小城镇。形成差异化的多元建议，对各级城镇采取不同的策略，分层次推进城镇化。

地级市市辖区城镇化的重点工作是"提质量"，包括提升资源环境承载能力、不断优化产业结构、促进新旧动能转换、提高城市经济运行效率、适度扩张城市规模以及大力推进外来暂住人口的市民化等，尽快提升集聚效应和辐射带动作用。

县城是吸纳当地农业转移人口的重要场所，可根据农业人口转移的规模和速度扩大县级市区（县城）的规模，并同步推进基础设施和基本公共服务配套。结合县域的区位条件、资源禀赋和发展基础，可将县城划分为优化发展型、加快发展型、稳步发展型和生态发展型，进行分类指导。同时，因地制宜，采取多元发展路径，提高县城人口集聚能力及公共服务能力，具备条件的县要适时启动"县改市"工作，提升城镇发展平台。

小城镇是吸纳当地农业转移人口的重要节点，要根据农业产业化发展和农村人口转移的意愿，增设建制镇，同步推进产业园区建设，强化产业支撑，不断完善基础设施和基本公共服务配套，创建一批特色产业小镇。

积极推进农村新型社区和美丽乡村建设。农业产业化发展和城市产业向农村辐射是农村新社区建设的基本动力，要根据职业非农化情况和农民意愿，以居住向社区集中、农村土地规模经营为导向推进农村新社区建设。条件好的可以按照城市社区标准建设，并给予农民市民身份，纳入城镇化管理。同时，有序推进美丽乡村建设，提升农村人居环境质量。

参考文献

［1］张祖陆．山东地理［M］．北京：北京师范大学出版集团，2014.

［2］魏后凯，王业强，苏红键，等．中国城镇化质量综合评价报告［J］．经济研究参考，2013（31）：3-32.

［3］薛德升，曾献君．中国人口城镇化质量评价及省际差异分析［J］．地理学报，2016，71（2）：194-204.

［4］郭付友，李诚固，陈才，等．2003年以来东北地区人口城镇化与土地城镇化时空耦合特征［J］．经济地理，2015，35（6）：49-56.

［5］贾琦，运迎霞．京津冀都市圈城镇化质量测度及区域差异分析［J］．干旱区资源与环境，2015，29（3）：8-12.

［6］李涛，廖和平，杨伟，等．重庆市"土地、人口、产业"城镇化质量的时空分异及耦合协调性［J］．经济地理，2015，35（5）：65-71.

［7］杨传开，张凡，宁越敏．山东省城镇化发展态势及其新型城镇化路径［J］．经济地理，2015，35（6）：54-60.

［8］乔家君．改进的熵值法在河南省可持续发展能力评估中的应用［J］．资源科学，2004，26（1）：113-119.

［9］张春晖，马耀峰，吴晶，等．供需视角下西部入境旅游流与目的地耦合协调度及其时空分异研究［J］．经济地理，2013，33（10）：174-181.

［10］王少剑，方创琳，王洋．京津冀地区城市化与生态环境交互耦合关系定量测度［J］．生态学报，2015，35（7）：2244-2254.

［11］廖重斌．环境与经济协调发展的定量评判及其分类体系——以珠江三角洲城市群为例［J］．热带地理，1999，19（2）：171-177.·

［12］杨明俊．不同统计口径下的山东省的城镇化率及其特征［J］．城市问题，2015（12）：69-73.

［13］国务院人口普查办公室，国家统计局人口和就业统计司．2000年中国人口普查分乡、镇、街道资料［M］．北京：中国统计出版社，2002.

［14］国务院人口普查办公室，国家统计局人口和就业统计司．2010年中国人口普查分乡、镇、街道资料［M］．北京：中国统计出版社，2012.

［15］山东省人民政府．山东省新型城镇化规划（2014—2020年）［Z］．2014.

［16］山东省人民政府．山东半岛城市群发展规划（2016—2030年）［Z］．2016.

［17］山东省人民政府．山东省城镇体系规划（2011—2030年）［Z］．2011.

第十二章　生态文明建设

从经济发展前景和资源、环境及生态状况来看，山东省继续沿用传统的粗放型经济增长模式，发展将难以为继。因此，从长远来看，要从根本上解决发展过程中存在的环境和生态问题，必须重视和加强生态文明建设，这也是促进山东省可持续发展的必然选择。

2003 年 12 月，山东省人民政府印发《山东生态省建设规划纲要》，提出山东省生态建设的主要任务，即建设以循环经济理念为指导的生态经济体系，建设可持续利用的资源保障体系，建设山川秀美的生态环境体系，建设与自然和谐的人居环境体系，建设支撑可持续发展的安全体系和建设体现现代文明的生态文化体系六大体系。2005 年《中共山东省委、山东省人民政府关于加快生态省建设的意见》进一步提出发展循环经济、环境综合整治、流域和区域污染防治、国土绿化、水资源优化配置和生态系统保护与恢复六大重点内容。2007 年山东省成立生态文明研究中心，着力对山东省建设生态文明所取得的成就和经验进行总结，从理论和实践角度就生态文明建设的课题展开理性思考和探索，并对今后促进全社会形成生态文明提出建议。2010 年 6 月，中共山东省委九届十次会议明确提出"建设生态文明山东"，要求以提高可持续发展水平为目标，大力发展绿色经济、低碳经济、循环经济，加快形成资源节约、环境友好的产业结构、生产方式和消费模式，走生态文明发展道路。2011 年《中共山东省委、山东省人民政府关于建设生态山东的决定》指出，建设生态山东是经济社会发展的必然趋势，也是山东省加快转变经济发展方式的内在要求。2016 年中共山东省委、山东省人民政府印发了《关于加快推进生态文明建设的实施方案》，提出山东省生态文明建设的总体目标：到 2020 年，发展方式实现重大转变，资源节约型和环境友好型社会建设取得重大进展，主体功能区建设顺利推进，转型升级提质增效成效显著，创新驱动生态文明建设的能力大幅提高，生态文明主流价值观更加深入人心，生态文明建设与全面建成小康社会同步走在全国前列。上述目标需要通过优化国土空间开发格局、提高资源利用效率、改善生态环境质量以及完善生态文明重大制度体系等重点任务的实施来实现。2019 年 11 月，山东省人民政府又发布《关于统筹推进生态环境保护与经济高质量发展的意见》，提及要实现经济社会发展与生态环境保护"双赢"，加快形成节约资源和保护环境的空间格局、产业结构、生产方式和生活方式。

自 2003 年 12 月以来，山东省陆续推出了一系列生态建设规划（见表 12-1），通过大力调整产业结构，倡导发展循环经济，加强生态环境保护，不断加大环境污染防治力度，推进生态农业、林业和生态旅游业建设，探索水污染防治和水资源优化的新路子，取得了山东省生态建设的重大成就。

表 12-1　山东省推进生态文明建设的有关举措

时间	文件/规划/行动	主要内容
2003 年 12 月	《山东生态省建设规划纲要》	全面启动生态省（市）建设
2005 年 7 月	《中共山东省委　山东省人民政府关于加快生态省建设的意见》	山东省生态省建设的重点内容
2007 年	山东省成立生态文明研究中心	探索生态文明建设的理论和实践
2009 年	《黄河三角洲高效生态经济区发展规划》	建设全国重要的高效生态经济示范区、特色产业基地、后备土地资源开发区和环渤海地区重要的增长区域
2010 年 6 月	中共山东省委九届十次会议召开	明确提出"建设生态文明山东"
2011 年 12 月	《关于建设生态山东的决定》《山东半岛蓝色经济区发展规划》	建设生态山东的总体要求和奋斗目标
2016 年 5 月	《关于加快推进生态文明建设的实施方案》	山东省生态文明建设的总体目标和重点任务
2017 年 12 月	《山东省省级生态文明建设示范区管理规程（试行）》《山东省省级生态文明建设示范区指标（试行）》	生态文明示范市、县、乡（镇）建设指标标准
2018 年 9 月	《中共山东省委　山东省人民政府关于全面加强生态环境保护坚决打好污染防治攻坚战的实施意见》	推动习近平生态文明思想在山东的落实

续表

时间	文件/规划/行动	主要内容
2019 年 11 月	《山东省人民政府关于统筹推进生态环境保护与经济高质量发展的意见》	加快形成节约资源和保护环境的空间格局、产业结构、生产方式、生活方式，实现经济社会发展与生态环境保护"双赢"

资料来源：根据相关资料整理获得。

一、生态经济

从全球范围看，中国目前已成为全球碳排放量较多的国家，山东又是全国碳排放量较多的省份。中国是《京都议定书》的缔约方，2014 年出台的《国家应对气候变化规划（2014—2020 年）》，确定 2020 年碳排放强度比 2005 年下降 40%~45%，提高能源利用效率和调整能源结构是减排的重要途径。

（一）碳排放基本情况

2018 年，山东省 GDP 总量为 76469.67 亿元，居全国第三位。1995~2018 年山东省万元 GDP（一次）能耗在波动中呈现下降的趋势（见图 12-1），但碳排放量依然整体呈现增长的趋势（见图 12-2）。2018 年，全省能源消费量为 440580.5 万吨标准煤，其中，69.32% 来自煤炭（高出全国 10.32 个百分点），17.54% 为油品，4.24% 为天然气，只有 2.75% 为一次电力，电力净调入占 4.89%，另有 1.26% 为其他形式。随着经济的增长，能源消费量还将出现增加，

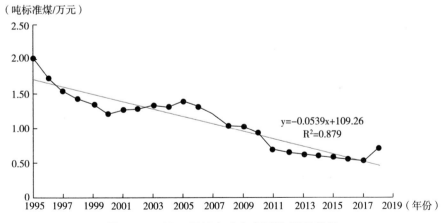

（吨标准煤/万元）

$y=-0.0539x+109.26$
$R^2=0.879$

图 12-1　1995~2018 年山东省万元 GDP 能耗

资料来源：根据《山东统计年鉴》（1996~2019）相关数据整理绘制。

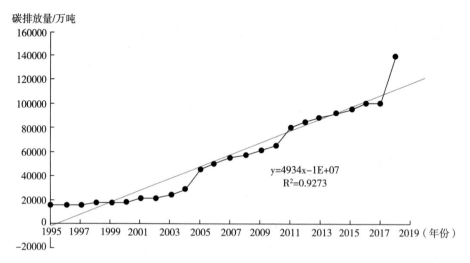

图 12-2 1995~2018 年山东省碳排放量

资料来源：根据《山东统计年鉴》（1996~2019）相关数据整理绘制。

并且随着工业化、城镇化进程加快和消费结构持续升级，能源需求刚性增长，资源环境问题仍是制约我国和各地区经济社会发展的瓶颈，节能减排依然形势严峻、任务艰巨。

（二）节能减排

"十三五"期间是山东省全面建成小康社会的决胜期，也是改善环境质量的攻坚期，全省生态环境保护工作面临前所未有的机遇。为此，《山东省生态环境保护"十三五"规划》提出了有关节能减排的主要目标（表 12-2）。《山东省"十四五"生态环境保护规划》提出，到 2025 年，能源资源利用效率大幅提高，主要污染物排放总量大幅减少，生态环境保护约束性指标全部完成国家分解任务，生态环境持续改善。

表 12-2 山东省节能减排主要目标

主要指标	二氧化硫排放总量	氮氧化物排放总量	化学需氧量排放总量	氨氮排放总量	单位地区生产总值能耗	万元国内生产总值用水量	万元工业增加值用水量
消减/下降比例（%）	27	27	11.7	13.4	17	18	10

资料来源：《山东省生态环境保护"十三五"规划》。

山东省必须通过加快新型产业发展，促进传统产业转型升级。优化能源结构，在确保安全的基础上，高效发展东部沿海地区核电产业带；积极推进风电开发，大力发展太阳能、生物质能、地热能、海洋能等可再生能源；加快电源结构调整，大力推进"外电入鲁"；推行区域煤炭消费总量控制，逐步降低煤炭在能源消费结构中的比例；大力发展循环经济和生态农业，加强工业、建筑业、交通运输业等重点领域的节能降碳。

二、生态环境

（一）生态环境建设

严格保护重要区域生态功能，建设一批自然保护区，科学划定重点生态功能区，合理确定受保护范围。规范保护区的建立、调整和涉区项目的审批，严守"生态红线"。坚持以野生动植物栖息地保护为主，以工程保护为重点，优先建立一批重点自然保护区、种质资源库，为野生动植物的栖息和分布提供更大的生存空间。

山东省自然保护区建设起始于1980年，经历了从无到有、从少到多、从探索到成熟的发展阶段。截至2018年底，山东全省共建成各类自然保护区78个，总面积达101.2万公顷，其中，国家级自然保护区7个，面积21.95万公顷，分别占自然保护区总数和面积的8.97%和21.69%；省级38个，面积55.04万公顷，分别占自然保护区总数和面积的48.72%和54.24%（见表12-3）；市县级33个，面积24.81万公顷，分别占自然保护区总数和面积的42.31%和24.07%。基本形成了布局比较合理、类型比较齐全、具有一定管理水平的自然保护区体系。

表 12-3　截至 2018 年底山东省级以上自然保护区名录

序号	自然保护区名称	所在地	面积（公顷）	类型	主要保护对象	级别
1	山东山旺古生物化石国家级自然保护区	潍坊临朐	120	古生物遗迹	古生物化石	国家级
2	山东长岛国家级自然保护区	烟台长岛	5015.2	野生动物	鸟类及野生动植物	国家级
3	山东荣成大天鹅国家级自然保护区	威海荣成	1675	野生动物	大天鹅等珍稀濒危鸟类	国家级
4	山东黄河三角洲国家级自然保护区	东营	153000	海洋海岸	新生湿地生态系统，珍稀、濒危鸟类	国家级

序号	自然保护区名称	所在地	面积（公顷）	类型	主要保护对象	级别
5	山东马山地质遗迹国家级自然保护区	青岛即墨	774	地质遗迹	硅化木、柱状节理石柱群	国家级
6	滨州贝壳堤岛与湿地国家级自然保护区	滨州无棣	43541.54	海洋海岸	贝壳堤岛、湿地系统	国家级
7	烟台昆嵛山国家级自然保护区	烟台牟平	15416.5	森林生态	赤松天然林	国家级
8	济南张夏—崮山华北寒武系标准剖面省级地质遗迹自然保护区	济南长清	262	地质遗迹	底层结构	省级
9	平阴大寨山省级自然保护区	济南平阴	1200	森林生态	森林资源	省级
10	青岛崂山省级自然保护区	青岛崂山	44855	森林生态	暖温带森林生态系统	省级
11	胶州艾山地质遗迹省级自然保护区	青岛胶州	860	地质遗迹	地质遗迹	省级
12	青岛大公岛省级自然保护区	青岛胶南	1603	海洋海岸	鸟类、珍稀野生水生动植物	省级
13	胶南灵山岛省级自然保护区	青岛胶南	3283.2	海洋海岸	生物多样性	省级
14	平度大泽山省级自然保护区	青岛平度	9783	森林生态	生物多样性	省级
15	淄博原山省级自然保护区	淄博博山	13914	森林生态	森林生态	省级
16	淄博鲁山省级自然保护区	淄博博山	13070	森林生态	森林生态	省级
17	峄城石榴园省级自然保护区	枣庄峄城	4642	森林生态	石榴种质资源遗传多样性	省级
18	枣庄抱犊崮省级自然保护区	枣庄山亭	3500	森林生态	天然杂木林、地质地貌、溶洞	省级
19	蓬莱艾山省级自然保护区	烟台蓬莱	9824.6	森林生态	珍贵林木及野生动物	省级
20	海阳招虎山省级自然保护区	烟台海阳	7061	森林生态	野生动植物	省级

续表

序号	自然保护区名称	所在地	面积 （公顷）	类型	主要保护对象	级别
21	龙口之莱山省级自然保护区	烟台龙口	10227	森林生态	森林生态系统	省级
22	栖霞牙山省级自然保护区	烟台栖霞	17900	森林生态	森林生态系统	省级
23	烟台沿海防护林省级自然保护区	烟台	22777.2	森林生态	防护林生态系统	省级
24	莱州大基山省级自然保护区	烟台莱州	8753	森林生态	森林系统、地质遗迹	省级
25	招远罗山省级自然保护区	烟台招远	9479.6	森林生态	森林生态系统	省级
26	烟台庙岛群岛海豹省级自然保护区	烟台长岛	173100	野生动物	斑海豹及生态环境	省级
27	海阳千里岩岛省级自然保护区	烟台海阳	1823	海洋海岸	岛屿与海洋生态系统及生物多样性	省级
28	烟台崆峒列岛省级自然保护区	烟台芝罘	7690	海洋海岸	水产资源原种、岛礁地貌	省级
29	福山银湖省级湿地自然保护区	烟台福山	6043.4	内陆湿地	湿地生态系统	省级
30	莱山围子山省级自然保护区	烟台莱山	2509	森林生态	森林生态系统	省级
31	龙口大飘山省级自然保护区	烟台龙口	2326	森林生态	森林生态系统	省级
32	龙口黄水河河口湿地省级自然保护区	烟台龙口	1027.9	内陆湿地	河口湿地生态系统及珍禽	省级
33	莱阳老寨山省级自然保护区	烟台莱阳	2908.5	森林生态	野生动植物	省级
34	龙口依岛省级自然保护区	烟台龙口	85.49	海洋海岸	原始生态系统及火山岩砾石潮间带地质景观	省级
35	牟平山昔山省级自然保护区	烟台牟平	1485.2	森林生态	森林生态系统	省级
36	青州仰天山省级自然保护区	潍坊青州	2000	森林生态	森林生态系统	省级
37	山东南四湖省级自然保护区	济宁微山	127547	内陆湿地	水生植物、湿地生态系统	省级

序号	自然保护区名称	所在地	面积（公顷）	类型	主要保护对象	级别
38	泰山省级自然保护区	泰安	11892	森林生态	森林生态	省级
39	新泰太平山省级自然保护区	泰安新泰	3733.3	森林生态	森林生态系统	省级
40	泰安徂徕山省级自然保护区	泰安	10951	森林生态	森林生态	省级
41	荣成成山头省级自然保护区	威海荣成	6015.39	海洋海岸	海洋生物	省级
42	莒县浮来山地质遗迹省级自然保护区	日照莒县	490	地质遗迹	地质遗迹	省级
43	临沂大青山省级自然保护区	临沂费县	4000	森林生态	森林植被	省级
44	无棣马谷山地质遗迹省级自然保护区	滨州无棣	20	地质遗迹	第四纪更新世地质遗迹	省级
45	莱阳五龙河湿地省级自然保护区	烟台莱阳	1824.5	内陆湿地	湿地生态系统	省级

资料来源：根据山东省生态学会网站（http://www.sdes.org.cn/article.php?id=253）数据整理获得。

从自然保护区类型看，森林生态类保护区的数量和面积最大。78个自然保护区中，森林生态类自然保护区44个，面积32.35万公顷，分别占自然保护区总数与面积的56.41%和31.97%；内陆湿地类12个，面积23.69万公顷，分别占自然保护区总数与面积的15.38%和23.41%；海洋海岸类9个，面积25.66万公顷，分别占自然保护区总数与面积的11.54%和25.35%；野生动植物类7个，面积19.25万公顷，分别占自然保护区总数与面积的8.97%和19.02%；遗迹类（包括地质遗迹和古生物遗迹）6个，面积0.25万公顷，分别占自然保护区总数与面积的7.69%和0.25%。

在生态建设方面，除了自然保护区建设，截至2018年底，山东省还建成省级重点生态功能保护区12个，面积达46.2万公顷；建成国家级生态市（区）10个、生态乡镇560个、生态村6个；建成省级生态市1个、生态县（市、区）30个、生态镇592个、生态村580个。

山东省生态环境建设虽然取得了很大成绩，但也存在着一些问题。认识不到位：部分地方政府和部门对保护区建设的重要性认识不足，自然保护区建设没有切实纳入国民经济和社会发展计划和部门年度计划。布局不合理：一些重要生态功能区和生态敏感区、特殊地质遗迹和地质地貌景观区尚未建立保护区，保护等级相对较低，面积较小，不能涵盖完整的生态系统和应保护对象。管理不到位：尚未出台自然保护区管理的专项法规，已建自然保护区未达到"一区一法"的要求，规章制度不健全，个别地方重建轻管或"批而不建，建而不管"。资金投入不足：管护设施建设明显滞后，有的甚至未进行任何管护设施建设。多数保护区管理机构集行政、事业和企业职能于一体，日常保护、管理和运行维护费用难以落实，弱化了保护管理职能。

针对上述问题，《山东省自然保护区发展规划（2008—2020年）》指出：要全面加强自然保护区建设，形成类型齐全、布局合理、功能完善、管理科学的自然保护区体系。截至2020年底，全省共有自然保护区78处，总面积97.65万公顷，占国土面积6.27%，使典型的生态系统类型、国家重点保护物种、特殊地质遗迹和地质地貌景观都得到有效保护，充分发挥自然保护区的各种功能和效益。

区域布局根据山东省自然条件、自然资源分布特点和社会经济状况，将全省自然保护区在地域上划分为鲁东丘陵区、鲁中南山地丘陵区、鲁西—北平原区、沿海区（环渤海地区和沿渤黄海地区），根据已有保护区建设情况，明确各区域自然保护区建设目标和重点。

（二）环境污染治理

1. 水环境

《2018年山东省生态环境状况公报》显示：2018年，全省地表水138个例行监测断面中，根据化学需氧量（或高锰酸盐指数）和氨氮双因子评价，除2个断流外，水质达到或优于Ⅲ类的63个，占46.3%；Ⅳ类的39个，占28.7%；Ⅴ类的25个，占18.4%；劣Ⅴ类的9个，占6.6%。

2018年，山东全省52个地级及以上城市集中式饮用水水源地中，51个水质达到或优于Ⅲ类标准，全省达标率为98.1%，达到年度目标要求。

2018年，山东省近岸海域优良水质（一类、二类海水）面积比例为84.2%，总体保持了稳中向好趋势，海洋生态系统基本稳定，海域环境质量水平居全国前列。

山东省构建"十三五"水污染防治规划框架体系，全力推进《水污染防治行动计划》贯彻落实。山东省出台落实"水十条"实施方案，制订水污染防治一期行动计划和重要饮用水水源、南水北调水质保障等4个专项计划；组织17市制订实施"水十条"工作方案和78个控制单元水体达标方案；省长与17市政府主要负责同志签订水污染防治目标责任书，确定全省重点河湖水质改善目标和水污染防治年度重点工作任务。

2. 大气环境

2018年，全省细颗粒物（PM2.5）平均浓度为49微克/立方米，同比下降14.0%，与2013年比下降72.5%（图12-3）；威海市浓度最低，为25微克/立方米，聊城市浓度最高，为60微克/立方米。可吸入颗粒物（PM10）平均浓度为97微克/立方米，同比下降8.5%，与2010年比下降36.2%；威海市浓度最低，为50微克/立方米，聊城市浓度最高，为120微克/立方米。二氧化硫（SO$_2$）平均浓度为16微克/立方米，同比下降33.3%，与2010年比下降81.4%；威海市浓度最低，为7微克/立方米，淄博市浓度最高，为24微克/立方米。二氧化氮（NO$_2$）平均浓度为36微克/立方米，同比下降2.7%，与2010年比下降23.4%；威海市浓度最低，为17微克/立方米，济南市浓度最高，为44微克/立方米。重污染天数平均为9.9天，其中烟台和威海市未出现重污染天气，重污染天数较多的是聊城市和菏泽市，为21天。环境空气质量综合指数（Air Quality Index，AQI）平均为5.56，空气质量优良率平均为60.4%。

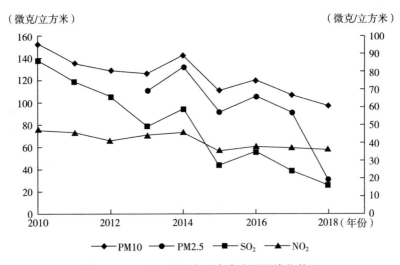

图12-3　2010~2018年山东省主要污染物状况

资料来源：根据《山东统计年鉴》（2011~2019）相关数据整理绘制。

共采集分析山东省 17 个城市 1223 个降水样品，得到降水 pH 年均值为 6.52，17 城市的降水 pH 年均值范围为 5.87~7.82，pH 年均值均大于 5.60，全省无酸雨城市。全省降水样品中检出酸雨样品 1 个，酸雨检出率 0.08%；有酸雨样品检出的城市为潍坊市，酸雨样品检出率为 0.5%；潍坊市酸雨样品 pH 值为 4.82，出现在 2 月 13 日的潍坊市刘家园测点。与 2017 年相比，有酸雨样品检出的城市个数减少 2 个，酸雨样品检出率降低 1.42 个百分点。图 12-3 为 2010~2018 年主要污染物状况，由此可见，山东省环境近十年来呈现出好转趋势，这与环境立法、环境治理力度的加强，企业及公众环保意识的提高等密切相关。

三、生态社会

坚持"人与自然和谐相处"的原则，建设生态城市与美丽乡村，为所有居民提供便利、舒适、优美和有益于健康的生活与居住环境。

（一）生态城市建设

生态城市是一个人工生态系统，系统内经济、社会、人民和生态四者保持高度和谐，城市环境及人居环境清洁、优美、舒适、安全，失业率低、社会保障体系完善，高新技术占主导地位，技术与自然达到充分融合，能够最大限度地发挥人的创造力和生产力，有利于提高城市文明程度，并使其稳定、协调和持续发展。生态城市建设，既是城市演变的必然要求，也是推进城市持续快速健康发展的需要。

按照绿色、生态、低碳、宜居、宜业理念，积极开展绿色生态示范城镇建设，合理确定城市新区用地规模和结构，建立适度混合利用、紧凑开发的功能布局，统筹推进绿色规划、绿色交通、绿色市政、绿色建筑、绿色能源，使城市建设与资源环境承载能力相适应、与自然山水相融合；建立绿色建筑全寿命周期管理模式，将绿色建筑标准和指标纳入土地出让、规划审批、施工许可等环节，县城及以上城市城区规划建设用地范围内新建建筑全部执行绿色建筑标准，推动绿色建筑规模化发展；大力推广绿色施工，积极创建绿色施工示范工程，政府投资或政府投资为主的机关办公建筑、公益性建筑、保障房及大型公共建筑率先全面实施绿色施工；建设步行、自行车、公共交通配套组合的绿色交通体系和透水地面、雨水回用等绿色低碳工程。

稳步推进智慧城市试点建设，逐步实现城市规划、建设、管理、服务的信息化、智能化。将海绵城市有关内容要求纳入城市总体规划、控制性详细规划以及相关专项规划，将雨水年径流总量控制率作为刚性控制指标；组织编制海绵城市建设实施方案和建设计划，统筹推进新老城区海绵城市建设，积极支持开展海绵城市建设试点工作，综合采取"渗、滞、蓄、净、用、排"等措施，实现自然蓄积、自然渗透、自然净化的城市发展方式。扎实推进城镇污水、垃圾处理设施建设，做好城市污水处理厂污泥处置、垃圾焚烧处理、垃圾渗滤液处理、城乡生活垃圾分类收集和处理工作，提高建设、运行、管理水平。加快建设城市（县城）医疗废物集中处置设施，实现市、县、乡医疗废物统一收集、统一处置，并逐步向农村社区延伸。

加强城市地下综合管廊建设。组织编制实施城市地下综合管廊建设规划。城市新建道路、新区建设和集中连片的旧城改造，在重要地段和管线密集区采取综合管廊模式建设地下管网，力争一次敷设到位，并同步配套消防、供电、照明、监控与报警、通风、排水、标识等设施；加大老旧管线改造力度，实施城市电网、通信网架空线入地改造工程。建立城市地下管线信息系统，实现城市管线的数字化、动态化、现代化管理。

根据生态环境部公布的数据：截至 2019 年底，山东省共有国家级生态文明示范市县 5 个，包括第一批命名的曲阜市和荣成市（2017 年），第三批命名的威海市、商河县和诸城市（2019 年）。其中，威海市获得的荣誉称号还包括"联合国人居奖""国家卫生城市""国家园林城市""国家生态园林城市""国家森林城市"以及"全国文明城市"等。

在山东创建生态省过程中，全省生态状况持续向好，城乡人居环境不断改善，人民群众绿色获得感显著增强。截至 2019 年底，山东省森林覆盖率达到 18.24%，创建国家森林城市 17 个，数量居全国第 2 位，国家森林乡村 411 个；建成山东省森林城市 15 个、山东省森林乡镇 158 个、山东省森林村居 1530 个。山东省日照市于 2014 年 5 月正式申请创建国家森林城市，同年 6 月获国家林业局批复同意创建。

（二）美丽乡村建设

按照"生产发展、生活宽裕、乡风文明、村容整洁、管理民主"的总体要求，着力建设布局合理、环境优美、功能完善、服务便捷、管理高效的农村新型社区和新农村，在农村地区实现生产空间集约高效、生活空间宜居舒适、生态空间山清水秀。

山东省委办公厅、省政府印发的《关于推进美丽乡村标准化建设的意见》和山东省住房和城乡建设厅、民政厅、城乡规划设计院发布的《山东省农村新型社区和新农村发展规划（2014—2030）》对山东省美丽乡村建设工作提出了意见和具体实施建议，要求到 2025 年，全省基本实现美丽乡村全覆盖，省级美丽乡村示范村达到 5000 个。

加强农村基础设施建设。完善农村新型社区和新农村建设规划，强化规划的科学性和约束力。继续加强农村路、水、电、气、信等基础设施建设和改造升级，适时建立村镇污水处理收费机制，因地制宜推进农村污水处理；突出抓好农村"亮化"工程，不断提高农村亮化水平；强化政策扶持和技术指导，加快农村无害化卫生厕所改造；探索启动"农村温暖"工程，积极开展农村供暖试点，加快推进农村地区供暖设施建设；健全完善农村公路交通网络，改善农村居民生产生活条件。

深入推进农村环境综合整治。以建制村为单位，整县推进，实施农村环境综合整治。完成农村饮用水水源地水质状况调查，分类推进农村饮用水水源保护区或保护范围的划定工作，加强农村饮用水水源规范化建设，提升农村饮水安全保障水平。严禁城市和工业污染向农村转移，鼓励既有排污企业向工业园区集中。持续开展绿化、净化、美化等工程，完善城乡垃圾处理体系，推进农村生活垃圾就地分类和资源化，从源头上实现垃圾减量化，建立健全城乡环卫一体化长效机制。畜禽养殖布局合理，总量控制科学，粪污处理有效。秸秆等农业生产废弃物及时收集，妥善处理。河沟池塘得到治理，洁净美观。村庄道路、水体沿岸和宅院周边宜绿化空地全部绿化，村庄绿化率山区>80%、丘陵>50%、平原>35%。挖掘乡村历史文化，保护乡村自然风貌，以环境整治和民风建设为重点，扎实推进生态文明村镇创建。

公共服务健全。合理布局和建设集便民服务、劳动就业、社会保障、文化娱乐、医疗卫生等功能于一体的社区服务中心，建有农村文化广场，广播电视"户户通"，基本实现农村社区服务设施网络全覆盖。乡村义务教育和学前教育办学条件符合要求，最低生活保障等社会救助制度基本建立，养老设施配套齐全。

山东省是最早开始农村垃圾分类工作试点的省份。共有 5 个试点县（市、区）67 个乡镇（街道）2304 个行政村启动垃圾分类，覆盖率分别为 74.44%、

75.54%；共规划建设配置分类垃圾桶 60.99 万个、分类运输车 1053 辆、建设垃圾中转站 112 个。下一步将扩大试点范围并提升农村生活垃圾的智力水平。

在农村污水治理方面，山东省已经完成生活污水治理的行政村累计占比达 23.96%，但仍然存在农村生活污水处理站"无水""少水"等问题。今后将通过加强对农村生活污水处理工作的考核评估，提升污水处理能力和成效。

农业生产过程中化肥用量和强度也连续呈现负增长。为了确保粮食安全和主要农产品有效供给，山东省采取了一系列减肥增效的技术措施，如测土配方施肥、用有机肥替代化肥、水肥一体化等。同时，农药减量控害也在持续开展，农药使用量保持持续下降态势。另外，通过畜禽粪污和农作物秸秆的综合利用，加强农业废弃物资源化利用。

农村生态环境也持续改善。为践行"绿水青山就是金山银山"的理念，山东省推出"绿满齐鲁·美丽山东"国土绿化行动，并深入推进。截至 2019 年底，全省森林覆盖率达到 18.24%，创建国家森林城市 17 个，数量居全国第 2 位，国家森林乡村 411 个；建成山东省森林城市 15 个、山东省森林乡镇 158 个、山东省森林村居 1530 个，乡村绿化美化水平得到持续提升。

山东省从 2017 年起开始统筹农村人居环境整治和美丽乡村示范村建设。在坚持绿色发展理念的前提下，不断突出环境问题综合治理，围绕"治污、清废、美化"，加快农村人居环境的改造提升，打造农民安居乐业的美丽家园，建设美丽生态宜居乡村，并借此推动乡村生态振兴。自 2017 年起每年打造 500 个省级美丽乡村示范村，第一批（2017 年）、第二批（2018 年）已创建完毕，共有 955 个行政村入选，占全省行政村的 1.37%。其中，济南市 75 个、青岛市 52 个、淄博市 47 个、枣庄市 30 个、东营市 27 个、烟台市 75 个、潍坊市 87 个、济宁市 87 个、泰安市 47 个、威海市 35 个、日照市 39 个、临沂市 92 个、德州市 60 个、聊城市 62 个、滨州市 61 个、菏泽市 82 个。

参考文献

［1］山东省人民政府. 山东生态省建设规划纲要［Z］. 2003.

［2］山东省住房和城乡建设厅, 山东省民政厅, 山东省城乡规划设计研究院. 山东省农村新型社区和新农村发展规划（2014-2030）［Z］. 2014.

［3］中共山东省委, 山东省人民政府. 中共山东省委　山东省人民政府关于加快生态省

建设的意见［Z］. 2005.

［4］中共山东省委, 山东省人民政府. 中共山东省委　山东省人民政府关于建设生态山东的决定［Z］. 2011.

［5］山东省生态环境厅. 山东省自然保护区发展规划（2008-2020 年）［Z］. 2010.

［6］中共中央, 国务院. 中共中央　国务院关于加快推进生态文明建设的意见［Z］. 2015.

［7］中共山东省委, 山东省人民政府. 关于加快推进生态文明建设的实施方案［Z］. 2016.

［8］山东省委办公厅, 山东省政府办公厅. 关于推进美丽乡村标准化建设的意见［Z］. 2016.

［9］武讳. 改革开放以来我国生态文明建设的发展历程［J］. 科教导刊·电子版, 2016（25）: 165-166.

［10］山东省人民政府. 山东省生态环境保护"十三五"规划［Z］. 2017.

［11］山东省环境保护厅. 山东省省级生态文明建设示范区管理规程（试行）［Z］. 2017.

［12］山东省环境保护厅. 山东省省级生态文明建设示范区指标（试行）［Z］. 2017.

［13］山东省人民政府. 山东省人民政府关于统筹推进生态环境保护与经济高质量发展的意见［Z］. 2019.

［14］中华人民共和国生态环境部网站: http://www. mee. gov. cn/.

［15］威海市人民政府网站: http://www. weihai. gov. cn/.

［16］搜狐网: https://www. sohu. com/.

后 记

    本书是集体智慧的结晶，由曲阜师范大学经济地理研究团队的骨干成员撰写，撰写过程中，依据成员的研究专长做了适当分工。第一章、第十章由代合治撰写，钟彬参与了资料整理和图件绘制工作；第二章、第五章、第九章由王慧撰写，殷宪臣、吕欣怡、侯秀秀、张文、杨甜甜参与了资料整理和图件绘制工作；第三章、第四章、第十二章由谭丽荣撰写；第六章、第八章由王宜强、代合治、于伟撰写；第七章由于伟、王宜强撰写；第十一章由刘志刚撰写，刘建志参与了部分数据处理和图件制作。代合治负责统稿。

    本书撰写过程中，参阅了国内外学者的众多文献，使用了有关部门公布的海量数据，在此表示衷心感谢。

    由于从撰写到出版历时 5 年多，尽管我们已经做了很大努力，力图使本书更加完善，但由于我们对问题的理解深度不一，掌握的文献资料有限，书中不足之处敬请读者批评指正，不吝赐教。

代合治

2020 年 10 月于曲园